実践
ギャン・トレーディング

相場はこうして読む

ジェームズ・ハイアーチェク著

日本テクニカルアナリスト協会訳

日本経済新聞社

PATTERN, PRICE & TIME
by James A. Hyerczyk

まえがき

W.D.ギャンの技法を用いたトレーディングの本を書いてみないかと，ジョン・ワイリー・アンド・サンズ社のパメラ・ヴァン・ギッセンから話を持ち込まれた時，私はしばらく考えさせて欲しいと答えた。何といってもギャン理論は複雑なテーマである。最初，私は難しいと感じた。ギャンが自著の中で明らかにしなかったすべての題材について本を書くなど，できそうもない仕事に思えた。しかも，どう実行したらよいのか，その手順さえ思い浮かばなかった。ギャンの『コース』を今風に紹介すればよいのか。『商品で儲ける法』を書き直せばいいのか。どこから手をつけたらよいのか。その他にもいろいろなことに思いを巡らした。さんざん悩み，自分自身でディベートを繰り返したあげく，ギャンの技法については少なからず本やテキストが存在しているので，いまさらそれらについて書く必要もあるまいとの判断に至った。そして，ギャンの仕事において主要なテーマだったと考えられる，パターン，価格，時間についての執筆を思い立ったのである。

本書の構想を練っているうちに，最もシンプルなアプローチは個々の手法がどのように働き，そしてそれらが組み合わされるとどのように働くのかを，逐次示していくことだろうという結論に達した。

私は先物取引の経験から，あまりに多くのトレーダーが相場分析においてパターン，価格，時間のいずれかに深入りし過ぎて失敗するのを目の当たりにしてきた。最も一般的な失敗は，相場に入る際には時間に基づいて判断するが，手仕舞いは価格に基づいて判断したり，あるいは相場に入る際には価格に基づいて判断するが，手仕舞いは時間に基づいて行うというシステムを用いていることである。さらに，パターン分析に頼るトレーダーの場合には，まずい価格やタイミングで仕掛けることがしばしばある。これらの観察結果も，パターン，価格，時間の三要素に基づく手法を組み合わせることが，相場で成功するための必須のポイントであることの証拠となっている。

この本では，W.D.ギャンの経歴を手短に紹介した後，トレンド・インディケーターについて簡単な説明を行うことにする。このテクニックをマスターする上で必要な，トレンド・インディケーターによって作られるさまざまなパターンと，価格と時間の概念について詳しく解説する。価格と時間の関連については，各章を通じてさまざまな形で議論する。最後の章では，３つの要素を総動員したトレーディング戦略を展開している。

この本は「教則本」となるように書かれている。W.D.ギャンの著作や『コース』の焼き直しでは毛頭ない。もしそのような印象を受けられる読者がいるとすれば，本書をパターン，価格，時間というテーマの単なる解説書として用いる初心者か，トレーディング能力の向上に本書を利用しようとする熟練者に限られよう。本書はギャン理論の概念についても触れているが，ギャン理論の原理をなるべく多く紹介することを意図して書かれたものではない。

時にはチャートを紹介する際にこの本のサイズに制約されることもあったが，私はパターン，価格，時間の分析について詳細かつ明解な解説を行うことができたと信じている。私と同様，読者の皆さんがこの本に含まれているアイデアの有効性を理解していただけることを願っている。

1998年１月

イリノイ州パロスパークにて

ジェームズ・A・ハイアーチェク

目　次

装幀　山崎 登

第1章　ギャンの人物像

仮に第一級と位置づけられなかったとしても，疑いなくギャンは，最も成功したテクニカルアナリストの一人である。新しい市場分析の手法を編み出し，発表したギャンは，その有効性と正確さにおいて無比のトレーディング戦略と相場予測が可能になったと一度ならず主張した。

1878年６月８日，ウィリアム・デルバート・ギャンはテキサス州ラフキンの綿花農場に生まれ，幼い頃から数学に強い興味を示した。高校を卒業して，24歳になった1902年に初めて相場の世界に足を踏み入れた。しかし，ギャンによれば，当初の取引は「貪欲と願望，そして恐怖」に突き動かされたもので，後に彼が成功するトレーディング戦略とは似ても似つかぬものだった。

かなりの額の資金を失った後，ギャンは相場が数学的法則とある種のタイムサイクルにしたがって動くことを知るようになった。なかでも興味を持ったのが価格と時間の関係だった。いわゆる価格と時間の「正方形（スクエア）」である。ギャンはこの関係の研究に精力を傾け，数学理論や過去の価格を調査するためにイギリス，インド，エジプトにまで足を延ばした。

自らの理論を構築するために，ギャンは持てる力のすべてを注いだ。あらゆる種類の株式や商品の日足，週足，月足，年足のチャートを何千も作成した。飽くことを知らぬ貪欲な研究者だった。時には数百年前からの価格チャートを作ることさえあった。数学的な自然法則やタイムサイクル，および市場の過去の動きが将来の動きを予告しているという信念に基づくギャン理論は，ほとんどの市場分析がファンダメンタルズに基づいてなされている時代には革命的なものだった。

1908年，ギャンはニューヨークに移り，商品・株式ブローカレッジの店をブロードウェイ18番地に開いた。自らの理論とテクニックの有効性を検証するためだった。１年も経たないうちに，ギャンの成功が単なる幸運に基づくものではないことが明らかとなった。1909年のザ・ティッカー・ダイジェスト誌は,「株式相場の原理について,ギャンは全く独創的な概念を開発した」と述べている(1909年12月号,『W. D. ギャン・コモディティーコース』Lambert-Gann Publishing Co. 発行,178ページ)。

この記事の中でギャンは,たいていの投資家は知識や研究の準備もなしに市場に入り,その多くが財産を失っていると指摘している。そして,株式や商品の価格変動の周期性に注目した彼は,トレーディング戦略に自然の法則が適用できるはずと見て研究を決意,ロンドンの大英博物館で何カ月も研究するうちに,「振動の法則」(the Law of Vibration)を発見したという。

この法則が株価がどこまで上がるか下がるかの水準を司っており,ウォール街が気づくはるか以前にその動きを予告している,とギャンは述べている。自らの戦略や理論の詳細について,この漠然とした言葉以上のことをギャンは語ろうとしなかった。過去の実績が必ずしも将来の成功に結びつくわけではないにしても,ギャンの運用成果は,少なくともある時点まではまさに驚異的なものだった。ある記録によれば,ギャンは25日間に286回の取引を行い,そのうち264回で利益を得た。勝率は92.31%に達し,最初に投資した450ドルは3万7000ドルになった。

「ギャンは130ドルを1カ月もしないうちに1万2000ドルに殖やしたことがある。これまで会った誰よりも速かった」と,同業者の一人は語っている。「このような投資成果はウォール街史上,比類無きものである」と報じる新聞もあった(前掲書180ページ)。ギャン理論がきわめて高い収益をもたらしたのは明らかであるが,それでも商品先物取引などに付きものの,潜在的に大きな損失になりうるリスクから免がれていたわけではない。

ギャンは主要市場の大勢的な動きについて,正確な支持・抵抗水準を記した年間予測資料を発行していた。1921年,1922年,1923年と,アメリカ中の新聞がギャンの予測結果をフォローし続け,その予測の正確さが裏付けられることになった。ギャンは1929年の年間予測についてこう書いている。

「9月,この年で最も激しい下落の1つが起こるだろう。投資家は自信を喪失し,大衆は市場から逃げ出そうとする。だが,時すでに遅しである。……

『暗黒の金曜日』が起こり，パニック的な下げに見舞われる。戻り相場はあってもほんのわずかだろう(注)」

ギャンの予測は相場にとどまらなかった。ドイツ，オーストリア皇帝の退位をはじめ，第一次世界大戦の終結，ウィルソンとハーディング大統領の当選を正しい日付とともに予測した。第二次世界大戦もその勃発の13年前に，ステルス爆撃機さえもその開発の61年前に，それぞれ予言している。

ギャンは自己の成功については寡黙だったが，後になって自分の知識を分かち与えるため宗教的とも思えるほどの情熱を注いだ。現役のトレーダー時代から物を書き始め，1923年に著した最初の本が『株価の真実』（*Truth of the Stock Tape*）である。投資家が標準的なストックテープ（訳注：ティッカーテープともいう。電話回線で株価情報を伝える紙テープ）を用いて，市場動向を分析するのを助ける意図で書かれた。1927年の作品，『空間を抜けて――1940年から今を回顧して――』（*The Tunnel Thru the Air : Or , Looking Back from 1940*）は一見，自伝的な小説だが，ギャンの投資理論と道徳観について示唆に富んでいる（第二次世界大戦とステルス爆撃機について触れているのはこの本である）。次いで1936年に『株式トレンドを探る』（*New Stock Trend Detector*），1942年に『商品で儲ける法』（*How to Make Profits in Commodities*），1949年に『ウォール街での45年』（*45 Years in Wall Street*）などを出版し，新しい発見を解説した『コース』（講義用テキスト）も書き続けた。このほか，株式と商品取引の在宅学習用の『コース』を著したり，週末には独自に考案した価格と時間の計算ツールの使い方を教えるセミナーも開いていた。1932年当時，在宅学習向け『コモディティーコース』の教材は1500ドル，上級者向けセミナーの受講料は5000ドルであり，それだけの価値があると考えられていた。

ギャンは1955年６月14日に死去するまで，そのテクニックに磨きをかけ，それらを人に教えようとし続けた。ノートや書類には死のほんの２週間前の日付のものもあり，ギャンが死の直前まで完璧なトレーディング・システムを追求した証拠となっている。たとえばその中には，ギャンが考案した価格，時間，

(注)　『株価の真実』の「1929年の株価予測」より。オリジナル版は1923年に Financial Gurdian Publishing Co. から，復刻版は Lambert-Gann Publishing Co. から出版されている。

出来高の３次元チャートを，どのように相場に適用させるかについて書かれた資料がある。

ギャンの死後，株式関係者の間では5000万ドルの遺産があるという噂が広まった。しかし，残された資料にはこれを裏付けるものはない。例えば，当時の相場の動きやボラティリティーを見ると，そのような大金を得るチャンスは存在しなかった。また，ブローカーの売買報告書によると，ギャンが200万ドルを超える程度の残高で売買していたことがわかっており，マイアミに保存されている遺書の数字は5000万ドルを大きく下回っていた。

トレーディングにおけるギャンの成功は，短期売買の結果を実際に確認した新聞記者たちの多数の記事によって明らかにされている。これらの記事はギャンの著作でも引用されており，予測の正確さと運用成果の両面を強調している。もっとも，ギャン自身が彼のトレーディングの本や『コース』の奨励者であれば，成功例だけが強調されていて当たり前かもしれない。スランプや大損の例はまったく触れられていないが，常にストップロス・オーダーなしのトレーディングの危険性について，繰り返し警告していたのも事実である。

著作を年代順に追っていくと，最初の取引で損をしたことが書かれている。取引による損失だけでなく，銀行やブローカーの破産によっても大きな損失を被った。これらの事件が取引で大儲けしようと情熱を燃やすのに大きく影響したとみられる。今日の多くのトレーダーと同様，現役時代は投資助言サービスや著作の販売で大半の収入を得ていた。死亡記事には著述家，株式ブローカーと書かれていたが，その評判が高まるにつれて，よりトレーディングに関心を移すようになったと考えるべきだろう。

年をとるにしたがってギャンの健康は悪化し，執筆や講演はきわめて困難になっていった。そのため，著作の版権をエド・ランバートに売却し，ランバート・ギャン出版を設立した。その結果，本や『コース』の再版で収入の幾分かを維持することができた。しかし，私の見るところ，それ以上にマーケットからの稼ぎに傾注していたように思われる。というのも，1954年５月に，ギャンがこう述べているからだ。

「もうじき私は76歳の誕生日を迎えるが，この『コース』はお金のためではなく，人々の啓発のために書いている。私にはすでに使い切れないほどの収入

があるからだ」(『ギャン・コモディティーコース』１ページ)

残されている数々の証拠や取引実績を示す無数の記事から，ギャンがトレーディングで成功を収めたことは間違いない。ただ，噂されたような巨万の富を積み上げたとは言えない。

第2章　ギャン理論とは

ギャン理論とは，一言で言えば，パターン，価格，時間の相互関係と，これらの関係がどうマーケットに影響するかについての研究と言い表せる。そこでは，将来の相場の動きを予測するうえでパターン，価格，時間が主要な要素と考えられている。そして，それぞれの要素は独自の性質を有すると同時に，独特の重なり合う性質も備えているのである。

この理論の焦点は，トレンドの変化や相場の方向性を示す3つの基本指標の間の相互関係を見極めることにある。言い換えれば，ある時点ではパターンが相場に大きな影響を与えているが，別の時点では価格と時間の働きが大きく関わっているということである。大きな成功をもたらす機会をとらえるには，これら3要素のバランス，とりわけ価格と時間の関係が重要である。ギャン理論はこれら3要素の最高の組み合わせを選択する助けになる。個々の取引は単一の要素によって開始することも可能だが，投資家がこれらの要素の1つに比重をかけ過ぎていると，損失に出合う可能性はより高くなる。一方，投資家が適切なパターン，価格，時間のバランスが現れるまで待つだけの忍耐力があるなら，より多くの成功を収めることになろう。

パターンの研究は，マイナー（小勢），インターミディエイト（中勢または中間），メイン（大勢）の3種のトレンド指標となるスイングチャートと終値反転パターンを正しく作成することにある。価格の研究は，ギャンアングル分析とパーセンテージ・リトレースメント（戻り率）から成り立っている。時間の研究は，スイングの時期，サイクルの時期，ヒストリカルデート（歴史的日付）に注目する。これら3つの時間的要素の複合が，投資家がいつ，どこで売りまたは買いを行うかを決めるのに役立つ。この本では，正しいチャートの作成によって，これらの要素を発見していくテクニックと，それらをどのように売買に関わらせていくかを伝えるつもりである。

ギャン理論について書かれた資料はいくらでも手に入る。しかし，ギャンのツールを現実の取引にどう適用させるかについて述べた本はほとんど見当たらない。複雑な天体物理学の法則にしたがってストップを置けるようになるなら，そのような本は非常に価値のあるものになるだろう，と私は考えていた。言い換えれば，サイクル，価格，時間の関係の根本（すなわち天体の運動）についての情報は非常に興味深いものであっても，それが現実のトレーディングシステムに応用できないものなら，本質的に無価値なのである。60年サイクルの底が1998年プラスマイナス２年に到来するという研究は，あなたが現在行っている大豆取引に直接貢献するわけではない。だからこそ，自分自身の取引している市場および現在のパターン，価格，時間があなたに対して何を語りかけているかに集中するべきなのである。

ギャン理論で注目してほしいのは，利益の上がるトレーディングシステムの設計に役立つ部分である。私が原著に当たって研究した限りでは，それは主としてスイングチャート，ギャンアングルの集中，過去の高値や安値から計算したサイクル分析である。いくつかの取引でギャンは占星術を利用していたが，本書では占星術については多くを述べないことにする。というのも，それを利用して実際の取引を行うには，その方面での膨大な量の研究が必要だからである。とはいえ，占星術はギャン理論の根幹をなす時間の概念の範疇に入っているので，ギャンが金融占星術をどのように相場に利用していたか，いくつか例示するつもりではある。また，ギャンは価格と時間についての「マスターチャート」を考案，使用し，現在および将来の支持と抵抗のポイントを判断していた。

ギャンの文章の多くには仮設例を用いた法則が含まれている。私が発見したギャンが唯一実際の売買で推奨した事例は，『マスター・エッグコース』に収められていた。この情報は，ギャン理論に基づくトレーディングシステムを構築する際に，何が重要で何がそうでないかを明瞭にしてくれ，私の研究の基本となった。ギャンがパターン，価格，時間をどのように組み合わせてトレーディングシステムを組み立てていたかを如実に示していた。次の文章では「マスターチャート」の使い方が述べられている。

「実例：1949年5月3日，鶏卵10月物は高値5025（50.25セントの意，以下同じ）を付けた。これは日柄（タイミング）としては168，すなわち14年（12カ月×14）であり，13の2乗である169に近い。5010がサークル（円周）の16分の7に当たっていることに注目。これは，その付近が抵抗になることを示唆しており，マスター・スクエアチャートに基づく売りの水準になる。このマスターチャートの右方の注記と日柄に注目せよ」

この実例はアングルの支持・抵抗としての使用法について次のように述べている。

「明日の10月物鶏卵は間違いなく売りだ，と昨夜私はシカゴに電報を打った。理由は次の通りである。日足の高値・安値チャートのアングルによると，4×1のアングルすなわち，最初の高値である1948年12月6日の4760から1日当たり2.5ポイント上昇する線が5020を走っている。一方，1949年3月16日の安値4685からの上向き45度のアングルも5020を走っている。また，1949年4月18日の安値4785からの上向き67.5度のアングルは毎日20ポイントずつ上昇し，これも5020を走っており，さらに2月14日から上昇中のアングルも5005を通過している。これら4つの重要なアングルの集中が今回の高値を示唆している。重要な抵抗が確実なものであるためには，オプション（訳注，当時は先物のことをオプションと呼んだ）が売買開始から6カ月以上経過している必要がある。この場合，最初の重要な高値を付けた12月6日からすでに5カ月近く経過しているので，そこからのアングルで示された今回の高値は間違いなく高値と言える」

次の実例で，ギャンはチャートの目盛りの重要性について触れている。

「鶏卵の呼値が2月1日から変更され，今までの1ポイントが1.44ドルに相当することになるという手紙を受け取って以来，私は金額表示に適合するようアングルにいくつかの修正を加えてみた。それは極めて重要なことだからである。私は11.25度のアングル（訳注：1×8に相当）が当てはまるという証拠が欲しかった。144×８は1152になる。すなわち８ポイント動けば11.52ドルの損益につながるということである。これは５×４すなわち約39度のアングルを描き，１日当たり８ポイントの割合で動くのである。一方，45度のアングル（１×１）は１日当たり10ポイント動くことになる」

次の文脈では，スイングチャートとアングルについての記述が見られる。

「何年もの研究と経験から，先行する下げ相場から３日以上続く最初の反動高は，将来の重要な高値を示唆するアングルを導くということがわかった。このルールは週足チャートでも月足でも機能する。第２，第３の高値を付けたあと，３番目の高値から前のものより大きい下落が起きた場合，最初の安値から引いたアングルは，必ず次の安値のメドとその後の上げ相場の高値を示唆するのである。最も大きな下げである１月24日から２月８日までの下落が，最安値である4485からのアングルで下げ止まり，３番目の高値からの２×１のアングルが第２の（そして最後の）安値となる4560を示唆していたことに，読者は気づかれるだろう。この安値4560から，１日８ポイントずつ上昇するアングルを引くことにする。このアングルが３月２日の安値を招き，続いて３月30日の高値4850を導いた。ここから２日間の反動安を見た後，相場は上昇して，５月３日に緑色で描かれたこのアングル（訳注：ギャンの原著では色が付けられていた）は最初の高値からのアングルと交差して，5020の高値を形成したのである」

続いて，パーセンテージ・リトレースメントとスイングチャート，アングルの併用について述べられている。

「相場は５月３日のレンジの中ほどで引けた。５月４日は（売りの）シグナルとなった日である。相場は寄付が5000，高値が5005，安値が4980，終値が4985であったが，この日，４月18日以来初めて安値，終値とも前日の安値を割り込んだのである。4560から5025への上昇に要した時間は58取引日であったが，オプションが売買開始から６カ月を経過しているという事実から見て，より大きな下げが訪れるはずであった。4795の安値から45度のアングルが，その後の支持と次なる上昇のメドを判断する上で最も重要である。次の下げは5日以上続き，その間に戻りを挟んでもせいぜい1日のはずである」

ギャンはスイングチャートから得られたデータを次のように解説している。

「その他に5月3日が高値と判断される理由は次の通りである。

第1波動の上げ幅，4485から4760まで－275ポイント。

第1波動の下げ幅－215ポイント。

第2波動の上げ幅，4560から4850まで－290ポイント。

第2波動の下げ幅，4850から4775まで－75ポイント。

第3波動の上げ幅，4775から5025まで－250ポイント。これは第1波動の上げ幅よりも25ポイント，第2波動の上げ幅よりも40ポイント少ない」

次の文章でギャンは，スイングチャートを利用したタイミングの重要性について述べている。

「最重要日柄（タイムピリオド）である1月24日から2月8日までは11取引日である。そして，最後の上昇となる4月18日からの上げが11取引日であった。したがって，相場が11日以上下落した場合，こちらが最重要日柄より重い意味を持つことになる。相場が75ポイント以上下げると直前の下げ幅を上回る，あるいはスペースリバーサルとなり，さらなる安値を示唆する」

次の4つのパラグラフは，相場を解釈する際のマスターチャートの利用法について述べている。また，時間と価格の関係が幾何学の用語で語られている。

「直近の高値と安値に当てはめてマスターチャートを研究してみよ。そうすれば，それがジオメトリック・アングル（訳注：いわゆるギャンアングル）を確認させるものとなっているのがわかるだろう。

事例：5010は60セント（6000）に対して対極の180度であり，4890は最安値である1050から見て45度に位置する。4950は45セントから180度に位置する。

30セント，すなわち60セントの半分からの45度のアングルが48セントと交差している。これが4月13日から18日にかけて48セント付近で3つの安値を付けた理由である。マスターチャートは同様の抵抗水準を指示してくれ，その日柄を利用することにより，相場の変動における数学的，幾何学的法則の基本を理解することができるのである。

過去の記録に戻って，すべての重要な高値と安値を注意深く研究すれば，その法則が働いていることに気づくだろう。

鶏卵相場の最小値幅である5ポイントは，今では7.20ドルに等しくなった(360度の円周を2回転)。したがって，その半分は360度であり，1日当たり2.5ポイントという動きのアングルが非常に重要になってくる。相場の振幅は以前よりも360度の円周に合致した動きをするようになるだろう。数日のうちに読者の皆さんには別のスイングチャートを送るつもりだ。それには15度ごとのアングルと抵抗水準が書いてあり，抵抗と反転のポイントを特定するのを助けてくれると思う」

最後に，スイングチャートと，パーセンテージ・リトレースメント，支持と抵抗のアングル，マスターチャートを分析したあと，ギャンは結論を出し，トレードを実行した。

「事例：現在の鶏卵オプション10月物は安値4485，高値5025であり，レンジは540ポイントである。540から（360を）引くと180を得る。このことは安値から円周またはサイクル1.5回分上昇したこと，そして1949年5月3日に180度の位置にあることを意味する。筆者は同日に鶏卵10月物を5015で売った」

このトレードは予想通りに動かず長続きしなかったが，仕掛けの水準を決定するまでの思考プロセスに私は強い興味を持った。公開されたギャン自身のトレードを研究してみて，ギャンが重要と考えていた売買テクニックを初めて知ることができたのである。ギャンは相場に真剣に取り組むようになってから，支持と抵抗の水準を特定するためにスイングチャートと，パーセンテージ・リトレースメント，ギャンアングルを用い，タイミングの決定にはスイングチャートとアニバーサリー（サイクル）を使用していた。後にギャンは，価格と時間のマスターチャートを考案した。マスターチャートの技法は本書の領域を超えるものであり，それ以前にうまく使いこなす必要のあるもっと簡単なテクニックがいくつもあるので，ここでは多くを述べない。ちなみに，必要となる特殊な分析ツールはランバート・ギャン出版社からしか入手することができない。また，サイクルとその発生する原因についてはより深い理解を必要とする。

しかし，一般的にギャンは，トレードを行う際にパターンと価格，時間の組み合わせを使用していたと言える。前にも述べたが，それらがトレーディングシステム構築にとって重要なギャン理論の構成要素なのである。価格と時間の分析にあたっては，それら以外にもギャンは関心と熟達ぶりを示しているが，私が本書の主要テーマとしてパターンと価格，時間を選んだのはそういう理由からである。

ギャン理論の根拠

振動（バイブレーション）の法則

かつてギャンは，インタビューに答えて，自分のトレーディングの秘密は商品相場の変動の理解にあると述べたことがある。ギャンの言う「振動（バイブレーション）の法則」が，商品相場の上昇，下落の周期的な反復の理由を説明している。次の引用はこの点についてより詳細に述べたギャン自身の文章である(注)。

「商品や株価が周期的に上昇，下落を繰り返していることに，私はすぐに気がついた。相場変動の根底には自然の法則が働いているに違いない，というのがその結論だった。すでに知られている科学を徹底的に調査，研究した結果，私は『振動の法則』を発見した。これによって私は，一定の時間内にどの銘柄がどこまで上昇，または下落するかを正確に推定できるようになった。この法則に従って計算すると，ウォール街が気づくよりもずっと先に物事の原因を特

（注）　*The W.D.Gann Technical Review*（vol.1, no.11, 1982）１ページより。

定し，その結果を予測することができるのである。大半の投資家は，結果だけに注目してその原因を無視すれば損をするという事実を，自ら証明している」

「私が相場に適用している『振動の法則』をうまく説明するような概念を，ここに提示することは不可能だが，それが無線の電信電話や蓄音機が基礎としているのと同じ基本的な法則だといえば，門外漢でもある程度を把握することができるだろう」

「相場の歴史を遠くまで遡り，大量の関連統計を調べれば，ある種の法則が株式価値の変動を司っており，またこれらの変動のすべての背後に，周期律あるいはサイクルの法則が存在していることがすぐに理解できよう。それらを観察すれば，規則的に『取引』が非常に活発な時期が訪れ，続いて不活発な時期が伴っているのがわかる。ヘンリー・ホール氏は最近の著書で，『繁栄と不況の周期』に対して大きなページを割き，規則的な時間間隔での反復があるのを発見した。私の適用している法則は，これらの長期のサイクルや価格の急変動だけでなく，株価の毎日あるいは１時間単位での変動の情報を与えてくれる。個別株式の正確な振動を知ることにより，それらがどの水準で支えられ，どの水準で最大の抵抗に突き当たることになるのか，あらかじめ特定することができるのである」

「相場のごく近くにいる人々は，それが潮の干満あるいは株価の騰落によく似ていることに気づかれただろう。株式はある時期に非常に活発に動き，売買高が急増する。それ以外の時，この銘柄の動きはほとんどなく，売買高は非常に低水準である。私は『振動の法則』がこれらの状況を司っているのを発見した。この法則のある側面は上昇局面で作用し，まったく別の側面が下落局面で働いているのである」

「株価自体がその背後にある力に対して調和的または非調和的な関係にあることを，私は発見した。このような動きの秘密はすべて目に見える。私はこの技法によって，個々の銘柄の振動を予測できるだけでなく，多くの場合，各銘柄に対し時間価値を考慮に入れることによって，与えられた環境のもとでどのように動くかを正確に予想できる」

「相場トレンドを特定できる能力は，個々の銘柄の性質に対する知識と固有の振動比率を持つ銘柄群に分類する能力に基づいている。株式は電子や原子，分子によく似ており，振動の基本法則に反応して動く際に，必ずそれぞれの個性に応じて動くのである。科学は，『いかなる種類の最初の衝撃の力も，周期的，律動的な動きに分解することができ』，また，『振り子が必ず元の位置に戻ってくるように，月が軌道に乗って動くように，また毎年春になるとバラの花が咲くように，ある物質の特性はある原子の動きが強まるとともに周期的に繰り返される』と教えている」

「長年の調査，研究，実証のためのテストの結果，さまざまな株式それ自体が変動しているだけでなく，それらの動きを司っている背後の力自体も振動していることが判明した。これらの振動する力の存在は，それらが市場の中で株式やそれらの価値に発生させている動きによってのみ察知される。すべての大きなスイングや市場変動が周期的であることから，それらが周期律に従って動いていると言える」

「もしわれわれが投機の失敗から免れたいと望むなら，真剣に『原因』と取り組む必要がある。万物はすべて正確かつ完全な調和均衡と関係性に基づいている。そうでないものは存在しえない。すべての存在の根底には最高度の数学的原理が働いているからである。ファラデーは『宇宙に数学的な力が作用しないところは存在しない』と述べている」

「すべての株式は振動の法則に従い，市場において速度，出来高，方向に関して，固有の活動範囲を動いている。これらの進展におけるすべての基本的性質は，個々の銘柄の振動の比率によって異なっている。株式は原子と同様，まさしくエネルギーの中核であり，それゆえ数学的に支配されているのである。株式はそれぞれの動きと力について固有の『場』を創出する。この力は物を引き寄せたりはね返したりし，なぜある銘柄が相場全体をリードしたり，逆に死んだように動かなくなってしまうかを原理的に説明している。したがって，科学的に投機をしようというのなら，絶対に自然の法則に従わなくてはならない。何年にもわたる辛抱強い研究の末に，振動こそが相場のすべての局面と状況を説明しているという，私自身が十分納得でき，他の人への証明にも耐えうる結論に達した」

これらの情報は，W．D．ギャンがいかにしてそのテクニックを考案するに至ったかを理解するうえで役に立つ。しかし，その内容は本書で扱う範囲を超えており，単に裏付け資料として読まれるべきである。私は本書を，ギャンの言う相場変動の原理が正しいと思って書いている。振動の法則の存在を証明する方法については説明したいとは思わない。それよりも，ギャンが現実のトレードに利用したテクニックの利用法について解説したほうがよほど有益である。すなわち，私はサイクルと振動の存在を当然の前提としているが，今の段階ではそれらの存在や，株式や商品の価格変動においてそれらの影響があることを証明するつもりはないということである。

数　学

ギャンは類まれな数学者で，数字と数の理論，および数列の研究家であった。それゆえ，ギャン理論はしばしば自然の法則と数学に基づいていると言われる。

時間は地球の自転に伴って進行している。時間はまた数字と数列で計測，表示され，相場の上下も数字で表現されるため，なぜギャンが数字と数の理論および数学に強い関心を抱いたかが理解できる。そして，覚えておいてほしい。ギャンの時代にはパソコンはおろか，電卓などの計算機も存在しなかったことを。使っていたのは鉛筆だけだったのである。

ギャンの手法は，自ら述べているように自然と数学の法則に基づいている。しかし，何年もの間，ギャンはその技法の一部たりとも他人に明かそうとはしなかった。その手法は自然の法則に基づいてはいるが，その背後にある理論は数学に拠っていた。価格と時間は数学的に，つまり数字で表現されているので，ギャンのシステムは数字と数列を含んでいる。ギャンは大昔まで遡って研究し，インドに行ってヒンドゥー教以前の時代の記録や哲学だけでなく，当時の古文書まで調べたことがあるとも語っている。

その著作物を研究すると，ギャンの技法ではいくつかの数字が重要な位置を占めていることに気づく。なかでも，16，25，36，49，64，121，144などの平方数が重要だったようだ。相場では値幅が価格と時間の面でこれらの平方数付近で敏感に反応し，特有のパターンを描くとギャンは考えていた。たとえば，ある商品の上昇相場では，安値から64セントまたは64日目付近で相場に転機が訪れる可能性が高いと考えたのである。同様に，下落相場では高値から144ドル下または144週付近で支持に届く可能性が高いと考えた。このテクニックは他の技法と併用され，ギャンの分析ツールの主要な位置を占めるようになった。

重要な数字（キー・ナンバー）

ここまで読んでこられた読者の中には，ギャンの手法があまりに漠としており，大したことがないのではないかと思う向きもあろう。だが少しだけ待ってほしい。ギャンは宗教的あるいは精神的，歴史的，はたまた物理的など複数の理由から，いくつかの数字を重視していた。ここでは，その理由が合理的か妥当な事実に基づいているか否かは大した問題ではない。重要なのは，それらを実際にトレーディングの基礎として用い，適切にトレーディング・システムに組み込むことができれば，うまく機能することである。

ギャンは数字やサイクルを多様かつ独特な方法で研究していた。研究の多くは数字の持つ特殊な意味と，それが相場変動にどんな意味を持っているかに焦点を当てていた。古代エジプトの記録やサイクルについての情報のほか，聖書の中で語られていたサイクルについても突っ込んだ研究を行っていた。記録によれば，古代エジプト人は7という数字を生命の永遠のシンボルと考えていた。7は時間とリズムを表すと考えられたので，サイクルの一巡を象徴する数字と受け止められた。この知識はギャンによって短期売買のための7日サイクル理論として使われている。

ギャンは，7の半分で聖書に何回も登場している3.5を重視した。たとえば，黙示録ではある女が３年半にわたり荒野に留め置かれたこと，ダニエルの42カ月の展望，幼少のキリストがエジプトに３年半隠されていたこと，キリストが大衆の指導に当たっていた期間も正確に３年半であったこと，などの記述がある。ギャンはこの情報を3.5日，週，月，年のサイクルの研究，検証に用い，そこから得られた知識をトレードに使った。

９という数字も重視した。福音書マタイ伝には９つの福音が登場しており，ギャンは９がキリストの使徒の修行の進展度合いが９段階となっているのに関係していると信じていた。宇宙を示す数字とみられる12も重視した。12はイスラエルの12部族，12使徒，占星術の12星座に繰り返し使用されていた。

このほか，ギャンが重要と考えた数字には以下のようなものがある。１年は365日からなり，同時に太陽が東半球から西半球を一周して完全に元の位置に戻るのに要する時間である。太陽の動きが地球の四季を作り出し，作物や天候に影響を与える。したがって，それがわれわれの生活に重大な影響を及ぼしている。この理由から30日サイクル，あるいは太陽周期が重要性を持っている。７については先に述べたこと以外にも，月の周期と絡んで重要である。

144もギャンが重視していた数字である。１日は1440分であり（小数点以下は無視），円周の360度の40％でもある。また12の平方数でもある。異なる科学の分野（数学，幾何学，物理学の周期など）に繰り返し登場する数字は，ギャンにとってきわめて重要であった。

数学を研究し，数字のパターンについて調査を進めた後で，ギャンは新しく獲得した知識を実践に応用する方法を発見しなければならなかった。これらの知識で武装して，ギャンは株式・商品市場に戻ってきた。そこでギャンは強固な数学的知識を適用したあと，市場が数学的法則と密接に結びついていると結論づけた。これによってギャンのトレーディング理論の開発が可能になった。つまり，相場の動きはパターン，価格，時間の動きに支配されているということなのである。

パターン

ギャン理論では，パターンは相場のスイング（価格の振れ）の研究として位置づけられている。つまり，相場がスイングトップを上抜くとトレンドが上方転換したとされ，スイングボトムを下抜くと下方転換したと認識されるのである。トレーダーはまた，スイングチャートからトレンドの規模と持続性についての情報を得ることができる。これが，価格すなわち相場の規模と，時間すなわち期間がパターンと関係しているゆえんである。しかも，トレーダーはスイングチャート上に現れたパターンを分析することにより，その相場の特徴を把握することもできる。たとえばあるチャートが，相場がダブルトップ，ダブルボトムを付ける傾向を示していたとすると，それは次の高値，安値のメドとともに，直前の高値，安値にバランスした動きが起こりやすいことを教えてくれる。

価　　格

ギャン理論における価格分析は，スイングチャートによる目標値，アングル，およびパーセンテージ・リトレースメントから成り立っている。

スイングチャートによる目標値

スイングチャートが完成すると，投資家は将来の高値，安値を推測するための重要な価格の情報を得ることができる。これらの価格は「価格のバランスポイント」と呼ばれる。たとえば，スイングチャートが最近の相場が高値を付ける時に大体7-10セントの上昇を見せるとわかった場合，次の上昇相場は直前の安値から7-10セント上がると予測することができる。逆に，相場が高値から10-12セント下押す傾向が現れた場合，次の高値から10-12セントの下げがあると予想できる。もしスイングが過去のスイングと同じ規模であれば，相場はバランスしていると言える。

アングル

ジオメトリック（幾何学的）アングルも，ギャンのトレーディング手法のうちで重要な位置を占めるものである。相場は構造と機能において幾何学的であり，チャート上では幾何学の法則に従った動きを見せる。ギャンはチャートを作る際に，調和的な関係を持たせるため，それぞれの市場に適切な目盛りを用いるよう強調している。それゆえギャン自身も，幾何学的デザインや公式に則った価格の目盛りを使用している。ギャンが最もよく使用したのが45度のアングルで，これにより重要な価格と時間の範囲を分割していた。このアングルは１時間単位に対して１価格単位の変化を示しているため，通常「１×１（ワンバイワン）」と呼ばれる。ギャンはこのほか「１×２」，「２×１」などの比率を持つジオメトリックアングルも使用した。前者は２時間単位当たり１価格単位の変化を，後者は１時間単位当たり２価格単位の変化を意味している。これらのアングルはサポート，レジスタンスを指示しているため，いずれも重要である。これらのアングルは相場の方向性と値動きの速度を数値で示唆する。将来相場がどの辺にあるか，いつ頃どんな価格水準にあるかを予測するうえで，それらをすべて知っておく必要がある。

パーセンテージ・リトレースメント・ポイント

価格が時間とともにどの水準に位置するかをギャンアングルが教えてくれるのと同様，パーセンテージ・リトレースメント・ポイントは，相場がある価格レンジの範囲内を動いている間の固定的なサポートとレジスタンス水準を指示してくれる。大半の相場の動きはその50％を戻す（半値戻し）などの，広く知られたパーセンテージ・リトレースメントのルールを創出した人物としても，ギャンは知られている。リトレースメントは50％が最も頻繁に起きるが，このほか25％，75％もよく用いられる。

トレーダーがスイングチャート・バランスポイント，ギャンアングル，パーセンテージ・リトレースメントなどの価格指標を用いて，支持と抵抗のポイントをわきまえていればきっと成功するはずだ，とギャンは考えていた。しかし本質的には，トレーダーはこれらのうち２つの組み合わせによって示された支持と抵抗を用いると，最もうまくいく。たとえば大底からスタートした上昇１×１と，高値からの下げ幅の50％リトレースメントは，それぞれ強力なサポートを提供するが，チャート上でこれらが交差していた場合，最も強力なサポートになると判断できるのである。

時　　間

ギャンによれば相場に最も強い影響を与えているものは時間である。なぜなら時間が満了になると，相場のトレンドが変わってしまうからだ。ギャンは時間の計測に当たって，スイングチャート，アニバーサリー・デート，サイクル，価格のスクエアを用いた。

スイングチャート・タイミング

正しく作成されたスイングチャートは，その値動きの継続時間に対して有益な情報を与えてくれる。この情報は直近の安値からの上昇期間と，直近の高値からの下落期間を推測するのに用いる。スイングチャート・タイミングの前提は，相場のパターンは繰り返されるということである。したがって過去の上げ相場，下げ相場の期間の記録を取っておくことが必要である。あるスイング（訳注：スイングとは，トレンドよりも短い時間における価格の一方的な動き）の高値，安値が形成されると，トレーダーはそれらの情報を利用して現在進行中のスイングの最低および最長持続期間を予想するのである。基本前提となるのは，価格のスイングは直前のスイングに要した時間と均衡するということである。しかし，強力な上げ相場では上げの持続期間は直前の下げ期間より長く，上げ幅も以前の上げと同等以上になる。逆に強力な下げ相場では下げの持続期間は直前の上げ期間より長く，下げ幅も以前の下げと同等以上になる。

アニバーサリー・デート（記念日日付）

タイミング指標のうちギャンがよく使ったのは，「アニバーサリー・デート」という考え方である。この言葉は相場が過去に付けた重要な高値，安値の日付に由来する。この情報はいわば相場の季節性を意味しており，過去のアニバーサリー日付を作った動きがしばしば将来も繰り返されるという考えから来ている。アニバーサリー日付がある時期に集中していることは，ある市場で毎年ある時期に相場が最高値，および最安値を付ける傾向が非常に強いことを意味している。たとえばギャンは，自分が将来の小麦の高値，安値を予測するに当たって，12世紀の記録まで遡り，高値，安値の情報だけでなく，その日付まで研究したと述べている。アニバーサリー日付とそれら相互の間隔（高値と高値，高値から安値，安値と安値，安値から高値）は，この手法を実践するための基本的情報であった。これらの情報はギャンの分析にとって極めて重要なものとなり，タイムサイクルという，もう１つの市場分析アプローチに関連してくる。

サイクル

上に述べたように，ギャンは幾何学的な分析手法を編み出そうとしていた。アニバーサリー・デートを観察していて，ギャンは１年サイクルを発見した。幾何学の用語で言えば，１年は円の１周で360度である。相場の幾何学的関係を構築する際に，１年を４分割したものも重要だと考えた。この４分割は90日，180日，270日のサイクルである。１年サイクルおよびその分割サイクルを用いると，これらのうちいくつかが同じ時期に重なる（望ましくは３つ以上）時点を発見するだろう。このような日柄の集中するポイントを「タイムクラスター」と呼ぶ。このタイムクラスターは大天井や大底の発見に使用される。タイムサイクルはギャン理論の主要な部分を占めており，本格的に相場の予想を行おうとする場合，価格の指標と組み合わせて用いられる。

価格のレンジと時間によるスクエアリング(時間と価格の均衡)

時間と価格のスクエアリングは，ギャンの発見の中でも最も重要で価値あるものである。『トレーディング・コース』の講義で，ギャンは「もし皆さんがルールを厳守して，価格が時間によってスクエアされているか，また時間と価格が合致する時を常にチェックしていれば，高い確度で相場のトレンドの変化を予想できるだろう」と述べている。

価格と時間のスクエアリングとは，ある上昇または下落の値幅のポイント数と，それに要した時間の期間の数（日数，週数，月数など）が等しくなる（する）ということである。ギャンはトレーダーに対し，レンジすなわち安値と高値によってスクエアするように求めている。

レンジのスクエアリング

ギャンアングルがレンジの範囲内に引かれている時，アングルはトレーダーにスクエアリングの図解情報を提示していることになる。すなわち，ある市場でレンジが100ポイント，目盛りが１ポイントの時，安値から出発した１期間当たり１ポイント上昇するギャンアングルは，100期間後にレンジの上端に到達する。高値，安値，あるいはトレンドの転換は，期間中に時間と価格の均衡が起こった時に生じる。相場がレンジの範囲内で推移している間は，このサイクルが繰り返し起こる。

安値のスクエアリング

安値のスクエアリングとは，安値を付けた時期から，安値と均衡する期間が経過したことを意味する。これは安値から出発し上方に向かうアングルが，安値の価格と均衡する期間上昇した時に発生する。すなわち，ある市場で安値が100ポイント，目盛りが１ポイントの時，100期間の終了後に上昇中のギャンアングルが安値自身のスクエアに到達するのである。この地点での高値，安値，あるいはトレンドの転換に注意すること。安値が更新されない限り，相場は安値との均衡を維持し続ける。

安値のスクエアリングの図解は，ギャンが「ゼロアングル・チャート」と呼ぶチャートから見ることができる。このチャートは，安値を付けた時点の価格ゼロの地点から上昇アングルがスタートし，１期間当たり１時間単位ずつ上昇する傾向線を延長していく。このアングルが最初の安値の水準に到達した時，高値，安値，またはトレンド転換が生じる。

高値のスクエアリング

高値のスクエアリングとは，高値を付けた時期から，高値と均衡する期間が経過したことを意味する。これは高値から出発し下方に向かうアングルが，高値の価格と均衡する期間下降した時に発生する。すなわち，高値が500で目盛りが５の時，下降するギャンアングルは100期間の後に高値自身のスクエアに到達するのである。この地点での高値，安値，あるいはトレンドの転換に注意すること。高値が更新されない限り，相場は高値との均衡を維持し続ける。

高値のスクエアリングの図解も，ゼロアングル・チャートから見ることができる。このチャートは，高値を付けた時点の価格ゼロの地点から上昇アングルがスタートし，１期間当たり１時間単位ずつ上昇する傾向線を延長していく。このアングルが先ほどの高値の水準に到達した時，高値，安値，またはトレンド転換が生じる。

ギャン理論における時間の分析は，将来の高値，安値，トレンド転換を予想するために，トレーダーに相場のスイング，アニバーサリー・デート，サイクル，時間と価格のスクエアリングの研究を要求する。

以上に述べた時間の研究は，トレーダーに実際のチャートからデータを引き出すよう求めているが，これらの分析の基盤の大きな部分がギャンの金融占星術の基礎研究と，独自に編み出したマスターチャートに由来しているのである。次節では，これら２つのテクニックの組み合わせが述べられている。

価格と時間の高等テクニック

自然のサイクルと金融占星術

本書ではほとんどの伝統的な時間分析の技法が取り上げられているが，ギャンが時間分析で重視していた技法は自然のサイクルの研究である。自然のサイクルは人為的に変えることができない。たとえば過去の値動きから28日サイクルの存在が発見されたとしても，もともと月のサイクルによって14日間のサイクルが発生しているのである。より多くのデータが利用可能になることで修正，変更されるサイクルもありうるが，月のサイクルは変えようがない。月の法則は自然の法則に従っているので，月の位置は遠い将来でも予測することができる。ギャンにとっては，月，太陽，惑星の自然のサイクルが織りなす時間の分割が極めて重要であった。たとえばギャンの30日サイクルは太陽の周期に基づいており，12年，84年サイクルはそれぞれ木星と土星の周期に基づいている。

自然のサイクルとその起源，それらの相場に与える影響について研究を進めていったギャンは，金融占星術に基づくトレーディングシステムを構築するに至った。金融占星術とは，惑星やそれら相互のなす現象が商品や株式市場にどのような影響を及ぼすかについての研究である。金融占星術師は惑星の影響が強気相場や弱気相場を起こす原因であると信じている。

ギャンはしばしば自身の予測技法には何ら不可思議なものは存在しないと述べたと言われる。もし正確なデータを与えられ，サイクルの理論や幾何，代数を利用できるとすれば，ある出来事がいつ起きるか予測できると，ギャンは主張していたという。これは結局のところ，占星術師の物言いである。ギャンが著作物の多くにギリシャ人と同様の意味でサイクルという言葉を用いていたことも注目される（ギリシャ人はサイクルをサークル，すなわち円という意味で用いたが，これは現代では占星術の用語である）。占星術師は数学，幾何学，代数学を月や惑星の位置を割り出すために使用し，それらの相互の位置関係によってどんな出来事があったかを研究しているが，そのような計算を未来の出来事の予測にも活用している。

何年にもわたってギャンは，翌年の相場を予想するチャート（アニュアル・フォーカスト）を作成していたが，これらの予想には明らかに金融占星術が用いられていた。そこでは具体的な価格とそれを付ける日付ばかりでなく，いつ頃その値段を付けるかまで記されていた。

金融占星術の根底にある原理は，惑星や月，太陽の軌道や運行，それらの集合が人間の心理や行動，出来事に影響を及ぼし，とくに商品や株式市況のサイクルにこれらの動きが強く影響しているというものである。これらの総体が金融占星術の意味するところである。金融占星術について判断を差し控えたい読者もあろうが，ギャンはこの分野のエキスパートであり，完全にそれに傾倒しており，売買成果を向上させる手段としても使用していたのである。

ギャン自身は，金融占星術を使用していることについては公表するのを注意深く避けていた。公表した場合，それが世間の不評を買い，自分自身の名誉ばかりかブローカーやアドバイザーとしての業務に支障をきたす恐れがあることを懸念していたからである。

間違いなくギャンは金融占星術の世界に新しい地平を切り開いたと言える。大方の占星術師が惑星間の角度や継続時間の分析にとどまっているのに対し，ギャンはその角度を価格に変換し，それによって支持と抵抗のポイントを割り出す手法を開発したのである。これは金融占星術における革新であり，なぜギャンが株価が高値と安値の８分の１の地点まで達すると予言できたかの理由を説明するものと言える。読者の皆さんは，なぜギャンが超長期の予想から，１分単位の予想まで行うことができたかを知る手がかりを得たことになる。

占星術の研究は，必ずしも信じる必要のあるものではないが，ギャンの予測テクニックを向上させるうえで重要な役割を果たしたことに変わりはない。私の説明よりも，次の引用の方が，ギャンが金融占星術をどのように価格と時間の分析およびトレーディングシステムに変換させたかについて多くのことを語ってくれるだろう。この引用では珍しく，通常ギャンが占星術に基づく表現をマーケットの言葉に置き換えて表現しているのとは異なり，占星術特有の用語を用いて説明している(注)。

最初の段落では，惑星間の角度を支持と抵抗の価格に変換する方法が説明されている。

「…67（セント）に90度を足すと157度，すなわち乙女座の７度を得る。135度を足すと202度，すなわち天秤座の22度を得る。120（訳注，60の誤り）度を足すと127度，すなわち獅子座の７度を得る。180度を足すと247度，すなわち射手座の７度を得る。225度を足すと292度，すなわち山羊座の22度を得る。240度を足すと307度，すなわち水瓶座の７度を得る。270度を足すと337度，すなわち魚座の７度を得る。315度を足すと382度，すなわち牡羊座の７度を得る。360度を足すと427度，すなわち双子座の７度を得る。274.25を足すと438.25を得る（訳注，突然元の数が167に変わっている）。５月の大豆の高値は436.75だった。この高値の後の安値の頂点は202.5だった。67足す125（訳注，135の誤り）が202であることに注意。また202.5は405の２分の１である。さらに180足す22.5が 202.5である。以上が５月物大豆が201.5で安値を付けた数学的根拠である。

上記の価格水準はいずれも日，週，月の日柄から測定されたものであり，これらの価格水準で日柄が到来した場合，トレンド転換の重要なポイントとなる。とくに高値と安値のジオメトリック・アングルによって確認された場合には，その可能性が強まる」

（注）「大豆の価格抵抗水準」と題されたギャンの書簡より。原文は『W．D．ギャン・コモディティーコース』からの引用だが，その後この文はコースから削除されている。

ここでは，ギャンは太陽の黄道上の位置によって支持，抵抗の水準を割り出している。次の引用では，ギャンは主要惑星の黄道上の位置によって支持と抵抗を定めている。

有効な角度と度数

「価格とタイムピリオドは，存続中で有効な惑星の角度によって示される。すなわち主要な惑星がどの位置にあるか，あるいはこれらの惑星相互がスクエア（90度），トライアングル（120度），オポジション（180度）などの角度を形成するのはどこか，ということである。

太陽中心および地球中心で計測した主要６惑星の平均が，時間と価格の抵抗にとって最も重要である。次いで６惑星から火星を除いた５惑星の太陽中心で見た平均が重要であり，常にチェックする必要がある。

読者は，太陽の周りを運行する８惑星の平均を計算すべきである。というのはこれが最も重要な「奇数のスクエア（２乗）」であるからだ。「１」の２乗は１であり，「１」は太陽を意味する。「１」に８を加えると９になるが，これは３の２乗であり，時間と価格にとって重要な，最初の完全な奇数のスクエアである。

存続中で有効な角度の例：この原稿を書いている1954年１月18日現在，地球から見た土星の位置は蠍座の８度から９度にかけてである。これに（占星術でいう）スクエアすなわち90度を足すと，水瓶座の８度から９度を得る。これは５月物の大豆の価格では308から309セントに相当する。

木星は双子座の21度にあるが，これは９のスクエアである黄経０度（訳注：春分点すなわち牡羊座の０度）から81度の位置にある。木星から135度を引くと306度，すなわち水瓶座の６度を得る。これが大豆相場が 306から311.25の間で何度も抵抗に出合った理由である。価格の抵抗は，これらの角度や価格付近で強力になり，日，週，月のジオメトリック・アングルも現れている。しかし，これらの価格抵抗水準の時間が計算される土星と木星の角度の力こそが，大豆の上昇を妨げていたものである。

実例：1953年12月２日，５月物大豆の高値は311.25だった。これは魚座の18度45分に相当する。これはスクエア（黄経０度）に近く，木星から90度，土星から135度，惑星平均値から180度，天王星から120度の位置にある。

価格の300セントは乙女座の30度に当たる。302は天秤座の30度である。304は蠍座の30度である。1954年１月18日において，地球から見た土星の位置は蠍座の８度30分であり，蠍座の15度は価格の303に相当する。したがって大豆が302に下落したなら土星の経度が示すようにさらに下がることを意味している。同時に，地球が太陽を一周する周期が365.25であるのを用いると，308.5という価格は土星に対しスクエアになる90度の位置である。価格が308.5以下である限り，相場はスクエアの域内で，まだ下に行きやすい場所にあると言える。しかし，24回目の周期までに価格は304を割り込んで，弱気の星座とされる蠍座で弱気シグナルを発した。

これまで５月物大豆についてやったように，すべての商品の先物を研究，分析してみよ。これらの抵抗ポイントに届いた時には，天井や底値を付けてトレンドの転換が確認できるまで，十分な時間の余裕を与えなければならない。推測をせずに，これらの抵抗水準による明瞭な売り，買いのシグナルの発現を待つこと。そしてストップロス・オーダーを出すこと。以上に述べたようなことを全部知っていれば，読者はきっと1953年12月２日に５月物大豆を売りにいったであろう。そして12月17日に296で買い戻しをしていたはずである。その価格は月足の高値・安値のチャートで44から発した45度のアングルまで下がっていたからである」

経験を積んだ占星術師やトレーダーにとっては，これらの引用はパターンと価格，時間の重要な関係を知らせてくれるものである。しかも，これらは金融占星術を有効なトレーディングツールとして使っているとはいえ，トレーダーは伝統的なチャートテクニックを放棄すべきではなく，両者を併用すべきことを教えている。たとえば，占星術の知識は惑星間の角度を相場に置き換えるために必要であるが，テクニカル分析の知識はチャートを描き，天井と底を示し，支持と抵抗を見つけ，ストップオーダーを置くために必要なのである。これらの情報すべてについていくのは複雑すぎると思えるかもしれないが，各文章を貫いているテーマがパターン，価格，時間であることを忘れてはならない。

マスターチャート

研究とトレーディングには膨大な時間がかかる。とくにギャンの時代は，チャート作成をすべて手作業でやらなければならなかったのでなおさらである。同時にギャンは，普遍的で永久に使用できるパターン，価格，時間のチャートを開発することで，自分の分析をよりシンプルなものにする必要性を感じていた。これがマスターチャートを考案するきっかけとなった動機である。

何年もかかって，ギャンは多数のマスターチャートを作成した。その中には「９のスクエア」，「４のスクエア」，「マスター360度チャート」などが含まれる。これらのチャートにはギャンの価格と時間のテクニックの神髄が盛り込まれており，それによってギャンは簡単，迅速に相場の予測を行うことができた。マスターチャートは永遠に使用可能であり，円周，正方形，螺旋などの形で，価格，時間，出来高について，自然が持つ角度と恒久的な抵抗ポイントを最もよく表現することができる。これらのチャートをギャンがトレードに用いたのは晩年のことだと言われているが，『マスター・エッグコース』はギャンがどのようにマスターチャートを伝統的なバーチャートと併用していたかを示している。

これらのチャートはギャンの業績を代表するものと思われるが，それゆえ，より伝統的なギャンの分析ツールを熟知するまでは使用すべきでないことを一言注意しておきたい。マスターチャートの使用法を修得するためには深い学習と研究の積み重ねが必要であり，それは本書の役割をはるかに超えるものである。付け加えれば，マスターチャートはギャンの『トレーディングコース』で入手可能である。

ギャン理論とトレーディングへの応用

ギャン理論は価格と時間は必ず均衡するという原則に拠っている。市場は絶えず変化しうる状態にあって，実際に変動しやすく，時に非常に大きな動きを見せる。ギャン理論はこれらの動きには秩序があると主張する。こうした動きを分析する適切なツールを利用して，将来の動きを正確に予測できるという。

均衡するポイントの発見が，将来の価格や値動きを予告するのに必要である。ギャンはこのようなバランスポイントの発見を助ける多数の手法を開発した。バランスポイントを発見するための最初の手法は，スイングチャートによって生み出されるパターンに基づくものである。それに続く手法がアングルと，価格と時間のスクエアリングであった。第３の手法は時間を用いている。

完全な市場とは常に均衡しているものだが，それは面白みがないということでもある。なぜなら大きな動きは時間が価格に先行していたり，価格が時間に先行していたりするものだからである。ギャンの多様な分析ツールを正しく利用すれば，大きな動きがいつ頃発生しやすいのか判定するのを助けてくれる。

これまで説明してきたギャン理論は，果たしてトレーディングに適用することができるのだろうか。最初のステップはパターン，価格，時間の分析という概念を正しく表現したチャートを作成することである。第２のステップは，スイングチャートすなわち相場の上昇，下落の大きさと持続期間を分析する手がかりを与えてくれるトレンド・インディケーター・チャートを作成することである。第３のステップは，スイングチャートによって導かれる情報を用いて，将来の価格と時間のターゲットを予測することである。予想だけでなく，このチャートは相場のトレンドを判定するのにも使うことができる。

スイングチャートの形でパターンの分析がなされた段階で，トレーダーはギャンアングル・チャートの作成という第４の段階に進む。スイングチャートによって発見された高値と安値を用いて，トレーダーは適切な目盛りに基づいた安値から上昇する，あるいは高値から下降するジオメトリック・アングルを正しく引くことができる。これらのアングルは一定の比率で進行するので，トレーダーはこれらのアングルを支持線，抵抗線として用いる。また，将来の価格の方向とあるべき価格水準の予想を試みることができる。

パーセンテージ・リトレースメント水準も，スイングチャートによって得られる情報から導かれる。スイングチャートのそれぞれの高値と安値の組み合わせがレンジを形成する。レンジ内に引かれる何本ものパーセンテージ・リトレースメント水準のうち，最も重要でかつ強力なのは50％水準のものである。第５のステップは，主要なレンジの内側にパーセンテージ・リトレースメント水準を描くことである。この段階でトレーダーは現在の価格とパーセンテージ水準との比較により，相場の強弱を判定することができる。たとえば，強い相場のもとでは価格は50％水準よりも上方で推移するはずであり，弱い相場では50％以下の水準で推移するものである。

その後，第6のステップで相場における時間の研究が行われる。トレーダーは過去のチャートから，将来の高値，安値を知る手がかりとなるアニバーサリー・デートやサイクルを検討する。またスイングチャートは，それぞれの上昇，下落の波動の持続期間や値幅によって，将来の高値や安値の時期を予測するのに使用される。ギャンアングル・チャートは時間と価格がいつ均衡するかを予測するのに用いられる。ここでは，パーセンテージ・リトレースメントは，現在の価格レンジを分割されるのに用いられる。この場合も50％水準が最も重要である。

第7段階では，パターン，価格，時間のチャートから得られた情報を統合し，トレーディング戦略が策定される。このステップが最も重要である。なぜなら，この段階で3つのチャートが関連していることが示されるからである。たとえば，スイングチャートはいつトレンドが転換するかを教える。もしトレンドが上方に転換したならば，トレーダーは今度の上げの値幅と持続期間を知るために，これまでの上昇波動を研究するだろう。スイングチャートの底値から引かれたギャンアングルは，トレーダーに一定の速さで上昇する上向きの支持線を教えてくれる。さらにギャンアングル・チャートは，アングルの示す速度で相場が進行していった場合，目標値に到達するのに必要な時間を教えてくれる。50％の価格水準は今の相場がその上方にある時はサポートとして，下方にある時はレジスタンスとして働く。チャート上で起こる最も強力なポイントは，上昇中のギャンアングルと50％水準が交差した地点である。最後に，時間のインディケーターが使用される。これはアニバーサリー・デートやサイクルにより，過去にも同様な動きが起こっているので，上値の目標が達成可能であるといったことを確認するために用いられる。

パターン，価格，時間を組み合わせることで，トレーディング戦略を策定することができる。この戦略はチャートのある地点で時間と価格のバランスが達成されるという原則に基づいている。3つの分析手法がチャート上にその情報を提示するのであるから，それらを正しく使いこなせないと，トレーダーにとって価値ある情報は失われてしまう。これこそギャン理論の真髄であり，相場に秩序があると主張するゆえんである。適切なツールを用いなければチャートは読めないのである。

第3章　チャートの基礎

本書では，チャートを何度も参照する必要が出てくる。読者の皆さんはやがて，ある種のチャートが他のものよりも重要であることに気づくだろう。それこそが私の狙いである。すなわち，紙数の許す限りいろいろなタイプのチャートを見てもらい，それらを識別できるようになってほしいのである。それはトレーダーにとってある種のチャートが他のものより「読みやすい」からだ。このような好みは多分に心理的なもので，おそらく個人の思考プロセスに起因すると考えられる。チャート自体は相場の動きから作られており，オシレーターや移動平均によるものではない。これらのチャートではときどき相場で生じる重要な動きがスムージングアウトされてしまうからである。前にも述べたように，われわれのメインテーマは価格，時間とパターンである。チャートを提示または分析する場合，これらの3点に注意を向けるために参照する必要が出てくるのである。スイングチャートに含まれる重要情報を取り上げるトレーダーもいれば，ギャンアングルを使いやすいと考えるトレーダーもいる。一方，これらのチャートの組み合わせによって得られた情報を利用できる人はほんの一握りでしかない。しかし，これらのチャートが難解すぎると感じられたとしても，皆さんはきっとこれらのチャートがテクニカル分析に必須のツールだと思うはずである。

チャートは先物市場のアナリストにとって不可欠のツールである。医者が複雑な医療行為の際に特殊な機器を使い，法律家が法律書と法廷手続きに頼り，建築家が巨大な建造物を構想する際に様式と構造を用いるのと同様に，チャーチストは先物市場を正しく分析し，予測し，トレードするために必要な道具を持たねばならない。

ギャンフォーマット・チャート

テクニカル分析に使用される主要なチャートは，始値，高値，安値，終値の情報を含んでいなくてはならない。これらのチャートは単純なバーチャートでもギャン流のチャート，すなわち図3.1のように，レンジを示す縦の線に，高値と安値のところで左側に突起があり，始値は点で，終値はより短い突起を縦線の左側に表示するものであってもかまわない。どちらの情報も同じものが含まれているが，チャート分析は見る人の認識に多く依存するものなので，一方を他方より好むチャーチストもいる。

目盛り

チャートの目盛りは，単位時間における価格変動の表現の敏感さにかかわってくるため，価格と時間のチャート表現において極めて重要である。価格と時間，あるいはギャンフォーマット・チャートは，横軸，縦軸の１単位の移動が正確に１対１の比率でなければならない。たとえば，ギャン自身は１インチ四方ごとに８または12の格子を施したチャートを好んで用いた。こうすることにより，高値と安値からのギャンアングルを引くために必要な正方形の表示が可能になる。この種のチャートでは，ある正方形の一隅からその対角に斜線を引けば，正確にその正方形を二分しながら45度のアングルが引ける。

もし皆さんが「ギャントレーダー２」のソフトを持っておらず，また手書き

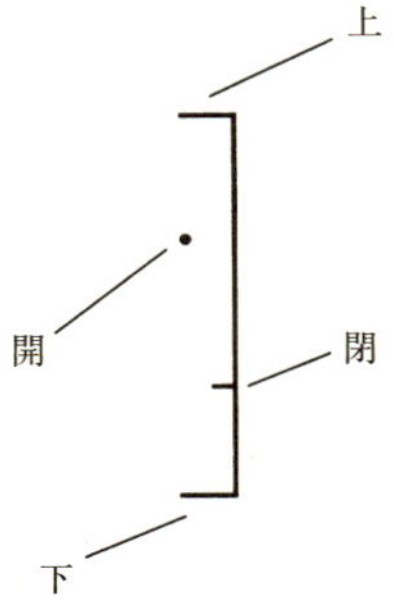

図3.1　**ギャンフォーマットのチャート**

でチャートを書きたいというのでなければ，別のチャート作成ソフトを使う必要がある。それらのチャートでは，画面の形状が長方形であるため，しばしばギャンの分析に問題が生じる場合がある。オメガ・スーパーチャート（図3.3）やオメガ・トレードステーションなどのソフトを利用する場合には，分析対象のマーケットについて正しい時間と価格の関係が表示されるよう調整する必要がある。たとえば大豆は１日当たり１セントで，米国国債（Tボンド）は１日当たり32分の４ポイントで表示するのがよい。正方形のチャートでは高値や安値からギャンアングルを引くと自動的に45度となるが，正方形でないチャートに高値や安値から45度の角度で線を引いても正しいポイントを表示しないアングルを描くことになる。こうなってしまうと，トレーダーは正確な予測を行うことはおろか，正しい支持と抵抗のポイントを見いだすこともできなくなる。

大きさ

往々にして小さなチャートでは重要な支持と抵抗のポイントが小さいエリアに詰め込まれ，チャートパターンを正しく表せない。たいていのチャート用ソフトは特定の部分を拡大する機能を備えているが，通常それを実行するためには何ステップかの煩雑な作業を必要とする。これがギャン理論に基づいた時間と価格のチャートを作成するうえで，コンピュータの電源を切って紙に描くのが最善と考える理由の１つである。毎日，毎週，毎月，チャートを手で書き足していくのは時間のかかる作業だが，そうすることでチャートから将来に及ぶ支持と抵抗を予測する能力が与えられることは，作業に要した時間に勝るものである。

それゆえ，大判のチャートは必需品である。最近のものだけでなく，関係しそうなアングルはすべてチャートに表示しておく必要がある。なぜなら過去の高値や安値からのアングルが，しばしば現在の相場に影響することがあるからだ。また，最近の高値や安値から引いたアングルだけでは，アナリストは支持と抵抗を正確に把握できない。それだけでは過去の高安からのアングルの密集するポイントを見失うおそれがあるからである。もし関連するアングルをすべて見ることができなければ，アナリストは実は強力な支持や抵抗であるポイントを弱いポイントと見誤ってしまうかもしれない。

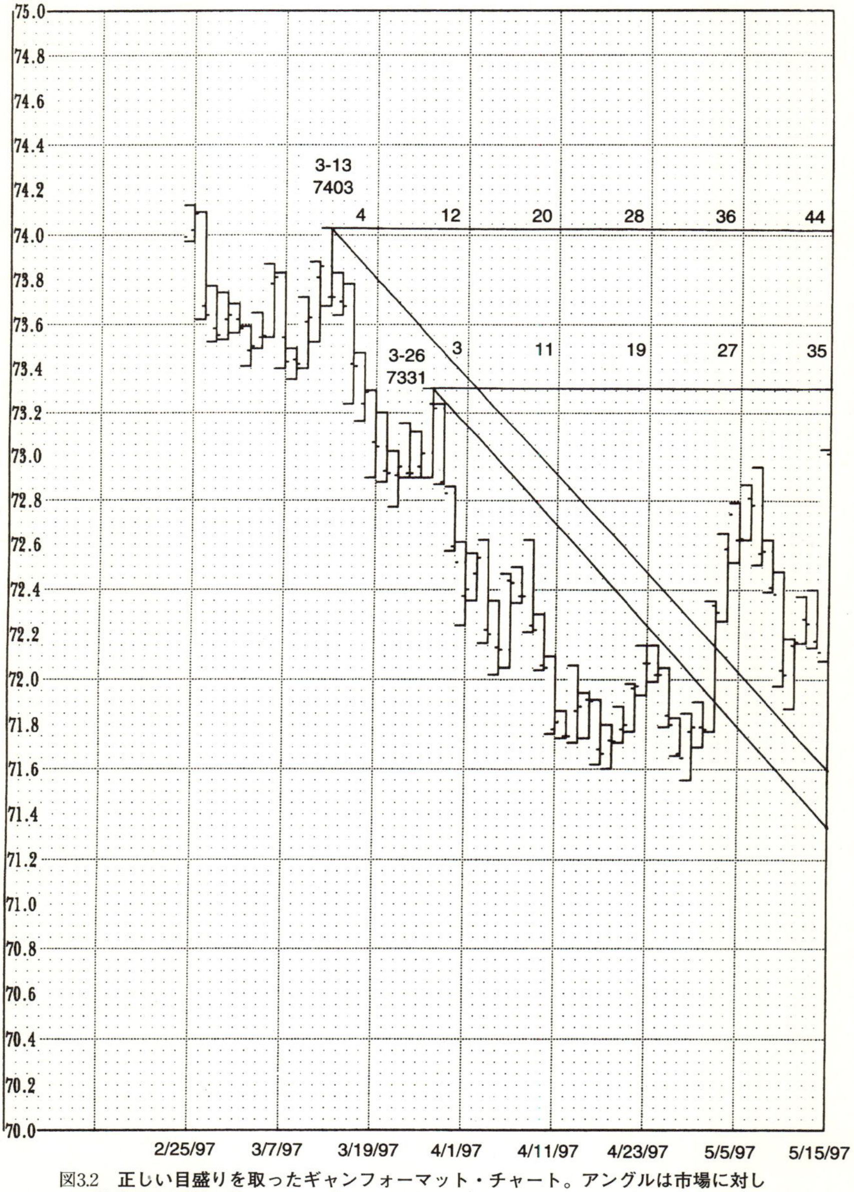

図3.2　**正しい目盛りを取ったギャンフォーマット・チャート。アングルは市場に対して数学的な関係を持っている**（訳注：厳密にはこの図は正しくない）。

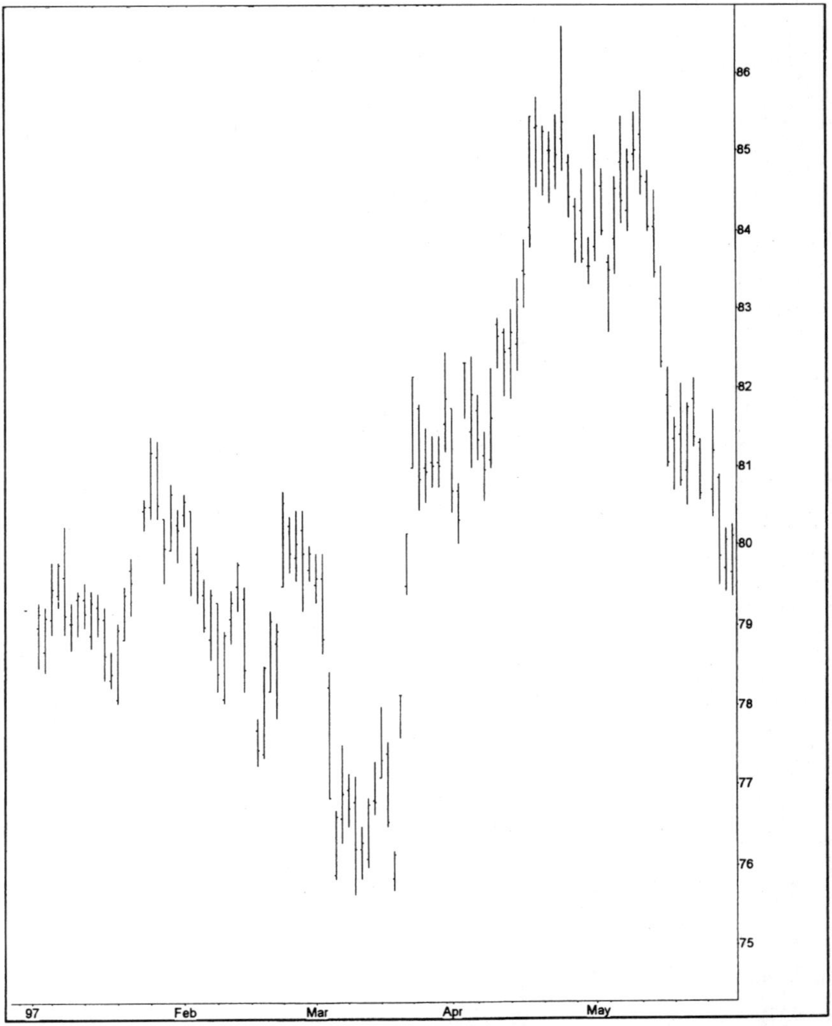

図3.3　**横軸を詰めた縮尺ではギャン理論の分析が困難になる（チャートはオメガリサーチのスーパーチャートで作成）。**

正しいチャートの作成

長期のチャートを作成する際には，チャートの形式によって差が生じることを知っておかなければならない。ギャンは長期のチャートを正しく作ることの重要性を強調した。たとえば，通常の期近物を連続させてチャートを作るのではなく，年度の違う同一の限月を連続させたチャートを作るよう勧めている。すなわち1995年11月物の大豆が満期を迎えたなら，長期チャートに96年11月物を連続させ，それ以降満期を迎えた際には同様の処理を行え，というのである。この方法は11月物の後には翌年１月物，さらにその後は３月物を接続するという通常の方法とは異なる。

このような長期チャート作成法は，同一の契約限月のチャートにおける高値と安値の数学的関係を維持するためのものである。さらに，この方法を使えば，相場商品でしばしば生じる旧穀と新穀の混合による大きな価格ギャップを避けることができる。同一限月による連続チャートでも大きな価格ギャップが現れることはあるが，その場合でも，たとえば歴史的高値や安値の50%リトレースメント付近で売買が開始されるなど，その契約限月に独特な注目すべきポイントを示してくれるのである。チャート上で大天井と大底は，同限月のチャートでは確認されずに，近傍の限月で発生していたかもしれない。相場を期近限月で連続するのでなく，同一限月同士を連続させてチャートに表現すると，特定の限月において発生した歴史的高値や安値の比較がより簡単になり，同時にサイクルやスイングでのトレードも容易になる。

もっとも，私のやり方はギャン自身のものとは少し違う。私が研究した結果では，このようなやり方は長期の相場観測には有効であっても，短期売買には不要である。市場参加者の大半が注目しているのは中心限月の価格動向だからである。しかも，ギャンが売買していた当時にはデータが少なく，個々の限月が売買されたのは満期に近い３～６カ月に限られていた。今日，トレーダーはほとんどの限月について売買が活発化するずっと前の，２年以上のギャンフォーマット・チャートを作ることができる。ギャンの言うように，前の期間のデータを接続すると，価値ある情報が失われることがある。調査したところ，個別限月の売買開始からの月足，週足，日足チャートは，大勢トレンドや主要な支持，抵抗だけでなく，サイクルタイミングについても価値ある情報を与えてくれる。私の研究では，個別限月の売買開始以来のデータが12カ月以上入手できる場合，各年のチャートを作ることが非常に有効であることがわかっている。たとえば，1997年11月物大豆は1995年２月の売買開始以来の月足，週足，日足チャートを作成できるが，これは1996年11月物と1997年11月物を接続したチャートよりも，価格と時間の両面でより正確かつ幅広い情報を含んでいる。

私は，ギャンの言うような同一限月の契約を接続させるチャート作成をやめるよう提唱しているわけではない。歴史的な天井や大底，主要サイクルと季節的な習性を発見したいのなら，ギャンのやり方を続けるべきである。しかし，トレーディングに必要な，より正確な情報を生み出すためにチャーチストに強く推奨できるのは，現在活発に売買されている限月から得られるすべての時間と価格の情報を利用することである。1997年11月物の大豆が活発に取引されている時期に1998年11月物を分析，売買してみれば，この結論の正しさがいっそう納得できよう。

1998年11月物大豆を取引しようとしているのに，なぜ1997年11月物大豆の動きを分析する必要があるのだろうか。というのは，この取引に必要な情報は，すべて1998年11月物大豆のチャートに含まれているからである。ギャンが同一限月チャートの接続を推奨したのは，彼が間違っていたからではない。というのは当時は今と違い，複数年の同一限月の契約が並行することがなかったからである。

銘記すべきことは，長期の天井，大底，サイクルを観察するためには同一限月の接続チャートを作り続ける必要があるが，売買のチャンスを発見するためには現在の中心限月の売買開始以来のチャートを用いるべきだということである。

ギャンの接続方法は，旧穀と新穀の問題が存在しない外国為替，株価指数，Ｔボンドには勧められない。金融先物の限月交替時のロールオーバーにおいては，大豆の旧穀と新穀の交替時に発生するような，チャートパターンに対する大きな影響は存在しないからである。このことは金融先物の同一限月の接続チャートを作ってはいけないと言っているわけではない。この種のチャートは依然として特定の限月に固有の高値と安値を見極めるために使えるからである。とはいえ，トレーディング目的では，現在の中心限月の長期チャートの作成が強く推奨される。

限月を接続させて長期チャートを作成する際のもう１つの問題点は，ロールオーバーである。この種のチャートでは最初の現渡し決済期日，最終売買日，または両者の中間でロールオーバーが行われる。相場はしばしば決済月に非常に活発に売買されることがある。活発な売買は激しい価格変動をもたらし，価格が急騰，急落することがある。チャートの形状をゆがめるスパイク（訳注：相場がレンジを逸脱して急に動き，すぐ元の水準に戻ること）が生じることもある。

ギャンが同一限月のロールオーバーについて言及する際には，彼なりのアイデアがあったのだが，彼の現役時代とは市場環境は変わってしまった。ギャンの提唱したチャートから有効な情報が得られている以上，そのテクニックが間違っているわけではない。だが，ギャンの手法は今日のマーケットではうまく機能しないのである。ギャンはトレーダーたちに研究と実験を奨励した。そして，個別の限月や市場の動きに応じて，しばしば自身のテクニックを変化させることがあった。現在の市場の状況に適応するために，トレーダーは自分の分析に柔軟でなければならない。したがって，チャーチストもまた，個々の限月について使用可能なすべてのデータを利用することが強く求められる。現在の市場環境に基づき，ギャンの連続チャートと併用して，活発に売買されている限月についての売買開始以来の月足，週足，日足チャートを作成すべきである。

価格と時間のチャート作成の注意点

アナリストは先物売買が行われたすべての日々について，時間と価格のチャートを作成する必要がある（図3.4）。休日や祝日を記入するスペースは必要ない。すべての日が固有の価値を持っているため，売買の行われない日にスペースを与えることはアングルの将来の位置をゆがめてしまうからである（図3.5）。たとえば今日が１月５日だとして，感謝祭（11月の第４木曜日）の数日前の安値から引かれたギャンアングルは，感謝祭，クリスマス，１月１日にス

図3.4　**立会日だけ記入されたギャンチャート**

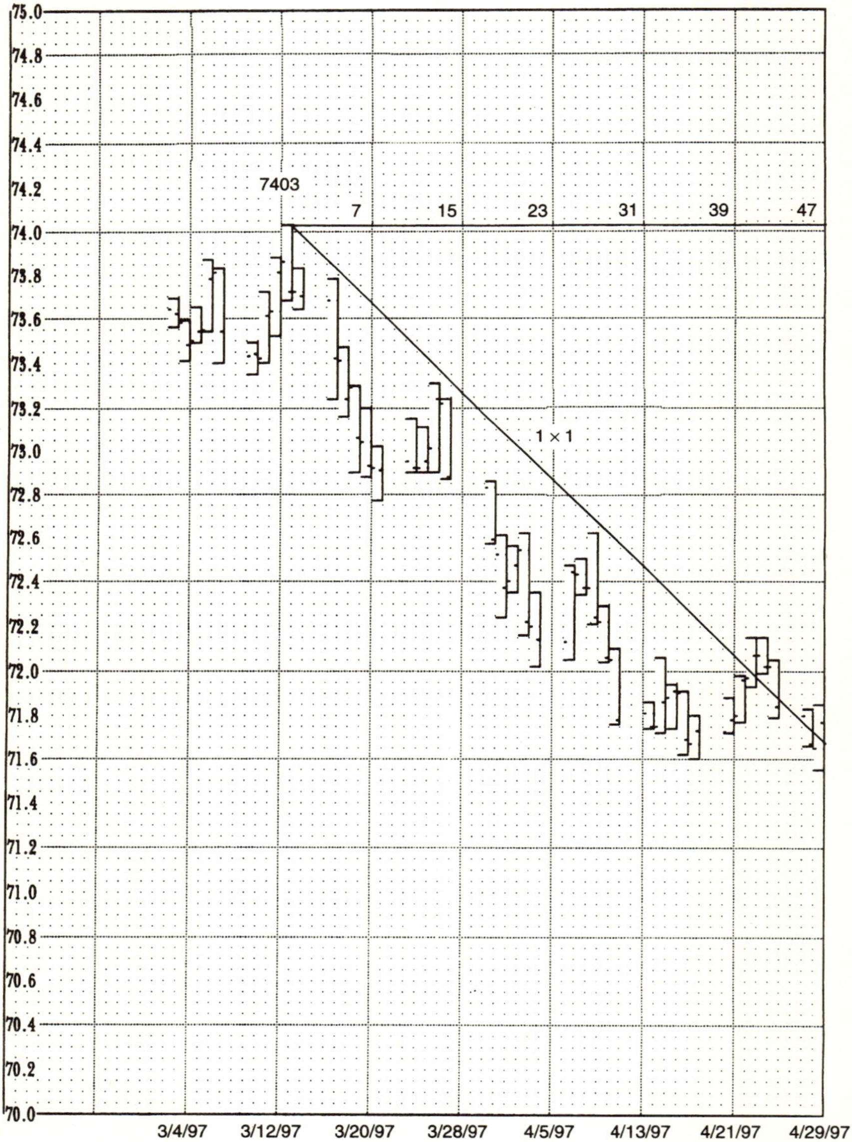

図3.5　カレンダー日付に沿って作られたギャンチャート。立会日だけに記入したチャートとかなり外見が異なってくる。売買のない日を含むため将来のアングルの位置がずれている。

ペースを与えると正しくないものとなってしまう。もし１日当たり２セントの角度が与えられていたなら，１月５日には６セントの誤差が生じてしまう。これほど離れていると，誤ってその分高いところで買いの判断を下すトレーダーがいるかもしれない。従うべき重要ルールは，取引が行われている日は記入し，行われない日はスキップさせるということである。売買開始から日の浅い時期には，１本しか値段の付かない日もある。このような日には当日の終値だけマークしておく。

タイムピリオド（時間枠）

現在はほとんどの市場が週５日しか開いていないが，ギャンの現役時代は６日立ち会いが普通だった。しかもここ数年については，通常の取引のほか，立会時間外にオーバーナイトの取引が行われるようになった。そのためチャーチストには，通常時間の取引データにオーバーナイトの取引を含むデータを混入しないようにすることが強く求められる。

元来，通常時間用に作られていたチャートに通常時間（デイ・セッション）とオーバーナイト取引を合わせた始値，高値，安値，終値を記入していくと，レンジ，パーセンテージ・リトレースメント，スイングチャート，ギャンアングルのすべてが狂ってくる。もし頑張り屋のチャーチストが全時間のチャートと通常時間のチャートの両方を作ろうとするなら，２つのチャートを厳密に区別する必要がある。偶然，全時間チャートのレンジが通常時間のものと一致していた場合でも，両者の時間枠を混ぜないことが極めて重要である。

イントラデイ・チャートのテクニック

イントラデイ・チャートにおける休止時間の存在も同様の問題を引き起こす。チャーチストはイントラデイ・チャートを全時間と通常時間とで区別する必要がある。それぞれが正しく作られないと，レンジ，パーセンテージ・リトレースメント，スイングチャート，ギャンアングルのすべてが狂ってくる。もしチャーチストが全時間だけを選んだならば，通常時間とオーバーナイト取引を正しく組み合わせたデータによりチャートを作らなければならない。薄商いの市場でオーバーナイトの時間中に取引が成立しなかった場合には，その時間に対してチャートのスペースを作らないこと。これは市場が開いている時間のすべてのグリッド（目盛りの格子）が意味を持っているという原則に則ったルールである。祝日の前日などで通常より立ち会いが早く終了してしまった場合は，取引のなくなった時点でチャートを終了させる必要がある。そして取引が再開した時点から次のチャートを記入する。基本的な考え方は，信頼性に欠けるデータや，コンピュータでチャートを自動作成する際の電源が切れていた時間などデータ入手が不可能な場合を除き，イントラデイ・チャートに空白を残さないことである。

チャート作成用ソフト

すでに述べたように，チャートは大きければ大きいほどよい。「ギャントレーダー２」のようなプログラムは，非常に大きなギャンフォーマット・チャートを作ることができる。このソフトはＣＳＩ（コンピュータ・システム・インク）のデータを読み込み，ギャンのテクニックを利用したチャートなどを簡単に作成することができる。このソフトを利用しているチャーチストは，出力時点ですでに盛り込んでおいた条件のチャートを出すこともできるし，ベーシックな（普通の）ギャンフォーマット・チャートを出すこともできる。すべてのテクニックを盛り込んで印刷されたチャートは，マーケットを観測するためによいものである。しかし，より精密な分析を行うためには，ある時点以降はバーチャートの形が変わるたびに印刷する必要が生じる。これらのチャートはアップデートに備えて十分なスペースが取ってある。スーパーチャートやトレードステーションなどのソフトからギャンフォーマット・チャートを描く場合は，将来の再利用のためにギャンアングルをチャートに保存しておくことができる。これらのチャート作成ソフトはアングルをアップデートすることもできる。大判のチャートからはすべての関連する情報を見ることができ，またギャンアングル，パーセンテージ・リトレースメントや，将来における高値や安値を記入することができる。これは重要な分析ツール（の線）を将来に向けて延長してチャーチストがそこから将来の相場の動きを予測することを可能とする，「ギャントレーダー２」のようなソフトの大きな利点である。

もっとも，上記のようなギャンチャート作成ソフトは，特定の情報を要求された時に指示されたチャートを表示するだけであることを理解しておく必要がある。たとえば「ギャントレーダー２」は，特定の高値，安値が指定された時にギャンアングルを表示することができる。自動的にスイングチャートやギャンアングルを作成する機能も存在するが，ある時点からは相場の環境に応じてそれらの機能にフィルターをかける必要が出てくる。

また，スーパーチャートとトレードステーションは，利用者がチャート上に指示したポイントからしかギャンアングルを描かない。これらのポイントをプログラムが自動的に選定するようになっていないからである。したがって，これらのソフトを最大限に活用するためには，利用者がギャン理論について十分なバックグラウンドを持っている必要がある。

これらのソフトはギャン理論を用いたスナップ写真を手早く提示してくれるが，ギャン理論を手描きのチャートで学び，実際に描き続ける必要性を省略するものではない。しかし，それでも私は，ギャンを真に研究しようとする人ならこれらのソフトを購入すべきであると強く推奨する。

チャートの種類

長期予測の観点から，長期の高値と安値，パーセンテージ・リトレースメント・ポイントを判別するために，年間および四半期のチャートを描く場合がある。だが，これらのチャートに基づいて売買を行うことは勧められない。というのは，これらのチャートでのトレンド転換には時間がかかりすぎるためである。本書の中心テーマは，トレーディングのテクニックと戦略の向上に資することであるから，私はトレーディングシステム開発のための月足，週足，日足のチャートに焦点を当てることにする。

月足チャート

月足チャート（図3.6）は，そこに５年以上のデータが含まれるなら，観察すべき重要なチャートである。月足チャートは各月の始値，高値，安値，終値によって作られる。このチャートをもとにトレーダーは重要な高値と安値，パーセンテージ・リトレースメント・ポイントを判別することができる。しかも，

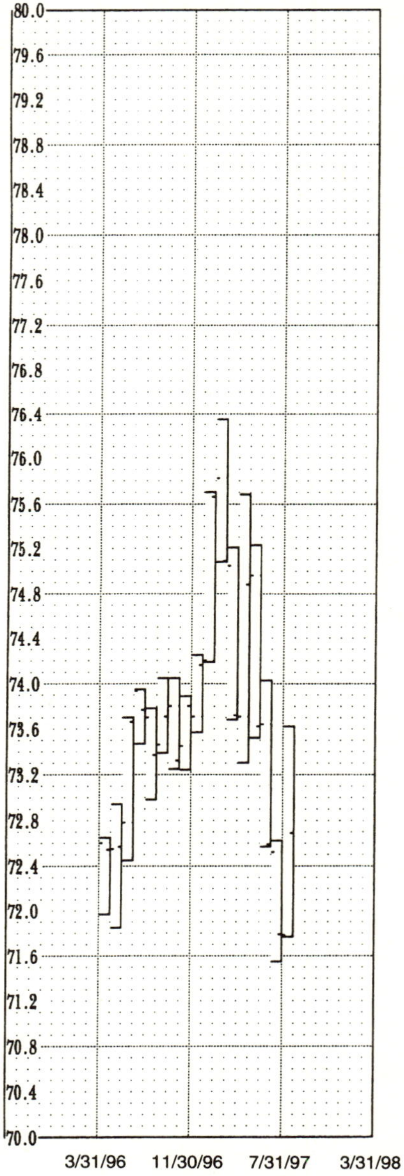

図3.6　ギャンフォーマットの月足チャート

これらの高値と安値の日付を調べて，相場のサイクルや季節的な習性を知ることもできる。このチャートからトレーダーは，高値から安値，安値から高値へのスイング，および高値から高値，安値から安値の値幅や持続期間の軌跡を調べるという素晴らしい機会を得ることができる。つまり，大きな動きがいつ頃，どれくらいの大きさで始まり，あるいは終わるかを知ることができるのである。

週足チャート

週足チャート（図3.7）は，２年以上のデータが含まれるなら，観察すべき重要なチャートである。週足チャートは各週の始値，高値，安値，終値によって作られる。このチャートをもとにトレーダーは重要な高値と安値，パーセンテージ・リトレースメント・ポイントを判別することができる。しかも，これらの高値と安値の日付を調べて，相場のサイクルや季節的な習性を知ることもできる。このチャートからトレーダーは，高値から安値，安値から高値へのスイング，および高値から高値，安値から安値の値幅や持続期間の軌跡を調べるという素晴らしい機会を得ることができる。大きな動きがいつ頃，どれくらいの大きさで始まり，あるいは終わるかを知ることができるのである。

日足チャート

日足チャート（図3.8）は，１年以上のデータが含まれるなら，観察すべき重要なチャートである。日足チャートは毎日の始値，高値，安値，終値によって作られる。このチャートをもとにトレーダーは重要な高値と安値，パーセンテージ・リトレースメント・ポイントを判別することができる。しかも，これらの高値と安値の日付を調べて，相場のサイクルや季節的な習性を知ることもできる。このチャートからトレーダーは，高値から安値，安値から高値へのスイング，および高値から高値，安値から安値の値幅や持続期間の軌跡を調べるという素晴らしい機会を得ることができる。大きな動きがいつ頃，どれくらいの大きさで始まり，あるいは終わるかを知ることができるのである。

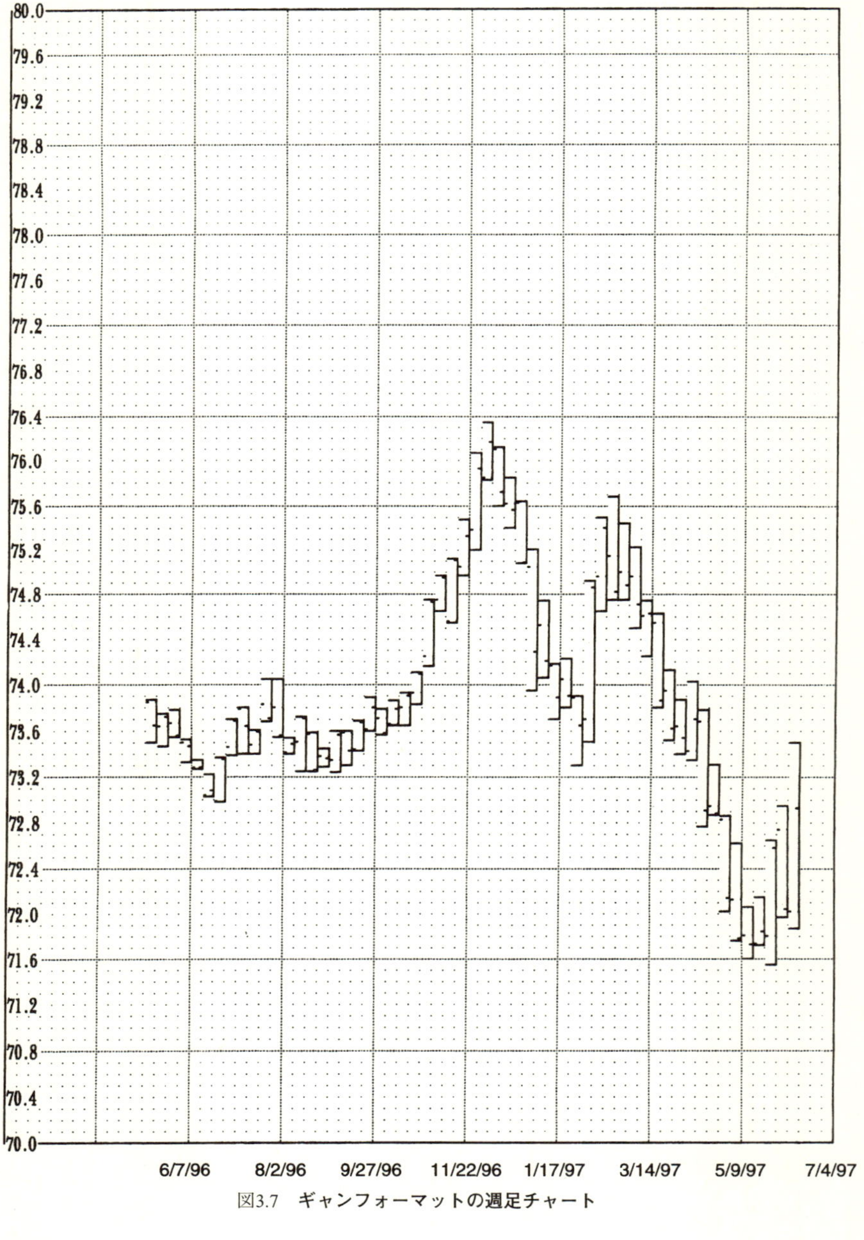

図3.7　ギャンフォーマットの週足チャート

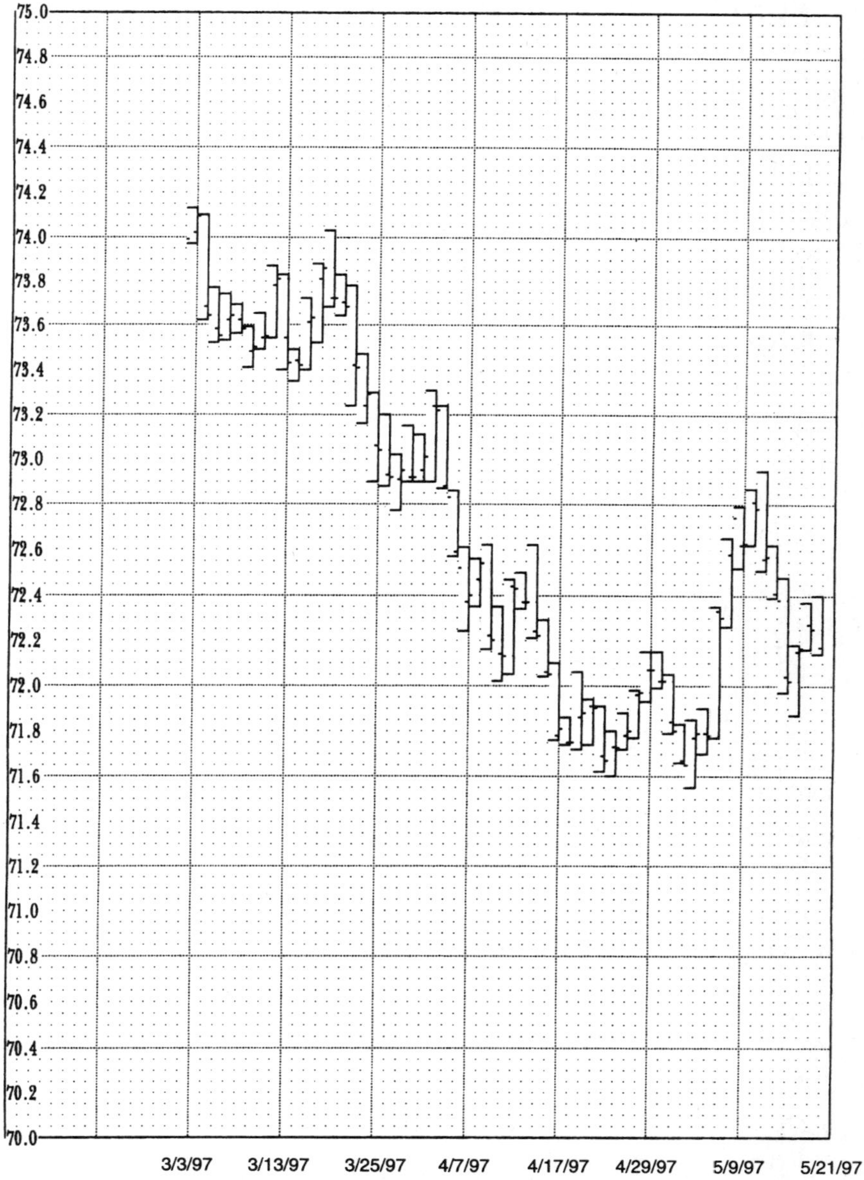

図3.8　ギャンフォーマットの日足チャート

トレンド・インディケーター（スイングチャート）

マーケットの値動きのパターンを観察した後，有効な情報を作り出すためにはチャートに手を加えなくてはならない。最初に作らなければならないチャートはトレンド・インディケーター，別名スイングチャート（図3.9）である。これ以外のすべてのチャートは，このチャート上に形成され観察された情報に基づいて作られる。スイングチャートは相場の上向きまたは下向きの動きを追って描いたものだが，月足，週足，日足，イントラデイのいかなる時間枠についても作ることができる。それは，時間枠にかかわらず，すべての相場がスイングを形成し，すべての相場にトレンドが存在しているからである。適切に作られたスイングチャートは，トレーダーに将来の価格動向やサイクルの高値と安値を予測するための価値ある価格と時間の情報を与えてくれるので，不可欠のチャートである。機械的トレーディングシステムを構築する上でも欠かせない。

スイングは価格と時間の両面で形成される。スイングチャートの最も一般的な形式は，１期間だけによるマイナー・スイングチャート，および２期間によるインターミディエイト・スイングチャート，３期間によるメイントレンド・スイングチャートである。日足チャートをマイナー・スイングチャート，週足チャートをインターミディエイト・スイングチャート，月足チャートをメイントレンド・スイングチャートと呼ぶアナリストもいる。いずれにせよ，すべてのチャートがスイングを形成し，すべてのスイングが時系列的チャートとは無関係に描かれる。

パターンチャート

相場の動きを観察し３つのスイングチャートの作成を終えると，次に相場の特徴を調べることになる。たとえば，どの市場がダブルトップやトリプルトップ（またはボトム）を付ける習性があり，どの市場がシグナルトップまたはボトム（終値のトレンド反転から一方向に動く）を付ける習性があるか，またどの市場がピラミッディングに適しているかなどの特徴である。スイングチャートには支持と抵抗（価格）の情報が含まれているが，それに加え時間の情報も得ることができる。時間の情報にはアニバーサリー・デート（サイクル・デート），

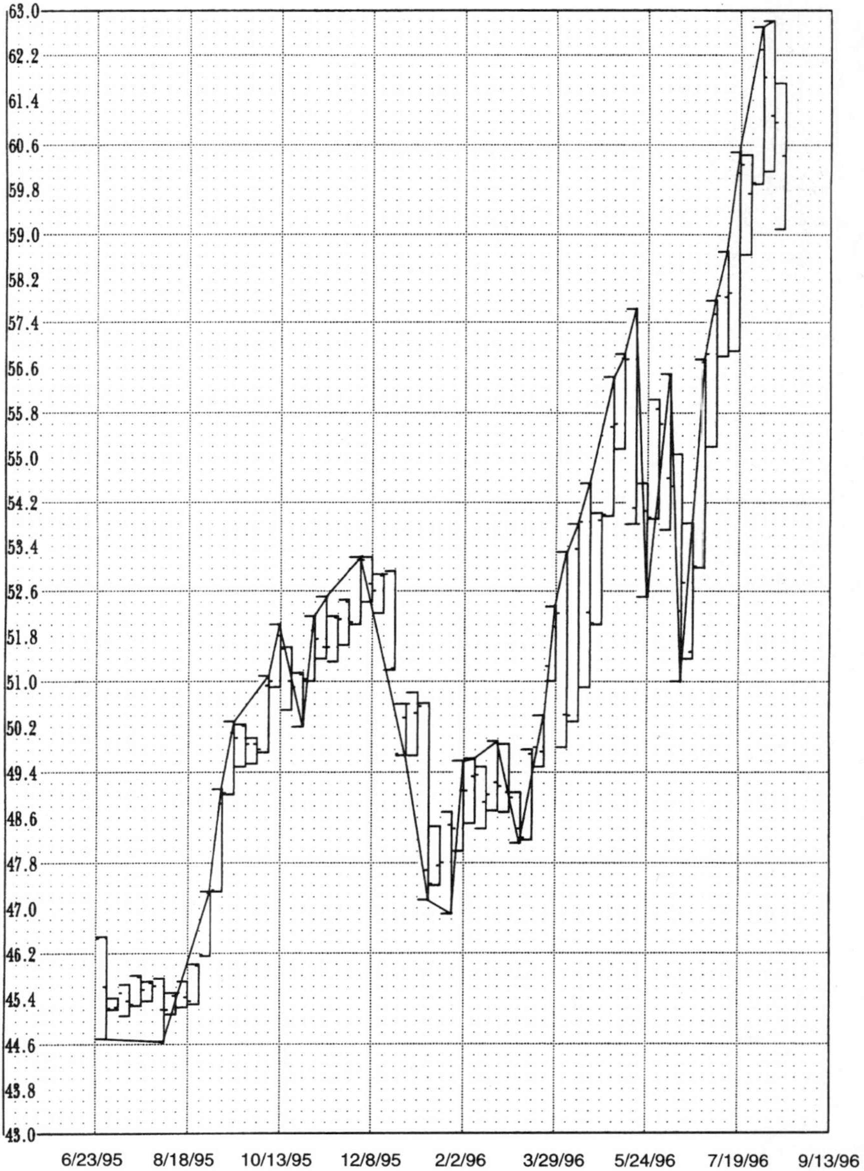

図3.9　ギャンフォーマットのスイングチャート

スイングの上げ下げの期間，相場の季節性などが含まれる。相場が提供しているパターン，価格，時間のすべての情報を引き出すことが重要である。したがって，いつも正しく作ったスイングチャートを準備しておかねばならない。

スイングチャートに現れるパターン，価格，時間の情報のほかに，トレーダーはギャンの言うところの「垂直・水平」情報を知っておく必要がある（図3.10）。水平情報は高値と安値に基づく。高値，安値から将来に向けて常に水平に引かれるところからそう呼ばれ，これらの線は無限に延長される。一方，時間は常にチャート上の垂直線で表示され，将来における重要な高値，安値の時期を導き出す。これらの線と交わったところが，重要な支持，抵抗またはタイミングゾーンとなりうる。

ギャンアングル・チャート

水平線と垂直線によって囲まれた区域の内側を，相場は斜めに動いていく（図3.11）。これらの斜線（アングル）は時間と価格の両方を表しており，パターンを形成する。そのパターンから相場の強弱や方向性を判定するのである。これらのアングルは，その価格と時間の性質により将来の位置が特定でき，これによってトレーダーは将来の価格の動きを予測できるのである。

アングルは高値，安値から引かれる。高値，安値から引かれたそれぞれのアングルは起点となった高値，安値の性質を持っている。

たとえば，メイントレンド・インディケーターの大底から引かれたアングルは，普通の安値から引かれたアングルよりも強力な意味を持ち，月足チャートにおけるアングルは週足，日足におけるアングルよりも強力である。スイングチャートによって天井と大底を正しく見極める必要があるのは，こういう理由からでもある。１つのスイングトップやボトムを付け忘れたり，間違えたりすることが，将来の混乱を招くことがある。というのは，過去，現在，未来のすべてが同時にアングル上に存在するからである。すなわち，それらは過去から引かれ，われわれは現在それがどこにあるか，そして将来どこに延長されるかを知っているのである。このことは前にも引用した『マスター・エッグコース』中のギャンの言葉に表れている。

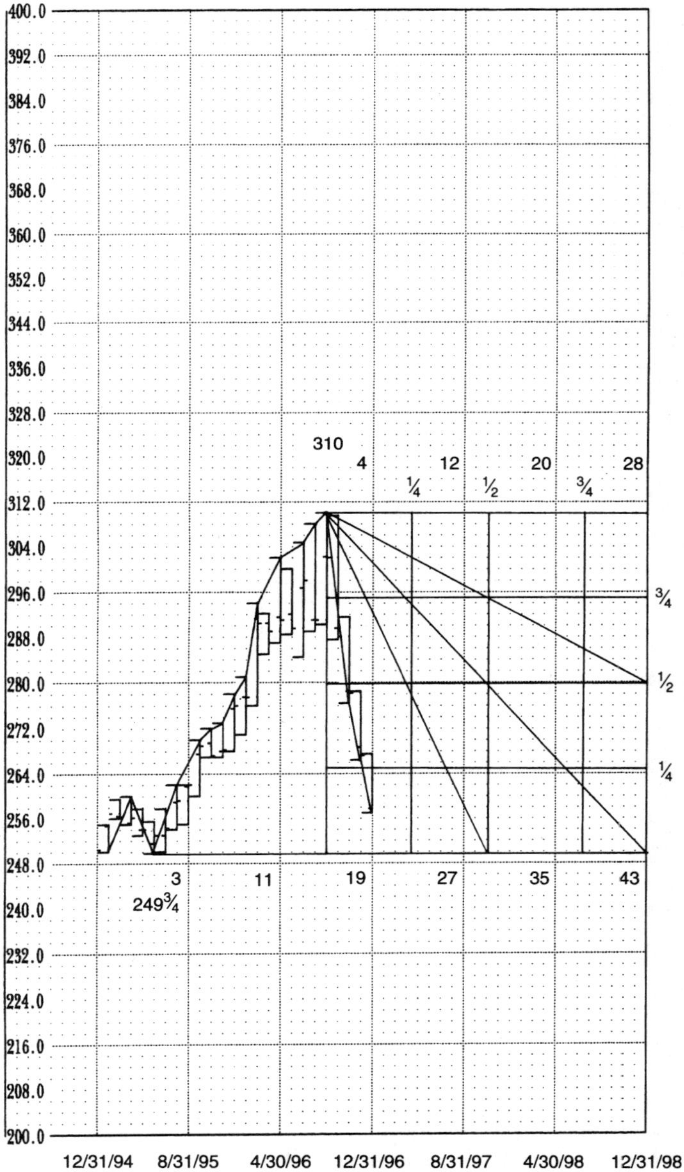

図3.10　ギャンフォーマットのスクエアチャート

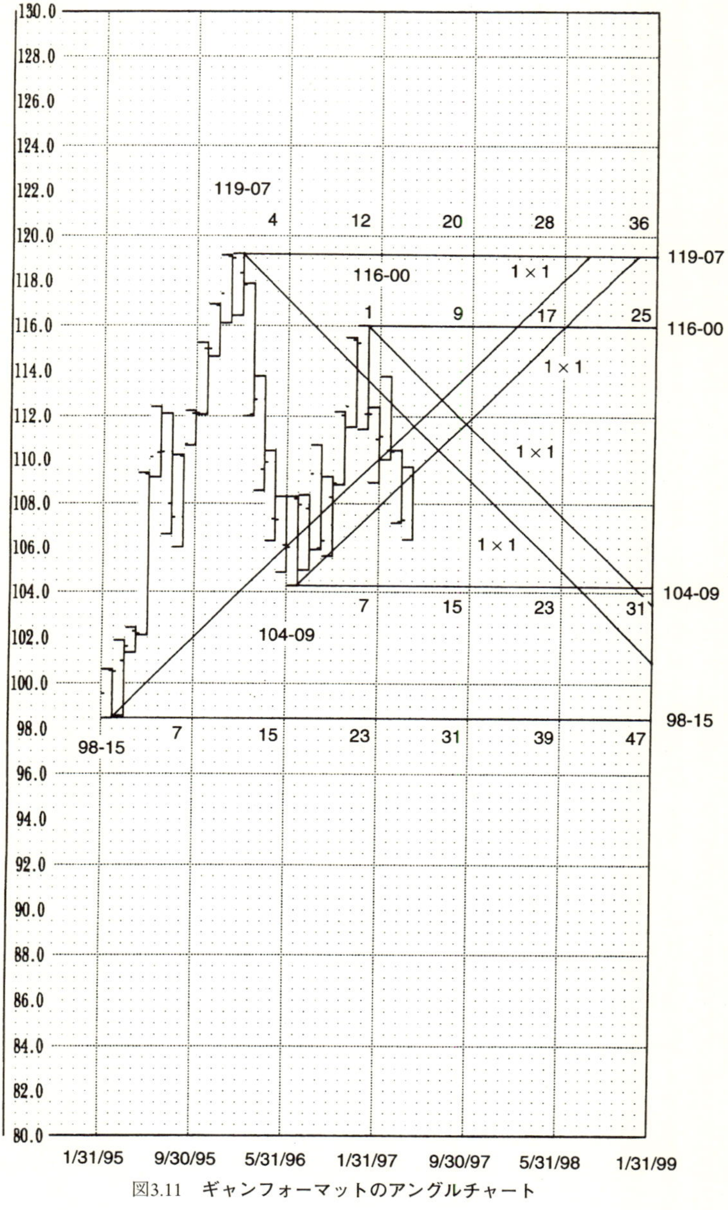

図3.11　ギャンフォーマットのアングルチャート

「何年にもわたる研究と経験から，先行する下げ相場から３日以上続く最初の反動高は，将来の重要な高値を示唆するアングルを導くことがわかった。このルールは，週足チャートでも月足でも機能する。第２，第３の高値を付けたあと，３番目の高値から前のものより大きい下落が起きた場合，最初の安値から引いたアングルは，必ず次の安値のメドとその後の上げ相場の高値を示唆するものである」

ギャンアングルチャートを正しく作成するためには，それぞれの市場に対する適切な目盛りを知らなければならない。目盛りが適切でなければ，価格と時間の関係が整合せず，肝心の相場予測の情報が失われてしまう。結局，２つないしそれ以上の別個に特定された支持や抵抗が交差するポイントに注目する必要がある。これらの価格水準はチャート上で最も強力な支持，抵抗となりうるからである。このような支持，抵抗ポイントは，アングルを書き込んだメイントレンド・インディケーターのように１枚のチャートに現れることもあれば，月足チャート，日足チャートのギャンアングルが交差した時のように，異なる時間枠のチャートを組み合わせて求めることもある。

パーセンテージ・リトレースメントチャート

この章の最後に紹介，作成されるチャートはパーセンテージ・リトレースメントチャート（図3.12）である。このチャートもスイングチャートから作られる。スイングチャート上の高値と安値はレンジを形成する。このレンジの内部に，33％，50％，67％といったパーセンテージ・リトレースメントの水準が存在する。これらのポイント自体が重要な支持，抵抗となる。これらのパーセンテージ・リトレースメントポイントが過去の高値や安値，アングルなどと重なった場合，それらは相場を跳ね返したり，トレンドを逆転させる非常に強力なインパクトポイントを形成する。

高値と安値によって（時間に変換して水平方向に）形成されたレンジは，レンジの終点やレンジ内のパーセンテージ・リトレースメントポイントのような重要なタイミングポイントを形成する。強力な価格と時間のポイントは，予測に役立ち簡単に識別できる支持，抵抗ポイントとなる。

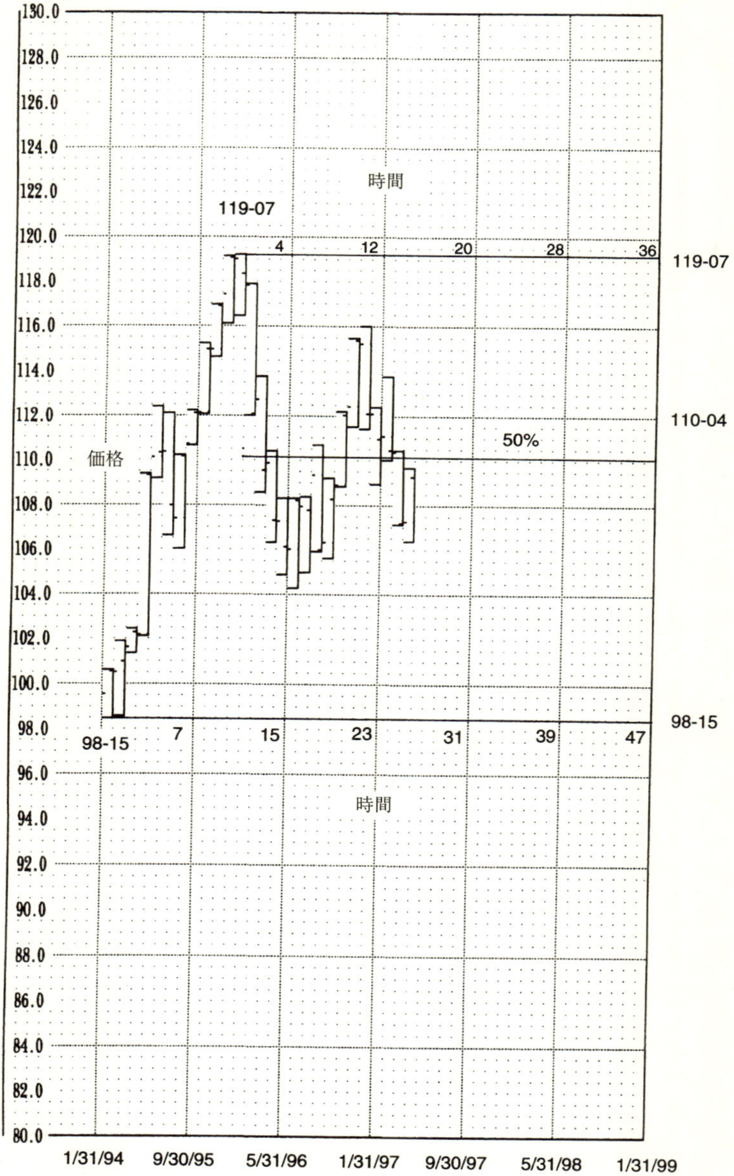

図3.12　パーセンテージ・リトレースメントチャート

ま と め

価格と時間のデータには2つの形式がある。数表としてのデータと視覚的データである。前者はコンピュータ内部にある生のデータであり，そこには日付，始値，高値，安値，終値，建玉などのデータがまとめられている。コンピュータを使う人にとっては最も馴染みのあるデータである。後者のデータは数表のデータをグラフの形式に展開したものである。数表およびグラフの主要な3要素は価格，時間，出来高である。本書のメインテーマは時間，価格，およびその両者の組み合わせであり，それらが作るパターンである。出来高と建玉は，パターン，トレンドおよび売買の主要決定要因になることもあるが，本書では論じない。

チャートに表示される価格は，ポンド当たり何ドル，ブッシェル当たり何ドル，あるいはオンス当たり何ドルという具合にさまざまである。作業が価格と時間の分析に及んでくると，チャートに用いる価格の目盛りは最も重要な事柄である。なぜならトレーダーはチャートを管理しなければならず，チャーチストは正しい目盛りの格子を使うことで責務を果たすことになるからである。チャートから相場の動きを研究することで，チャーチストは使用すべき正しい目盛りの判断を正確に下すことができる。適切さを欠く目盛りでは誤った支持と抵抗に基づく売買を行うことになり，チャーチストが時間と価格の正しい一致点を見逃す結果にもなる。正しい目盛りを使用することの重要性は，いくら強調してもし過ぎることはない。

チャートを作成する際には時間も重要な要素となる。チャーチストは可能な限り異なった時間枠で相場を観察するよう努めなければならない。この時間枠とは長期（年足）から短期（5分足）に及ぶ。さまざまな時間枠でチャートを作成することは，トレーダーが対象のマーケットの性質をより正確に理解する助けとなる。これによって，合理的な正確さで相場の反転しそうな時期を特定することができる。

価格と時間は，それらを組み合わせて用いた場合，容易に判別できるパターンを生み出すが，これらの要素を含んで正しく作成されたチャートは，投資家が合理的な正確さを持って売買することを可能にする。さらに，優れたトレーディングシステムやマネーマネジメントの技法も，トレーダーが適切に作成されたチャートに基づいて行動している時こそ，よりよく機能するものである。ビジネスで成功するには記録が必要である。適切に設計され手入れされているチャートこそ，トレーダーにとっての記録であり，それなくして成功はありえない。チャートの作成には細心の注意が必要だ。将来を予測するには過去を研究することが必要だが，チャートこそ過去の市場の動きの記録である。相場の進展に時間が必要であるように，チャーチストも上げ相場または下げ相場の行方を知るために，必要なチャートの作成に十分時間をかけなければならない。より高度の水準に進み，より繊細なパターン，価格，時間の分析を学ぼうとするなら，トレーダーはまず第一級のチャートの維持管理に心を砕かねばならない。

単純なバーチャートからトレーダーはトレンド，高値，安値を特定できるスイングチャートを作ることができる。スイングチャートからは，トレンドがいつ頃どんな形で終わるかを予想する手がかりとなる，パターンが生み出される。しかも，スイングチャートはトレーダーに，先物売買に利用可能な現在の限月における重要なタイミングポイントを発見する機会を与えてくれる。また将来の支持と抵抗となる水平ポイントを記録している。スイングチャートから作られるアングルチャートは，相場における斜めの動きを表し，アングルの起点となった高値，安値の特徴を保持している。それぞれのスイングがその内部にパーセンテージ・リトレースメントポイントを持っている。水平の線と（アングルによる）斜めの線とが交差するポイントが，相場を跳ね返したりトレンドを反転させるインパクトポイントを形成する。これらのポイントは，複数の分析手法や異なる時間枠のチャートを組み合わせて形成される。要するに，パターンと価格，時間を組み合わせることは，トレーディングシステム開発の基礎になると言える。

第4章　マイナートレンド・インディケーター

商品相場のチャートを研究していると，トレーダーは必然的に相場の小さな上下動を発見する。これらの小さな上下動が集まってマイナートレンド（短期トレンド）を形成する。これらは本質的にマイナーなものではあるが，現在の相場の短期トレンドがどのようなものであり，いつ変化するのかを知るための有益な情報を提供してくれる。

マイナートレンド・インディケーター（短期トレンド指標）の人気は非常に根強いものがある。というのは，一見入手可能な相場の短期的スイングを丸ごと取れれば大儲けできると，トレーダーは想像してしまうからだ。しかし不幸なことに，マイナートレンドで一儲けを目論むトレーダーは，数多くのだましのシグナルと実行の際の禁止的な高コストによって，思惑と正反対の状況に出くわすことになる。中期および長期のトレンドにおける短期トレンドの役割を認識するために，このチャートを作成する必要はあるが，これだけをトレンド判断の唯一の情報源とするのは勧められない（訳注：本章以下の数章では，後で述べられるメイントレンド・インディケーターなどとの対比でマイナートレンド・インディケーターを短期トレンド指標と呼ぶことがあるが，必ずしもメイントレンドが通常のチャート分析で言う長期，大勢トレンドではないことに留意しておいてほしい。シグナル発生が早いか遅いかの差で，マイナー，メイン，インターミディエイトという言葉が使い分けられていると考える方が適切である）。

一山当ててやろうという気持ちになったことのあるトレーダーは，ただ単に短期のスイングを売買したいという衝動に駆られたり，値幅をそっくりいただいてやろうという貪欲さや，「大きな値動き」を逃しやしまいかという恐れによって支配されている自分自身に気づくことになるだろう。市場のマイナースイングのみに依存するトレーダーはしばしば自分の売買能力に疑問を抱き，さらに多くの場合，連続的に損失を出したり値動きを見逃したりすると，すぐ自分のシステムを廃棄したり使わなくなったりするものである。このような自信喪失によって，より洗練されたシステムを開発しても常に疑心暗鬼になり，その後の売買も支離滅裂になってしまうことがある。

マイナートレンド指標だけに基づいて売買することの危険性を指摘しておく必要がある。それはマイナートレンド指標を先物市場の指標として使用しないように勧めているのではない。優れた売買ツールを作る際にマイナートレンドが果たす役割をトレーダーが理解するのを促すためである。この時点では，中期および主要トレンドについてより詳しく学ぶためにマイナートレンドを利用している点に留意する必要がある。職業上の必要性に迫られてイントラデイや日次ベースで短期のトレンドを売買するのでなければ，トレーダーにとってこれが最も有益な利用法である。長期にわたって市場の主要なスイングを売買する方がより多くの利益が得られるのは確かだが，リスクを取る余裕があって売買コストが低く，すぐに市場へのアクセスが可能で，最適化した売買システムを開発する時間のある人々ならば，マイナートレンドの売買からプラスの結果を得ることができよう。

マイナートレンドでの売買はフルタイムの仕事である。トレーダーはいつも適切に作成されたチャートを描き続けなければならない。これは，大きな値動きがいつ何時でも発生する可能性があるため，トレーダーは常に準備を整えていなければならないからだ。マイナートレンドの売買で成功するトレーダーは，リスクをコントロールでき，利益が損失よりもはるかに大きい数回の勝ちトレードのためなら，立て続けの損失も喜んで受け入れることができる人々である。勝ちトレードよりも負けトレードの回数が多いのは御免だという人々や，心の狭い人々，トレンドの変化を即座に受け入れがたい人々は，マイナートレンドの売買を避けるべきである。

これまで将来の相場の方向について単一の指標としてマイナートレンドを用いることの危険性を述べてきたが，「では，なぜマイナートレンド指標を作る必要があるのか」という質問が出てくる。その理由は，このチャートを適切に作成すれば，トレーダーはそれぞれのマイナートップとマイナーボトム，それらが生じた日を描いたチャートを見ることができるからである。さらに，トレーダーはマイナートレンドが変化した時点と，価格と時間に関するスイングの持続期間を判断することができる。

定　義

マイナースイング・チャートは月，週，日，およびイントラデイなど，どのような時間枠に対してもマイナートップとマイナーボトムを特定化するのに使用できる。今後，混乱を避けるために，それぞれの時間枠に対する動きをバー（足）と呼ぶことにしよう。

マイナースイング・チャート，別名「１本バーチャート」は，１本のバーの動きに従って描かれる。相場が直前のバーと比較してより高い高値（ハイアーハイ）を形成するたびに，直近の安値から新しい高値へとマイナートレンドラインが引かれる。この結果，前回の安値がマイナーボトムとなる（図4.1）。相場が直前のバーと比較してより安い安値（ロワーロー）を形成するたびに，直近の高値から新しい安値へとマイナートレンドラインが引かれる。この結果，前回の高値がマイナートップとなる（図4.2）。ボトムからのマイナートレンドラインとトップからのマイナートレンドラインの組み合わせは，マイナースイングを形成する。これは重要な情報である。なぜなら，ストップの設定について議論する際に，トレーダーは（複数の）安値の下側ではなくマイナースイン

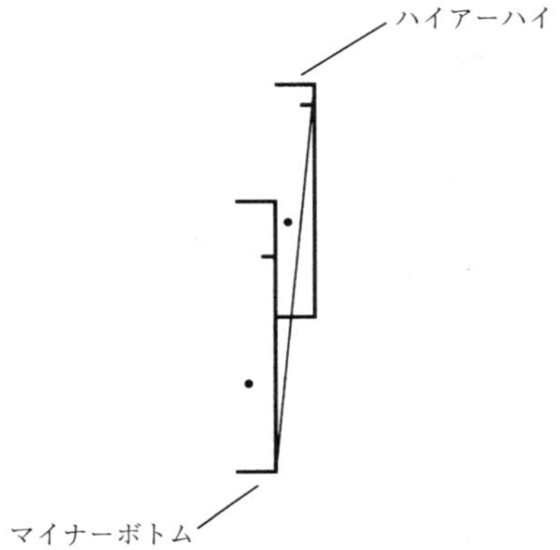

図4.1　**ギャンの価格バーとマイナーボトム。価格がハイアーハイを上抜くと，安値はマイナーボトムとなる。**

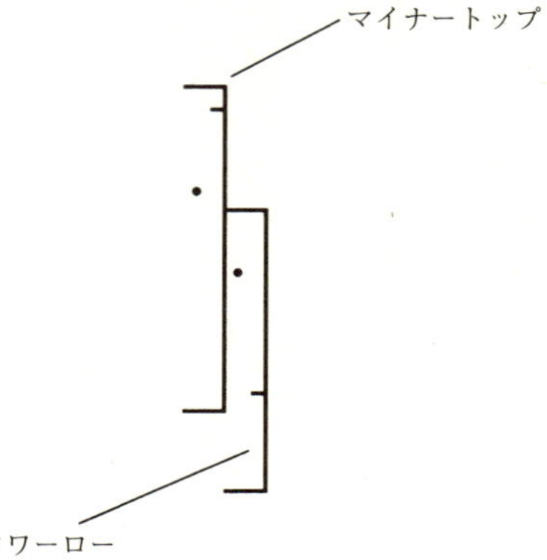

図4.2　**ギャンの価格バーとマイナートップ。相場がロワーローを下回ると，高値はマイナートップとなる。**

グ・ボトムの下側に，（複数の）高値の上側ではなくマイナースイング・トップの上側に，ストップを置くように言われるからだ。安値とマイナースイング・ボトム，および高値とマイナースイング・トップの間の相違について学び，理解しなければならない。

いったん最初のマイナースイングが形成されると，トレーダーはマイナートレンドの変化について予想できるようになる。マイナースイング・チャートが最初の売買月，売買週，あるいは売買日から始まり，マイナートレンドラインが新しい高値まで引かれても，このことはマイナートレンドが上向きに転換したことを意味しない。逆に，最初の動きが下向きでも，このことはマイナートレンドが下向きに転換したことを意味しない。マイナートレンドが上方転換する唯一の条件はマイナートップを上抜くことであり，マイナートレンドが下方転換する唯一の条件はマイナーボトムを下抜くことである。

さらに，マイナートレンドが上向きであり，相場が前回のマイナースイング・ボトムを切らない下向きのマイナースイングを示した場合，これは修正とみなす。マイナートレンドが下向きであり，相場が前回のマイナースイング・トップを超えない上向きのマイナースイングを示した場合，これも修正とみなす。相場は2種類の上向きの動きと下向きの動きからなる。マイナースイング・チャートは，トレンド型の上昇と修正型の上昇，トレンド型の下落と修正型の下落とを区別することによって，これらのタイプの動きに焦点を当てるの

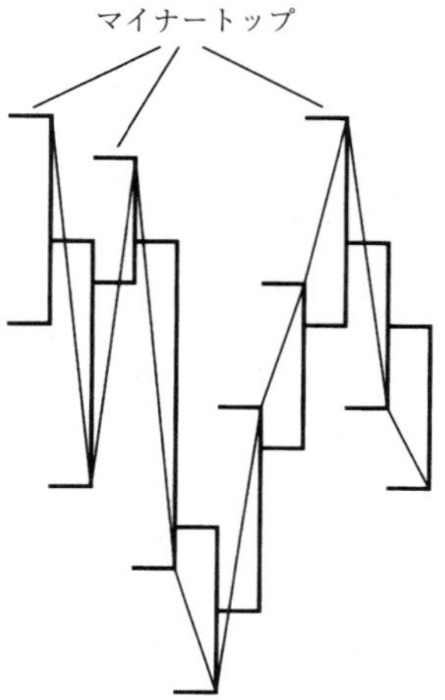

図4.3　**高値からのマイナートレンド指標のバー。マイナートップは相場が1本足の下方スイングによって形成される。マイナートレンドラインは高値からロワーローまで引く。**

である。

要約すれば，マイナースイング・チャートに従って作業している時，分析者は市場における1本の足の上昇と下落の動きに追従しているだけである。確立された下降トレンドラインと新しい上昇トレンドラインの交差がマイナースイング・ボトムとなる。確立された上昇トレンドラインと新しい下降トレンドラインの交差がマイナースイング・トップとなる。

マイナースイング・トップとマイナースイング・ボトムの組み合わせが，マイナートレンド・インディケーター・チャートを形成する（図4.3）。マイナースイング・トップとの交差はマイナートレンドを上向きに転換させる。マイナートレンド・ボトムの下抜きはマイナートレンドを下向きに転換させる。市場は，上昇トレンド，下降トレンド，および修正から構成される。

作　　成

マイナートレンド指標のチャートを適切に作成するためには，以下のものが必要である。バーチャート，価格と時間のデータ，赤，緑，黒のペン，および

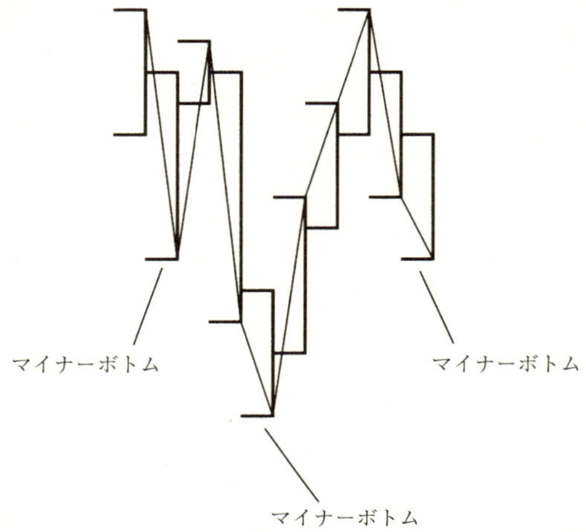

図4.4　**安値からのマイナートレンド指標のバー。マイナーボトムは、価格が直前の足に対して上方スイングを起こすことによって形成される。マイナートレンドラインを安値からハイアーハイまで引く。**

定規である。黒ペンはチャートを更新するために使い，緑色のペンはトレンドラインの上向きの動きを描くのに，赤ペンはトレンドラインの下向きの動きを描くのに使う。不正確なラインは誤解を生じかねないので，直線を引く際には定規を用いること。視覚的な推測に頼ると間違った判断を引き起こすうえに，研究に有害な結果をもたらす可能性もあるため，価格と時間のデータを用いて高値と安値を正しく記録するようにしなければならない。

ある限月の最初の取引のバーからマイナートレンド指標チャート（図4.4）を開始するのが最良である。というのも，分析されている限月が中心限月になるまでに，分析者はその限月に関するすべてのマイナースイングを作成し，チャートに描かれた変動から価格と時間についての有益な情報を導き出せているだろうからである。

相場というものは，チャート全体にわたってそれ自体の特徴を際立たせる独自のパターンを含んでいるから，このチャートは相場の「指紋」のような役割を果たすことになる。こういうわけでデータの緻密さと正確さが常に維持されなければならないのである。

マイナートレンドと安値からの月足チャート

月足チャートは，取引の最初の月からチャートをスタートさせ，毎月，単純に相場の変動に追従していけばよい。もし安値からハイアーハイを形成すれば，緑色のペンで１本前のバーの安値から直近のバーの高値までマイナートレンドラインを描く。これによって１本前の安値がマイナーボトムとなる。続けてハイアーハイを形成した場合は，前月の高値からそれ以降に実現するハイアーハイまでマイナートレンドラインを引く。相場がロワーローを形成するまで，高値から高値へとマイナートレンドラインを引き続けるのである。ロワーローを付けた時点で，赤ペンを用いて直前のバーの高値から直近のバーの安値までマイナートレンドラインを引く。この結果，１本前の高値がマイナートップとなる。続けてロワーローを付ける月ごとに，それ以降に実現するそのロワーローまでマイナートレンドラインを引く。相場がハイアーハイを形成するまで，安値から安値へとマイナートレンドラインを引き続けるのである。

マイナートレンドと高値からの月足チャート

月足チャート（図4.5）では，取引の最初の月からチャートをスタートさせ，毎月，単純に相場の変動に追従していけばよい。相場がロワーローを形成すれば，赤ペンを使って１本前のバーの高値から直近のバーの安値まで下降マイナートレンドラインを描く。この結果，１本前の高値がマイナートップとなる。続けてロワーローを形成するごとに，それ以降に実現するロワーローまでマイナートレンドラインを引く。相場がハイアーハイを形成するまで，安値から安値へとマイナートレンドラインを引き続けるのである。この時点で，緑色のペンにより１本前のバーの安値から直近のバーの高値までマイナートレンドラインを引く。こうして１本前の安値がマイナーボトムとなる。続けてハイアーハイを付ける月ごとに，それ以降に実現するそのハイアーハイまでマイナートレンドラインを引く。相場がロワーローを形成するまで，高値から高値へとマイナートレンドラインを引き続けるのである。

マイナートレンドと安値からの週足チャート

週足チャート（図4.6）では，取引の最初の週からチャートをスタートさせ，

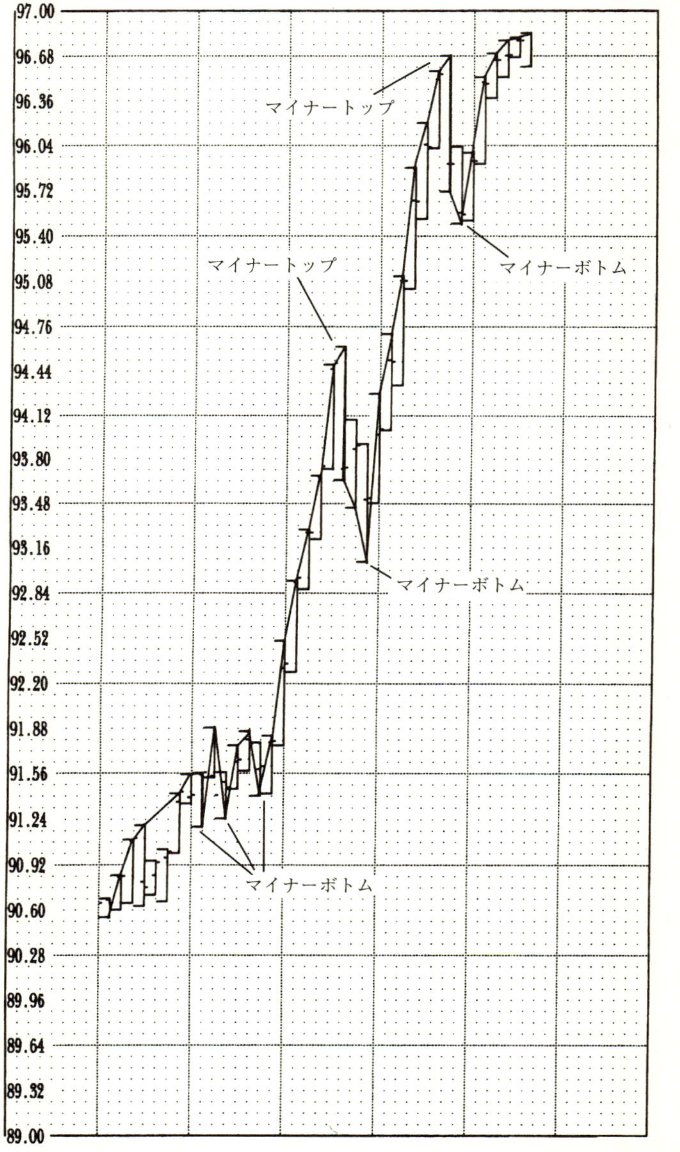

図4.5　**安値からの月足マイナートレンド指標チャート**

毎週，単純に相場の変動に追従していけばよい。相場がハイアーハイを形成すれば，緑色のペンを使って１本前のバーの安値から直近のバーの高値まで上昇マイナートレンドラインを描く。この結果，１本前の安値がマイナーボトムとなる。続けてハイアーハイを付ける週ごとに，それ以降に実現するハイアーハイまでマイナートレンドラインを引く。相場がロワーローを形成するまで，高値から高値へとマイナートレンドラインを引き続けるのである。この時点で，赤ペンを用いて１本前のバーの高値から直近のバーの安値までマイナートレンドラインを引く。こうして１本前の高値がマイナートップとなる。続けてロワーローを付ける週ごとに，それ以降に実現するそのロワーローまでマイナートレンドラインを引く。相場がハイアーハイを形成するまで，安値から安値へとマイナートレンドラインを引き続けるのである。

マイナートレンドと高値からの週足チャート

週足チャートは，取引の最初の週からチャートをスタートさせ，毎週，単純に相場の変動に追従していけばよい。高値からロワーローを形成すれば，赤ペンを使って１本前のバーの高値から直近のバーの安値まで下降マイナートレンドラインを描く。この結果，１本前の高値がマイナートップとなる。続けてロワーローを付ける週ごとに，それ以降に実現するロワーローまでマイナートレンドラインを引く。相場がハイアーハイを形成するまで，安値から安値へとマイナートレンドラインを引き続ければよい。この時点で，緑色のペンを用いて１本前のバーの安値から現時点のバーの高値までマイナートレンドラインを引く。こうして１本前の安値がマイナーボトムとなる。続けてハイアーハイを付ける週ごとに，それ以降に実現するそのハイアーハイまでマイナートレンドラインを引く。相場がロワーローを形成するまで，高値から高値へとマイナートレンドラインを引き続けるのである。

マイナートレンドと安値からの日足チャート

日足チャートでは，取引の最初の日からチャートをスタートさせ，毎日，単純に相場の変動に追従していけばよい。安値からハイアーハイを形成すれば，緑色のペンを使って１本前のバーの安値から直近のバーの高値まで上昇マイ

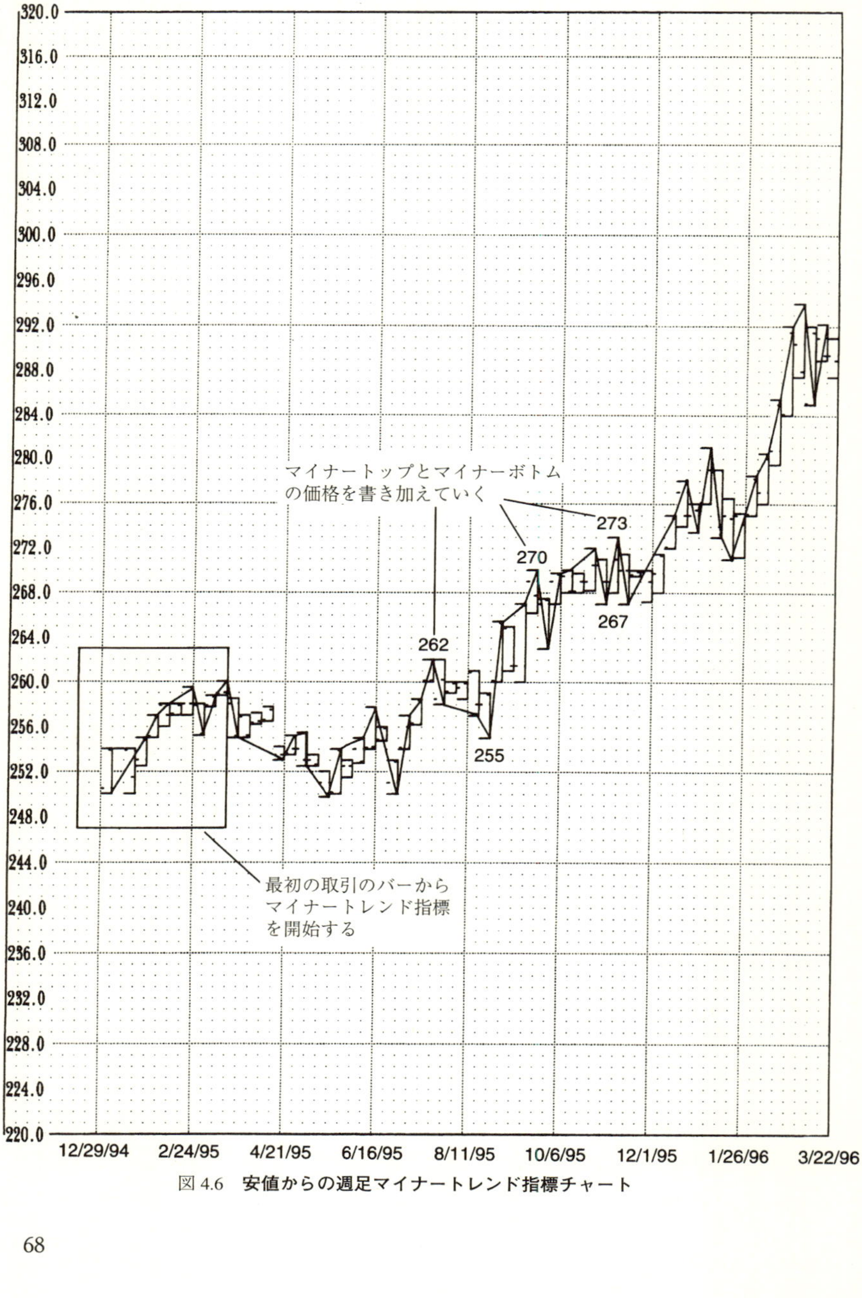

図 4.6　**安値からの週足マイナートレンド指標チャート**

ナートレンドラインを描く。これによって1本前の安値がマイナーボトムとなる。続けてハイアーハイを付ける日ごとに，それ以降に実現するハイアーハイまでマイナートレンドラインを引く。相場がロワーローを形成するまで，高値から高値へとマイナートレンドラインを引き続けるのである。この時点で，赤ペンを用いて1本前のバーの高値から直近のバーの安値までマイナートレンドラインを引く。この結果，1本前の高値がマイナートップとなる。相場が続けてロワーローを付ける日ごとに，それ以降に実現するそのロワーローまでマイナートレンドラインを引く。相場がハイアーハイを形成するまで，安値から安値へとマイナートレンドラインを引き続けるのである。

マイナートレンドと高値からの日足チャート

日足チャートでは，取引の最初の日からチャートをスタートさせ，毎日，単純に相場の変動に追従していけばよい。高値からロワーローを形成すれば，赤ペンを使って1本前のバーの高値から直近のバーの安値まで下降マイナートレンドラインを描く。この結果，1本前の高値がマイナートップとなる。続けてロワーローを付ける日ごとに，それ以降に実現するロワーローまでマイナートレンドラインを引く。相場がハイアーハイを形成するまで，安値から安値へとマイナートレンドラインを引き続けるのである。この時点で，緑色のペンを用いて1本前のバーの安値から現時点のバーの高値までマイナートレンドラインを引く。こうして1本前の安値がマイナーボトムとなる。続けてハイアーハイを付ける日ごとに，それ以降に実現するそのハイアーハイまでマイナートレンドラインを引く。相場がロワーローを形成するまで，高値から高値へとマイナートレンドラインを引き続けるのである。

以上で，マイナートレンド指標チャートの作成法についての説明を終了する。チャートが現時点の価格に更新されるまで，月次，週次，および日次ベースの作業を続けなければならない。それぞれのマイナースイングが特定されたら，マイナートップの上側にそれが実現した価格と日付を過去に遡って書き込む。マイナーボトムに対しても同じことを行い，マイナーボトムの下側にそれが実現した価格と日付を書き入れる。

インサイドバー

市場のマイナースイングを観察する場合に着目しなければならない重要なことは，インサイドムーブ（訳注：直前の足の範囲内で動く，いわゆる「はらみ」の動き）とアウトサイドムーブ（訳注：高値，安値とも直前の足の範囲を逸脱する動きで，いわゆる「包み」）の発生である。このチャートパターンはすべての時間枠（月足，週足，日足など）に共通しており，前者をインサイドバーと呼ぶことにする（図4.7）。

インサイドバーは，直近の高値が１本前の足の高値よりも低く，安値が１本前の安値よりも高い場合に実現する。マイナースイングをチャート表示する場合は，インサイドバーを無視し，次のバーの取引レンジを見守る。インサイドバーは無視されるので，マイナートレンドラインが上向きか下向きかを判断するために，１つ前のバーを見ることになる。このバーは，「ラスト・アクティブバー」と呼ばれる。インサイドバーが出現するまでトレンドラインが上昇していた場合，その後，相場が上昇してラスト・アクティブバーの高値を抜いたならば，マイナートレンドラインは上昇する。インサイドバーが出現するまでトレンドラインが上昇していた場合，その後，相場が下落してラスト・アクティブバーの安値を下回ると，マイナートレンドラインは下落する。インサイドバーが出現するまでトレンドラインが下落していた場合，ラスト・アクティブバーの安値を下回ればマイナートレンドラインは下落する。インサイドバーが出現するまでトレンドラインが下落していた場合，ラスト・アクティブバー

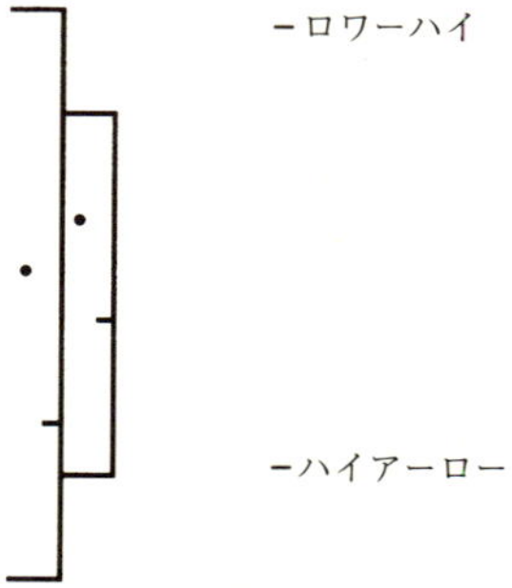

図4.7　**インサイドバーのチャート。高値は直前の足の高値よりも安く，安値は直前の足の安値よりも高い。**

の高値を上抜いたなら，マイナートレンドラインは上昇する。要するに，トレーダーはインサイドバーを無視し，マイナートレンドラインが変動していく方向を判定するためにはラスト・アクティブバーを参照せよということである。

アウトサイドバー

直近のバーの高値が直前のバーの高値を上回っており，かつ安値が直前のバーの安値を下回っている状態をアウトサイドタイムの期間という（アウトサイドバーについては図4.8を参照）。インサイドバーの場合とは対照的に，アウトサイドムーブにおいては高値と安値が出現した順序は重要であり，注意を要する。アウトサイドムーブが発生した時間枠において，マイナートレンドラインが上昇中で，先に高値を付けたならマイナートレンドラインを高値まで延長させる。その後，同じバーの中でマイナートレンドラインを安値まで引く（図4.9）。マイナートレンドラインが上昇中で，アウトサイドムーブにおいて先に安値を付けた場合，マイナートレンドラインは安値まで延長させ，同じバーの中でマイナートレンドラインを高値まで引く（図4.10）。

さらに，マイナートレンドラインが下落中で，アウトサイドムーブにおいて先に高値を付けたなら，マイナートレンドラインは高値まで延長させ，その後安値までマイナートレンドラインを下に引く。マイナートレンドラインが下落中で，アウトサイドムーブにおいて先に安値を付けたなら，マイナートレンドラインは安値まで延長させ，その後高値までマイナートレンドラインを上に引く。

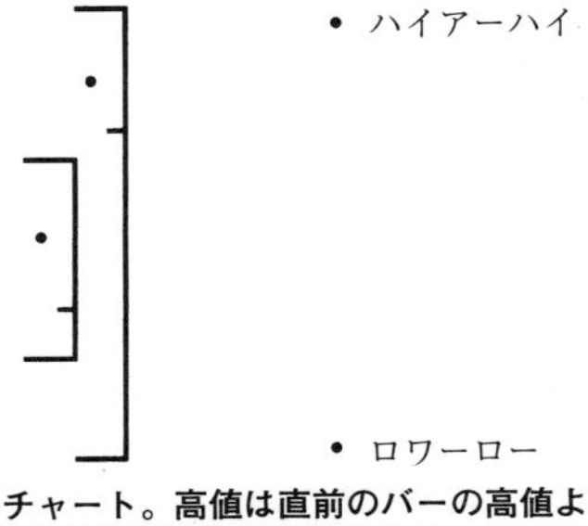

図4.8　**アウトサイドバーのチャート。高値は直前のバーの高値よりも高く，安値は直前の安値よりも安い。高値と安値の順序が重要である。**

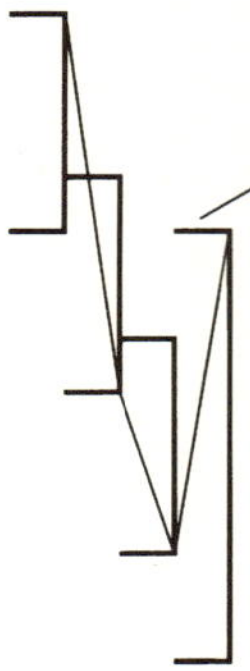

図4.9　**マイナートレンド指標におけるアウトサイドバーのチャート。最初にマイナートップが形成された例。その後大きく下げてアウトサイドバーが発生し，マイナートレンド指標を下向きに引く。高値が安値よりも先に起きた場合は，まずトレンドラインを高値に向かって引き，次に安値まで引く。**

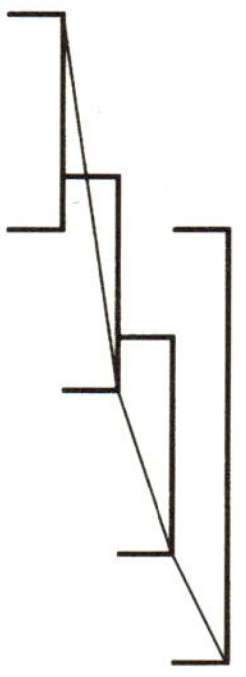

図4.10　**マイナートレンド指標におけるアウトサイドバーのチャート。最初にマイナーボトムが形成された例。その後大きく上げてアウトサイドバーが発生し，マイナートレンド指標を上向きに引く。安値が高値よりも先に起きた場合は，まずトレンドラインを安値に向けて引き，次に高値まで引く。**

アウトサイドムーブの高値と安値の正確な順序を適切に記録しておくことは重要である。なぜなら，市場は最新のトレンドを継続させる可能性があり，またトレーダーはストップを新しい水準に変更することを強いられるからである。過去のデータに基づいてマイナートレンド・インディケーターをバックテスト（検証作業）する際に，アウトサイドムーブにおける順序が確認できない場合には，寄付に近いほうの価格が最初に起き，終値に近いほうの価格が後で起きたと仮定するのが安全である。

ストップ注文

ストップ注文については，後ほど本書の中でより詳しい例を用いて説明するが，従うべき一般的なルールは，マイナーボトム（図4.11）の下側やマイナートップの上側にストップ注文を置くというものである。これは，ストップがヒットした時にはマイナートレンドが転換しているためである。一方，単に（直前の足の）安値の下側や高値の上側に置かれたストップはより頻繁に引っかかってしまい，トレーダーはポジションを閉じるのを余儀なくさせられるだけである。広く使用されているこのタイプのストップを避けなければならない基本的理由は，普通のスイングの範囲内にストップを置くことになるからである。マイナースイング・チャートを利用して仕掛ける場合，一定の金額の損失を超えたところにストップを置くというやり方（マネーストップ）は考えるべきではない。そのようなやり方では，相場が通常の値動きをしているのにほぼ確実にストップにかかって手仕舞いさせられるからだ。

確立されたストップポイントは，市場の動きに基づいて設定される。マイナースイング・チャートを事前に作成し，研究しておけば，トレーダーはその市場が自分の資金量で対処できない価格スイングを起こすかどうかを判断することができる。市場が提示したストップにトレーダーが資金的に耐えられなければ，そこで売買するには資本が過小であり，もっと少ない資本で売買できる別の市場を探さなければならない。

取引されている価格の水準そのものが，スイングの大きさ，ひいてはストップの大きさを決めてしまうことがよくある。たとえば，高値近辺で取引されている市場のスイングは，安値近辺で取引されている市場よりも大きい。ストップ注文は，マイナースイング・トップの上側かマイナースイング・ボトムの下側に１ポイント，２ポイント，あるいは３ポイント（訳注：ここでのポイントとは先物などの最小の呼び値単位）離して置くべきである。どのストップ設定が採用されるかは，価格の水準とその時点のボラティリティーの状態によって決まる。たとえば，歴史的に低い水準で取引されている場合には，歴史的に高い水

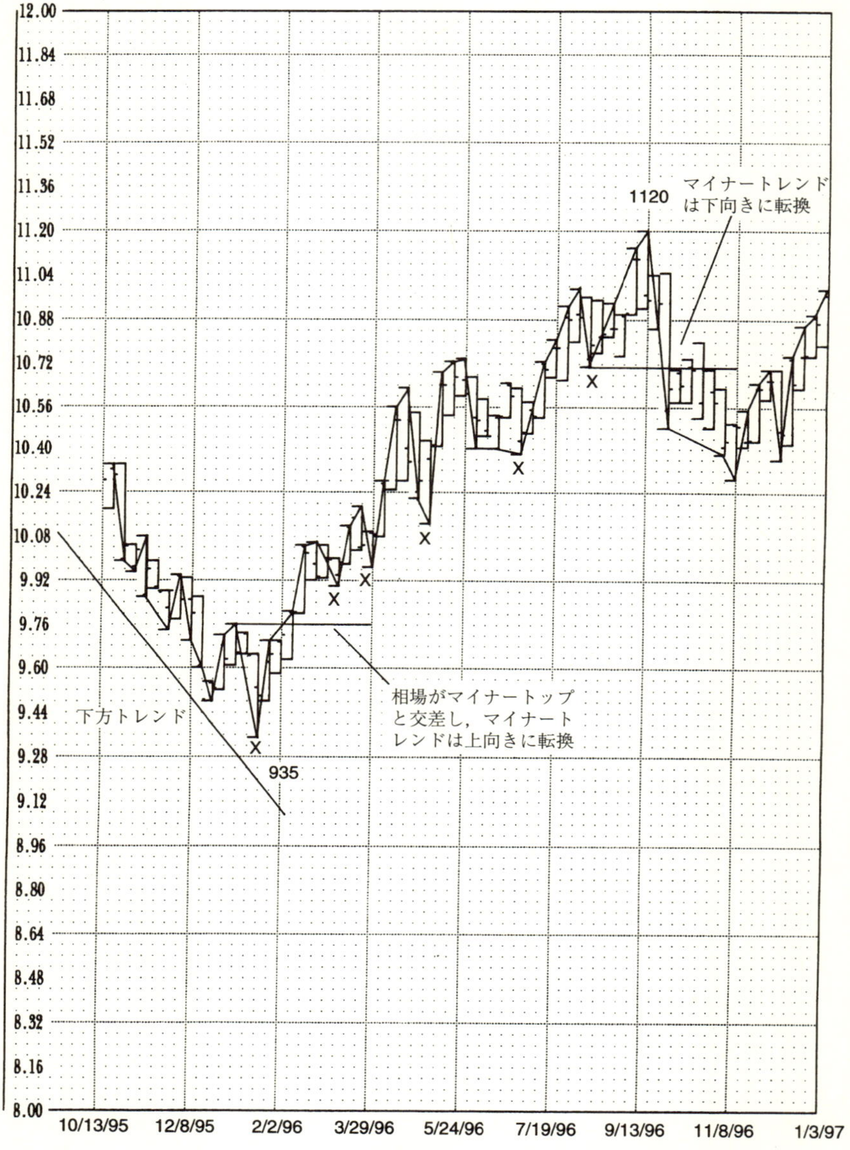

図4.11　**マイナートレンド・ストップを置いたチャート。Xマークは，上昇トレンドの間はマイナーボトムの下側にストップが置かれることを示している。ストップは上昇トレンドに追従して引き上げられる。「固定金額」ストップは想定していない。**

準で取引されている場合よりも，マイナートップやマイナーボトムにごく近い水準にストップを置くべきである。長期チャートを用いて相場動向を判断し，それに応じてストップを置くこと。

特定の市場について述べる時には，マイナートップやマイナーボトム，およびその時点の市場の取引水準に応じて適切なストップ注文を設定するためのルールが示されよう。

指標によって作成された情報の活用

これらのスイングは必ず記録しておくこと。なぜならこれらのポイントは，現在の限月が続く限り重要な支持と抵抗のポイント，あるいは将来にわたって有効な歴史的なサポート，レジスタンス・ポイントとなる可能性があるからである。価格ポイントだけでなく，マイナートップとマイナーボトムを付けた日付も，記録しておく。現在の限月あるいは将来にわたる歴史的に重要なタイミング・ポイントとなる可能性があるからだ。

いまやマイナートップとマイナーボトムが特定されているのだから，価格と時間双方について高値から高値，高値から安値，安値から高値，安値から安値のスイングを記録しておかなければならない。この情報を利用することによって，市場が伸長しているのか収縮しているのかを判定することができる。マイナースイングも，価格水準とカレンダー日付によってグループ分けしておくこと。これによりトレーダーは，特定の期間におけるさまざまな価格水準での市場の動きについてアイデアが得られる。サイクルに関する情報だけでなく，このチャートは重要な季節性データも含んでいる。トレーダーは，さまざまな価格水準からの上昇波動の強さだけでなく，それらに対応する修正波動について分析すべきであると同時に，さまざまな価格水準からの下落波動の強さだけでなく，それらに対応する修正波動についても分析すべきである。

表計算ソフトによってこの情報を整理すれば，価格と時間についての変化を簡単に計算できる。これらのスイングは将来の価格と時間に関するスイングを予測する際に役立つので，これらを記録し続けることが重要である。

トレーダーの分析力に基づいて，分析対象期間におけるマイナートレンドを判断するためにこれらのチャートをすべて作成すべきである。さらに分析すると，これらのチャートがすべて相互に関連し合っていることがわかってくる。したがって，これらの作業は決して徒労ではない。これらのチャートを作成することによって，トレーダーはトップダウンの(鳥瞰的な)見通しを得られる。月足チャートのマイナートップとマイナーボトムが最も重要であり，次に週足チャートのマイナートップとマイナーボトム，続いて日足チャートのマイナートップとマイナーボトム，そして（ここでは説明しなかったが）最後に時間足チャートのマイナートップとマイナーボトムが重要である。

マイナートレンド・チャートを作成し，トップとボトムについて研究した後には，チャート間の相互関係を理解するために以下の事項を強調しておきたい。このコンセプトについては，パーセンテージ・リトレースメントとギャンアングルを説明する際に再度触れる。

1．月足チャートのマイナートップは常に週足チャート，日足チャート，および時間足チャートにおけるマイナートップである。
2．週足チャートのマイナートップは常に日足チャートと時間足チャートにおけるマイナートップであるが，月次チャートにおけるマイナートップであるとは限らない。
3．日足チャートのマイナートップは常に時間足チャートにおけるマイナートップであるが，週足チャートや月次チャートにおけるマイナートップであるとは限らない。
4．時間足チャートのマイナートップは，日足チャートや週足チャートや月次チャートにおけるマイナートップであるとは限らない。
5．月足チャートのマイナーボトムは常に週足チャート，日足チャート，および時間足チャートにおけるマイナーボトムである。
6．週足チャートのマイナーボトムは常に日足チャートと時間足チャートにおけるマイナーボトムであるが，月次チャートにおけるマイナーボトムであるとは限らない。
7．日足チャートのマイナーボトムは常に時間足チャートにおけるマイナーボトムであるが，週足チャートや月次チャートにおけるマイナーボトムであるとは限らない。

8．時間足チャートのマイナーボトムは，日足チャートや週足チャートや月次チャートにおけるマイナーボトムであるとは限らない。

9．月足チャートにおけるマイナーアップトレンドとマイナーダウントレンドは，週足チャート，日足チャート，および時間足チャートにおける一連のスイングから構成されている。月足のアップトレンドやダウントレンドが形成される場合に，平均して何個の週足スイング，日足スイング，および時間足スイングから構成されているかを研究すべきである。

10．週足チャートにおけるマイナーアップトレンドとマイナーダウントレンドは，日足チャートや時間足チャートにおける一連のスイングから構成されている。週足のアップトレンドやダウントレンドが形成される場合に，平均して何個の日足スイングや時間足スイングから構成されているかを研究すべきである。

11．日足チャートにおけるマイナーアップトレンドとマイナーダウントレンドは，時間足チャートにおける一連のスイングから構成されている。日足のアップトレンドやダウントレンドが形成される場合に，平均して何個の時間足スイングから構成されているかを研究すべきである。

12．時間足チャートにおけるマイナーアップトレンドとマイナーダウントレンドは，30分足チャート，15分足チャート，あるいは5分足チャートのような他のイントラデイの時間スケールにおける一連のスイングから構成されている。時間足のアップトレンドやダウントレンドが形成される場合に，平均して何個のスイングが必要かを研究すべきである。

まとめ

マイナートレンド指標チャートは，単純に市場におけるマイナースイング，すなわち時間枠1本の足を抜く動きに従って生じる。トレーダーはマイナートレンドラインの上昇，下落によって示される相場の騰落に追従して売買するだけでよい。マイナートップやマイナーボトムにおける交差によってトレンドが上向きや下向きに転換する。トレンドライン自体の動きによってトレンドが変わるわけではない。この結果，上昇トレンド，下落トレンド，および修正が生み出される。方向の転換によって安値はマイナーボトムとなり，高値はマイナートップとなる。インサイドバーは，マイナートレンド指標チャートを作成する際には無視される。これとは対照的に，アウトサイドバーにおける高値や安値の順序はマイナートレンド指標チャートの作成にとって極めて重要なので，注意深く取り扱う必要がある。アウトサイドバーが実現した場合には，トレーダーは高値と安値のどちらが先に起きたのかに注意しなければならない。

ストップはマイナートップの上側，マイナーボトムの下側に置かなければならない。単に（それぞれのバーの）高値の上側や安値の下側にストップを置くのは避けること。ストップの設定は，歴史的に見た市場の取引状況にも関係する。マイナースイング・チャートによって示されたデータを研究し，分析することは，価格と時間に関して高値から高値，高値から安値，安値から高値，安値から安値へのスイングがどれだけ持続するかを判断するのに役立つ。この情報を用いて市場が伸長しているのか，縮小しているのかを判断することができる。これに加え，さまざまな価格水準と時間スケールに対応した市場の動きによって，トレーダーは市場の性質を判断しやすくなる。最後に，トレーダーは支持と抵抗について理解をより深めるために，月足チャート，週足チャート，日足チャート，およびイントラデイ・チャートの相互関係に関する実用的な知識を身につけるべきである。

第5章　インターミディエイトトレンド・インディケーター

マイナースイングのチャートを研究し，そのいくつかの弱点を発見したアナリストは，自然とインターミディエイト・スイングチャート（図5.1）に心惹かれるようになるだろう。マイナートレンド・チャートを使用しているために起きる緊急事態に気がついたトレーダーは，インターミディエイト・スイングチャートを使った方がより儲かるチャンスが大きいのではないかと感じるかもしれない。しかも，インターミディエイト・チャートの方がより「真の」トレンドの変化を示してくれ，おかげでウィプソー（往復ビンタ）の危険が減るのである。結局のところ，マイナートレンド・チャートに比較して，インターミディエイト・チャートの方が発する売買シグナルが少ないので，トレードに関するコストが大幅に減少するのである（訳注：ここで用いられるマイナー，インターミディエイト，メジャーという言葉は，チャート上で直前の足の高値，安値を何本越えてきたかで区別されており，通常用いられる短期，中期，長期という意味合いはない。したがって，以降では日本語での馴染みやすさを考えてインターミディエイトを中間と訳すことにする）。

次に掲げた条項は，中間スイングチャートを利用した場合の主要なトレーディング上の利点である。

1．中間トレンド指標の発する売買シグナルはマイナートレンド指標よりも少ない。この結果，トレーディングのコストを最小限に抑えることができる。
2．マイナートレンド指標に従う場合より売買回数が少ないので，トレーダーはウィプソーに見舞われることが少なくなり，連続的な売買ロスの発生を抑えることができる。
3．中間トレンドによる投資機会は，マイナートレンドのそれよりゆっくり進展し，その後の展開が予想しやすい。これがトレーダーにフォーメーション

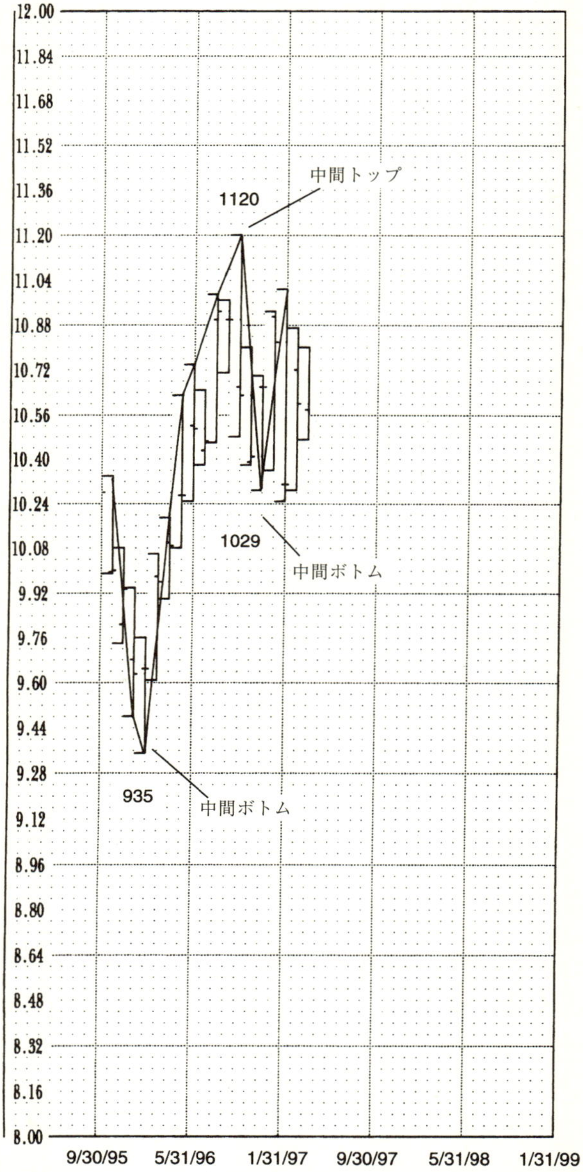

図5.1 **中間トレンドチャート。2本のバーにわたって発生した動きに従って，トレンドライン・インディケーターが表示されている。**

を観察し，必要な場合に修正を加える時間を与えてくれる。

4．中間トレンドチャートの作成にはマイナートレンド・チャートの場合と同じ技法が必要であるが，作成に費やす時間は少なくてすむ。とくに相場が急激に上昇，下落している場合ほどそう言える。

5．中間トレンドに従うトレーダーの場合，相場の方向性が頻繁に変わることによる精神的消耗，過剰売買，連続的な損失は，マイナートレンド・トレーダーに比較してはるかに少ない。

6．マイナートレンド・チャートの研究は中間トレンドチャート上にこれから発生するトレンドの変化を察知する上で有効である。一方，中間トレンドチャートの研究も，次章で述べられるメイントレンド・チャートのトレンド変化を察知する上で有効と言える。

マイナートレンド・チャートの弱点と，中間トレンドチャートの利点を学んだトレーダーが，自分の唯一のトレンド指標として中間トレンドチャートを選択するケースもしばしばある。このチャートが正しく作成されると，トレーダーは，中間トップとボトムが発生した日付とともに表示されているチャートを見ることになる。また，中間トレンドがいつ転換したかを判断することができ，そのトレンドの平均的な値幅や期間を知ることができる。この情報により，簡単なトレーディングシステムを作ることもできる。

定　義

中間スイングチャートは，中間トップとボトムを特定するためいかなる時間枠でも使用されるが，混乱を避けるために月，週，日，およびイントラデイなど，特定の時間枠を指す場合にはそれぞれの時間枠に対するバー（足）と呼ぶことにしよう。

中間スイングチャート，別名「２本バーチャート」は相場の2本のバーに及ぶ動きに従って描かれる（図5.2）。２つの連続する時間枠にわたって相場が直前のバーと比較してより高い高値（ハイアーハイ）を形成するたびに，直近の安値から新しい高値へと中間トレンドラインが引かれる。これによって２本前

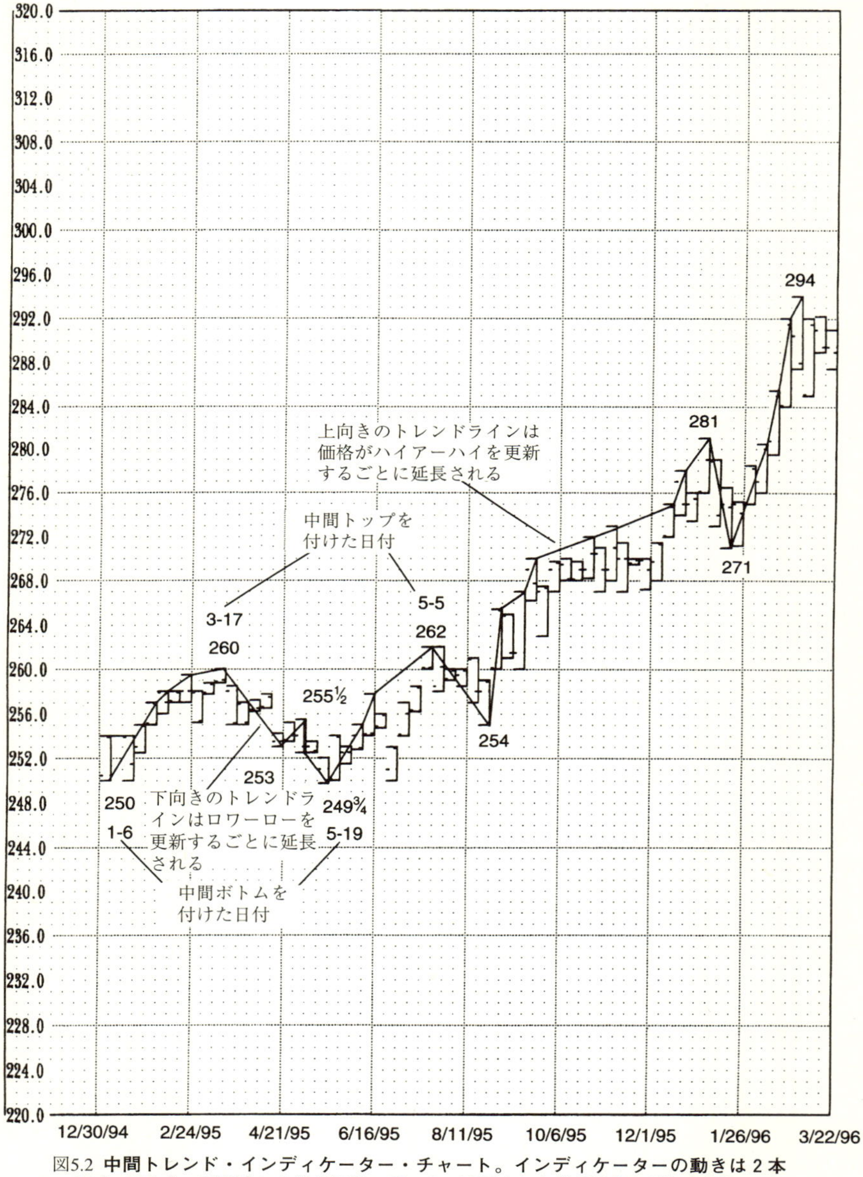

図5.2 **中間トレンド・インディケーター・チャート。インディケーターの動きは２本のバーにわたって発生した動きに従っている。表示された数値はそれぞれ中間トップ，中間ボトムの価格。**

の安値が中間ボトムとなる。２つの連続する時間枠にわたって相場が直前のバーと比較してより安い安値（ロワーロー）を形成するたびに，直近の高値から新しい安値へと中間トレンドラインが引かれる。この結果，２本前の高値が中間トップとなる。ボトムからの中間トレンドラインと，トップからの中間トレンドラインの組み合わせは，中間スイングを形成する。これは重要な情報である。なぜなら，ストップの設定について議論する際に，トレーダーは（複数の）安値の下側ではなく中間スイングボトムの下側に，（複数の）高値の上側ではなく中間スイングトップの上側にストップを置くように言われるからだ。安値と中間スイングボトム，および高値と中間スイングトップの間の相違について学び，理解しなければならない。

いったん最初の中間スイングが形成されると，トレーダーは中間トレンドの変化について予想できるようになる。中間スイングチャートが最初の売買月，売買週，あるいは売買日から始まり，中間トレンドラインが新しい高値まで引かれても，このことは中間トレンドが上向きに転換したことを意味しない。逆に，最初の動きが下向きでも，このことは中間トレンドが下向きに転換したことを意味しない。中間トレンドが上方転換する唯一の条件は中間トップを上抜くことであり，中間トレンドが下方転換する唯一の条件は中間ボトムを下抜くことである。

さらに，中間トレンドが上向きであり，相場が前回の中間スイングボトムを切らない下向きの中間スイングを示した場合，これは修正とみなす。逆に，中間トレンドが下向きであり，相場が前回の中間スイングトップを超えない上向きの中間スイングを示した場合，これも修正とみなす。相場は２種類の上向きの動きと下向きの動きからなる。中間スイングチャートは，トレンド型の上昇と修正型の上昇，トレンド型の下落と修正型の下落を区別することによって，これらのタイプの動きに焦点を当てるのである。

要約すれば，中間スイングチャートに従って作業している時，分析者は相場における２本の足にわたって発生した上昇と下落の動きに追従しているだけである。確立された下降トレンドラインと新しい上昇トレンドラインの交差が中間スイングボトムとなる。確立された上昇トレンドラインと新しい下降トレンドラインの交差が中間スイングトップとなる。中間スイングトップと同ボトムの組み合わせが中間トレンド・インディケーター（指標）チャートを形成する(図5.3)。中間スイングトップとの交差は，中間トレンドを上向きに転換させる。中間トレンドボトムの下抜きは中間トレンドを下向きに転換させる。相場は上昇トレンド，下降トレンド，および修正から構成される。

作　成

中間トレンド指標のチャートを適切に作成するためには，以下のものが必要である。バーチャート，価格と時間のデータ，赤，緑，黒のペン，および定規である。黒ペンはチャートを更新するために使い，緑色のペンはトレンドラインの上向きの動きを描くのに，赤ペンはトレンドラインの下向きの動きを描くのに使う。不正確なラインは誤解を生じかねないので，直線を引く際には定規を用いること。視覚的な推測に頼ると間違った判断を引き起こすだけでなく，研究に有害な結果をもたらす可能性もあるため，価格と時間のデータを用いて高値と安値を正しく記録するようにしなければならない。

ある限月の最初の取引のバーから中間トレンド指標チャート（図5.4）を開始するのが最良である。というのも，分析されている限月が中心限月になるまでに，分析者はその限月に関するすべての中間スイングを作成し，チャートに描かれた変動から価格と時間についての有益な情報を導き出せているだろうからである。相場はチャート全体にわたってそれ自体の特徴を際立たせる独自のパターンを含んでいるから，このチャートは相場の「指紋」のような役割を果たすことになる。こういうわけでデータの緻密さと正確さが常に維持されなければならないのである。

中間トレンドと安値からの月足チャート

月足チャートでは，取引の最初の月からチャートをスタートさせ，毎月，単純に相場の変動に追従していけばよい。もし安値から相場が２回連続してハイアーハイを形成すれば，緑色のペンで２本前のバーの安値から直近のバーの高値まで中間トレンドラインを描く。これによって２本前の安値が中間ボトムとなる。ひとたび２本バーの指標が上向きに転じたのが確認されれば，以後はト

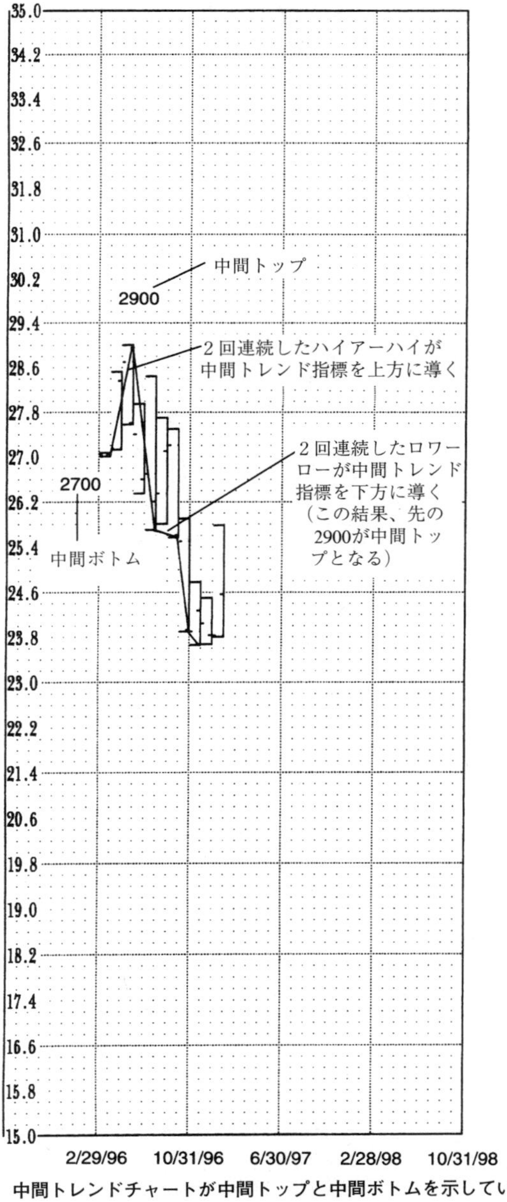

図5.3　**中間トレンドチャートが中間トップと中間ボトムを示している。**

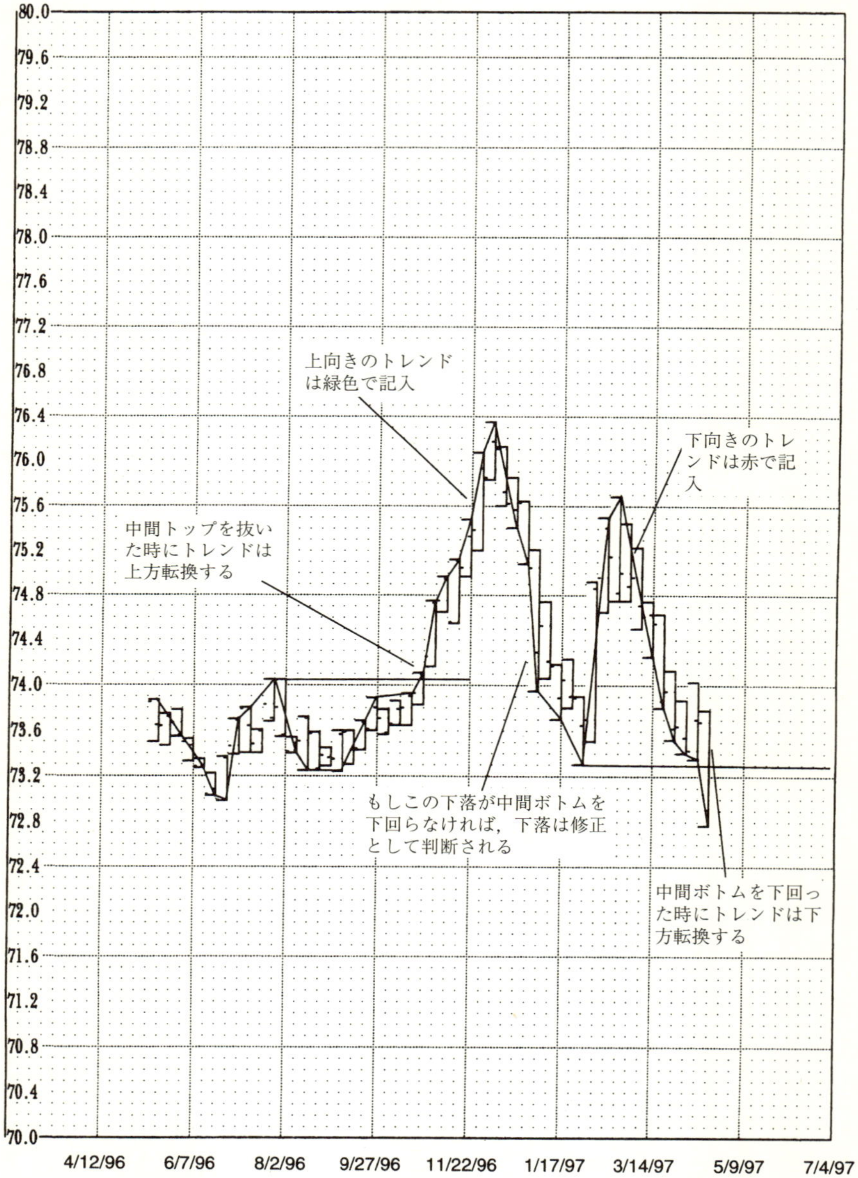

図5.4　**1997年のカナダドル週足に対して作成した中間トレンドチャートの例**

レンド指標の上昇に際して２回連続のハイアーハイを実現するという条件は不要になる。相場が続けてハイアーハイを形成し続けた場合は，前月の高値からそれ以降に実現するハイアーハイまで中間トレンドラインを引く。相場が２回連続してロワーローを形成するまで，高値から高値へと中間トレンドラインを引き続けるのである。そして２回連続のロワーローが実現した時点で，赤ペンを用いて２本前のバーの高値から直近のバーの安値まで中間トレンドラインを引く。この結果，２本前の高値が中間トップとなる。ひとたび２本バーの指標が下向きに転じたのが確認されれば，以後はトレンド指標の下落に際して２回連続のロワーローを実現するという条件は不要になる。相場が続けてロワーローを付ける月ごとに，それ以降に実現するそのロワーローまで中間トレンドラインを引く。相場が２回連続のハイアーハイを形成するまで，安値から安値へと中間トレンドラインを引き続けるのである。

中間トレンドと高値からの月足チャート

月足チャートでは，取引の最初の月からチャートをスタートさせ，毎月，単純に相場の変動に追従していけばよい。もし高値から２回連続してロワーローを形成すれば，赤のペンで２本前のバーの高値から直近のバーの安値まで中間トレンドラインを描く。これによって２本前の安値が中間トップとなる。ひとたび２本バーの指標が下向きに転じたのが確認されれば，以後はトレンド指標の下落に際して２回連続のロワーローを実現するという条件は不要になる。相場が続けてロワーローを形成し続けた場合は，前月の安値からそれ以降に実現するロワーローまで中間トレンドラインを引く。相場が２回連続してハイアーハイを形成するまで，安値から安値へと中間トレンドラインを引き続ける。そしてそれが実現した時点で，緑色のペンを用いて２本前のバーの安値から直近のバーの高値まで中間トレンドラインを引くのである。この結果，２本前の高値が中間ボトムとなる。ひとたび２本バーの指標が上向きに転じたのが確認されれば，以後はトレンド指標の上昇に際して２回連続のハイアーハイを実現するという条件は不要になる。

相場が続けてハイアーハイを付ける月ごとに，それ以降に実現するそのハイアーハイまで中間トレンドラインを引く。相場が２回連続のロワーローを形成するまで，高値から高値へと中間トレンドラインを引き続けるのである。

中間トレンドと安値からの週足チャート

週足チャートでは，取引の最初の週からチャートをスタートさせ，毎週，単純に相場の変動に追従していけばよい。相場が安値から２回連続してハイアーハイを形成すれば，緑色のペンを使って２本前のバーの安値から直近のバーの高値まで上昇中間トレンドラインを描く。これによって２本前の安値が中間ボトムとなる。ひとたび２本バーの指標が上向きに転じたのが確認されれば，以後はトレンド指標の上昇に際して２回連続のハイアーハイを実現するという条件は不要になる。相場が続けてハイアーハイを付ける週ごとに，それ以降に実現するハイアーハイまで中間トレンドラインを引く。相場が２回連続のロワーローを形成するまで，高値から高値へと中間トレンドラインを引き続けるのである。この時点で，赤ペンを用いて２本前のバーの高値から直近のバーの安値まで中間トレンドラインを引く。この結果，２本前の高値が中間トップとなる。ひとたび２本バーの指標が下向きに転じたのが確認されれば，以後はトレンド指標の下落に際して２回連続のロワーローを実現するという条件は不要になる。相場が続けてロワーローを付ける週ごとに，それ以降に実現するそのロワーローまで中間トレンドラインを引く。相場が２回連続のハイアーハイを形成するまで，安値から安値へと中間トレンドラインを引き続けるのである。

中間トレンドと高値からの週足チャート

週足チャートでは，取引の最初の週からチャートをスタートさせ，毎週，単純に相場の変動に追従していけばよい。高値から２回連続してロワーローを形成すれば，赤ペンを使って２本前のバーの高値から直近のバーの安値まで下降中間トレンドラインを描く。これによって２本前の高値が中間トップとなる。ひとたび２本バーの指標が下向きに転じたのが確認されれば，以後はトレンド指標の下落に際して２回連続のロワーローを実現するという条件は不要になる。相場が続けてロワーローを付ける週ごとに，それ以降に実現するロワーローまで中間トレンドラインを引く。

相場が２回連続のハイアーハイを形成するまで，安値から安値へと中間トレンドラインを引き続ければよい。この時点で，緑色のペンを用いて2本前のバーの安値から現時点のバーの高値まで中間トレンドラインを引く。これによって2本前の安値が中間ボトムとなる。ひとたび2本バーの指標が上向きに転じたのが確認されれば，以後はトレンド指標の上昇に際して2回連続のハイアーハイを実現するという条件は不要になる。相場が続けてハイアーハイを付ける週ごとに，それ以降に実現するハイアーハイまで中間トレンドラインを引く。相場が2回連続のロワーローを形成するまで，高値から高値へと中間トレンドラインを引き続けるのである。

中間トレンドと安値からの日足チャート

日足チャートでは，取引の最初の日からチャートをスタートさせ，毎日，単純に相場の変動に追従していけばよい。安値から2回連続のハイアーハイを形成すれば，緑色のペンを使って2本前のバーの安値から直近のバーの高値まで上昇トレンドラインを描く。これによって2本前の安値が中間ボトムとなる。ひとたび2本バーの指標が上向きに転じたのが確認されれば，以後はトレンド指標の上昇に際して2回連続のハイアーハイを実現するという条件は不要になる。相場が続けてハイアーハイを付ける日ごとに，それ以降に実現するハイアーハイまで中間トレンドラインを引く。相場が2回連続のロワーローを形成するまで，高値から高値へと中間トレンドラインを引き続けるのである。この時点で，赤ペンを用いて2本前のバーの高値から直近のバーの安値まで中間トレンドラインを引く。この結果，2本前の高値が中間ボトムとなる。ひとたび2本バーの指標が下向きに転じたのが確認されれば，以後はトレンド指標の下落に際して2回連続のロワーローを実現するという条件は不要になる。相場が続けてロワーローを付ける日ごとに，それ以降に実現するそのロワーローまで中間トレンドラインを引く。相場が2回連続のハイアーハイを形成するまで，安値から安値へと中間トレンドラインを引き続けるのである。

中間トレンドと高値からの日足チャート

日足チャートにおいては，取引の最初の日からチャートをスタートさせ，毎日，単純に相場の変動に追従していけばよい。高値から2回連続のロワーロー

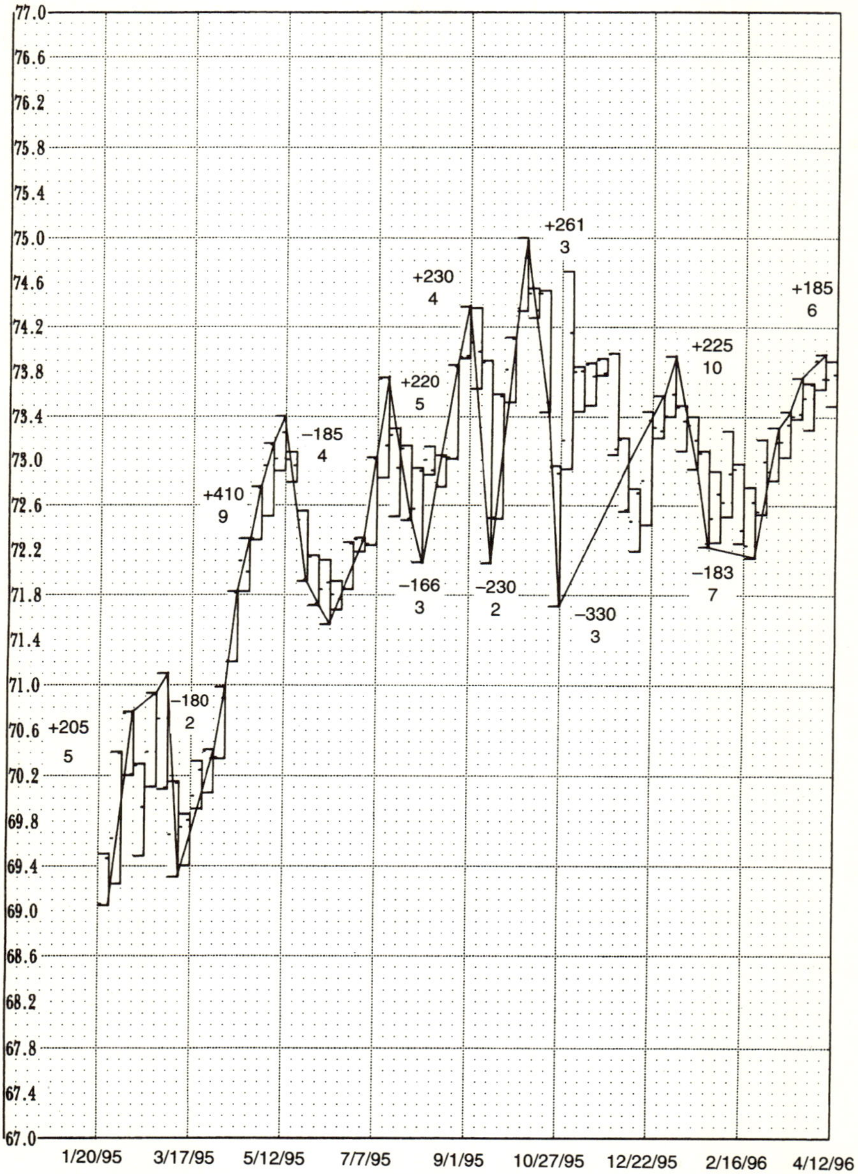

図5.5　中間トレンドのアップスイング，ダウンスイングを示したチャート。各スイングの値幅を記入した後，平均的スイングの上げ幅，下げ幅を把握しておく。

を形成すれば，赤ペンを使って２本前のバーの高値から直近のバーの安値まで下降中間トレンドラインを描く。これによって２本前の高値が中間トップとなる。ひとたび２本バーの指標が下向きに転じたのが確認されれば，以後はトレンド指標の下落に際して２回連続のロワーローを実現するという条件は不要になる。相場が続けてロワーローを付ける日ごとに，それ以降に実現するロワーローまで中間トレンドラインを引く。相場が２回連続のハイアーハイを形成するまで，安値から安値へと中間トレンドラインを引き続ける。この時点で，緑色のペンを用いて２本前のバーの安値から現時点のバーの高値まで中間トレンドラインを引く。この結果，２本前の安値が中間ボトムとなる。ひとたび２本バーの指標が上向きに転じたのが確認されれば，以後はトレンド指標の上昇に際して２回連続のハイアーハイを実現するという条件は不要になる。相場が続けてハイアーハイを付ける日ごとに，それ以降に実現するそのハイアーハイまで中間トレンドラインを引く。相場が２回連続のロワーローを形成するまで，高値から高値へと中間トレンドラインを引き続けるのである。

以上で，中間トレンド指標チャートの作成法についての説明を終了する。チャートが現時点の価格に更新されるまで，月次，週次，および日次ベースの作業を続けなければならない。それぞれの中間スイングが特定されたら，中間トップの上側にそれが実現した価格と日付を過去に遡って書き込む。中間ボトムに対しても同じことを行い，中間ボトムの下側にそれが実現した価格と日付を書き入れる（図5.5）。

インサイドバー

相場の中間スイングを観察する場合に着目しなければならない重要なことは，インサイドムーブ（訳注：前出と同じく，直前の足の範囲内で動く，いわゆる「はらみ」の動き）とアウトサイドムーブ（訳注：同上，いわゆる「包み」の動き）の発生である。このチャートパターンはすべての時間枠（月足，週足，日足など）に共通しており，前者をインサイドバーと呼ぶことにする（図5.6）。インサイドバーは，直近の高値がその直前の高値よりも低く，安値がその直前の安値よりも高い場合に実現する。中間スイングをチャート表示する場合は，インサイドバーを無視し，次のバーの取引レンジを見守るものである。インサイド

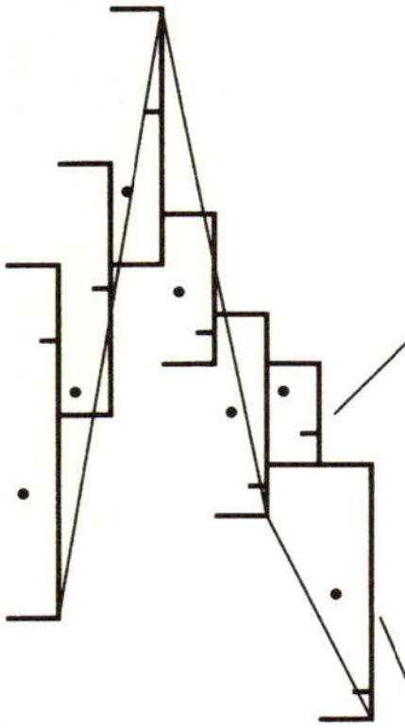
インサイドバーは中間トレンドの方向性に影響を及ぼさない
インサイドバーを考慮することなく，下向きの中間トレンドラインは継続している

図5.6　**中間トレンドにおけるインサイドバーの例**

バーは無視されるので，分析者は中間トレンドラインが上向きか下向きかを判断するために，１つ前のバーを見ることになる。このバーは，「ラスト・アクティブバー」と呼ばれる。インサイドバーが出現するまでトレンドラインが上昇していた場合，その後相場が上昇してラスト・アクティブバーの高値を抜くと，中間トレンドラインは上昇する。インサイドバーが出現するまでトレンドラインが上昇していた場合，その後相場が下落してラスト・アクティブバーの安値を２回更新すると，中間トレンドラインは下落する。インサイドバーが出現するまでトレンドラインが下落していた場合，ラスト・アクティブバーの安値を下回ると中間トレンドラインは下落する。インサイドバーが出現するまでトレンドラインが下落していた場合，ラスト・アクティブバーの高値を２回更新すると，中間トレンドラインは上昇する。要するに，トレーダーはインサイドバーを無視し，中間トレンドラインが変動していく方向を判定するためにはラスト・アクティブバーを参照せよということである。

アウトサイドバー

直近の時間枠における高値と安値が，いずれも直前の時間枠の高値と安値の範囲を逸脱している状態をアウトサイドタイムの期間という（アウトサイドバー

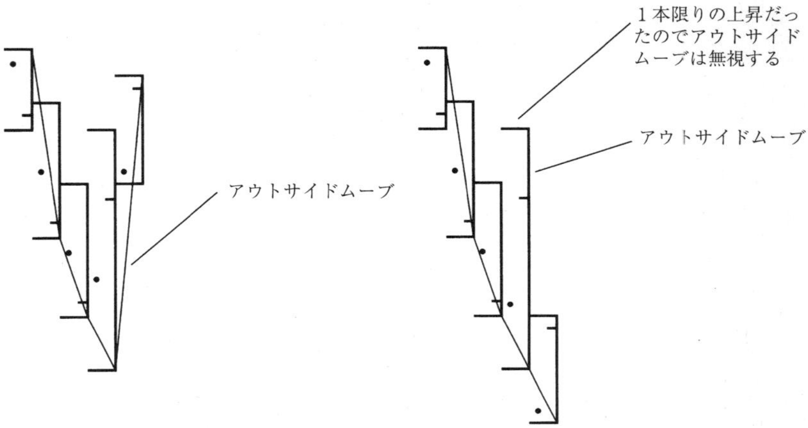

図5.7　**中間トレンドにおいてアウトサイドバーが発生したチャート。左側は，中間トレンド・インディケーターが下向きであり，先に安値，後に高値を付けた場合。まずインディケーターを下に延長し，その後そこから高値まで引く。右側は，中間トレンド・インディケーターが下向きであり，アウトサイドムーブが発生した後，ダウントレンドが再開したもの。この場合，アウトサイドムーブは無視される。**

については図5.7を参照）。インサイドバーの場合とは対照的に，アウトサイドムーブにおいては高値と安値が出現した順序は重要であり，注意を要する。アウトサイドムーブが発生した時間枠において，中間トレンドラインが上昇中で，先に高値を付けたなら中間トレンドラインを高値まで延長させる。中間トレンドラインが上昇中で，アウトサイドムーブにおいて先に安値をつけた場合，（マイナートレンドラインの時とは異なり）安値は無視し，普通のハイアーハイの時と同様に中間トレンドラインを高値まで引くのである。さらに，中間トレンドラインが下落中で，アウトサイドムーブにおいて先に高値を付けたなら，この高値を無視し，普通のロワーローの時と同様に中間トレンドラインを安値まで延長させる。中間トレンドラインが下落中で，アウトサイドムーブにおいて先に安値を付けたなら，中間トレンドラインは安値まで延長させるのである。

アウトサイドムーブの高値と安値の正確な順序を適切に記録しておくことは重要である。なぜなら，市場は最新のトレンドを継続させる可能性があり，またトレーダーはストップを新しい水準に変更することを強いられるからだ。

過去のデータに基づいて中間トレンド・インディケーターをバックテスト

（検証作業）する際に，アウトサイドムーブにおける順序が確認できない場合には，寄付に近い方の価格が最初に起き，終値に近い方の価格が後で起きたと仮定するのが安全である。

ストップ注文

ストップ注文については，後ほど本書の中でより詳しい例を用いて説明するが，従うべき一般的なルールは，中間ボトム（図5.8）の下側や中間トップの上側にストップ注文を置くというものである。これは，ストップがヒットした時には中間トレンドが転換しているためである。一方，単に（直前の足の）安値の下側や高値の上側に置かれたストップはより頻繁に引っかかってしまい，トレーダーはポジションを閉じるのを余儀なくさせられるだけである。広く使用されているこのタイプのストップを避けなければならない基本的理由は，普通のスイングの範囲内にストップを置くことになるからだ。中間スイングチャートを利用して仕掛ける場合，一定の金額の損失を超えたところにストップを置くというやり方（マネーストップ）は考えるべきではない。そのようなやり方では，相場が通常の値動きをしているのにほぼ確実にストップにかかって手仕舞いさせられるからである。

確立されたストップポイントは，市場の動きに基づいて設定される。中間スイング・チャートを事前に作成し，研究しておけば，トレーダーはその市場が自分の資金量で対処できない価格スイングを起こすかどうかを判断することができる。市場が提示したストップにトレーダーが資金的に耐えられなければ，その市場で売買するには資本が過小であり，もっと少ない資本で売買できる別の市場を探さなければならない。

取引されている価格の水準そのものが，スイングの大きさ，ひいてはストップの大きさを決めてしまうことがよくある。たとえば，高値近辺で取引されている市場のスイングは，安値近辺で取引されている市場よりも大きい。ストップ注文は，中間スイングトップの上側か中間スイングボトムの下側に１ポイント，２ポイント，あるいは３ポイント（訳注：ここでのポイントとは先物などの最小の呼び値単位）離して置くべきである。どのストップ設定が採用されるか

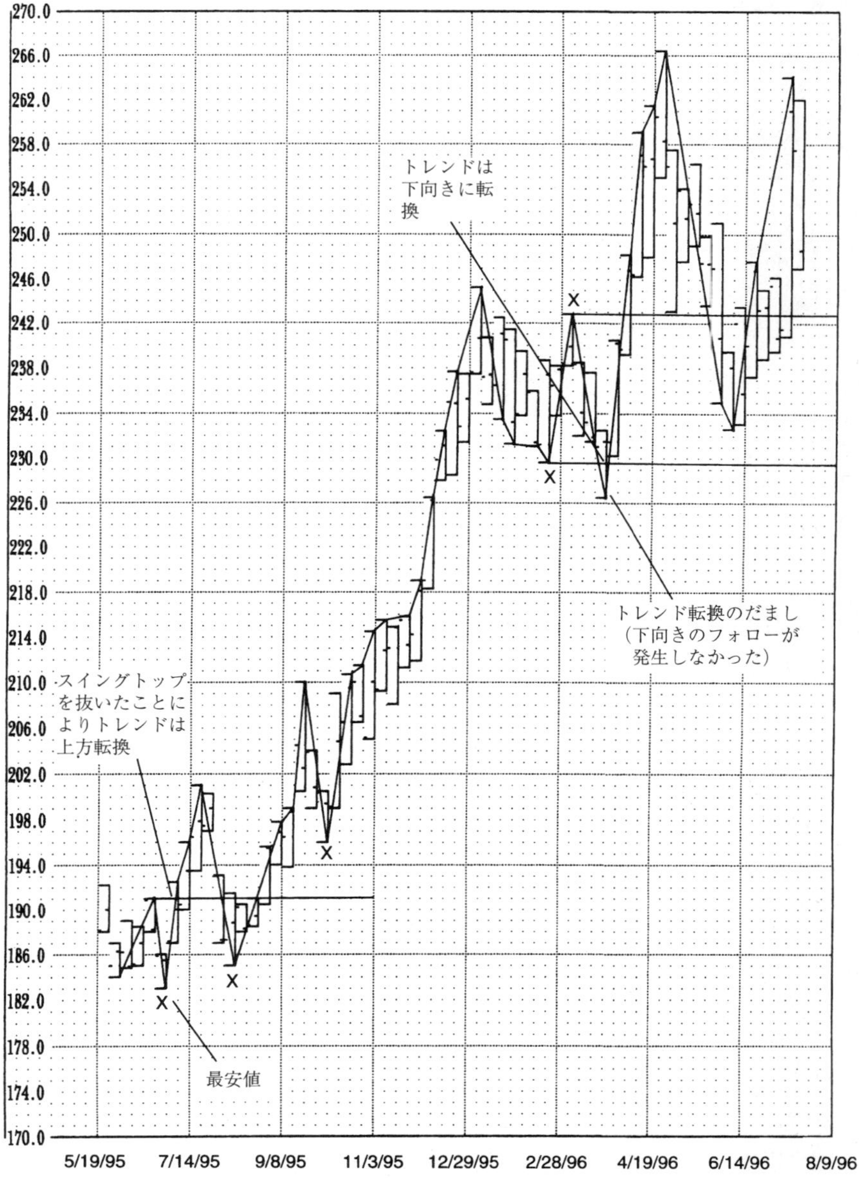

図5.8　**中間トレンド・チャートとストップの置き方**

は，価格の水準とその時点の市場ボラティリティーの状態によって決まる。たとえば，歴史的に低い水準で取引されている場合には，歴史的に高い水準で取引されている場合よりも，中間トップや中間ボトムにごく近い水準にストップを置くべきである。長期チャートを用いて市場の状態を判断し，それに応じてストップを置くこと。

特定の市場について述べる時には，中間トップや中間ボトム，およびその時点の相場の水準に応じて適切なストップ注文を設定するためのルールが示されよう。

指標によって作成された情報の活用

これらのスイングは必ず記録しておくこと。なぜならこれらのポイントは，現在の限月が続く限り重要な支持と抵抗のポイント，あるいは将来にわたって有効な歴史的なサポート，レジスタンス・ポイントとなる可能性があるからである。価格ポイントだけでなく，中間トップと中間ボトムを付けた日付も記録しておく。現在の限月あるいは将来にわたる歴史的に重要なタイミング・ポイントとなる可能性があるからだ。

いまや中間トップと中間ボトムが特定されているのだから，価格と時間双方について高値から高値，高値から安値，安値から高値，安値から安値のスイングを記録しておかなければならない。この情報を利用することによって，市場が伸長しているのか収縮しているのかを判定することができる。中間スイングも，価格水準とカレンダー日付によってグループ分けしておくこと。これによりトレーダーは，特定の期間におけるさまざまな価格水準での市場の動きについてアイデアが得られる。サイクルに関する情報だけでなく，このチャートは重要な季節性データも含んでいる。トレーダーは，さまざまな価格水準からの上昇波動の強さだけでなく，それらに対応する修正波動について分析すると同時に，さまざまな価格水準からの下落波動の強さだけでなく，それらに対応する修正波動についても分析すべきである。表計算ソフトによってこの情報を整理すれば，価格と時間についての変化を簡単に計算することができる。これらのスイングは将来の価格と時間に関するスイングを予測する際に役立つので，これらを記録し続けることが重要である。

分析対象期間における中間トレンドを判断するために，トレーダーはこれらのチャートをすべて作成すべきである。

さらに分析すると，これらのチャートがすべて相互に関連し合っていることがわかってくる。したがって，これらすべてを作成することは決して徒労ではない。これらのチャートを作成することによって，トレーダーはトップダウンの（鳥瞰的な）見通しを得られる。月足チャートの中間トップと中間ボトムが最も重要であり，次に週足チャートの中間トップと中間ボトム，続いて日足チャートの中間トップと中間ボトム，そして（ここでは説明しなかったが）最後に時間足チャートの中間トップと中間ボトムが重要である。

中間トレンド・チャートを作成し，トップとボトムについて研究した後には，チャート間の相互関係を理解するために以下の事項を強調しておきたい。このコンセプトについては，パーセンテージ・リトレースメントとギャンアングルを説明する際に再度述べる。

1．月足チャートの中間トップは常に週足チャート，日足チャート，および時間足チャートにおける中間トップである。
2．週足チャートの中間トップは常に日足チャートと時間足チャートにおける中間トップであるが，月足チャートにおける中間トップであるとは限らない。
3．日足チャートの中間トップは常に時間足チャートにおける中間トップであるが，週足チャートや月足チャートにおける中間トップであるとは限らない。
4．時間足チャートの中間トップは，日足チャートや週足チャートや月足チャートにおける中間トップであるとは限らない。
5．月足チャートの中間ボトムは常に週足チャート，日足チャート，および時間足チャートにおける中間ボトムである。
6．週足チャートの中間ボトムは常に日足チャートと時間足チャートにおける中間ボトムであるが，月足チャートにおける中間ボトムであるとは限らない。

7．日足チャートの中間ボトムは常に時間足チャートにおける中間ボトムであるが，週足チャートや月足チャートにおける中間ボトムであるとは限らない。
8．時間足チャートの中間ボトムは，日足チャートや週足チャートや月足チャートにおける中間ボトムであるとは限らない。
9．月足チャートにおける中間アップトレンドと中間ダウントレンドは，週足チャート，日足チャート，および時間足チャートにおける一連のスイングから構成されている。月足のアップトレンドやダウントレンドが形成される場合に，平均して何個の週足スイング，日足スイング，および時間足スイングから構成されているかを研究すべきである。
10．週足チャートにおける中間アップトレンドと中間ダウントレンドは，日足チャートや時間足チャートにおける一連のスイングから構成されている。週足のアップトレンドやダウントレンドが形成される場合に，平均して何個の日足スイングや時間足スイングから構成されているかを研究すべきである。
11．日足チャートにおける中間アップトレンドと中間ダウントレンドは，時間足チャートにおける一連のスイングから構成されている。日足のアップトレンドやダウントレンドが形成される場合に，平均して何個の時間足スイングから構成されているかを研究すべきである。
12．時間足チャートにおける中間アップトレンドと中間ダウントレンドは，30分足チャート，15分足チャート，あるいは5分足チャートのような他のイントラデイの時間スケールにおける一連のスイングから構成されている。時間足のアップトレンドやダウントレンドが形成される場合，平均して何個のスイングが必要かを研究すべきである。
13．中間アップトレンドは，アップスイングと修正から成り立っている。
14．中間ダウントレンドは，ダウンスイングと修正から成り立っている。
15．中間アップトレンドは，マイナーアップトレンドとマイナーダウントレンドから成り立っている。
16．中間ダウントレンドは，マイナーアップトレンドとマイナーダウントレンドから成り立っている。
17．中間トップは常にマイナートップを兼ねているが，マイナートップは必ずしも中間トップであるとは限らない。

18. 中間ボトムは常にマイナーボトムを兼ねているが，マイナーボトムは必ずしも中間ボトムであるとは限らない。

まとめ

中間トレンド指標チャートは，単純に市場における中間スイング，すなわち時間枠２本の足を抜く動きに従って生じる。トレーダーは中間トレンドラインの上昇，下落によって示される相場の騰落に追従して売買するだけでよい。中間トップや中間ボトムにおける交差によってトレンドが上向きや下向きに転換する。トレンドライン自体の動きによってトレンドが変わるわけではない。これによって上昇トレンド，下落トレンド，および修正が生み出される。方向の転換によって安値は中間ボトムとなり，高値は中間トップとなる。インサイドバーは，中間トレンド指標チャートを作成する際には無視される。これとは対照的に，アウトサイドバーにおける高値や安値の順序は中間トレンド指標チャートの作成にとって極めて重要なので，注意深く取り扱う必要がある。アウトサイドバーが実現した場合には，トレーダーは高値と安値のどちらが先に起きたのかに注意しなければならない。

ストップは中間トップの上側，中間ボトムの下側に置かなければならない。単に（それぞれのバーの）高値の上側や安値の下側にストップを置くのは避けること。ストップの設定は，歴史的に見た市場の取引状況にも関係する。中間スイングチャートによって示されたデータを研究し，分析することは，価格と時間に関して高値から高値，高値から安値，安値から高値，安値から安値へのスイングがどれだけ持続するかを判断するのに役立つ。この情報を用いて市場が伸長しているのか，縮小しているのかを判断することができる。これに加え，さまざまな価格水準と時間スケールに対応した市場の動きによって，トレーダーは市場の性質を判断しやすくなる。最後に，トレーダーは支持と抵抗について理解をより深めるために，月足チャート，週足チャート，日足チャート，およびイントラデイ・チャートの相互関係に関する実用的な知識を身につけるべきである。

第6章　メイントレンド・インディケーター

マイナースイングチャート，中間スイングチャートを研究し，そのいくつかの利点と弱点を発見したアナリストは，自然とメインスイングチャートに心惹かれるようになるだろう。マイナートレンドチャートを使用しているために起きる緊急事態（トレンド反転の多さ）に気づき，中間トレンドチャートを使うことの気楽さを経験したトレーダーは，相場のより長期の展望を示す指標を作ってみたいと感じるかもしれない。マイナートレンド指標が最も敏感に反応し，中間トレンド指標がそれに続く。メイントレンド指標がこれらのうち最も遅く反応する指標である。

しかし，このことが必ずしも事態を改善してくれるとは限らない。というのは，これらの指標は，そのいずれもトレードで利益を上げる目的で考案された特徴を持っているからである。マイナートレンドチャートでは突然のトレンドの変化があまりに多く発生し，それに伴い多額の売買コストがかかるのに対し，メイントレンドチャートは手数料という点でははるかに安く抑えることができる。しかし，投資タイミングの遅れという点では高いコストが発生するのである。

メイントレンドチャートの最善の利用法は，中間トレンドチャートと併用することである。たとえば，メイントレンドチャートによって強気相場であることが確認されている時は，中間トレンド指標によって反落の後の買いシグナルに従うという具合にである。逆に，メイントレンドチャートによって弱気相場であることが確認されていた場合には，中間トレンド指標によって反騰の後の売りシグナルに従うのである。トレーダーにとってはいかなる市場においてもメイントレンドの方向性が最大の関心事であるべきなので，メイントレンドチャートの作成は決しておろそかにしてはいけない。

市場を正しく分析し，トレードで成功するためには，メイン，中間，マイナーの3種のトレンドチャートを作成する必要がある。より長期のチャートのスイングは短いチャートのスイングによって構成されている。それぞれのチャートは利点と欠点を持っているが，これらを組み合わせることによって売買のシグナルを発生させることが，スイングチャートの最良の利用法である。常にメイントレンドの方向に沿って売買するわけである。すなわち，メイントレンドの方向性を確認して，中間トレンド指標のシグナルに基づいて売買するのである。より攻撃的なトレーダーであれば，メインまたは中間トレンドの方向性に沿って，マイナートレンド指標のシグナルを売買に使うこともできる。

いかなる場合も単一のチャートだけを売買の判断材料としてはならない。メイントレンドの方向に沿って，チャートを組み合わせた売買シグナルを使用すること。正しくメイントレンドチャートが作成されると，メイントップとメインボトムが発生した日付とともに表示されているチャートを見ることができる(図6.1)。また，メイントレンドがいつ転換したかを判断することができ，そのトレンドの平均的な値幅や期間を知ることができる。この情報によって簡単なトレーディングシステムを作ることもできる。

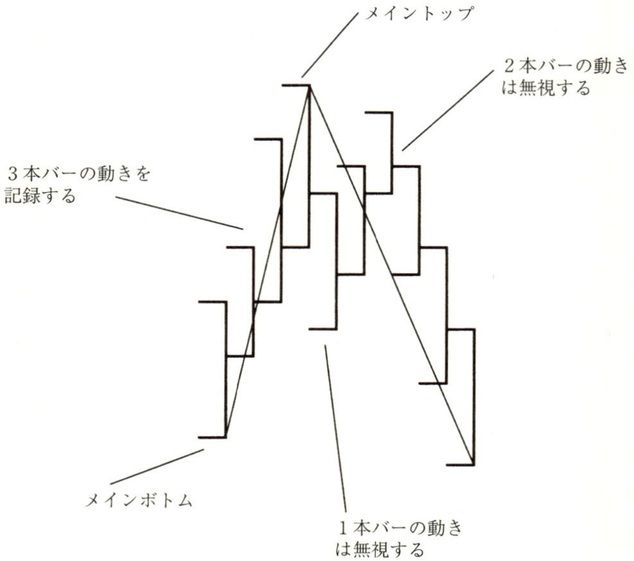

図6.1　**メイントレンド指標チャートの基本的な構造**

定　義

メインスイングチャートは，メイントップとメインボトムを特定するためにいかなる時間枠においても使用されるが，混乱を避けるために月，週，日，およびイントラデイなど，特定の時間枠を指す場合にはそれぞれの時間枠に対するバー（足）と呼ぶことにしよう。

メインスイングチャート，別名「3本バーチャート」は相場の3本のバー（足）に及ぶ動きに従って描かれる（図6.2）。3つの連続する時間枠にわたって相場が直前のバーと比較してより高い高値（ハイアーハイ）を形成するたびに，直近の安値から新しい高値へとメイントレンドラインが引かれる。これによって3本前の安値がメインボトムとなる。3つの連続する時間枠にわたって相場が直前のバーと比較してより安い安値（ロワーロー）を形成するたびに，直近の高値から新しい安値へとメイントレンドラインが引かれる。こうして3本前の高値がメイントップとなる。ボトムからのメイントレンドラインと，トップからのメイントレンドラインの組み合わせは，メインスイングを形成する。

これは重要な情報である。なぜなら，ストップの設定について議論する際に，トレーダーは（複数の）安値の下側ではなくメインスイングボトムの下側に，（複数の）高値の上側ではなくメインスイングトップの上側に，ストップを置くように言われるからである。安値とメインスイングボトム，および高値とメインスイングトップの間の相違について学び，理解しなければならない。

いったん最初のメインスイングが形成されると，トレーダーはメイントレンドの変化について予想できるようになる。メインスイングチャートが最初の売買月，売買週，あるいは売買日から始まり，メイントレンドラインが新しい高値まで引かれても，このことはメイントレンドが上向きに転換したことを意味しない。逆に，最初の動きが下向きでも，このことはメイントレンドが下向きに転換したことを意味しない。メイントレンドが上方転換する唯一の条件はメイントップを上抜くことであり，メイントレンドが下方転換する唯一の条件はメインボトムを下抜くことである。また，メイントレンドが上向きであり，市

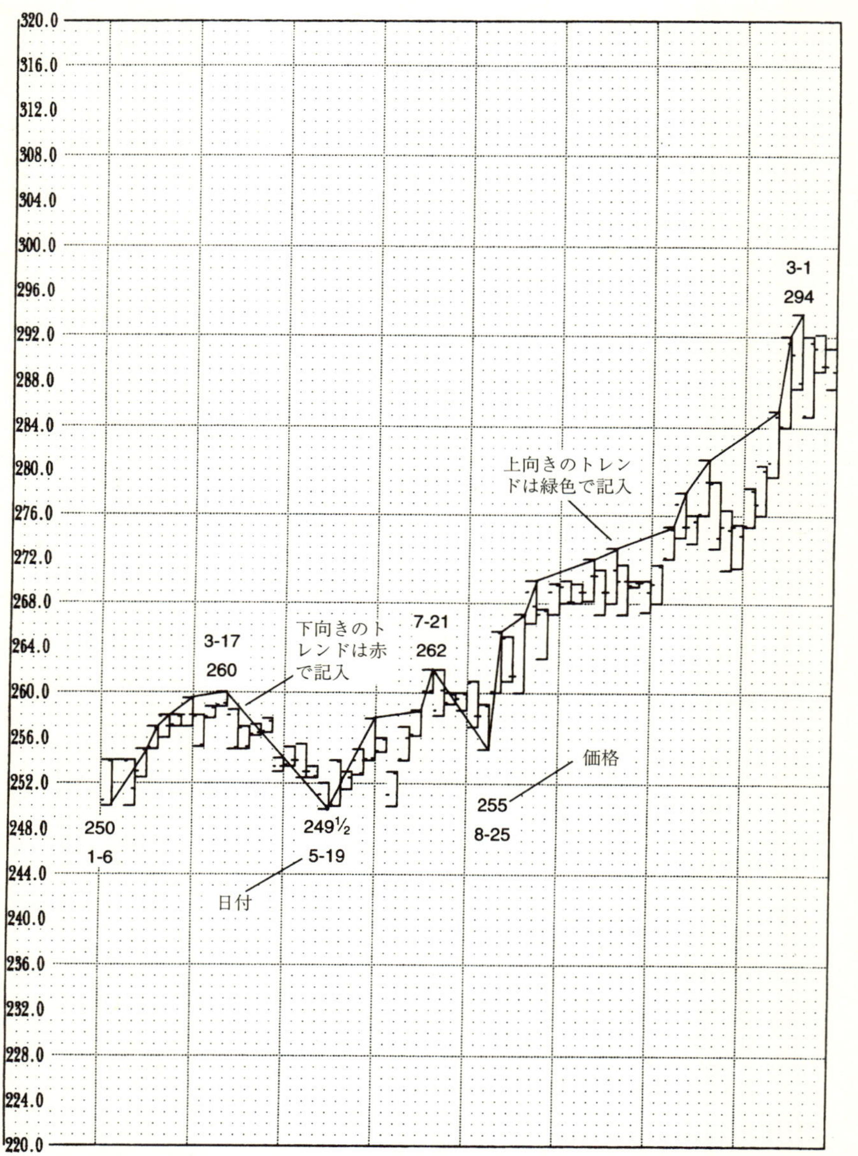

図6.2　メイントレンド指標チャートの例

場が前回のメインボトムを下回らない下向きのメインスイングを示した場合，これは修正とみなす。逆に，メイントレンドが下向きであり，市場が前回のメインスイングトップを超えない上向きのメインスイングを示した場合，これも修正とみなす。市場は2種類の上向きの動きと下向きの動きからなる。メインスイングチャートは，トレンド型の上昇と修正型の上昇，トレンド型の下落と修正型の下落を区別することによって，これらのタイプの動きに焦点を当てるのである。

要約すれば，メインスイングチャートに従って作業している時，分析者は相場における3本の足にわたって発生した上昇と下落の動きに追従しているだけである。確立された下降トレンドラインと新しい上昇トレンドラインの交差がメインスイングボトムとなる。確立された上昇トレンドラインと新しい下降トレンドラインの交差がメインスイングトップとなる。メインスイングトップと同ボトムの組み合わせがメイントレンド・インディケーター（指標）チャートを形成する。メインスイングトップとの交差（上抜き）は，メイントレンドを上向きに転換させる。メイントレンドボトムの下抜きはメイントレンドを下向きに転換させる。市場は上昇トレンド，下降トレンド，および修正から構成される。

作　　成

メイントレンド指標のチャートを適切に作成するためには，以下のものが必要である。バーチャート，価格と時間のデータ，赤，緑，黒のペン，および定規である。黒ペンはチャートを更新するために使い，緑色のペンはトレンドラインの上向きの動きを描くのに，赤ペンはトレンドラインの下向きの動きを描くのに使う。不正確なラインは誤解を生じかねないので，直線を引く際には定規を用いること。視覚的な推測に頼ると間違った判断を引き起こすうえに，研究に有害な結果をもたらす可能性もあるため，価格と時間のデータを用いて高値と安値を正しく記録するようにしなければならない。

ある限月の最初の取引のバーからメイントレンド指標チャート（図6.3）を開始するのが最良である。というのも，分析されている限月が中心限月になるま

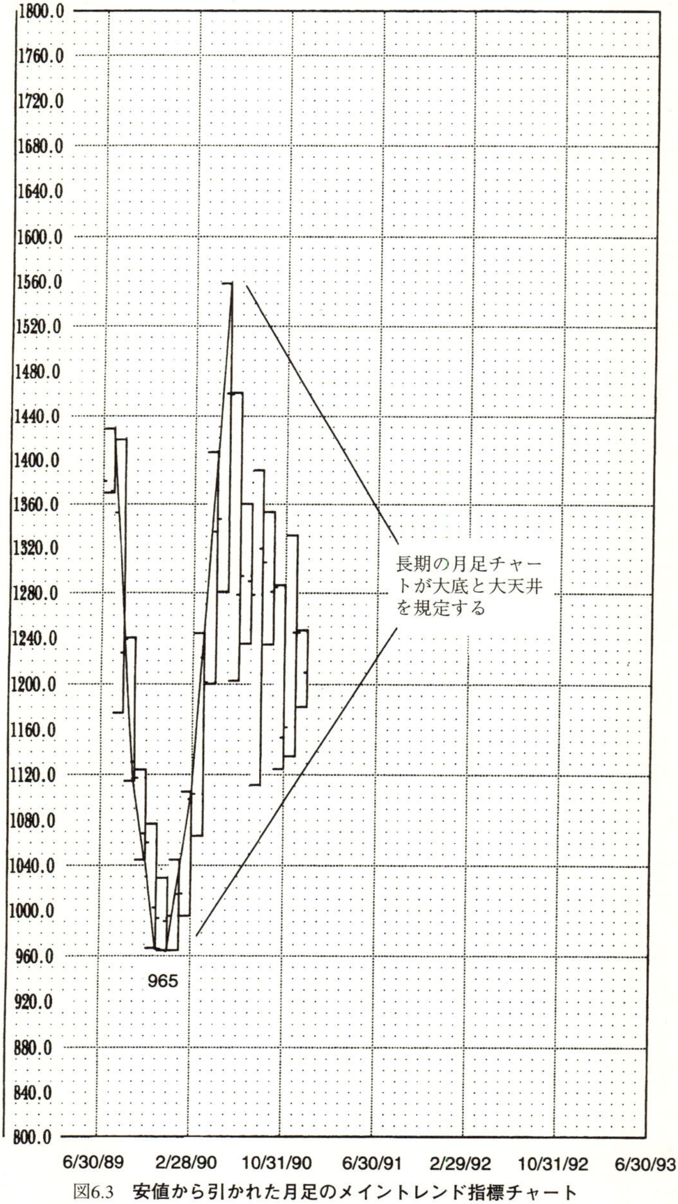

図6.3　安値から引かれた月足のメイントレンド指標チャート

でに，分析者はその限月に関するすべてのメインスイングを作成し，チャートに描かれた変動から価格と時間についての有益な情報を導き出せているだろうからである。相場とはチャート全体にわたってそれ自体の特徴を際立たせる独自のパターンを含んでいるから，このチャートは相場の「指紋」のような役割を果たすことになる。こういうわけでデータの緻密さと正確さが常に維持されなければならないのである。

メイントレンドと安値からの月足チャート

月足チャートでは，取引の最初の月からチャートをスタートさせ，毎月，単純に相場の変動に追従していけばよい。もし安値から３回連続してハイアーハイを形成すれば，緑色のペンで３本前のバーの安値から直近のバーの高値までメイントレンドラインを描く。これによって３本前の安値がメインボトムとなる。ひとたび３本バーの指標が上向きに転じたのが確認されれば，以後はトレンド指標の上昇に際して３回連続のハイアーハイを実現するという条件は不要になる。相場が続けてハイアーハイを形成し続けた場合は，前月の高値からそれ以降に実現するハイアーハイまでメイントレンドラインを引く。相場が３回連続してロワーローを形成するまで，高値から高値へとメイントレンドラインを引き続けるのである。そして３回連続のロワーローが実現した時点で，赤ペンを用いて３本前のバーの高値から直近のバーの安値までメイントレンドラインを引くのである。こうして３本前の高値が中間トップとなる。ひとたび３本バーの指標が下向きに転じたのが確認されれば，以後はトレンド指標の下落に際して３回連続のロワーローを実現するという条件は不要になる。相場が続けてロワーローを付ける月ごとに，それ以降に実現するそのロワーローまでメイントレンドラインを引く。相場が３回連続のハイアーハイを形成するまで，安値から安値へとメイントレンドラインを引き続ける。

メイントレンドと高値からの月足チャート

月足チャートでは，取引の最初の月からチャートをスタートさせ，毎月，単純に相場の変動に追従していけばよい。もし高値から３回連続してロワーローを形成すれば，赤のペンで３本前のバーの高値から直近のバーの安値までメイントレンドラインを描く。これによって３本前の安値がメイントップとなる。ひとたび３本バーの指標が下向きに転じたのが確認されれば，以後はトレンド指標の下落に際して３回連続のロワーローを実現するという条件は不要になる。相場が続けてロワーローを形成し続けた場合は，前月の安値からそれ以降に実現するロワーローまでメイントレンドラインを引く。相場が３回連続してハイアーハイを形成するまで，安値から安値へとメイントレンドラインを引き続けるのである。そしてそれが実現した時点で，緑色のペンを用いて３本前のバーの安値から直近のバーの高値までメイントレンドラインを引くのである。この結果，３本前の高値がメインボトムとなる。ひとたび３本バーの指標が上向きに転じたのが確認されれば，以後はトレンド指標の上昇に際して３回連続のハイアーハイを実現するという条件は不要になる。相場が続けてハイアーハイを付ける月ごとに，それ以降に実現するそのハイアーハイまでメイントレンドラインを引く。相場が３回連続のロワーローを形成するまで，高値から高値へとメイントレンドラインを引き続ける。

メイントレンドと安値からの週足チャート

週足チャートでは，取引の最初の週からチャートをスタートさせ，毎週，単純に相場の変動に追従していけばよい。安値から３回連続してハイアーハイを形成すれば，緑色のペンを使って３本前のバーの安値から直近のバーの高値まで上昇メイントレンドラインを描く。これで３本前の安値がメインボトムとなる。ひとたび３本バーの指標が上向きに転じたのが確認されれば，以後はトレンド指標の上昇に際して３回連続のハイアーハイを実現するという条件は不要になる。相場が続けてハイアーハイを付ける週ごとに，それ以降に実現するハイアーハイまでメイントレンドラインを引く。相場が３回連続のロワーローを形成するまで，高値から高値へとメイントレンドラインを引き続けるのである。この時点で，赤ペンを用いて３本前のバーの高値から直近のバーの安値までメイントレンドラインを引く。この結果，３本前の高値がメイントップとなる。ひとたび３本バーの指標が下向きに転じたのが確認されれば，以後はトレンド指標の下落に際して３回連続のロワーローを実現するという条件は不要になる。相場が続けてロワーローを付ける週ごとに，それ以降に実現するそのロワーローまでメイントレンドラインを引く。相場が３回連続のハイアーハイを形成するまで，安値から安値へとメイントレンドラインを引き続けるのである。

メイントレンドと高値からの週足チャート

週足チャート（図6.4）では，取引の最初の週からチャートをスタートさせ，毎週，単純に相場の変動に追従していけばよい。

高値から３回連続してロワーローを形成すれば，赤ペンを使って３本前のバーの高値から直近のバーの安値まで下降メイントレンドラインを描く。これによって３本前の高値がメイントップとなる。ひとたび３本バーの指標が下向きに転じたのが確認されれば，以後はトレンド指標の下落に際して３回連続のロワーローを実現するという条件は不要になる。相場が続けてロワーローを付ける週ごとに，それ以降に実現するロワーローまでメイントレンドラインを引く。この作業を相場が３回連続のハイアーハイを形成するまで繰り返し，安値から安値へとメイントレンドラインを引き続ければよい。３回連続のハイアーハイを形成した時点で，緑色のペンを用いて３本前のバーの安値から現時点のバーの高値までメイントレンドラインを引く。この結果，３本前の安値がメインボトムとなる。ひとたび３本バーの指標が上向きに転じたのが確認されれば，以後はトレンド指標の上昇に際して３回連続のハイアーハイを実現するという条件は不要になる。相場が続けてハイアーハイを付ける週ごとに，それ以降に実現するハイアーハイまでメイントレンドラインを引く。相場が３回連続のロワーローを形成するまで，高値から高値へとメイントレンドラインを引き続ける。

メイントレンドと安値からの日足チャート

日足チャートでは，取引の最初の日からチャートをスタートさせ，毎日，単純に相場の変動に追従していけばよい（図6.5）。安値から３回連続のハイアーハイを形成すれば，緑色のペンを使って３本前のバーの安値から直近のバーの高値まで上昇トレンドラインを描く。これによって３本前の安値がメインボトムとなる。ひとたび３本バーの指標が上向きに転じたのが確認されれば，以後

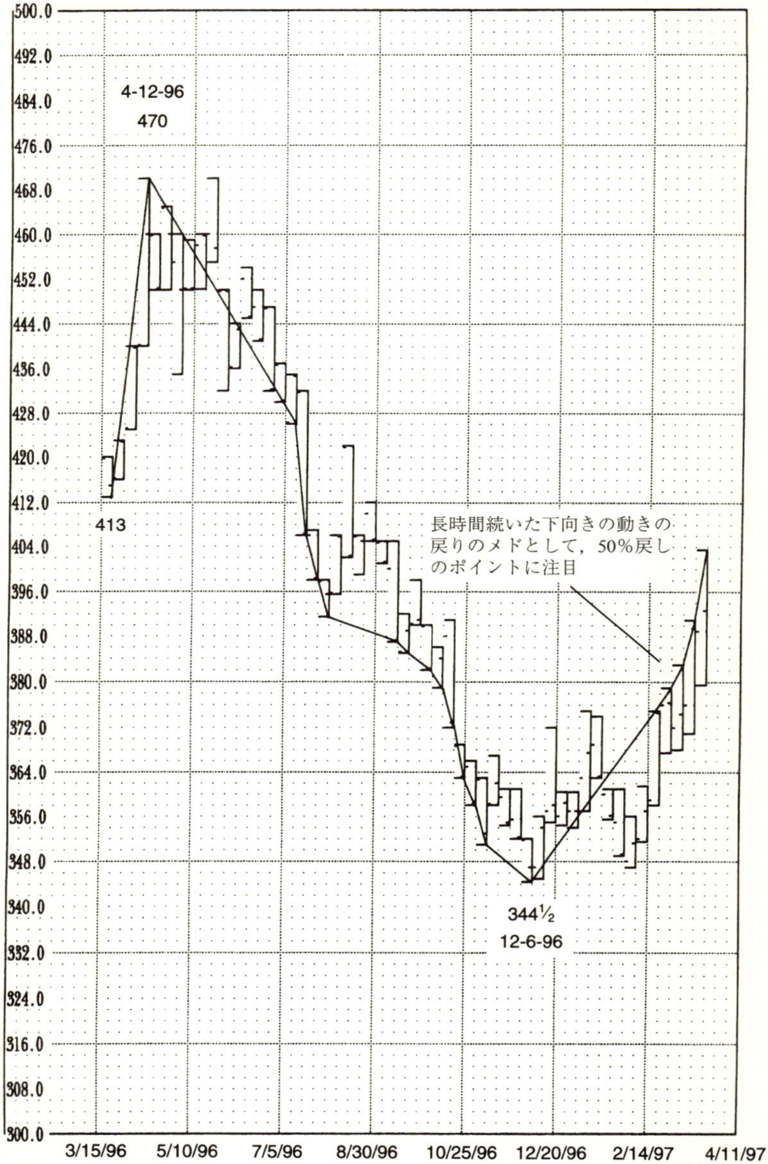

図6.4　**高値からの週足メイントレンド指標チャート。いったん週足チャートで下向きのメイントレンドが発生すれば，その動きは数週間続くことが多い。**

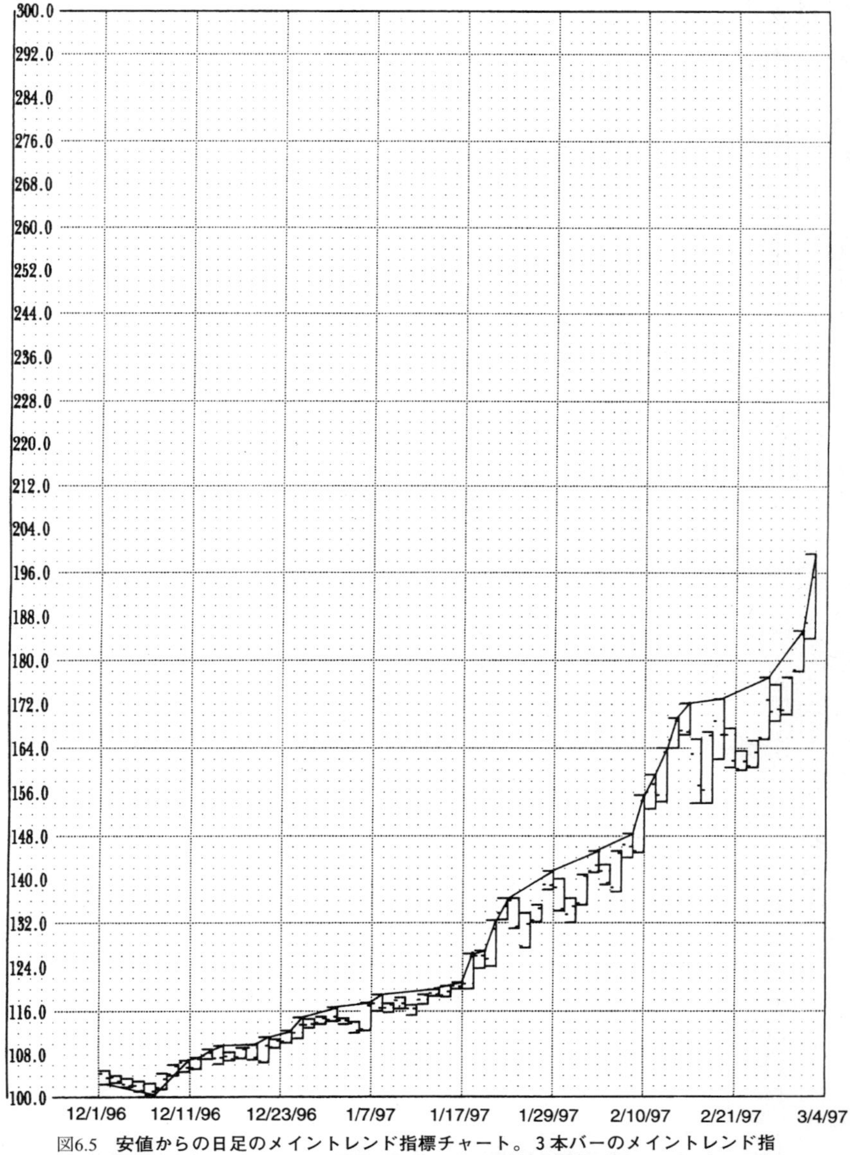

図6.5　安値からの日足のメイントレンド指標チャート。３本バーのメイントレンド指標の重要性を表している。３カ月間にわたって３日連続の調整が起こっていないことに注目。また日々のレンジが安値圏では狭く，高値圏に行くほど広がっていることにも注目。

はトレンド指標の上昇に際して3回連続のハイアーハイを実現するという条件は不要になる。相場が続けてハイアーハイを付ける日ごとに，それ以降に実現するハイアーハイまでメイントレンドラインを引く。相場が3回連続のロワーローを形成するまで，高値から高値へとメイントレンドラインを引き続けるのである。この時点で，赤ペンを用いて3本前のバーの高値から直近のバーの安値までメイントレンドラインを引く。この結果，3本前の高値がメインボトムとなる。ひとたび3本バーの指標が下向きに転じたのが確認されれば，以後はトレンド指標の下落に際して3回連続のロワーローを実現するという条件は不要になる。相場が続けてロワーローを付ける日ごとに，それ以降に実現するそのロワーローまでメイントレンドラインを引く。相場が3回連続のハイアーハイを形成するまで，安値から安値へとメイントレンドラインを引き続ける。

メイントレンドと高値からの日足チャート

日足チャートでは，取引の最初の日からチャートをスタートさせ，毎日，単純に相場の変動に追従していけばよい。高値から3回連続のロワーローを形成すれば，赤ペンを使って3本前のバーの高値から直近のバーの安値まで下降メイントレンドラインを描く。これによって3本前の高値がメイントップとなる。ひとたび3本バーの指標が下向きに転じたのが確認されれば，以後はトレンド指標の下落に際して3回連続のロワーローを実現するという条件は不要になる。相場が続けてロワーローを付ける日ごとに，それ以降に実現するロワーローまでメイントレンドラインを引く。相場が3回連続のハイアーハイを形成するまで，安値から安値へとメイントレンドラインを引き続けるのである。この時点で，緑色のペンを用いて3本前のバーの安値から現時点のバーの高値までメイントレンドラインを引く。こうして3本前の安値がメインボトムとなる。ひとたび3本バーの指標が上向きに転じたのが確認されれば，以後はトレンド指標の上昇に際して3回連続のハイアーハイを実現するという条件は不要になる。相場が続けてハイアーハイを付ける日ごとに，それ以降に実現するそのハイアーハイまでメイントレンドラインを引く。相場が3回連続のロワーローを形成するまで，高値から高値へとメイントレンドラインを引き続けるのである。

以上で，メイントレンド指標チャートの作成法についての説明を終了する(図6.6)。チャートが現時点の価格に更新されるまで，月次，週次，および日次ベースの作業を続けなければならない。それぞれのメインスイングが特定されたなら，メイントップの上側にそれが実現した価格と日付を過去に遡って書き込む。メインボトムに対しても同じことを行い，メインボトムの下側にそれが実現した価格と日付を書き入れる。

インサイドバー

市場のメインスイングを観察する場合に着目しなければならない重要なことは，インサイドムーブ（訳注：前出と同じく，直前の足の範囲内で動く，いわゆる「はらみ」の動き）とアウトサイドムーブ（訳注：同上，いわゆる「包み」の動き）の発生である。このチャートパターンはすべての時間枠（月足，週足，日足など）に共通しており，前者をインサイドバーと呼ぶことにする（図6.7)。インサイドバーは，直近の高値がその直前の高値よりも低く，安値がその直前の安値よりも高い場合に実現する。メインスイングをチャート表示する場合は，インサイドバーを無視し，次のバーの取引レンジを見守るものである。インサイドバーは無視されるので，分析者はメイントレンドラインが上向きか下向きかを判断するために，１つ前のバーを見ることになる。このバーは，「ラスト・アクティブバー」と呼ばれる。インサイドバーが出現するまでトレンドラインが上昇していた場合，その後相場が上昇してラスト・アクティブバーの高値を抜くと，メイントレンドラインは上昇する。インサイドバーが出現するまでトレンドラインが上昇していた場合，その後相場が下落してラスト・アクティブバーの安値を３回更新すると，メイントレンドラインは下落する。インサイドバーが出現するまでトレンドラインが下落していた場合，ラスト・アクティブバーの安値を下回るとメイントレンドラインは下落する。

インサイドバーが出現するまでトレンドラインが下落していた場合，ラスト・アクティブバーの高値を３回更新すると，メイントレンドラインは上昇する。要するに，トレーダーはインサイドバーを無視し，メイントレンドラインが変動していく方向を判定するためにはラスト・アクティブバーを参照せよということである。

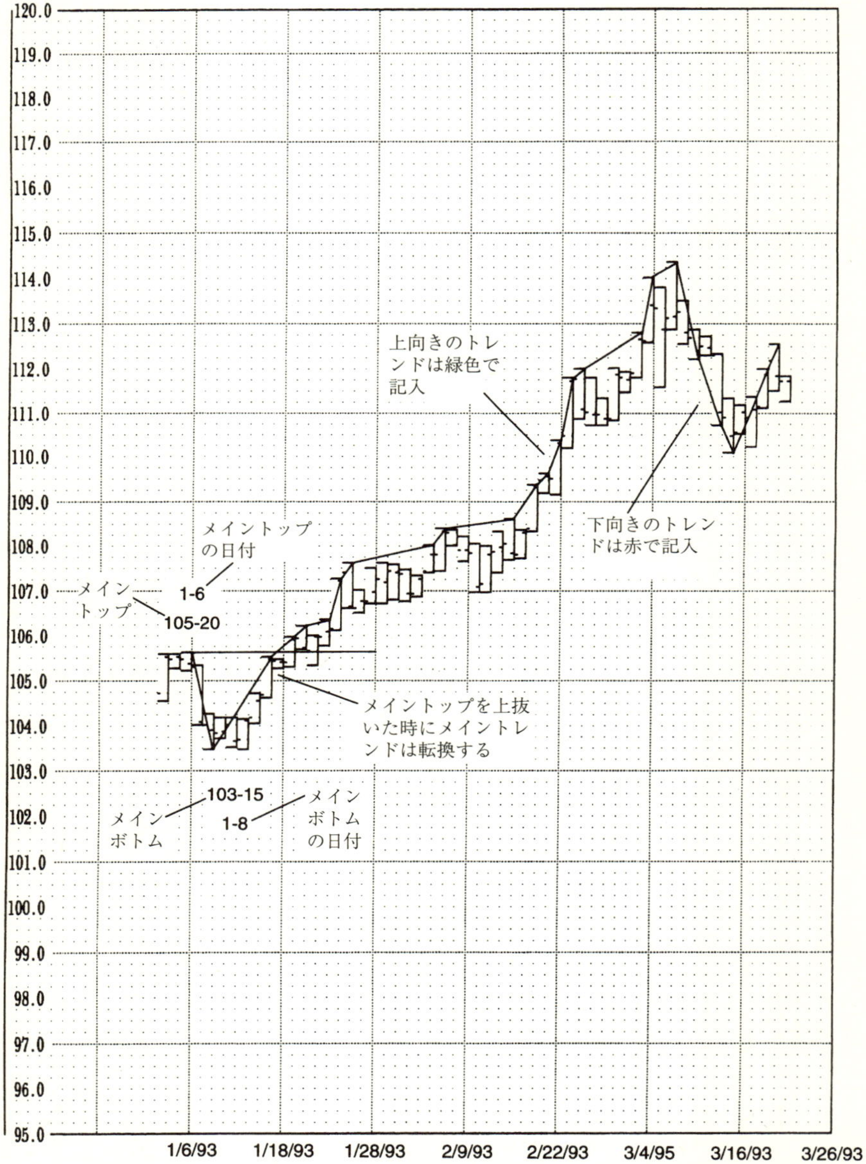

図6.6　トレンドのアップスイング，ダウンスイングを示したメイントレンド指標チャート。チャートは3本バーの動きに従っている。

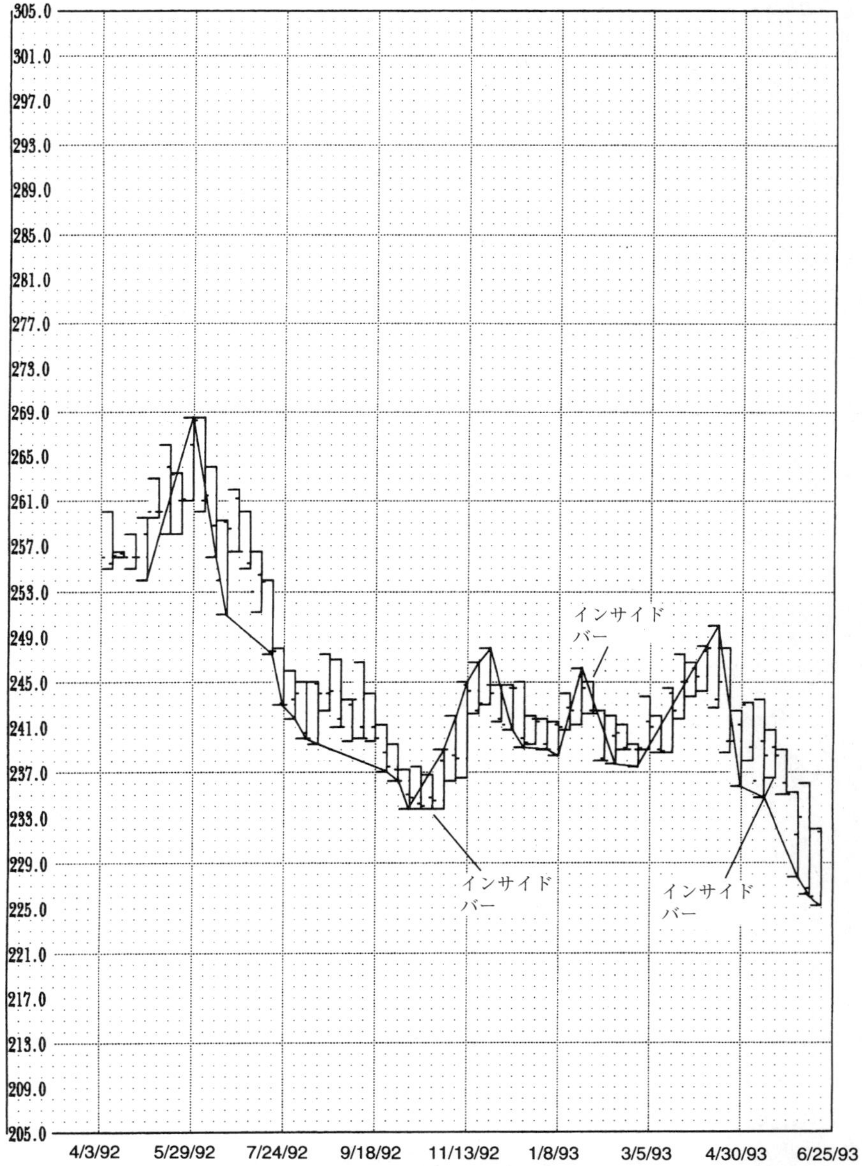

図6.7　メイントレンドにおけるインサイドバーの例。インサイドバーはメイントレンド指標に影響を及ぼしていない。

アウトサイドバー

直近の時間枠における高値と安値が，いずれも直前の時間枠の高値と安値の範囲を逸脱している状態をアウトサイドタイムの期間という（アウトサイドバーについては図6.8を参照）。インサイドバーの場合とは対照的に，アウトサイドムーブにおいては高値と安値が出現した順序は重要であり，注意を要する。アウトサイドムーブが発生した時間枠において，メイントレンドラインが上昇中で，先に高値を付けたならメイントレンドラインを高値まで延長させる。メイントレンドラインが上昇中で，アウトサイドムーブにおいて先に安値をつけた場合，安値は無視し，普通のハイアーハイの時と同様にメイントレンドラインを高値まで引く。さらに，メイントレンドラインが下落中で，アウトサイドムーブにおいて先に高値を付けたなら，この高値を無視し，普通のロワーローの時と同様にメイントレンドラインを安値まで延長させる。メイントレンドラインが下落中で，アウトサイドムーブにおいて先に安値を付けたなら，メイントレンドラインは安値まで延長させる。

アウトサイドムーブの高値と安値の正確な順序を適切に記録しておくことは重要である。なぜなら，市場は最新のトレンドを継続させる可能性があり，またトレーダーはストップを新しい水準に変更することを強いられるからである。過去のデータに基づいてメイントレンド・インディケーターをバックテストする際に，アウトサイドムーブにおける順序が確認できない場合には，寄付に近い方の価格が最初に起き，終値に近い方の価格が後で起きたと仮定するのが安全である。

ストップ注文

ストップ注文については，後ほど本書の中でより詳しい例を用いて説明するが，従うべき一般的なルールは，メインボトム（図6.9）の下側やメイントップの上側にストップ注文を置くというものである。これは，ストップがヒットした時にはメイントレンドが転換しているためである。一方，単に（直前の足の）安値の下側や高値の上側に置かれたストップはより頻繁に引っかかってしまい，トレーダーはポジションを閉じるのを余儀なくさせられるだけである。

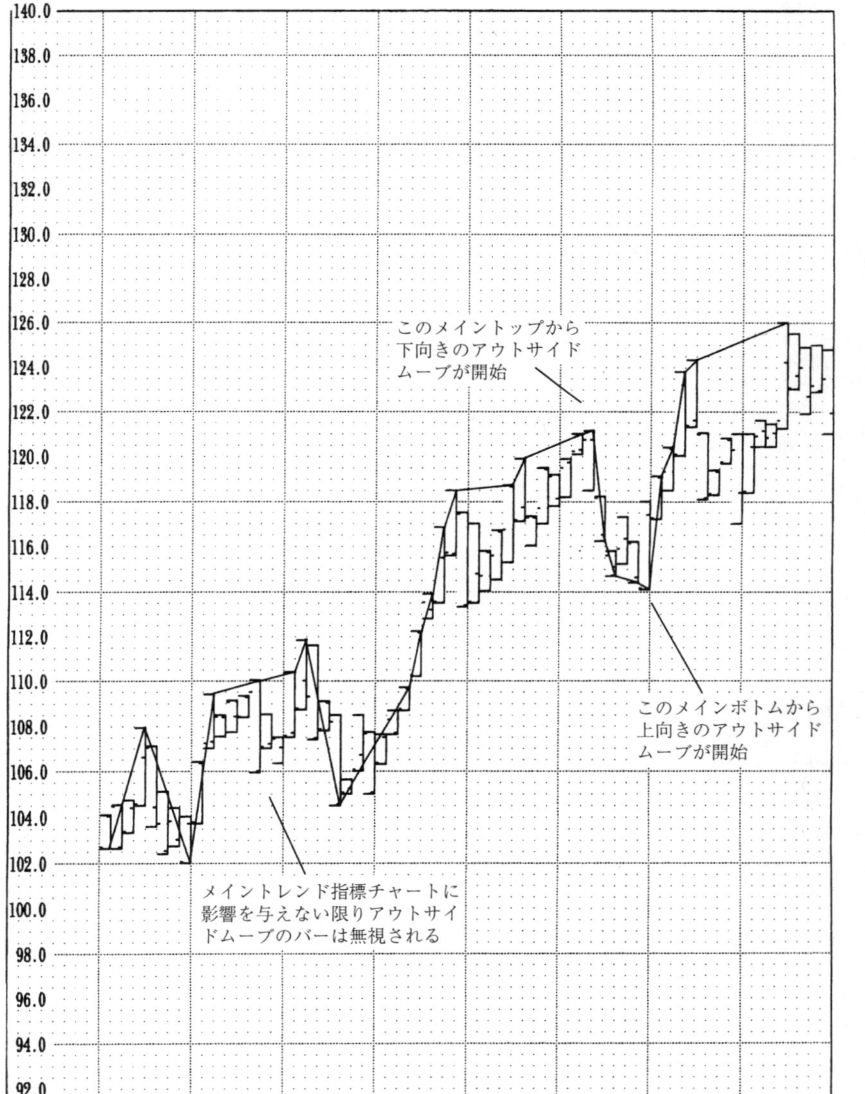

図6.8　**アウトサイドムーブが結果的にメイントップやメインボトムを形成することになった週足チャートの例**

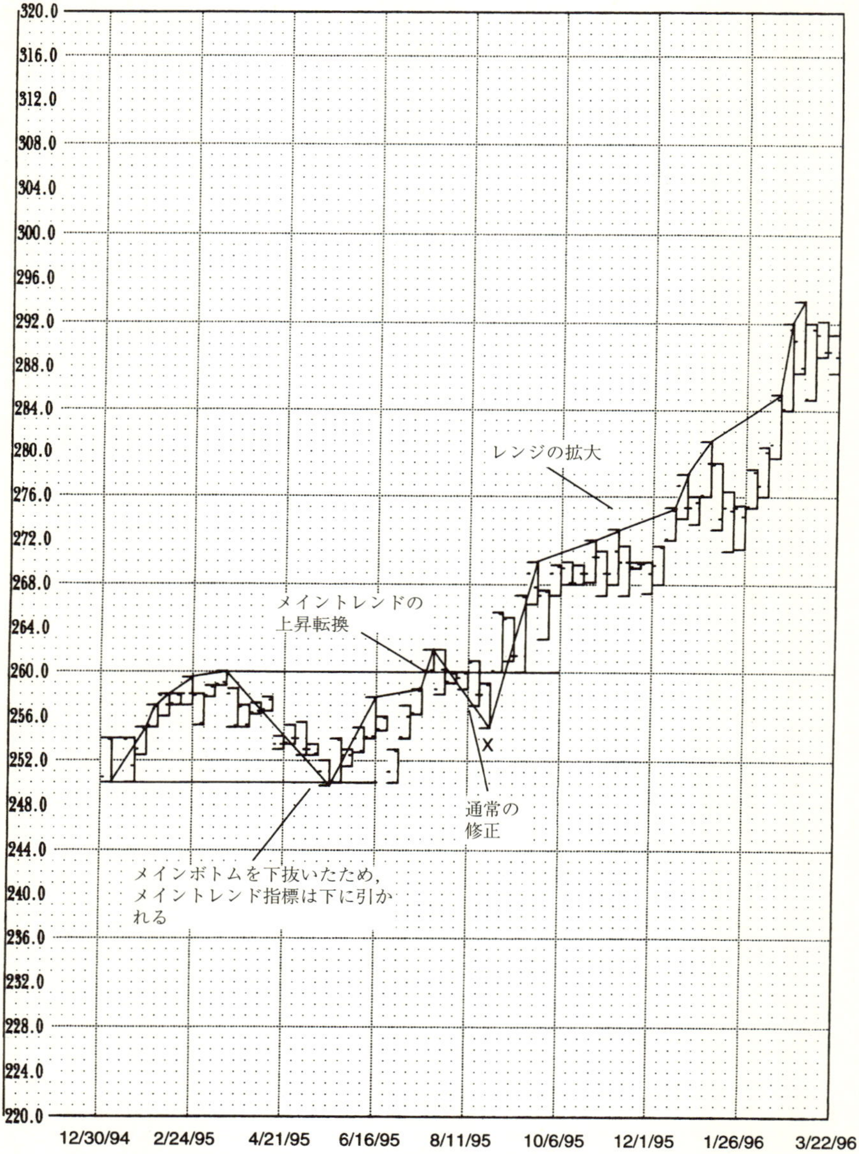

図6.9　メイントレンド指標とストップの位置。Xはメインボトムの下側に置かれており，固定した金額に基づき置かれたものではない。相場の動きに従って形成された3本バーのスイングに基づいてストップは移動する。

広く使用されているこのタイプのストップを避けなければならない基本的理由は，普通のスイングの範囲内にストップを置くことになるからだ。メインスイングチャートを利用して仕掛ける場合，一定の金額の損失を超えたところにストップを置くというやり方（マネーストップ）は考えるべきではない。そのようなやり方では相場が通常の値動きをしているのに，ほぼ確実にストップにかかって手仕舞いさせられるからである。

確立されたストップポイントは，市場の動きに基づいて設定される。メインスイングチャートを事前に作成し，研究しておけば，トレーダーはその市場が自分の資金量で対処できない価格スイングを起こすかどうかを判断することができる。市場が提示したストップにトレーダーが資金的に耐えられなければ，そこで売買するには資本が過小であり，もっと少ない資本で売買できる別の市場を探さなければならない。

取引されている価格の水準そのものが，スイングの大きさ，ひいてはストップの大きさを決めてしまうことがよくある。たとえば，高値近辺で取引されている市場のスイングは，安値近辺で取引されている市場よりも大きい。ストップ注文は，メインスイングトップの上側かメインスイングボトムの下側に１ポイント，２ポイント，あるいは３ポイント（訳注：ここでのポイントとは先物などの最小の呼び値単位）離して置くべきである。どのストップ設定が採用されるかは，価格の水準とその時点の市場ボラティリティーの状態によって決まる。たとえば，歴史的に低い水準で取引されている場合には，歴史的に高い水準で取引されている場合よりも，メイントップやメインボトムにごく近い水準にストップを置くべきである。長期チャートを用いて市場の状態を判断し，それに応じてストップを置くこと。

特定の市場について述べる時には，メイントップやメインボトム，およびその時点の市場の取引水準に応じて適切なストップ注文を設定するためのルールが示されよう。

指標によって作成された情報の活用

これらのスイングは必ず記録しておくこと。なぜならこれらのポイントは，現在の限月が続く限り重要な支持と抵抗のポイント，あるいは将来にわたって有効な歴史的なサポート，レジスタンス・ポイントとなる可能性があるからである。価格ポイントだけでなく，メイントップとメインボトムを付けた日付も記録しておく。現在の限月あるいは将来にわたる歴史的に重要なタイミング・ポイントとなる可能性があるからだ。

いまやメイントップとメインボトムが特定されているのだから，価格と時間双方について高値から高値，高値から安値，安値から高値，安値から安値のスイングを記録しておかなければならない。この情報を利用することによって，市場が伸長しているのか収縮しているのかを判定することができる。メインスイングも，価格水準とカレンダー日付によってグループ分けしておくこと。これによりトレーダーは，特定の期間におけるさまざまな価格水準での市場の動きについてアイデアを得られる。サイクルに関する情報だけでなく，このチャートは重要な季節性データも含んでいる。トレーダーは，さまざまな価格水準からの上昇波動の強さだけでなく，それらに対応する修正波動について分析すると同時に，さまざまな価格水準からの下落波動の強さだけでなく，それらに対応する修正波動についても分析すべきである。表計算ソフトによってこの情報を整理すれば，価格と時間についての変化を簡単に計算することができる。これらのスイングは将来の価格と時間に関するスイングを予測する際に役立つので，記録し続けることが重要である。

分析対象期間におけるメイントレンドを判断するために，トレーダーはこれらのチャートをすべて作成すべきである。さらに分析すると，これらのチャートがすべて相互に関連し合っていることがわかってくる。したがって，これらすべてを作成することは決して徒労ではない。これらのチャートを作成することによって，トレーダーはトップダウンの見通しを得られる。月足チャートのメイントップとメインボトムが最も重要であり，次に週足チャートのメイントップとメインボトム，続いて日足チャートのメイントップとメインボトム，そして（ここでは説明しなかったが）最後に時間足チャートのメイントップとメインボトムが重要である。

メイントレンドチャートを作成し，トップとボトムについて研究した後には，チャート間の相互関係を理解するために以下の事項を強調しておきたい。

このコンセプトについては，パーセンテージ・リトレースメントとギャンアングルを説明する際に再度述べる。

1．月足チャートのメイントップは常に週足チャート，日足チャート，および時間足チャートにおけるメイントップである。
2．週足チャートのメイントップは常に日足チャートと時間足チャートにおけるメイントップであるが，月足チャートにおけるメイントップであるとは限らない。
3．日足チャートのメイントップは常に時間足チャートにおけるメイントップであるが，週足チャートや月足チャートにおけるメイントップであるとは限らない。
4．時間足チャートのメイントップは，日足チャートや週足チャートや月足チャートにおけるメイントップであるとは限らない。
5．月足チャートのメインボトムは常に週足チャート，日足チャート，および時間足チャートにおけるメインボトムである。
6．週足チャートのメインボトムは常に日足チャートと時間足チャートにおけるメインボトムであるが，月足チャートにおけるメインボトムであるとは限らない。
7．日足チャートのメインボトムは常に時間足チャートにおけるメインボトムであるが，週足チャートや月足チャートにおけるメインボトムであるとは限らない。
8．時間足チャートのメインボトムは，日足チャートや週足チャートや月足チャートにおけるメインボトムであるとは限らない。
9．月足チャートにおけるメインアップトレンドとメインダウントレンドは，週足チャート，日足チャート，および時間足チャートにおける一連のスイングから構成されている。月足のアップトレンドやダウントレンドが形成される場合，平均して何個の週足スイング，日足スイング，および時間足スイングから構成されているかを研究すべきである。
10．週足チャートにおけるメインアップトレンドとメインダウントレンドは，日足チャートや時間足チャートにおける一連のスイングから構成されている。週足のアップトレンドやダウントレンドが形成される場合，平均して何個の日足スイングや時間足スイングから構成されているかを研究すべきである。

11. 日足チャートにおけるメインアップトレンドとメインダウントレンドは，時間足チャートにおける一連のスイングから構成されている。日足のアップトレンドやダウントレンドが形成される場合，平均して何個の時間足スイングから構成されているかを研究すべきである。
12. 時間足チャートにおけるメインアップトレンドとメインダウントレンドは，30分足チャート，15分足チャート，あるいは5分足チャートのような他のイントラデイの時間スケールにおける一連のスイングから構成されている。時間足のアップトレンドやダウントレンドが形成される場合，平均して何個のスイングが必要かを研究すべきである。
13. メインアップトレンドは，メイントレンド・アップスイングと修正から成り立っている。
14. メインダウントレンドは，メイントレンド・ダウンスイングと修正から成り立っている。
15. メインアップトレンドは，マイナーアップトレンドと中間アップトレンド，およびマイナーダウントレンドと中間ダウントレンドから成り立っている。
16. メインダウントレンドは，マイナーアップトレンドと中間アップトレンド，およびマイナーダウントレンドと中間ダウントレンドから成り立っている。
17. メイントップは常にマイナートップと中間トップを兼ねているが，マイナートップや中間トップは必ずしもメイントップであるとは限らない。
18. メインボトムは常にマイナーボトムと中間ボトムを兼ねているが，マイナーボトムや中間ボトムは必ずしもメインボトムであるとは限らない。

まとめ

メイントレンド指標チャートは，単純に市場におけるメインスイング，すなわち時間枠３本の足を抜く動きに従って生じる。トレーダーはメイントレンドラインの上昇，下落によって示される相場の騰落に追従するのである。メイントップやメインボトムにおける交差によってトレンドが上向きや下向きに転換する。メイントレンドライン自体の動きだけでトレンドが変わるわけではない。メイントレンドラインの動きによって，上昇トレンド，下落トレンド，および修正が生み出される。３本連続バーの方向転換によって安値はメインボトムとなり，高値はメイントップとなる。インサイドバーは，メイントレンド指標チャートを作成する際には無視される。これとは対照的に，アウトサイドバーにおける高値や安値の順序はメイントレンド指標チャートの作成にとって極めて重要なので，注意深く取り扱う必要がある。アウトサイドバーが実現した場合には，トレーダーは高値と安値のどちらが先に起きたかに注意しなければならない。

ストップはメイントップの上側，メインボトムの下側に置かなければならない。単に（それぞれのバーの）高値の上側や安値の下側にストップを置くのは避けること。ストップの設定は，歴史的に見た市場の取引状況にも関係する。メインスイングチャートによって示されたデータを研究し，分析することは，価格と時間に関して高値から高値，高値から安値，安値から高値，安値から安値へのスイングがどれだけ持続するかを判断するのに役立つ。この情報を用いて市場が伸長しているのか，縮小しているのかを判断することができる。これに加え，さまざまな価格水準と時間スケールに対応した市場の動きによって，トレーダーは市場の性質を判断しやすくなる。最後に，トレーダーは支持と抵抗について理解をより深めるために，月足チャート，週足チャート，日足チャート，およびイントラデイ・チャートの相互関係に関する実用的な知識を身につけるべきである。同様に，マイナートレンド指標，中間トレンド指標，メイントレンド指標の相互関係に対しても同じことが言える。

第7章　トレンド指標ルールの例外

第4，5，6章では，トレンド指標チャートの作成方法，トレーディングにおける使用法，ストップの置き方などを簡単に論じた。解説された手法は機械的であり，トレーダーは単純にそれに従うものと仮定されている。しかし，相場は状況しだいで大きく変化するので，トレーダーはトレンド指標によるストップを無視したり，逆に相場が未熟な段階でストップの位置を動かした方がよい状況もあることに気づくに違いない。以下に記すのは，トレンド指標ルールに従わない方がよいかもしれない場合の例である。このような状況の中には，ダブルトップとダブルボトム，一方的な価格の動き，スイング幅の均衡，シグナルトップやボトムなどが含まれている。

ダブルボトム

分析者はトレンド指標チャートを作成した後で，このスイングチャートがいくつかのチャートパターンの基本型をより明瞭に認識させてくれることに気づくだろう。このうち最も明瞭なパターンの1つがダブルボトムである。ダブルボトムの下限に置かれたストップが執行されるのはそう多くない。そのため，ダブルボトムが形成されている時に買うことは多くの場合，非常に安全である。もしダブルボトムが，価格と時間の両面で極端な安値水準で生じたり，長い下落トレンドの果てに出現した場合，とくに当てはまる。2つの安値が正確に一致する必要はない。たとえば，二番底は一番底よりわずかに上にあってもよい。過去のチャートから，ダブルボトムがそれぞれのトレンド指標チャートにどのような形で現れたかを研究することにより，チャーチストはダブルボトムとして許容可能な価格の差がどの程度であるか，適切な量の事例を得ることができるだろう。二番底が一番底よりわずかに高いダブルボトムは「セカンダリー・ハイアー・ボトム（切り上がり二番底）」として知られており，しばしば上昇相場の前兆を示している（図7.1～7.3）。これは大型の上昇相場の初期にごく普通に見られるパターンであり，とくに一番底をつけた後に急反騰して大きなスパイクを形成した場合はその公算が強まる。

ダブルボトム・パターンはW字底（図7.4）と関係がある。トレンド指標のボトム，トップ，ボトムの組み合わせがWの形をしているからである。このパターンは2つのトレーディング機会を与えてくれる。すなわち二番底で買いを入れる逆張りの買いと，前高値を抜いた時に買う追撃買いである。いずれの場合もストップロスは直近のトレンド指標の安値より下に設定する。

ダブルボトムのパターンが発する売買シグナルを利用する場合，トレーダーは次の点に気をつけねばならない。すなわち，このフォーメーションはマイナートレンドからメイントレンドまでの各指標において同じ型で現れるが，そのパターンの有効性はそれぞれ異なるということだ。

マイナートレンド指標チャート上のダブルボトムは，中間トレンドあるいはメイントレンドのそれよりも頻繁に発生する（図7.5）。その頻繁さゆえに，中間トレンドやメイントレンドでのダブルボトムと比べその意味合いは弱い。

中間トレンド・チャートでのダブルボトム（図7.6）はマイナートレンド・チャートより出現回数は少ない。しかし，メイントレンドよりは多く出現する。中間トレンドでのダブルボトムはマイナートレンドにおけるそれよりは強いが，メイントレンドにおけるそれより意味合いは弱い。

メイントレンドでのダブルボトム（図7.7）は，マイナートレンドや中間トレンドに比べ出現の頻度は少ないが，その含意は強力である。

ダブルボトムの持つ意味の強度は時間の関数である。すなわち，ダブルボトムの底と底の間が離れているほど（十分な時間が経過しているほど）パターンとしてはより重要である。ダブルボトムが価格と時間の両面で非常に大きな下げ相場の後に発生した場合や，歴史的安値の水準で出現した場合には，この点はとくに強調できる。逆に極端に高い水準で作られたダブルボトムは，しばしばそれが下抜かれた場合に最初の売り場を提供する。トレーダーは，長い期間に形成されるダブルボトム型を注視すべきであり，それらが現れた位置にも格別の注意を払うべきである。

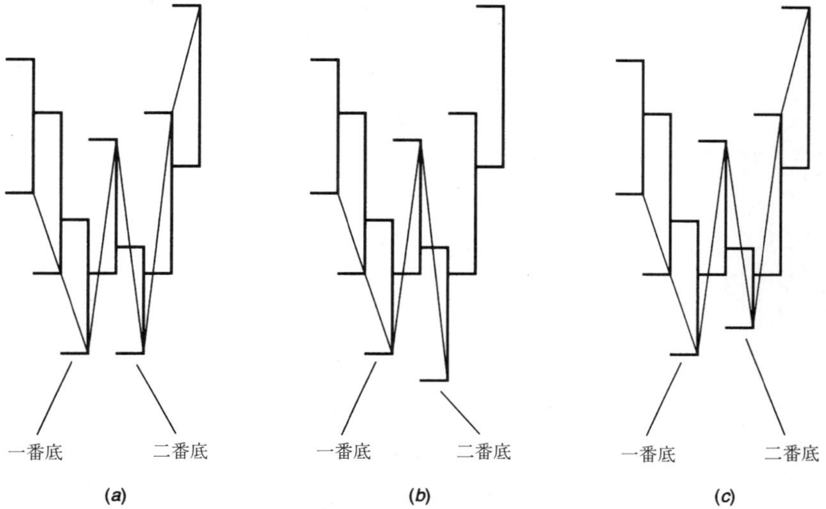

図7.1　**マイナートレンド・チャートが示すダブルボトム。二番底が，一番底と同値である場合（ａ），一番底より低い場合（ｂ），一番底より高い場合（ｃ）**

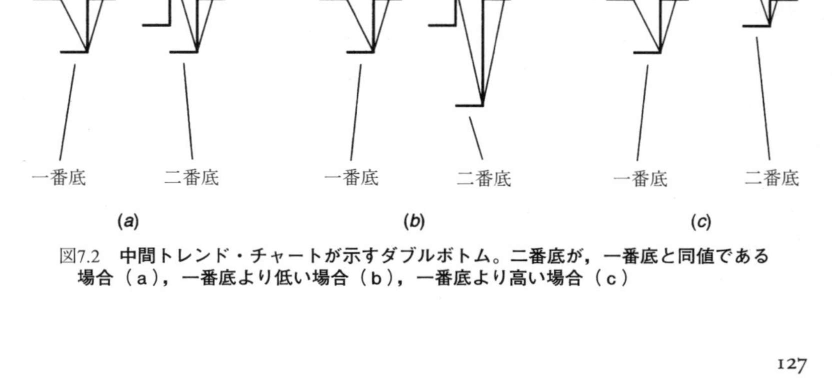

図7.2　**中間トレンド・チャートが示すダブルボトム。二番底が，一番底と同値である場合（ａ），一番底より低い場合（ｂ），一番底より高い場合（ｃ）**

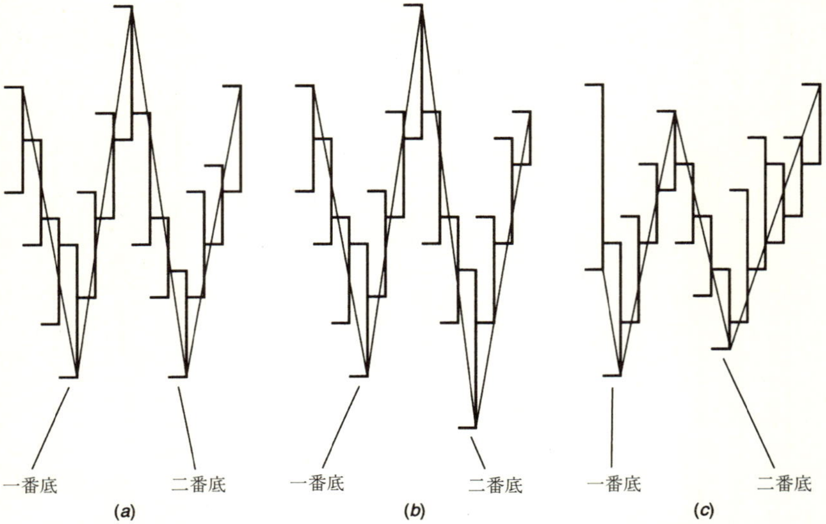

図7.3　**メイントレンド・チャートが示すダブルボトム。二番底が，一番底と同値である場合（a），一番底より低い場合（b），一番底より高い場合（c）**

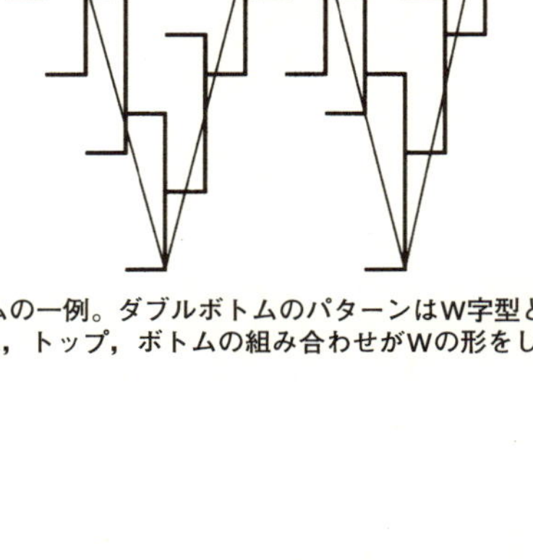

図7.4　**ダブルボトムの一例。ダブルボトムのパターンはW字型と関係がある。トレンド指標のボトム，トップ，ボトムの組み合わせがWの形をしているためである。**

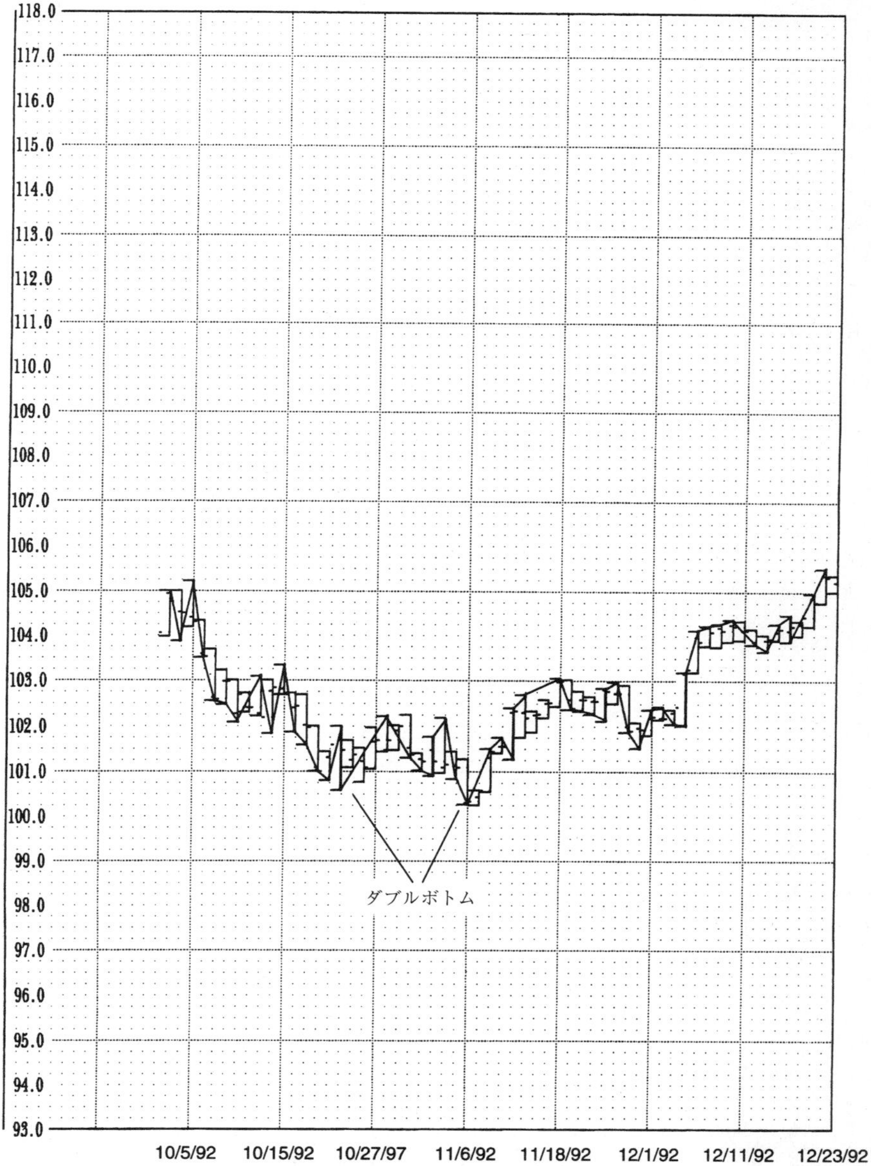

図7.5　マイナートレンド指標でのダブルボトムのパターン。二番底が一番底より低い場合もありうる。

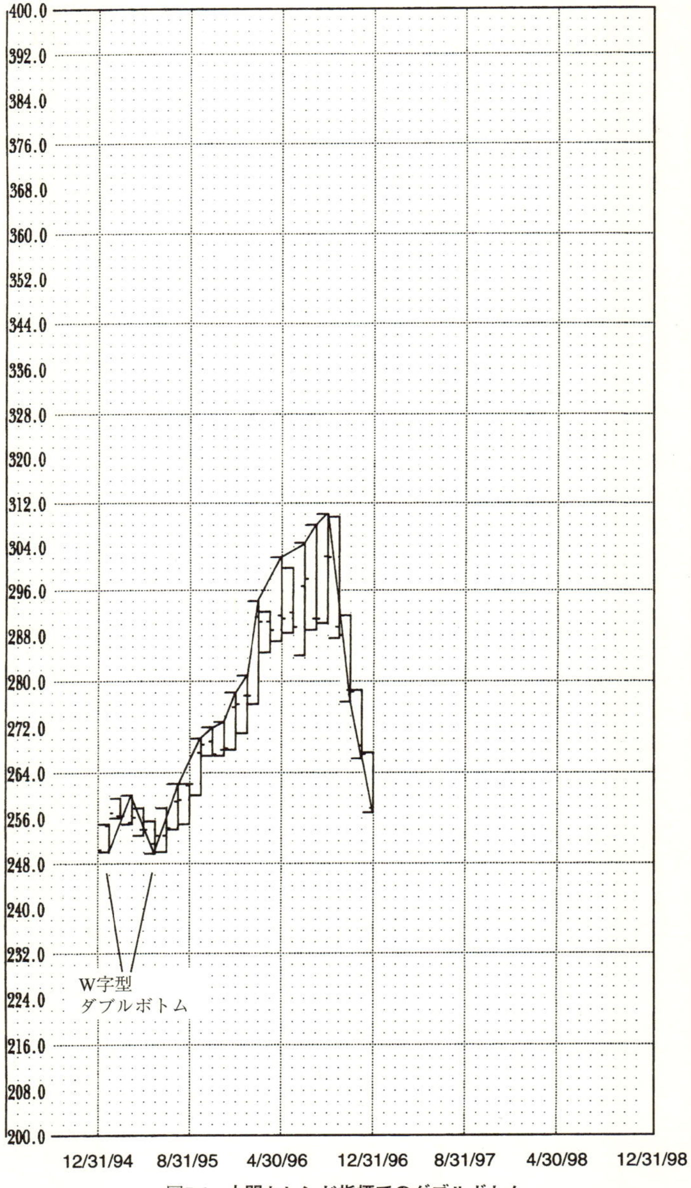

図7.6　**中間トレンド指標でのダブルボトム**

図7.7　メイントレンド指標でのダブルボトム。二番底の価格が一番底と正確に一致することもある。

ダブルトップ

正しく作成されたトレンド指標チャートに基づいた，もう1つの見分けやすいフォーメーションはダブルトップである（図7.8～7.10）。ダブルトップが形成された後の売りは，非常に安全であることが多い。なぜなら，ダブルトップの上に置かれたストップが執行されるのはそう多くないからである。もしダブルトップが極端に高い価格水準や，価格と時間の両面から見て大型の上昇相場の後に形成されれば，このことはとくに当てはまる。ダブルトップの際は2つの高値が正確に一致していなくともよい。たとえば，二番天井が一番天井よりもわずかに下にくることもある。

過去のチャートから，ダブルトップがどのような形で現れたかを研究することにより，チャーチストはダブルトップとして許容可能な価格の差がどの程度であるか，適切な量の事例を得ることができるだろう。二番天井が一番天井よりわずかに低いダブルトップは，「セカンダリー・ロワー・トップ（切り下がり二番天井）」として知られており，しばしば下落相場の前兆を示している（図7.11）。これは大型の下落相場の初期にごく普通に見られるパターンであり，

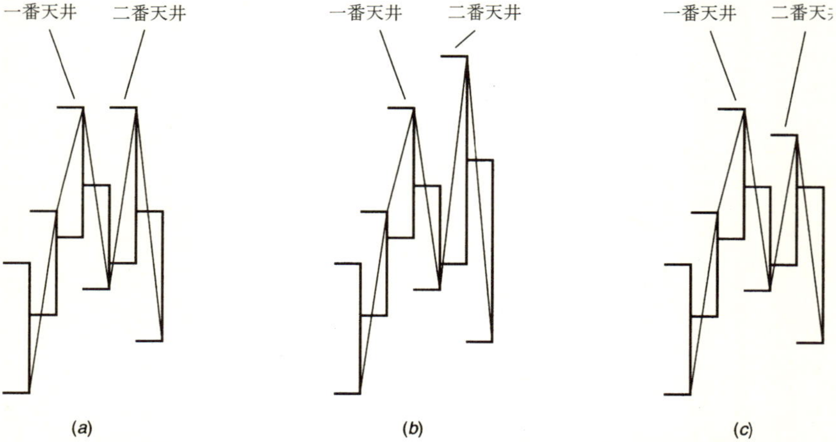

図7.8　**マイナートレンド・チャートが示すダブルトップ。二番天井が，一番天井と同値である場合（a），一番天井より高い場合（b），一番天井より低い場合（c）**

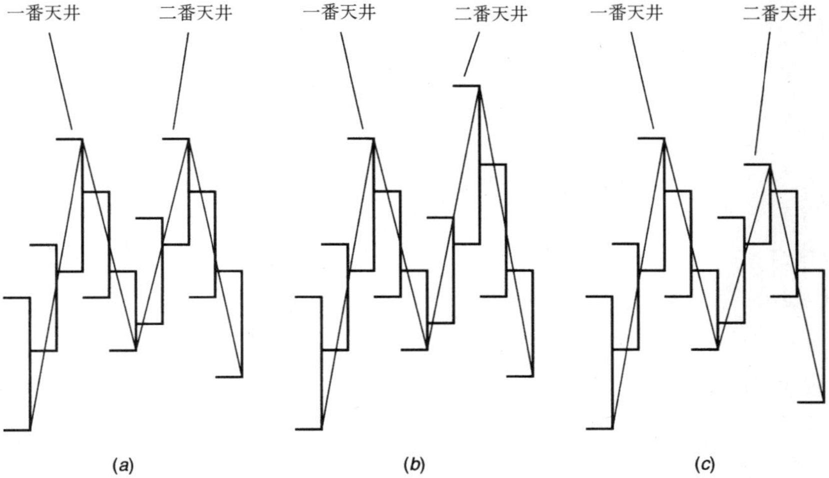

図7.9　**中間トレンド・チャートが示すダブルトップ。二番天井が，一番天井と同値である場合（ａ），一番天井より高い場合（ｂ），一番天井より低い場合（ｃ）**

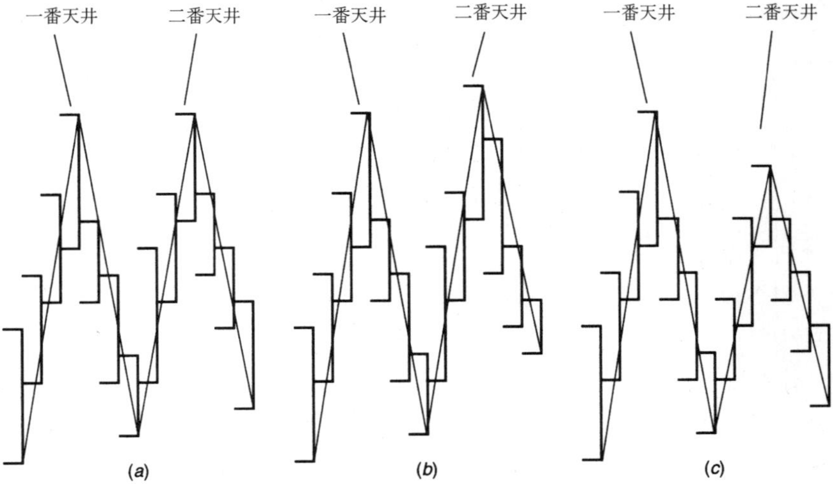

図7.10　**メイントレンド・チャートが示すダブルトップ。二番天井が，一番天井と同値である場合（ａ），一番天井より高い場合（ｂ），一番天井より低い場合（ｃ）**

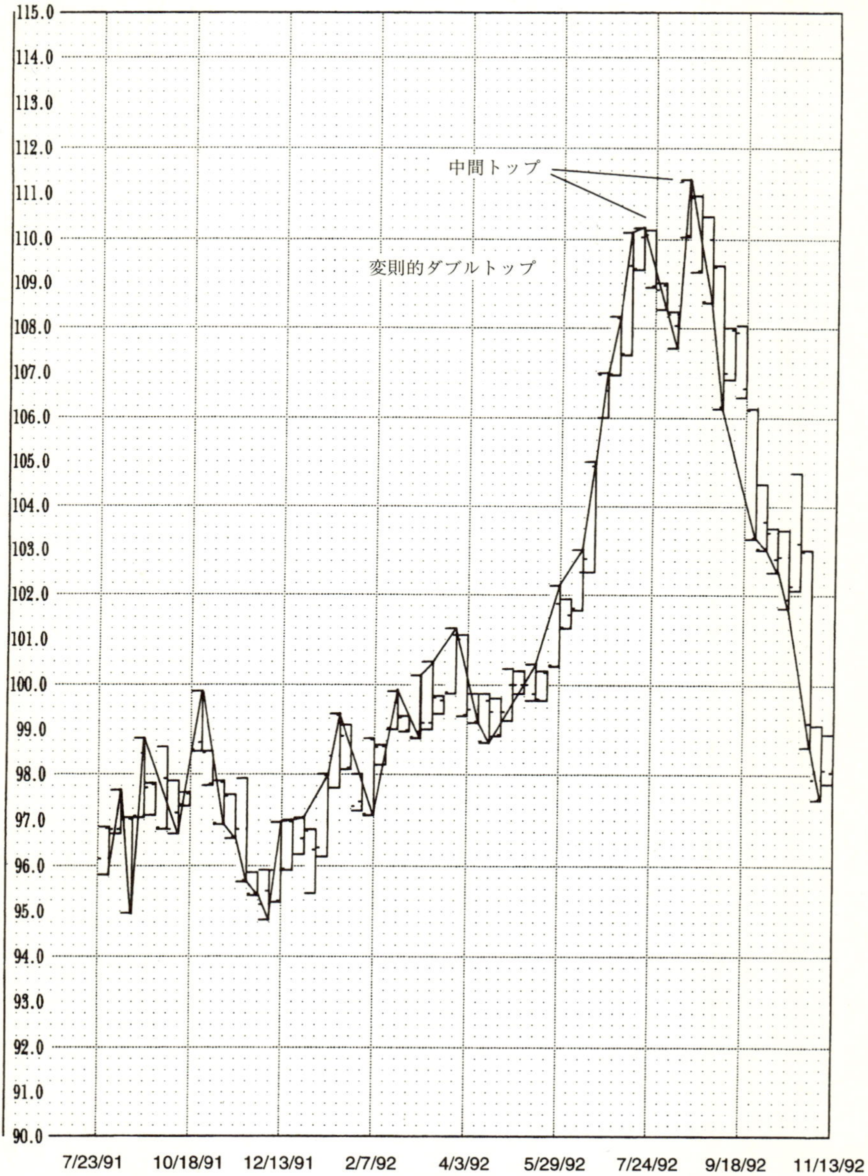

図7.11　**中間トレンド指標でのダブルトップが示す，二番天井が一番天井より高い例**

とくに一番天井をつけた後に急反落して大きなスパイクを形成した場合はその公算が強まる。

ダブルトップ・パターンはM字トップと関係がある。というのは，トレンド指標のトップ，ボトム，トップの組み合わせがMの形をしているからである。このパターンは2つのトレーディング機会を与えてくれる。すなわち二番天井での逆張りの売りと，前安値を抜いた時に売る追撃買いである。いずれの場合もストップロスは直近のトレンド指標の高値より上に設定する。

ダブルトップのパターンが発する売買シグナルを利用する場合，トレーダーは次の点に気をつけねばならない。すなわち，このフォーメーションはマイナートレンドからメイントレンドまでの各指標において同じ型で現れるが，そのパターンの有効性はそれぞれ異なるということだ。

マイナートレンド指標チャート上のダブルトップは，中間トレンドあるいはメイントレンドのそれよりも頻繁に発生する。その頻繁さゆえに，中間トレンドやメイントレンドでのダブルトップと比べその意味合いは弱い。

中間トレンド・チャートでのダブルトップはマイナートレンド・チャートより出現回数は少ない。しかし，メイントレンドよりは多く出現する。中間トレンドでのダブルトップはマイナートレンドにおけるそれよりは強いが，メイントレンドにおけるそれより意味合いは弱い。

メイントレンド・チャートでのダブルトップは，マイナートレンドや中間トレンド・チャートに比べ出現の頻度は少ないがその含意は強力である。

ダブルトップの持つ意味の強度も，ダブルボトムと同様に時間の関数である。すなわちダブルトップの天井と天井の間が離れているほど（十分な時間が経過しているほど）パターンとしてはより重要である。ダブルトップが価格と時間の両面で非常に大きな上げ相場の後に発生した場合や，歴史的高値の水準で出現した場合には，とくに強調できる。逆に極端に低い水準に出現したダブルトップは，しばしばそれが上抜かれた場合に最初の買い場を提供する。トレーダーは，長い期間に形成されるダブルトップ型を注視すべきであり，それらが現れた位置にも格別の注意を払うべきである。

延長されたラリーおよびブレイクのルール

トレンド指標チャートを使ったトレードは，ルール厳守であり極めて機械的に行うことは言うまでもないのだが，状況によってはそうすべきでないこともある。これはたとえば，7日連続で同方向へ市場が進んだ場合など，価格と時間の両面で一連の上げ下げの動きが延長した時に，トレイリング・ストップ(価格水準の変化に追随してストップの水準を価格に近い方向に移動させる手法，およびそれによって置かれたストップ）を置くような場合にとくに当てはまる。

ギャンは，ハイアーハイやハイアーローが7本のバーにわたって連続した後は，トレーダーは売りのストップ注文をトレンド指標の直近のボトムでなく，上昇7本目のバーの安値に置き換えるべきだと主張していた（図7.12)。逆に，

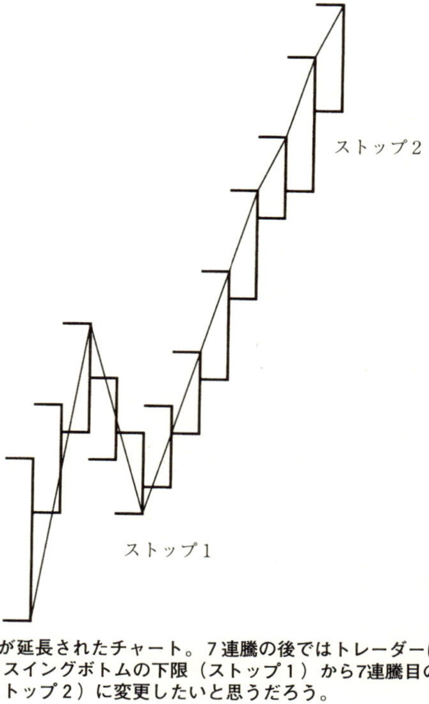

図7.12　**ラリーが延長されたチャート。7連騰の後ではトレーダーはストップ注文をスイングボトムの下限（ストップ1）から7連騰目の安値の下限（ストップ2）に変更したいと思うだろう。**

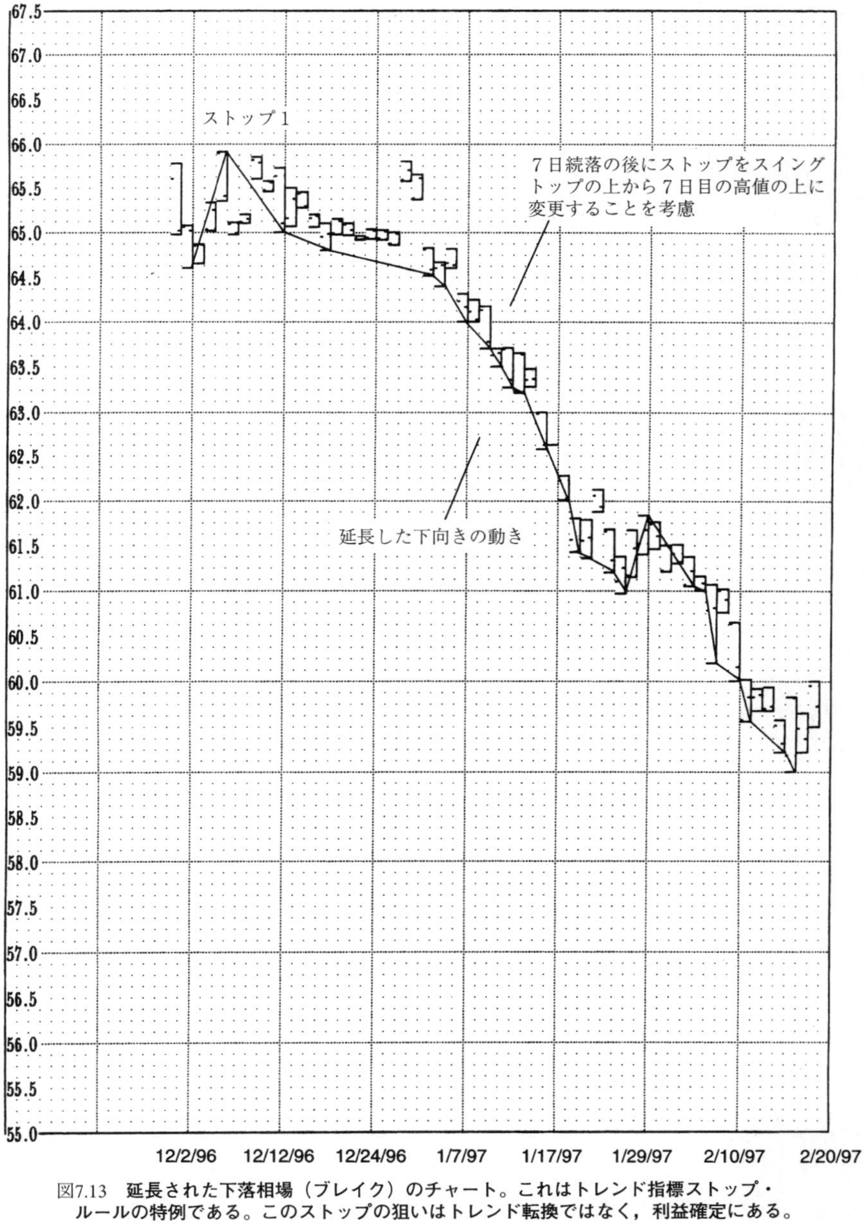

図7.13　**延長された下落相場（ブレイク）のチャート。これはトレンド指標ストップ・ルールの特例である。このストップの狙いはトレンド転換ではなく，利益確定にある。**

ロワーハイやロワーローが７本バーにわたり連続した後は，トレーダーは買いのストップ注文をトレンド指標の直近のトップから下落７本目のバーの高値に置き換えるべきだと主張していた。

ストップの選択はトレーダー個人の好みで変わってくるものである（図7.13)。たとえばトレーダーは７日連続のラリーの後では，ストップの売り注文を７日目の安値の下ではなく，７日目の終値の下に置きたいと思うかもしれない。７日連続の下げ相場の場合，トレーダーは，ストップの買い注文を７日目の高値のすぐ上でなく，終値の上に置きたいと考えるだろう。

市場にはそれぞれ特徴がある。たとえば天井に至るまで通常７日かかるところを５日で達してしまう場合や，底に達するまで７日かかるところを５日で達してしまう場合もある。特定の市場の過去のスイングチャートを研究すれば，トレーダーは最善のストップオーダーを置くべき位置を決定することができる。たとえば３波あるいは５波など，一定のスイング波動数が完結した市場では，ストップまでの動きが速まることが多い。

このようなケースでは，トレーダーはストップを第３ないし第５の上昇波動スイングの起点の安値の下に置く代わりに直前のバーの安値の下に置いたり，第３ないし第５の下落波動スイングの起点の高値の上に置く代わりに直前のバーの高値の上に置いてもかまわない。

スイング幅の均衡

ストップの置き方については他にも例外がある。直前のスイングと変動幅が一致したチャートの場合がそうである（図7.14)。たとえば，直前の波動が９セント上昇して４セント下降した場合，次の上げも９セントであれば，ストップは直近のスイングボトムの下でなく直近の高値より４セント下げたところの下に変更すべきである。このようなトレイリングストップの手法を行うためには，トレーダーは新高値をとった市場を常に監視してストップを正しい位置に置き換える必要がある。このストップは，ラリーの値幅が前回のそれと同等かそれ以上になった場合，かつブレイク（ラリーの反対語，一連の下落の動き）が直前のものより大きくなった場合にストップにかかるよう設計されているのであ

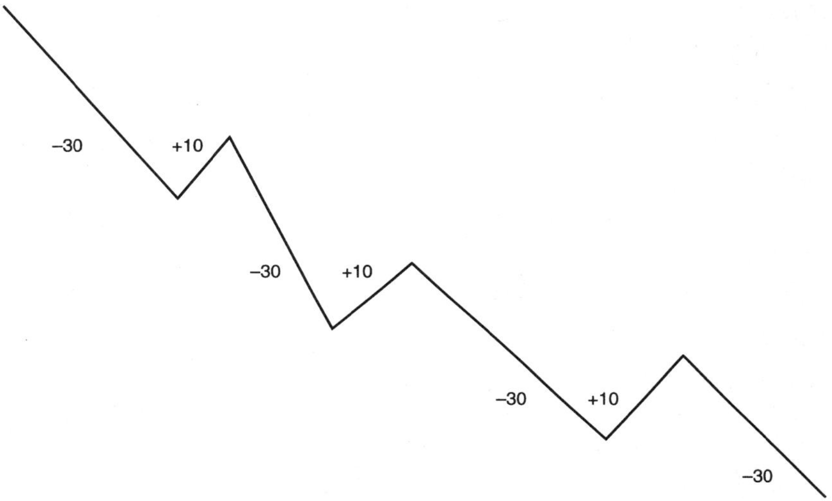

図7.14　**完璧に均衡のとれたスイングチャート**

る。

売りストップの場合はこれを逆転させる。たとえば，直前のスイングで50ポイント下げて20ポイント戻し，次も50ポイント下げたような場合，ストップは直近のスイングトップの上でなく直近安値から20ポイント戻したところの少し上に変更すべきである。

価格と時間のオーバーバランス

トレーダーはスイングチャートからスイングの振幅と期間を計算できるだろう。下げ相場では，定義により下げスイングの値幅と期間は上げの値幅と期間より大きくなる傾向がある。相場がボトムに近づくと，上下のスイングの頻度が増加し，また上げの値幅と期間も拡大してくる。こうした動きは，相場が底入れする時の手がかりとして感知し，注目すべきである。

底入れの手がかりとしてよく見られるものは，反発する日にレンジが上方に大きく伸びることである。このような動きはボトムから１日ないし２，３日にわたって起きるものである。その動きは，スイングトップを上抜く前であっても相場底入れのサインとなる。トレーダーはボトムからの第１段の上昇スイングを記録しておくべきである。この現象は毎年のように繰り返され，各相場が持つ固有の特徴と言われることもある。これらの特徴は来るラリーの振幅と期間の手がかりとなることもよくあるため，記録しておくこと。

これらの動きは季節的ないし周期的に起きることが多い。このため，底値を付けた日付はしっかり記録しておかなければならない。価格と時間の両面においてボトムからの最初の上げが大きいほど，来る上昇相場のスケールは大きい。ボトムからの上げ幅が，引き続いて起こる上げ相場の力強さをしばしば決定づけることを知れば，トレーダーの自信は深まろう。これは，ダブルボトムとなるのを見込んで次のブレイクで逆張りの買いを入れるような場合はとくに重要なことである。

オーバーバランスが意味するものは，現在のラリーのサイズが価格と時間の

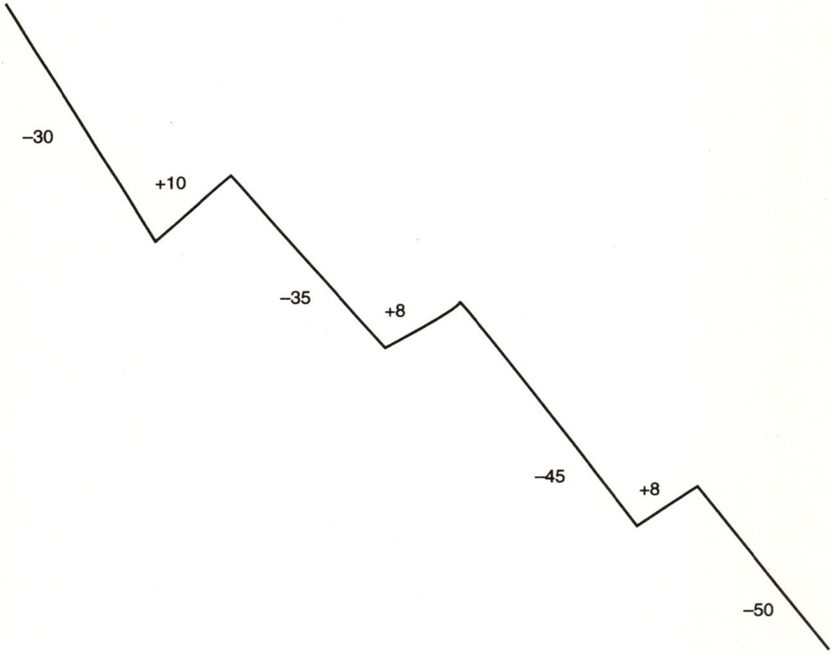

図7.15 **スイングのオーバーバランスの例。下落相場におけるラリーはブレイクより小さく，多くの場合，前のラリーに比べて小さくなる。一方，ブレイクの下落幅はラリーの値幅より大きく，また前のブレイクより大きくなる傾向がある。**

両面において直前のラリーを上回っているということである（図7.15)。時間のオーバーバランスはトレンド変化の最も重要な指標である。ボトムからの価格変化は近い将来のトレンド転換のよい指標となるが，相場が過去のスイングボトムの上方で過ごす時間が長くなる方がより信頼性が高い指標と言える。これは価格だけによるサポートベースと対抗する概念として，時間によるサポートベースの形成として知られている。

前のスイングよりも大幅だったり，前のスイングトップを上回るような急速な上げも，堅固な時間のベースが形成されていないため，トレンド転換に至らないことがしばしばある。このような相場を称して「クワイエト・マーケット」と呼ぶことがある（訳注：音を立てぬよう，『しーっ』と言う時のように何もするなという意味か)。トレーダーたちはよく「クワイエト・マーケットではショートを振るな」と口にする。次の上げ相場のための底値形成においては，短期間に一度大幅に動くよりは，狭いレンジで時間をかけてサポートベースを形成する方が好ましい。

前にスイングチャートを作成する時にはインサイドバーは無視すると述べたが，それらがまったく無意味であるというわけではない。インサイドバーを無視することはスイングチャートの作成においてのみ有効であり，時には価値ある情報がインサイドデイの期間から得られることもある（図7.16)。

同様なことは天井についても言える。価格と時間の両面において，大幅で長期間の上昇トレンドに続いて，高値から最初の下げが以前の高値からのブレイクを価格と時間の両面において上回る場合がある。もし天井から最初の下落日，あるいは最高値から２，３日のブレイクの最後の日が下向きのレンジ拡張の日であれば，その後のインサイドデイの期間がオーバーバランスとなり，やがてトレンド転換に至るブレイクを導くかもしれないので監視を続けるべきだ。価格的には天井から急速に下げ，以前の下げ幅以上となっていても，相場が下落を加速させトレンドを反転させるためには時間のオーバーバランスが必要であることを記憶せよ。

これはサポートベースの形成について述べられたことと一致している（図7.17)。インサイドデイは通常，レンジ拡大の日の後に起こる。最安値からの上方へのレンジ拡大の日の発生は，しばしば大底が入ったことの証拠となる。

図7.16　一連のインサイドデイのチャート。インサイドデイの連続後，価格はしばしば現在動いている方向へ加速していく。

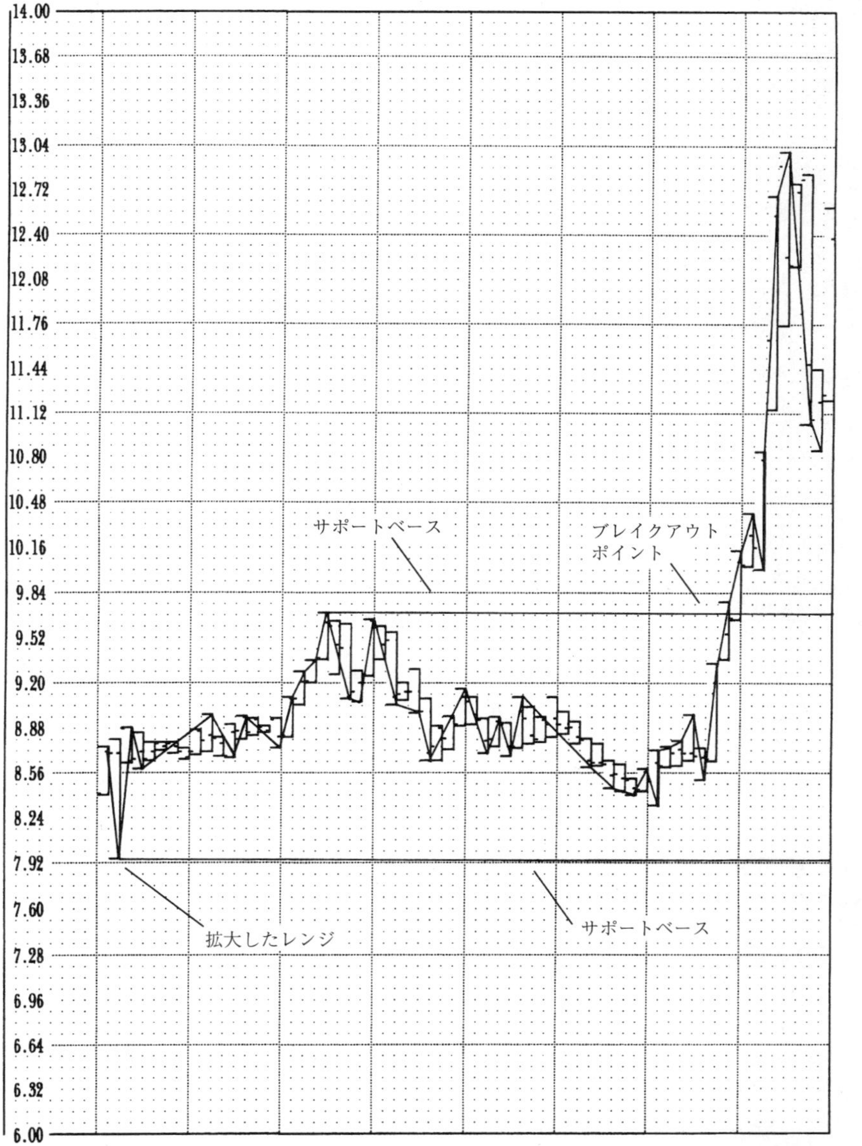

図7.17　**サポートベースのチャート**

しかしこのことだけでは，トレンド転換や上げ足の加速をもたらすほどの新規買いを呼び込むには不十分かもしれない。理由は相場が時間のオーバーバランスを必要としているためである。最安値を付けた後の，上方へのレンジ拡大の日に続いて起こるインサイドデイの期間は，時間のオーバーバランスの形成に貢献する。トレーダーが，メイントレンドが上げに転じたり，相場が上昇加速の準備が整ったとのサインを看取するために，底値近辺のインサイドデイを観察するのは重要なことである。

アウトサイドムーブ（包み足）は通常トレンド転換が近いことを示すとされる（図7.18）。アウトサイドムーブは一時的に上昇や下落の動きをストップさせることが多いので，価格または時間が現在のトレーディング状況に「追いつく」ことを可能にする。一連のインサイドムーブはしばしばアウトサイドレンジの範囲内で起きる。このパターンは，次の上昇あるいは天井形成，または下落を導くベース形成のしるしとして，注意深く観察する必要がある。アウトサイドムーブの高値を抜く動きは上げ相場のスタートになろうし，安値を割り込む動きは下げ相場のスタートとなりうる。

今一度繰り返すが，価格と時間双方から見た相場のポジションは，しばしばブレイクアウトの動きの強さを決定する。要約すると，上げ相場のスケールはベース（底入れパターン）の長さによって決まることが多く，その逆もまた同様である。

価格と時間の両面において大型の下落トレンド，とくに拡大した下向きのレンジに続いて発生した一連のインサイドムーブは，底入れの前兆なので注意すること。また逆に，価格と時間の両面において大型の上昇トレンドに続いて発生した一連のインサイドムーブは，天井打ちの前兆なので注意すること。同様のことはアウトサイドムーブに続いて発生したインサイドムーブについても言える。

ここでぜひ記憶しておくべきことは，この種の天井や底を抜いたことで売買するとはいえ，それらがトレンド転換を意味しているのではなく，あくまで厳密なトレンド指標ルールの例外として理解すべきであることだ。トレンドに沿った方向にブレイクアウトした時に売買を行えば，ほとんどの場合にトレードは成功する。しかし，フォーメーションをまったく無視した売買は勧められ

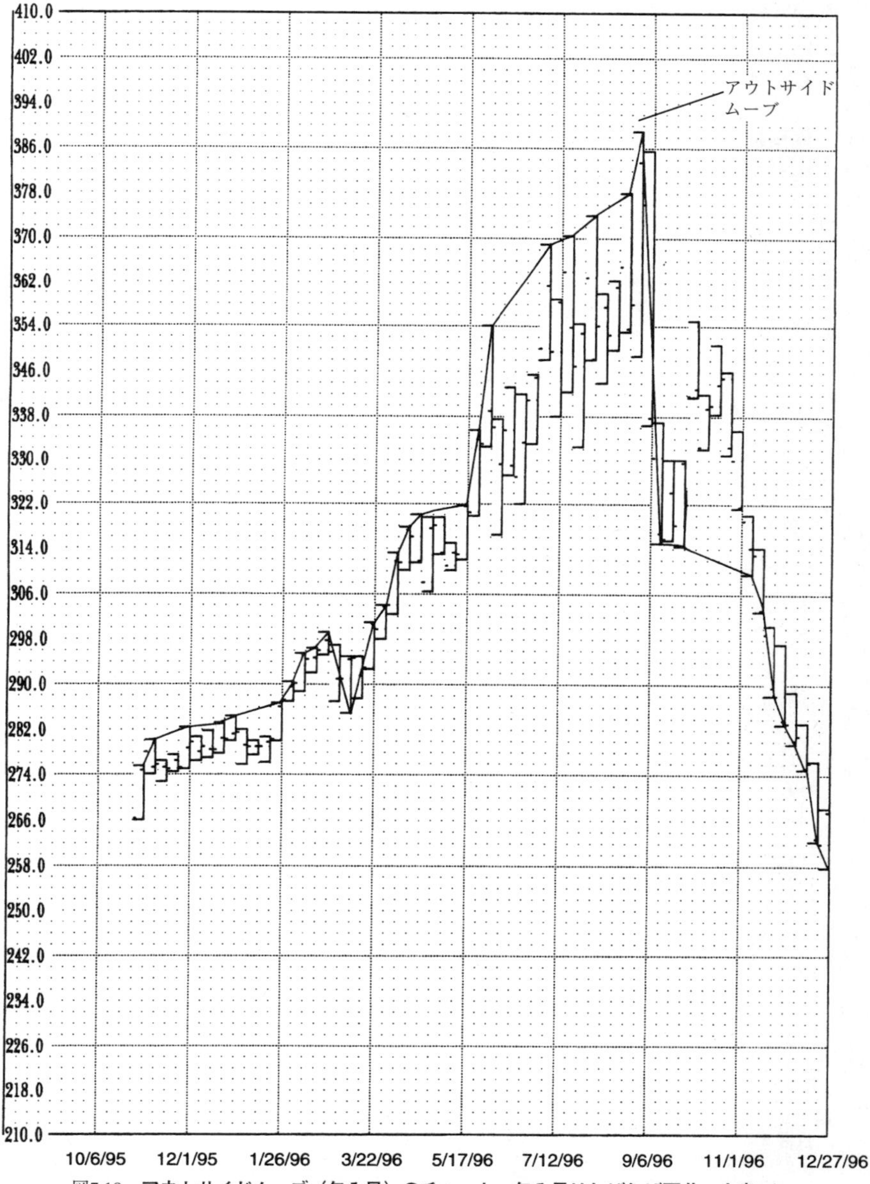

図7.18　アウトサイドムーブ（包み足）のチャート。包み足はしばしば天井，大底に出現し，トレンド転換を示唆する。

ない。うまくやるためには，このフォーメーションを繰り返し訓練することが必要である。

価格変動の予測

価格のスイングの読み方を学ぶことも，重要な予測ツールとなるだろう（図7.19)。大勢天井と底から予測を開始すれば，直前のスイングの価格データを

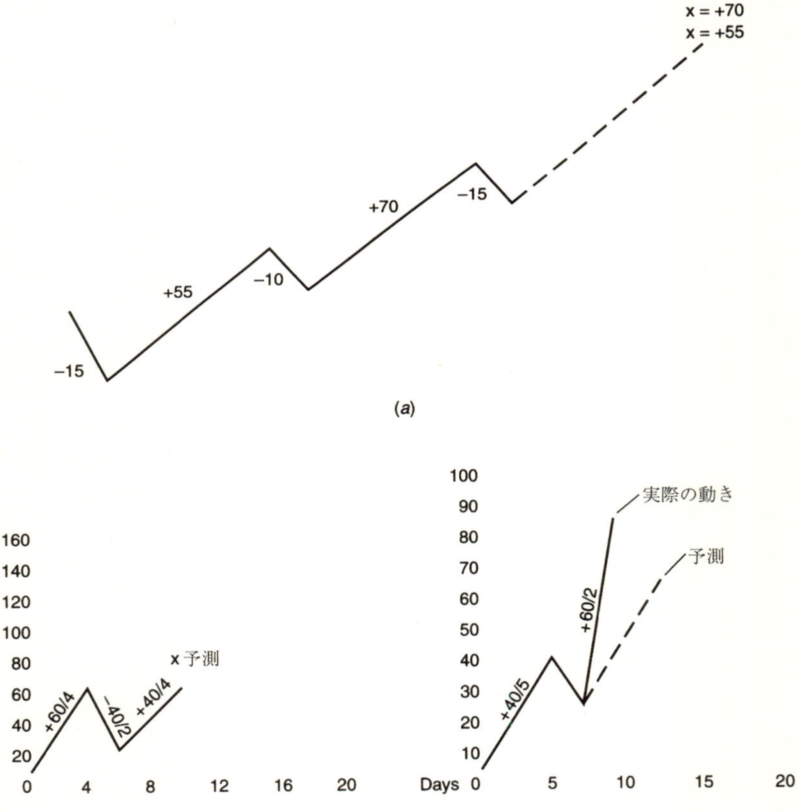

図7.19　（a）次の上げ波動の予測にスイングチャートを使用してみよ。（b）このチャートは上値目標あるいはトレンド転換の可能性を示唆している。第１波動が4日で60ポイント上げ，第２波動が4日で40ポイントの下げである。第３波動は第１波動と時間の均衡はとれているが，価格ではショートしている。（c）現実の波動が予測より大きい場合，日柄的にスイングの均衡が保たれるためには予測したポイントまでの調整がありうる。

用いて，相当の正確さを持って，相場がいつ，いくらになるかを予測することができる。このテクニックは，理想的トレーディングパターンに対して価格の動きが遅れているが今後きっと追いつくはずと見るか，また価格の遅れが別のパターンの可能性を考慮する必要を示唆しているのか判定するのを助けてくれる。

たとえば，仮に最近の上昇が5日で40ポイントだったとすれば，トレーダーは今度もボトムから5日間で40ポイント動くと予測するだろう。もし価格が2日で60ポイント動いたなら，トレーダーはトレンドが再び動き始める前に，次の3日で20ポイントの修正はあると予測することができる。さらに価格の上昇が4日で30ポイントだけだとすると，トレーダーは，市場がバランスを保つために最後の1日で10ポイント上がると予測することができる。この種の分析をするには時間がかかる。というのは，トレーダーが現在取引中の市場のスイングの特徴を熟知しておかなければならず，そのためには過去のスイングの記録をよく研究する必要があるからだ。

ひとたびこの種の分析に精通すれば，トレーダーはレンジが拡大しそうな日やインサイドデイを予測できるようになるはずである。言い換えればトレーダーは，市場が動きそうな時期やレンジ内にとどまっている時期を予測することができるようになる。このことは，値動きの活発な日にトレードをするか，市場が動き出すまではじっとしているということによって完成される。

シグナルトップとシグナルボトム

トレンド指標ルールの例外の中で最も重要な2点は，シグナルトップ（図7.20）とシグナルボトム（図7.21）である。私はこのフォーメーションを広範囲に研究しており，そしてこれが普遍的なパターンであるとの結論に達した。言い換えれば，どの市場で取引するかということは問題ではなく，どの市場も大勢天井や大底を付ける際には，ある時点でシグナルトップやシグナルボトムを形成しているということである。

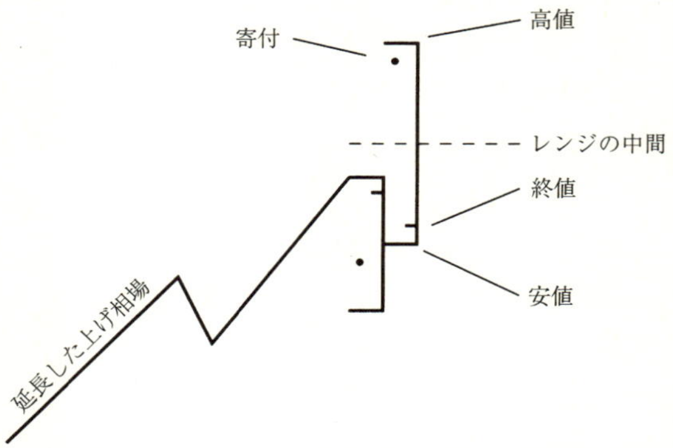

図7.20　**シグナルトップのチャートとその状況。(1)延長した上げ相場，(2)ハイアーハイ，(3)直前終値より安い終値，(4)陰線の引け，(5)終値はレンジの中間より下**

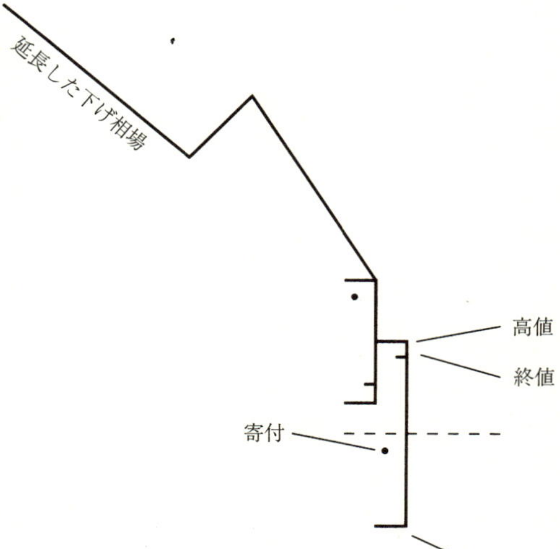

図7.21　**シグナルボトムのチャートとその状況。(1)延長した下げ相場，(2)ロワーロー，(3)直前終値より高い終値，(4)陽線の引け，(5)終値はレンジの中間より上**

シグナルトップ

シグナルトップ（図7.22）は以下のように定義される。

価格と時間の両面において延長した上げ相場の後で，次の時間枠の足取りが，直前の足との比較で高値が高く（ハイアーハイ），陰線引けで終値が直前の足より低く，かつ終値がその足のレンジの中間より下で引けた場合である。もしこれが出現すれば，相場は天井を打ち，トレンドが下がり始めるサインであると考える。

シグナルトップは，相場が大天井を打ったことを示す指標としては最も強力なものの１つである。これは歴史的高値近辺でよく出現し，そして商品先物ではある契約の一代高値となることがしばしばである。これこそ，このパターンをチャート上で重要視すべき理由である。商品相場の歴史的高値を観察し，記憶せよ。前にも述べたが，これは商品相場の年間，四半期，月間，週間の同じ契約限月の連続先物チャートから知ることができる。シグナルトップが最も頻繁に現れるのは，価格がほぼ垂直に急騰している時や，現在活発な動きをしているチャート上でまだ抵抗帯が特定できないような時である。言い換えれば，このタイプの天井パターンは，過去の高値を突き抜け，新たな契約の高値を打ったところで最も多く発生する。

このシグナルのみでは売りを仕掛けるには性急すぎるかもしれない。というのは，そのあと下げが続かなかったり，相場が再騰し始めることがよくあるからだ。シグナルトップが確定されるには，フォロースルーの下げが不可欠なのである。シグナルトップは「クロージング・プライス・リバーサル・トップ」とか，「キー・リバーサル・トップ」などと呼ばれることがよくある。しかし，これらの言葉はそのものずばりのシグナルトップではない。その日の中間値以下で引けたり，寄付より安く引けたり，フォロースルーの下げを伴ったり，先行する長い上昇トレンドの存在などの条件にはまったく言及されていないからだ。

その重要性を理解するためには，シグナルトップの条件を分解してチェックする必要がある。

価格における延長した動きは，シグナルトップの意味合いを決める重要な要素である。この種の天井をシグナルと呼ぶからには，必ず価格的に大幅な上昇

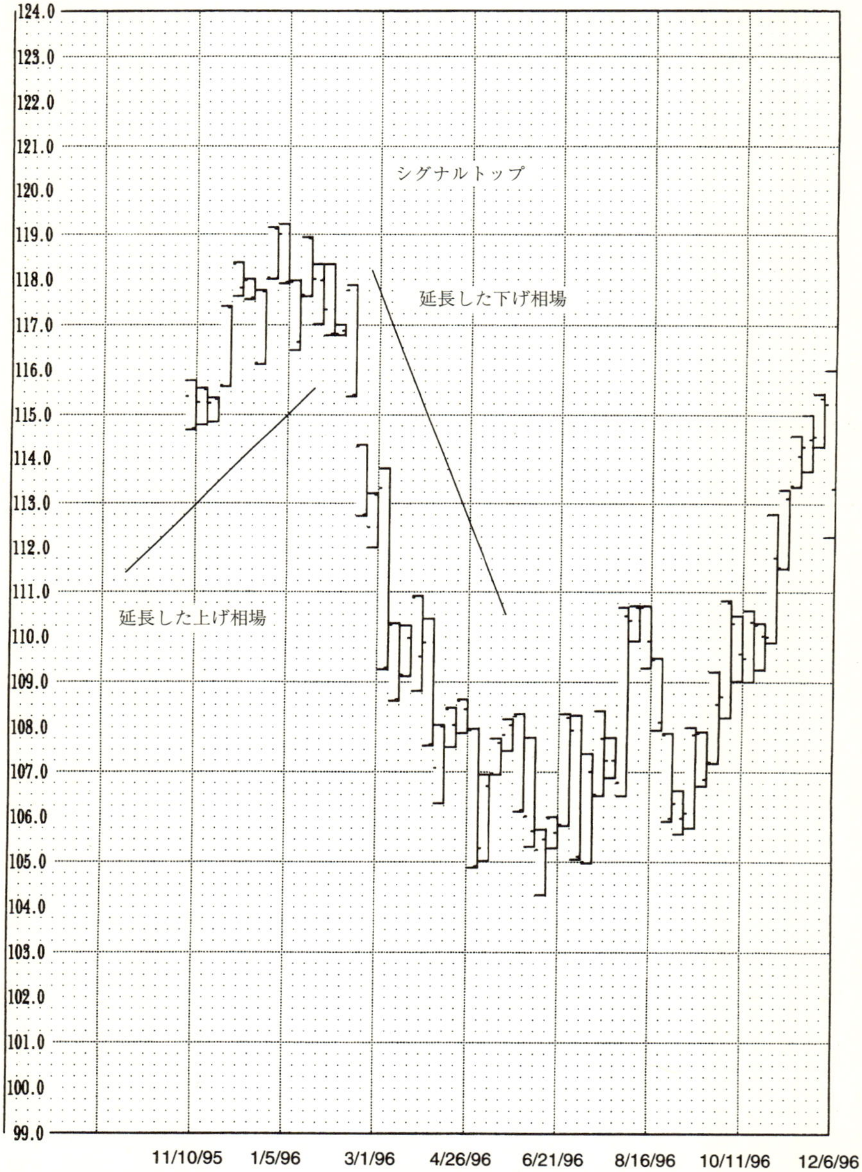

図7.22　シグナルトップのチャート。長期の上げ相場の後で出現したシグナルトップは，長期の下げ相場を導くことが多い。

の後に出現することを条件とする。先にも述べたが，相場は繰り返すことがよくあるため，過去の上昇相場の値幅の記録を付けておくべきである。過去のチャートを調べて，シグナルトップが出現した時点までの上げ幅が直前のラリーの上げ幅と等しいか上回っているか，確認せよ。これら過去のスイングを前もって知ることによって，トレーダーはシグナルトップの発生を予測することができる。スイングの値幅を研究することに加えて，トレーダーは相場が歴史的高値レベルに接近しているかどうかも確認しておくべきである。

時間の面で延長した動きも，来るべきシグナルトップ・デイの重要な指標である。先にも述べたが，時間こそがトレンド転換や天井打ちのために最も重要であり，そのため，過去のラリーの持続期間を知ることは，有効なシグナルトップであるか否か，あるいはそれが今後発生しそうかどうかを知る重要な手がかりとなる。過去のスイングチャートのボトムからトップ，トップからトップの期間のデータはその手がかりとなる。もし時間の面で市場が前回のスイングと同程度に接近しつつあり，そのことがラリーを止めるとすれば，シグナルトップが発生しやすいと予測できる。

ハイアーハイとロワークローズ（前の足より安い終値）は強い上げ相場の中間地点でもよく出現する。価格や時間の延長した動きにフォロースルーの下げが伴わなければ，シグナルトップはだましの天井シグナルとなるだろう。過去の研究から，このパターンが崩れる時には，以下に記すものの少なくとも１つが満たされていないことがわかった。

スイングの値幅の均衡，スイングの時間の均衡，次の時間枠での下向きのフォロースルー。

反転を導くシグナルトップは，価格と時間の両面において延長した上昇相場の後，ハイアーハイ，直前足より安い終値が伴い，次の足で下落のフォロースルーが続いて発生することで形成されるが，そのシグナルとしての意味合いの強度には違いがある。たとえば，市場が前述の条件を完備し，終値はその日のレンジの中間値以下であるが，終値が寄付より高いという場合がありうる。シグナルトップの理想的な形は，トリプルシグナルトップと呼ばれる。だが，ハイアーハイ，直前足より安い終値という条件は満たすが，中間値より低い終値と寄付より低い終値の一方しか満たさないものはダブルシグナルトップと呼ばれる。

このような形の天井パターンは，大勢天井打ちであるかどうかのシグナルの強度を測るため研究する必要がある。同様なことは，終値が前日より安く，寄付以下であるが，その日のレンジの中間以下ではないシグナルトップ・デイについても言える。

次に挙げるものはシグナルトップの強度を強い順に並べたものである。いずれも価格と時間の両面で大きな上昇相場の後で発生したと仮定している（日足の場合）。

1．ハイアーハイとロワークローズ，陰線引け，終値が当日レンジの中間値以下

2．ハイアーハイとロワークローズ，終値が当日レンジの中間値以下

3．ハイアーハイとロワークローズ，陰線引け

4．ハイアーハイとロワークローズ

シグナルトップを観察する際に大事なことは，時間と価格の両面で大きな上昇相場の後に出現したハイアーハイとロワークローズと，その後に続くフォロースルーの下げである。シグナルトップの意味合いの強度は，終値が当日レンジの中間値以下であるか，陰線引けであるかどうかにかかっている。繰り返しになるが，大天井が形成された時の記録を必ず残しておくこと。これらの記録はシグナルの強度やその後の下落の確実性を判定するために頻繁に参照されることになるからである。

銘記しておくべきことは，天井打ちの重要なシグナルが発生したからといって，それだけで自動的にトレンドが下向きに転じるわけではなく，相場を一時的に凍結して，下向きのブレイクをもたらしただけであるということである。このブレイクは，トレンドの下方転換を導くこともあるが，トレンドの転換そのものではない。現在のシグナルトップのパターンからあとどの程度下がれば有効なシグナルとなるかを判定するために，記録をつけておくべきである。この下落の程度は市場によって異なり，だましの売りシグナルを避けるためにも知る必要がある。

ポジションの仕掛けや手仕舞いのためにトレンド指標を使用しているトレーダーは，（ロングを持っているなら）利益確定のためにストップ注文をスイングボトムのすぐ下からシグナルトップの足の安値のすぐ下に引き上げた方がよい。こうすれば，フォロースルーの下げによりシグナルトップが確定した時には，すでに市場から脱出していることにもなる。

シグナルトップの形の違いはさまざまな異なった結果をもたらす。たとえば，バーのレンジの中間値以下での引けを用いるよう推奨されているが，レンジの下限から25％あるいは10％以下の範囲内での引けという条件により，一段と強力なシグナルを識別することもできる。

天井判定のためにシグナルトップをより有効に利用するためには，シグナルを「スーパーチャート」や「トレードステーション」のようなソフトウエアで観察，検証するのが望ましい。

時間の指標もまた強化することができる。価格の動きから上昇期間を観察するほか，シグナルトップがサイクル要因によるものなのか，季節要因によるものなのか，トレーダーは比較したいと考えるだろう。価格の分析もまた，歴史的価格水準，重要なパーセンテージ・リトレースメント，および大勢トレンドでのギャンアングルのいずれかと合致しているかどうかで，強度を判別することができる。

シグナルトップは，実際のところ機械的にトレンドを反転させるものではないが，このシグナルによって市場動向を判断している逆張りトレーダーは，シグナルトップが確認されたところで短期逆張りのショートポジションを取ることもある。しかし，これはトレンドに逆らっているうえにストップロスがシグナルトップの上側に置かれるため，しばしば大きな金額的リスクを伴う。

もう１つの逆張りで売る戦略は，シグナルトップから第１段の下げまでの50％リトレースメントを売ることである。この動きは２日ないしそれ以上の日数を要するかもしれないが，トレーディング・パターンとしてはごく一般的なものである。この戦略は戻りの数値を33％や67％に変更してもよい。パーセンテージ・リトレースメントでの売りが，過去の大天井，スイングのバランスポイント，ギャンアングルと組み合わされることによって，相場の重要な仕掛けや手仕舞いのポイントとなり，相場の方向性を下向きに転換させてしまうこともある。

シグナルボトム

シグナルボトム（図7.23）は以下のように定義される。

価格と時間の両面において延長した下げ相場の後で，次の時間枠の足取りが，直前の足との比較で安値が低く（ロワーロー），陽線引けで終値が直前の足より高く，かつ終値がその足のレンジの中間より下で引けた場合である。もしこれが出現すれば，相場は底を打ち，トレンドが上げに転じるサインであると考えるのである。

シグナルボトムは相場が大底を打ったことを示す指標としては最も強力なものの１つである。これは歴史的安値近辺でよく出現し，そして商品先物ではある契約の一代安値となることがしばしばである。これこそ，このパターンをチャート上で重要視すべき理由である。商品相場の歴史的安値を観察し，記憶せよ。前にも述べたが，これは商品相場の年間，四半期，月間，週間の同じ契約限月の連続先物チャートから知ることができる。シグナルボトムが最も頻繁に現れるのは，価格がほぼ垂直に急落している時や，現在活発な動きをしているチャート上（図7.24）でまだ支持の水準が判明していない時である。言い換えれば，このタイプの底値パターンは，過去の安値を割り込み，新たな契約の安値を付けたところで最も多く発生する。

シグナルボトムだけでは買いを仕掛けるには性急すぎるかもしれない。というのは，その後フォロースルーの上げが続かなかったり，下げトレンドが復活する場合がよくあるからだ。シグナルボトムがそれとして確定されるには，フォロースルーの上げが不可欠なのである。

シグナルボトムはしばしば「クロージング・プライス・リバーサル・ボトム」とか，「キー・リバーサル・ボトム」などと呼ばれる。しかし，これらの言葉はそのものずばりのシグナルボトムではない。その日の中間値以上で引けたり，寄付より高く引けたり，フォロースルーの上げを伴ったり，先行する長い下落トレンドの存在などの条件にはまったく言及されていないからである。

その重要性を理解するためには，シグナルボトムの条件を分解してチェックする必要がある。

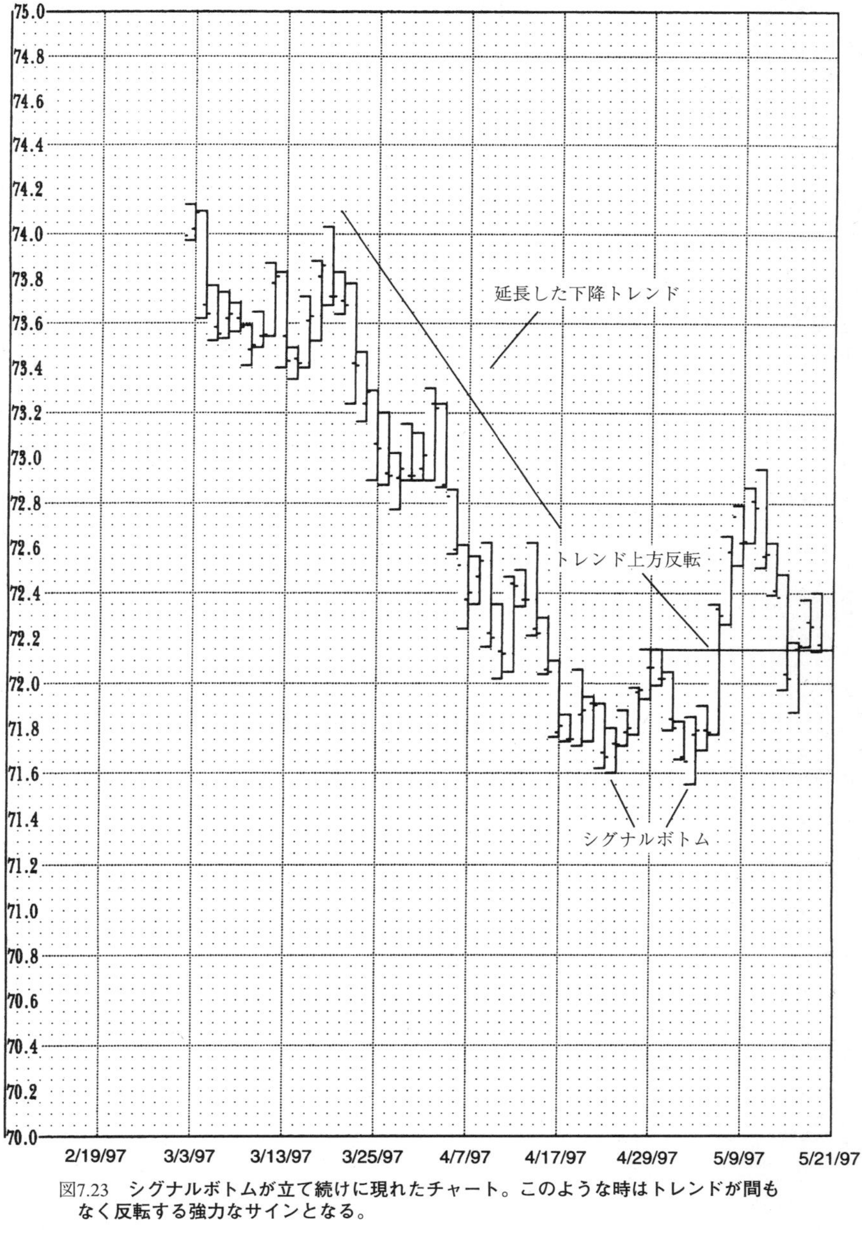

図7.23　シグナルボトムが立て続けに現れたチャート。このような時はトレンドが間もなく反転する強力なサインとなる。

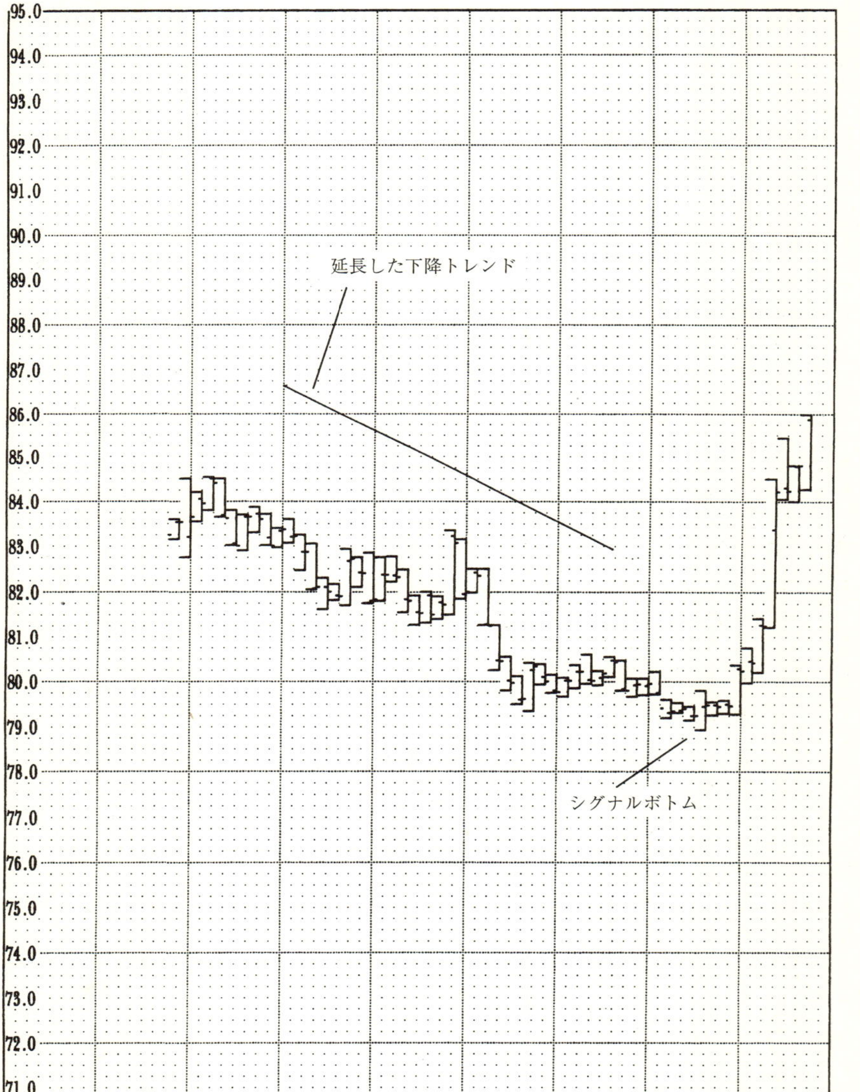

図7.24　**前日の値幅を包み込んだシグナルボトム。包み足が伴った場合，しばしば強力な上昇相場に発展することがある。**

価格における延長した動きは，シグナルボトムの意味合いを決める重要な要素である。この種の底をシグナルと呼ぶからには，必ず価格的に大幅な下落の後に出現することを条件とする。先にも述べたが，相場は繰り返すことがよくあるため，過去の下落相場の値幅の記録をつけておくべきだ。過去のチャートを調べて，シグナルボトムが出現した時点までの下げ幅が直前のブレイクの下げ幅と等しいか上回っているか，確認せよ。これら過去のスイングを前もって知ることによって，トレーダーはシグナルボトムの発生を予測することができる。スイングの値幅を研究することに加えて，トレーダーは相場が歴史的安値レベルに接近しているかどうかも確認しておくべきである。

時間の面で延長した動きも，来るべきシグナルボトム・デイの重要な指標である。先にも述べたが，時間こそがトレンド転換や底入れするために最も重要であり，そのため，過去のブレイクの持続期間を知ることは，有効なシグナルボトムであるか否か，あるいはそれが今後発生しそうかどうかを知る重要な手がかりとなる。過去のスイングチャートのボトムからトップ，トップからトップの期間のデータはその手がかりとなる。もし時間の面で市場が前回のスイングと同程度に接近しつつあり，そのことが下げのスイングを止めるとすれば，シグナルボトムが発生しやすいと予測できる。

ハイアーハイとハイアークローズ（前の足より高い終値）は強い下げ相場の中間地点でもよく出現する。価格や時間の延長した動きにフォロースルーの上げが伴わなければ，シグナルボトムはだましの底入れシグナルとなるだろう。過去の研究から，このパターンが崩れる時には，以下に記すものの少なくとも1つが満たされていないことがわかった。

スイングの値幅の均衡，スイングの時間の均衡，次の時間枠での上向きのフォロースルー。

反転を導くシグナルボトムは，価格と時間の両面において延長した下落相場の後，ロワーロー，直前足より高い終値が伴い，次の足で上昇のフォロースルーが続いて発生することによって形成されるものであるが，そのシグナルとしての意味合いの強度には違いがある。たとえば，市場が前述の条件を完備し，終値はその日のレンジの中間値以上であるが，終値が寄付より低いという場合がありうる。シグナルボトムの理想的な形は，トリプルシグナルボトムと呼ばれる。だが，ロワーロー，直前足より高い終値という条件は満たすが，中間値より高い終値と寄付より高い終値の一方しか満たさないものはダブルシグナルボトムと呼ばれる。

このような形の底入れパターンは，大底打ちであるかどうかのシグナルの強度を測るため研究する必要がある。同様なことは，終値が前日より高く，寄付以上であるが，その日のレンジの中間以上ではないシグナルボトム・デイについても言える。

次に挙げるものはシグナルボトムの強度を強い順に並べたものである。いずれも価格と時間の両面で大きな下落相場の後で発生したと仮定している（日足の場合）。

1．ロワーローとハイアークローズ，陽線引け，終値が当日レンジの中間値以上
2．ロワーローとハイアークローズ，終値が当日レンジの中間値以上
3．ロワーローとハイアークローズ，陽線引け
4．ロワーローとハイアークローズ

シグナルボトムを観察する際に大事なことは，時間と価格の両面で大きな下落相場の後に出現したロワーローとハイアークローズと，その後に続くフォロースルーの上げである。シグナルボトムの意味合いの強度は，終値が当日レンジの中間値以上であるか，陽線引けであるかどうかにかかっている。繰り返しになるが，大底が形成された時の記録を必ず残しておくこと。これらの記録はシグナルの強度やその後の上昇の確実性を判定するために頻繁に参照されることになるからだ。

銘記しておくべきことは，底入れの重要なシグナルが発生したからといって，それだけで自動的にトレンドが上向きに転じるわけではなく，相場を一時的に凍結してラリーをもたらしただけであるということである。このラリーは，トレンドの上方転換を導くこともあるが，トレンドの転換そのものではない。現在のシグナルボトムのパターンからあとどの程度上がれば有効なシグナルとなるかを判定するために，記録をつけておくべきである。この上昇の程度

は市場によって異なり，だましの買いシグナルを避けるためにも知る必要がある。

ポジションの仕掛けや手仕舞いのためにトレンド指標を使用しているトレーダーは，（ショートを持っているなら）利益確定のためにストップ注文をスイングトップのすぐ上から，シグナルボトムの足の高値のすぐ上に引き下げた方がよい。こうすればフォロースルーの上げによりシグナルボトムが確定した時には，すでに市場から脱出していることにもなる。

シグナルボトムの形の違いはさまざまな異なった結果をもたらす。たとえば，バーのレンジの中間値以上での引けを用いるよう推奨されているが，レンジの上限から25％あるいは10％以下の範囲内での引けという条件により，一段と強力なシグナルを識別することもできる。天井の判定にこのシグナルをより有効に利用するためには，シグナルを「スーパーチャート」や「トレードステーション」のようなソフトウエアで観察，検証するのが望ましい。

時間の指標もまた強化することができる。価格の動きから下落期間を観察するほか，シグナルボトムがサイクル要因によるものなのか，季節要因によるものなのかをトレーダーは比較したいと考えるだろう。価格の分析もまた，歴史的価格水準，重要なパーセンテージ・リトレースメント，および大勢トレンドでのギャンアングルのいずれかと合致しているかどうかで，強度を判別することができる。

シグナルボトムは，実際のところ機械的にトレンドを反転させるものではないが，このシグナルによって市場動向を判断している逆張りトレーダーは，シグナルボトムが確認されたところで短期逆張りのロングポジションを取ることもある。しかし，これはトレンドに逆らっているうえにストップロスがシグナルボトムの下側に置かれるため，しばしば大きな金額的リスクを伴う。

もう１つの逆張りで買う戦略は，シグナルボトムから第１段の上げまでの50％リトレースメントを買うことである。この動きは２日ないしそれ以上の日数を要するかもしれないが，トレーディング・パターンとしてはごく一般的なものである。この戦略は戻りの数値を33％や67％に変更してもよい。パーセンテージ・リトレースメントでの買いが，過去の大天井，スイングのバランスポイント，ギャンアングルと組み合わされることによって，相場の重要な仕掛けや手仕舞いのポイントとなり，相場の方向性を上向きに転換させてしまうこともある。

シグナルトップとシグナルボトムという，標準的なストップに対する２つの例外は，相場が（通常のストップが置かれている）スイングの反対側まで行ききらないうちに利益を確保しておきたいという，アグレッシブなトレーダーのために考案されたものである。これらのストップは，それが執行されたからといってすぐにトレンドが変わるものではないにしろ，しばしば近い将来のトレンド転換を暗示する指標となることを銘記しておくべきだ。これらのストップはまた，短期間に大幅な動きをする，値動きの速い相場において非常によく機能する。

その他の重要なフォーメーション

シグナルトップとシグナルボトムのほかに，安値近辺や高値近辺の終値が，近い将来のトレンド転換を示すことがよくある。

安値近辺の終値

価格と時間の両面において延長した下げ相場の後に，または歴史的安値付近で売買されている時，市場はしばしば下方にレンジを拡大させながら下げる。そして安値と同値か，あるいは１，２ティック上で引けることがある（図7.25）。次の時間枠で相場は高く始まり，決して前日終値の水準までには下がってこない。

このような動きはトレンド転換そのものではないが，トレンド反転の準備が整いつつあり，価格がサポートゾーンを構築しているという強力なサインである。

高値近辺の終値

価格と時間の両面において延長した上げ相場の後に，または歴史的高値付近で売買されている時，市場はしばしば上方にレンジを拡大させながら上げる。そして高値と同値か，あるいは１，２ティック下で引けることがある（図

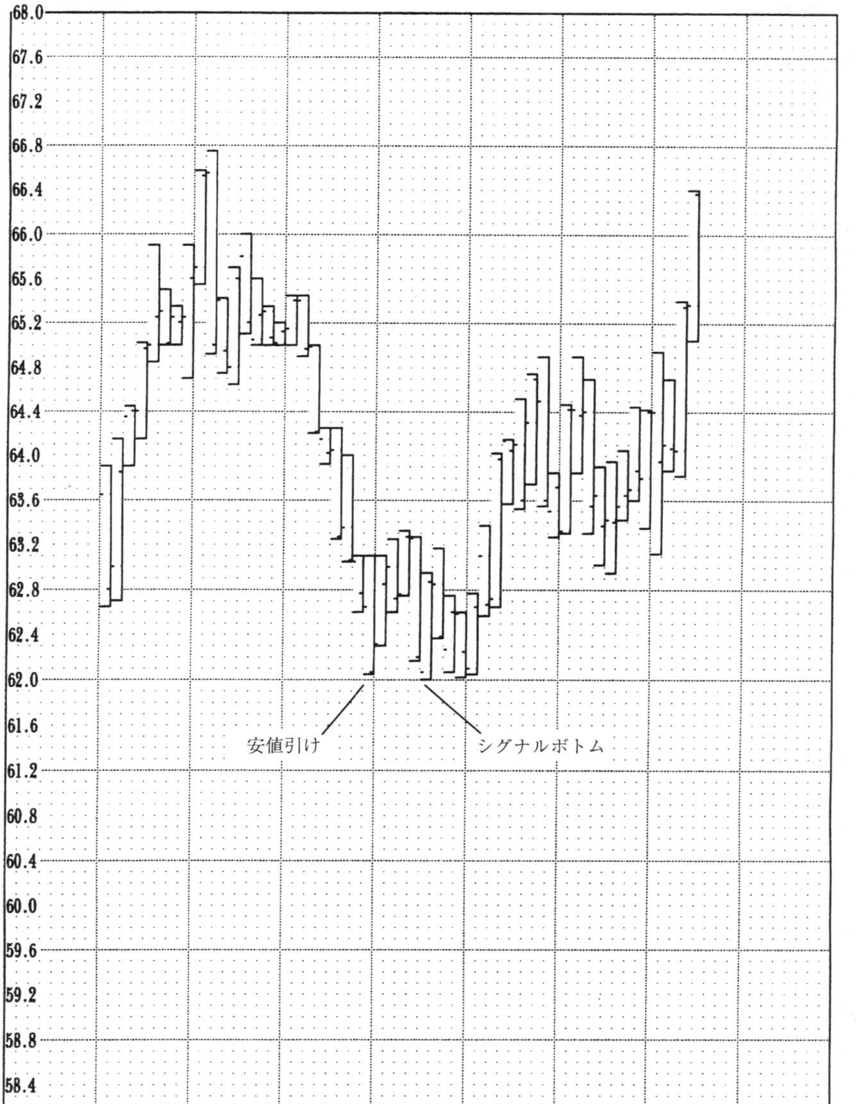

図7.25　**安値近辺で引けたチャート。週末が安値引けだったにもかかわらず，相場は翌週反騰した。最終的な安値がシグナルボトムとなっていた。**

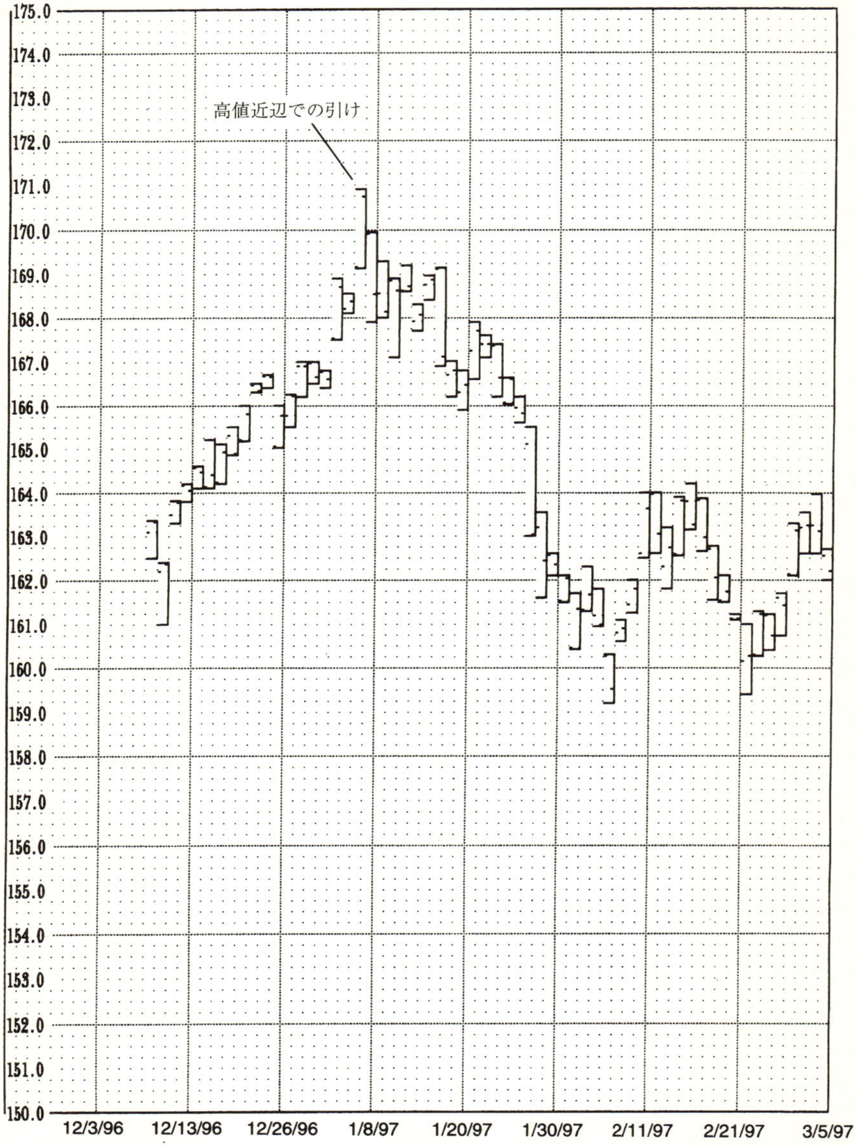

図7.26　**高値近辺で引けたチャート。高値近辺での引けに続いて安く寄り付いたことは，トレンドの転換を意味しないものの，トレンド転換の準備が整いつつあるか，近く下がり始める強力なサインである。**

7.26)。次の時間枠で相場は安く始まり，決して前日終値の水準までには上がってこない。

このような動きはトレンド転換そのものではないが，トレンド反転の準備が整いつつあり，価格がレジスタンスゾーンを構築しているという強力なサインである。これら天井のパターンについては，予測の正確性を期するために研究に十分に時間を割くべきである。

まとめ

多くのトレーダーは，トレンドに沿ったトレードを行うために，純粋に機械的なトレーディングシステムを開発しようと思うものだが，時にはリターンの極大化とリスクの極小化の実現を助ける状況も存在するのである。私見では，これこそトレンド指標ルールの例外が実現してくれることなのである。トレーダーは，しばしばトレンド指標のみを使用したトレーディングに浸り込む一方で，トレーディングで成功するには戦略的な調整が必要であることを痛感するはずである。トレーダーは，ダブルボトムやダブルトップ，延長した価格の動き，スイングの均衡，シグナルトップやシグナルボトムといった特定のシグナルを見分ける眼力を持つことによって，トレンド指標に変化が現れる前に来るべきトレンド転換を察知できるだろう。

以上でスイングチャート・ルールの例外となるチャートパターンの章を終える。スイングチャートとその例外の双方を学び，特にシグナルトップとシグナルボトムに注意を払うようにすること。大勢の天井と大底の大部分は，往々にしてこのようなケースのもとで発生するからである。

第8章　スイングチャート・トレーディング

トレンド指標チャートを作成し，どのように市場が推移するのかを見た次の段階では，シンプルなトレーディングシステムを構築する方法を学ぶ。最も単純に構築できるシステムとは，トレーダーが機械的に売買できるようなシステムである。市場とそれぞれのトレンド指標の特性を学ぶことは，スイングチャートの売買シグナルを用いたトレーディングで成功するための鍵となるものである。この章では，スイングチャートを利用した売買戦略を構築するためのテクニックに焦点を当てる。高値，安値の頂点からの売買の開始，リバーサルストップでの売買の開始，およびさまざまなピラミッディングの方法について議論する。

トレンド指標チャートの復習

マイナートレンド指標チャート

マイナー（または1本バーの）トレンド指標（図8.1）は，単純に市場における1日（あるいは1時間枠）ベースの上昇変動や下落変動に追従していくだけなので作成しやすい。

マイナートレンドラインは，前のバーと比較してハイアーハイが成立することによって，安値から上向きに引かれる。これが起こると，1本前のバーの安値から現時点のバーの高値までラインが引かれる。この行為によって1本前の安値がマイナーボトムとなる。相場がさらに上昇する場合には，それぞれの高値を結んでトレンドラインを上方に延長していく。このプロセスは，相場が直前のバーの安値を下回る安値（ロワーロー）を付けるまで継続する。ロワーローが発生すると，1本前のバーの高値から現時点のバーの安値までマイナートレンドラインが引かれ，直前の高値がマイナートップとなる。これが，1日

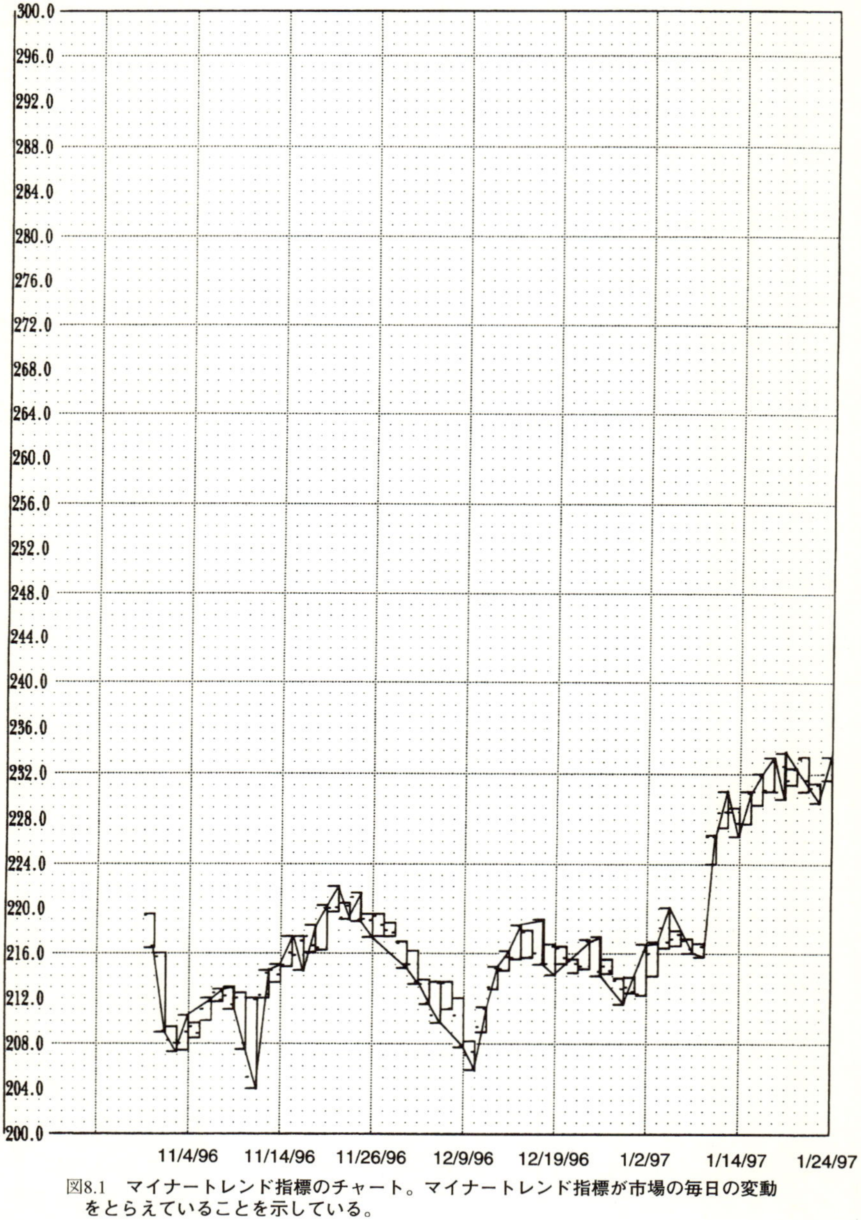

図8.1　マイナートレンド指標のチャート。マイナートレンド指標が市場の毎日の変動をとらえていることを示している。

（１本バー）ベースないしはマイナートレンド指標に基づいて売買するために必要なチャート作成の基本パターンである。

中間トレンド指標チャート

中間（インターミディエイトまたは２本バーの）トレンド指標チャート（図8.2）も簡単に作成できる。これは，２本バーベースの変動に追従するという点を除けば，マイナートレンド指標チャートとほとんど同じものである。

中間トレンドラインは，直前のバーに対するハイアーハイが２つ連続することによって上方転換する。この際，２本前のバーの安値から現時点のバーの高値まで中間トレンドラインが引かれる。この結果，２本前の安値が中間ボトムとなる。これ以降は，トレンドラインを上に延長させるために２つの連続するスイングを待つ必要はない。相場がさらに高値を更新するたびに，それぞれの高値を結んでトレンドラインを引くのである。このプロセスは，相場が直前のバーに対する２回の連続するロワーローを実現するまで持続する。２回の連続するロワーローが発生すると，現時点のバーのロワーローまで中間トレンドラインが引かれ，２本前の高値が中間トップとなる。これが２本バーあるいは中間トレンド指標に基づいて売買するために必要なチャート作成の基本パターンである。

メイントレンド指標チャート

メインまたは３本バーのトレンド指標チャート（図8.3）は，３本バーベースの変動に追従するという点を除けば，１本バーおよび２本バーベースのトレンド指標チャートとほぼ同様の方法で作成される。

メイントレンドラインは，直前のバーに対するハイアーハイが３つ連続することによって上方転換する。この際，３本前のバーの安値から現時点のバーの高値までメイントレンドラインが引かれる。この結果，３本前の安値がメインボトムとなる。これ以降は，トレンドラインを上に延長させるために３つの連続するスイングを待つ必要はない。相場がさらに高値を更新するたびに，それぞれの高値を結んでトレンドラインを引く。このプロセスは，市場が直前のバーに対する３回の連続するロワーローを実現するまで持続する。３回の連続

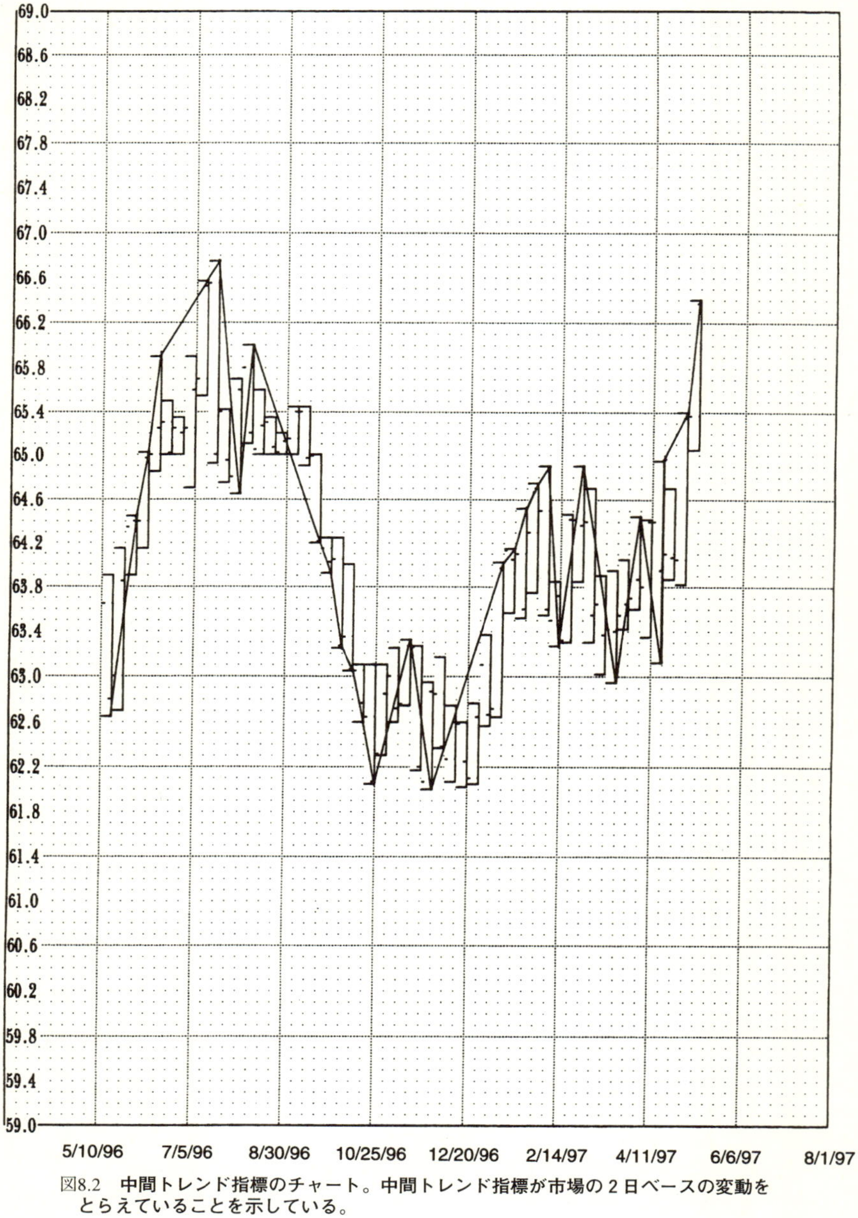

図8.2　中間トレンド指標のチャート。中間トレンド指標が市場の２日ベースの変動をとらえていることを示している。

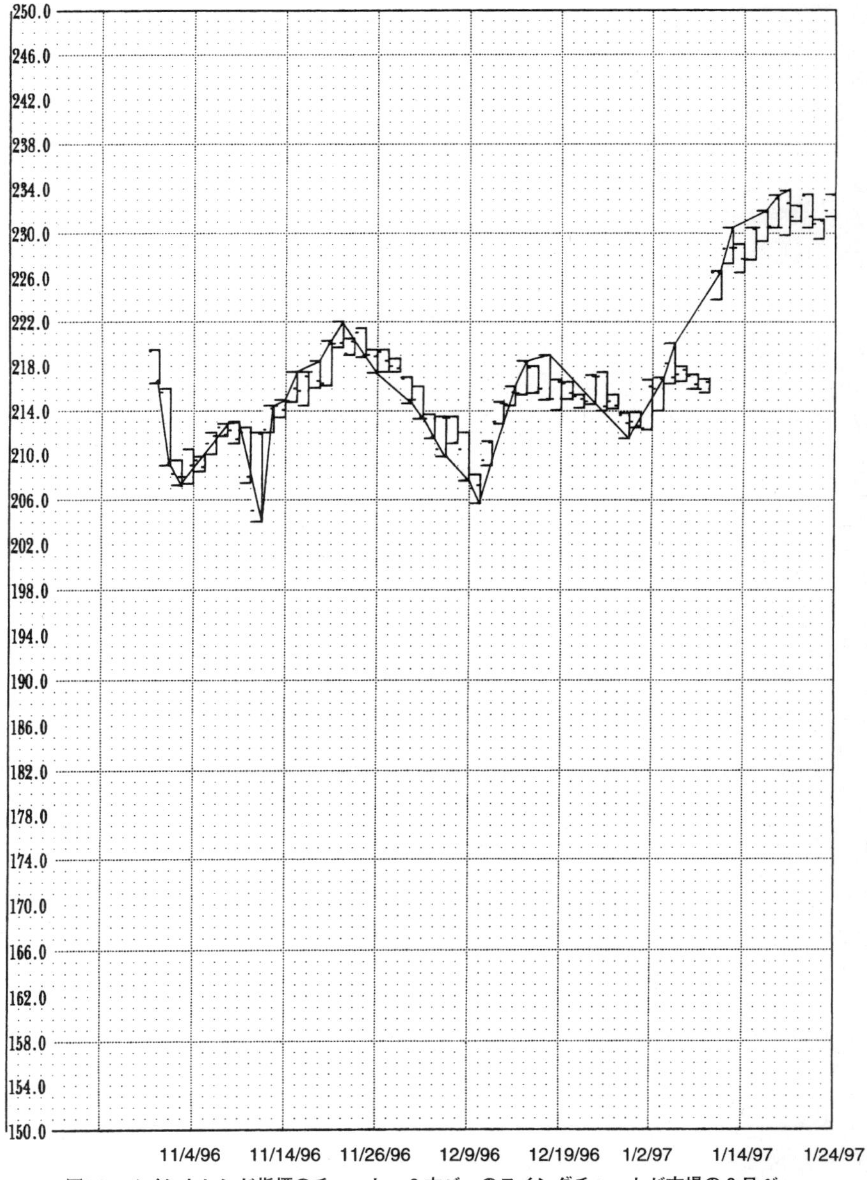

図8.3　メイントレンド指標のチャート。３本バーのスイングチャートが市場の３日ベースの変動をとらえている。

するロワーローが発生すると，現時点のバーのロワーローまでメイントレンドラインが引かれ，３本前の高値がメイントップとなる。これが３本バーあるいはメイントレンド指標に基づいて売買するために必要なチャート作成の基本パターンである。

共通の性質

ベストの方法は，ある契約限月の最初の取引から上記の３つのトレンド指標を始めることである。このようにトレーダーがすべての価格スイングをチャート表示しておけば，その限月が活発に売買される頃にはトレンドが明瞭になっているからである。取引最初の数カ月間のように売買が少なく値動きも乏しい期間中は，市場は終値しか付けないこともある。これが直近の売買日におけるレンジの上側と下側のどちらにあるかによって，この価格を高値か安値のどちらとして扱うか判断すべきである。このチャートに書き加えていく場合には，スイングトップの上側およびスイングボトムの下側に価格と日付を書き込む。この情報はその限月のメイントップとメインボトムに関する永久的な記録を提供してくれるので，欠かすことができない。

それぞれのトップとボトムの間の値幅と時間の距離を計算できるよう，データを表計算ソフトに記録しておくこと。これによりトレーダーがトップからボトム，ボトムからトップ，トップからトップ，ボトムからボトムへの変動幅や期間を容易に見ることができるからである。トレーダーが将来のスイングを予測するためには，過去のスイングの持続期間と間隔を知っておく必要があるので，価格と時間の双方についてデータを整理しておくこと。さらに，トップとボトムの価格や日付を記録しておけば，サイクルや歴史的なトップとボトムを調べるために利用することができる。

トレーダーは価格水準の違いによる価格変動の仕方の違いについても知っておくべきである。たとえば，安値圏と高値圏でのスイングの規模と持続期間の違いに注目すべきである。最もよく観察されるパターンは，安値圏では売買が不活発で値幅が狭く，高値圏では値幅が拡大するというものである。この情報は，市場が今どの水準で取引されているのかを判断するのに役立つ。スイングのデータを収集し，トップからトップまでのスイングの規模と持続期間を研究することによって，分析者は上昇相場が終わりを迎える時の市場の特性を知ることができ，それによって非常に高い価格水準や大きな上昇スイングの末期に新規に買いポジションを取ることを予防することができる。逆に，ボトムからボトムまでのスイングの規模と持続期間を収集することによって，下落相場について同様の情報を知ることができ，非常に安い価格水準や大きな下落サイクルの終わりで新規に売りポジションを取ることを防げる。

トレーダーの売買シグナルとしては，これら３種類のトレンド指標に対して同じルールが適用される。たとえば，市場が直近のスイングトップを上回ったならトレーダーは買いで市場に参入する。市場がさらに高いトップとボトムを持続させ続ける限り，買いポジションを維持し，プロテクティブストップとリバーサルストップを直近のスイングボトムの下側に置くのである。トレーダーは売りポジションについては，逆のことをする。すなわち市場が直近のスイングボトムを下回ったら，トレーダーは市場に売りから入るのである。このタイプの売買手法は，価格と時間に関して市場が極端な水準に到達した時に大いに役立つ。

トレーディングにおける基礎事項

買いと売りのポイント

トレンド指標チャートを作成し，スイングトップ，スイングボトム，およびストップ設定について研究した後なら，トレーダーがこの売買ツールを用いて売買を始めることは極めて簡単である。以下は，トレンド指標を利用して相場を仕掛ける方法の一般的な説明である。

相場を仕掛けるためだけにトレンド指標を利用すると，トレーダーはトレンドの転換を目安にして市場から出入りすることになる（図8.4と図8.5）。トレンド指標チャートを適切に作成した後で，過去のレンジや現在活発に売買されている限月のレンジとの比較において，現在の市場の状況を判断すべきである。というのも，この売買ツールは長期間の上昇や下落の結果，市場が歴史的な高値や安値にある時に最もうまく機能するからである。

トレンド指標はチャートのどの地点からでも開始することができるが，高値

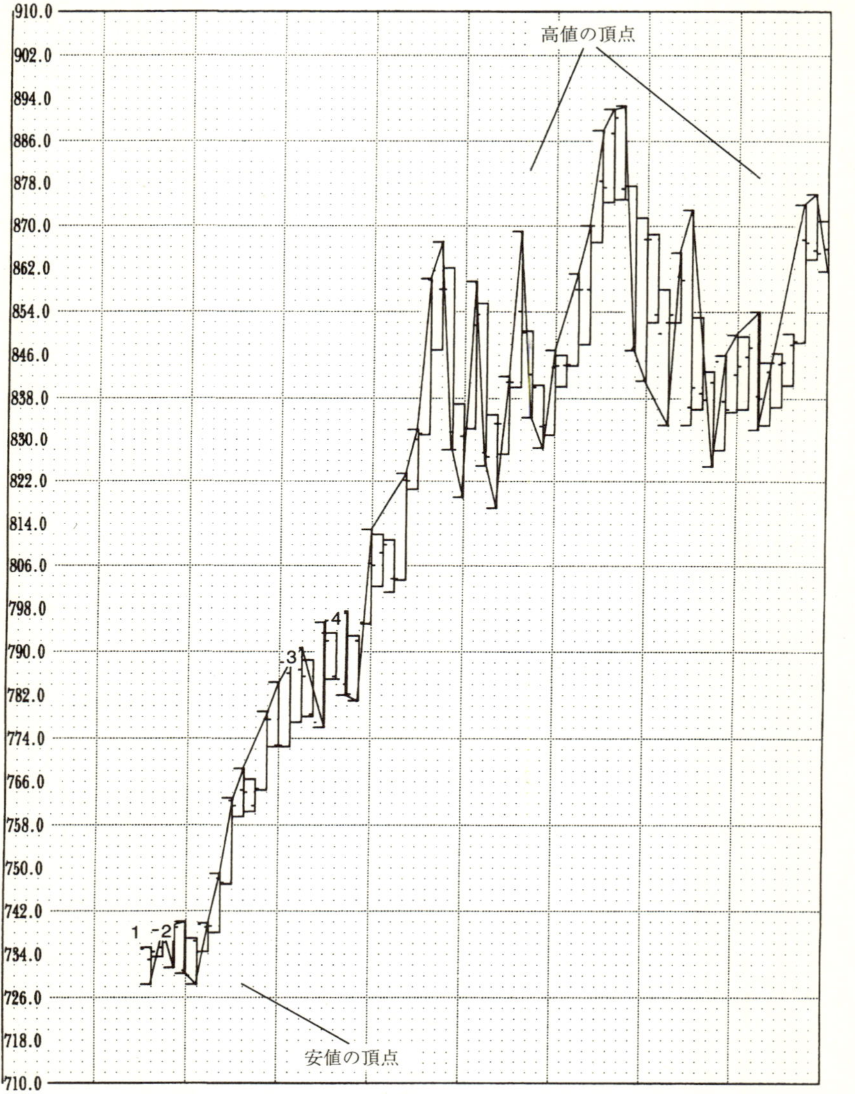

図8.4　マイナートレンド指標と買いポイント。ウィプソー（連続的なだましの発生による損切り）に合う頻度が高まるため，当該限月の高値圏で強気のシグナルに乗って買うことは勧められない。一方，安値の頂点から間もない段階で１，２，３，４によって示されたマイナートップを市場が上回った場合，危険は小さい。

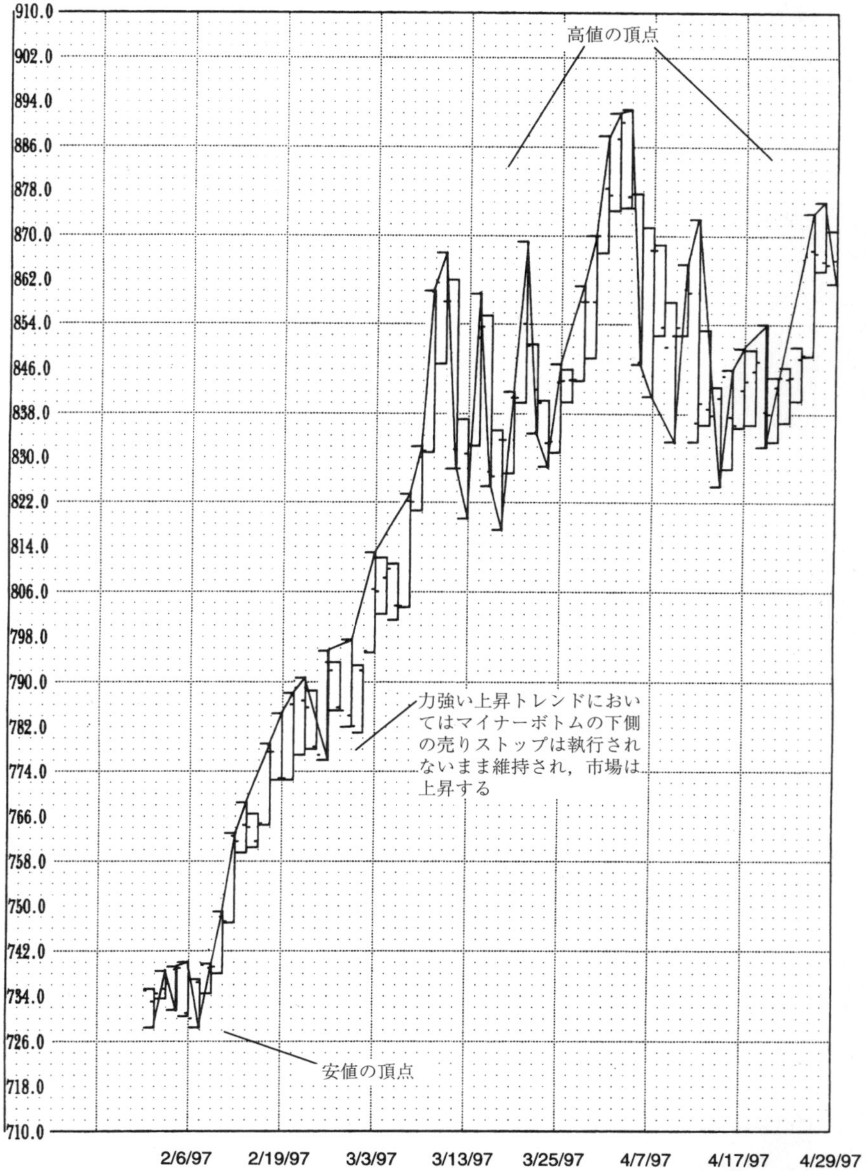

図8.5　マイナートレンド指標と売りポイント。このチャートではウィプソーが起きやすい。天井の近辺では，マイナーボトムと売りシグナル発生の頻度は高くなる。

や安値の頂点からトレンド指標を始めた方が，大きなトレンド相場の真っ只中からトレンド指標を始めるよりも成功しやすいことがわかっている。以下は，４つの代表的な価格水準からトレンド指標による売買を始めるための説明である。

〈安値の頂点からトレンド指標の買いシグナルにより出動する場合〉

トレーダーのポジションがフラット（ゼロ）であり，価格と時間に関して延長された下落の後で，相場が安値の頂点にある場合（図8.6～図8.8）は，直近のスイングトップの上側に買いのストップ（訳注：ストップには損失限定のストップロスのほかに，逆指し値で仕掛ける場合のストップもある。ストップは「逆指し値」と言い切ってよい場合が多い）を置き，価格がそのストップに到達し，注文が約定するのを待てばよい。約定報告を受け取った後は，直近のスイングボトムの下側に売りのストップを置く。相場が上昇し続けたら，ハイアーハイとハイアーローを形成し続ける限りそのポジションを持続し，直近のスイングボトムの下側に売りストップを置き続ける。ラリーの全期間中を通じて，相場は何回もハイアートップ（前のスイングトップより高いスイングトップ）を形成する可能性がある。このような場合，新しいスイングボトムのすぐ下側に売りストップを移動させて利益が吹き飛ばされるのを防止しながら，相場の上昇に追従していかなければならない。いったん相場がスイングトップを形成して直近のスイングボトムを下回ったら，ポジションは閉じられ，トレーダーのポジションはフラットになる。

〈高値の頂点からトレンド指標の売りシグナルにより出動する場合〉

トレーダーのポジションがフラットであり，価格と時間に関して延長された上昇の後で，相場が高値の頂点にある場合（図8.9～図8.11）は，直近のスイングボトムの下側に売りのストップを置き，価格がそのストップに到達し，注文が約定するのを待てばよい。約定報告を受け取った後は，直近のスイングトップの上側に買いのストップを置く。相場が下落し続けたら，相場がロワーローとロワーハイを形成し続ける限りそのポジションを持続し，直近のスイングトップの上側に買いストップを置き続ける。下落の全期間を通じて，相場は何

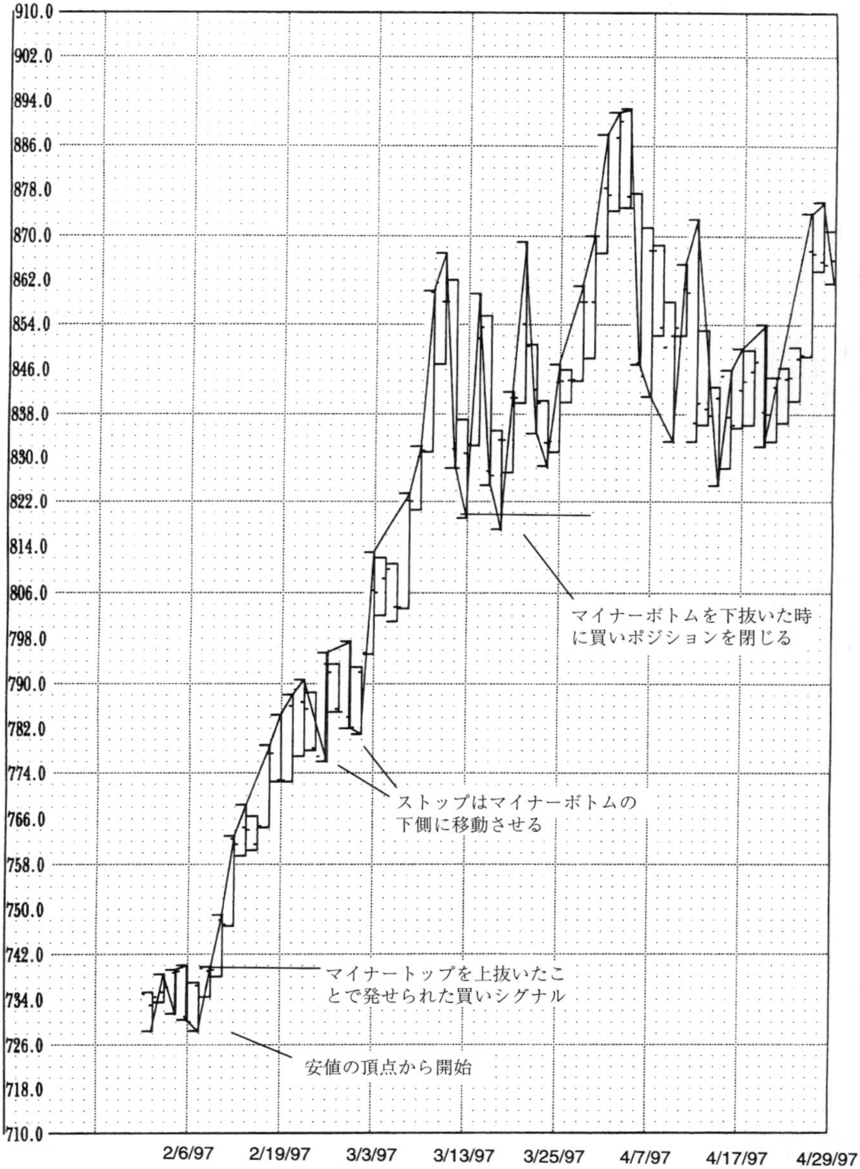

図8.6　**安値の頂点から開始したマイナートレンド指標と買いシグナル**

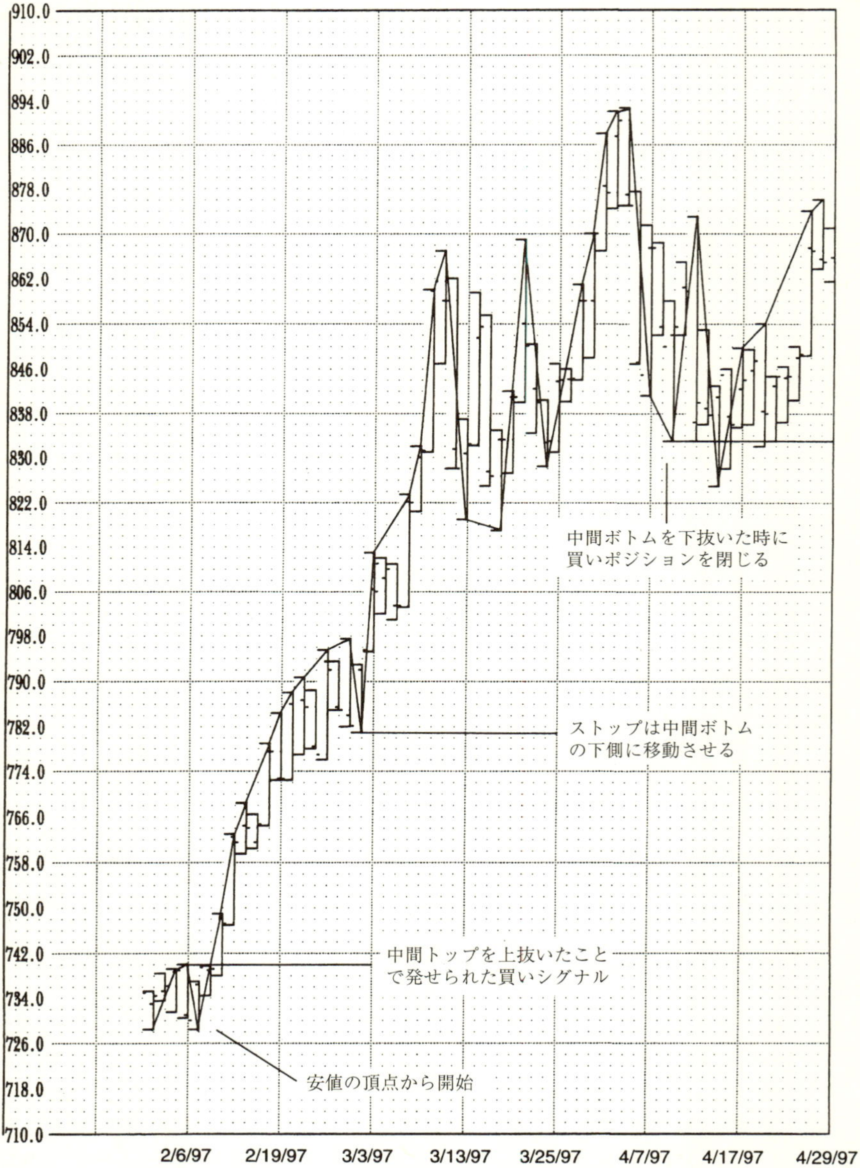

図8.7　**安値の頂点から開始した中間トレンド指標と買いシグナル**

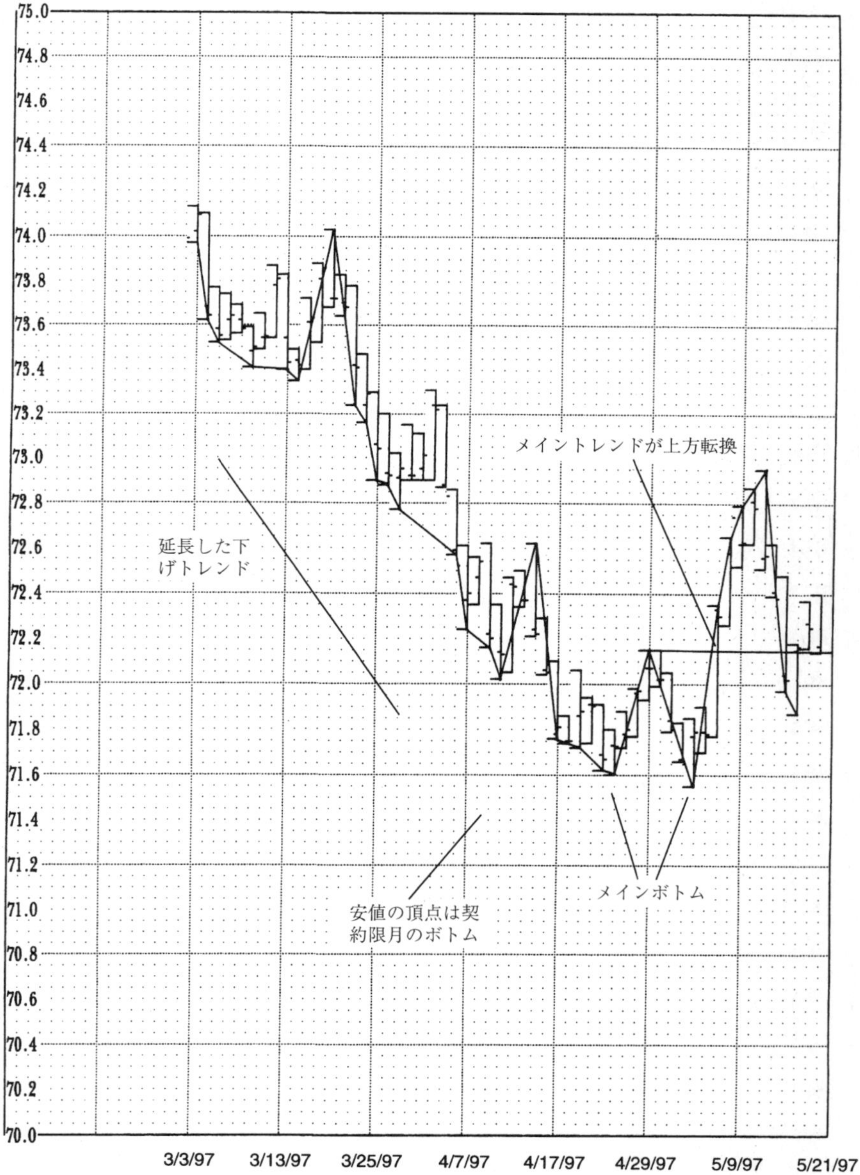

図8.8　**安値の頂点から開始したメイントレンド指標と買いシグナル**

図8.9　高値の頂点から開始したマイナートレンド指標と売りシグナル

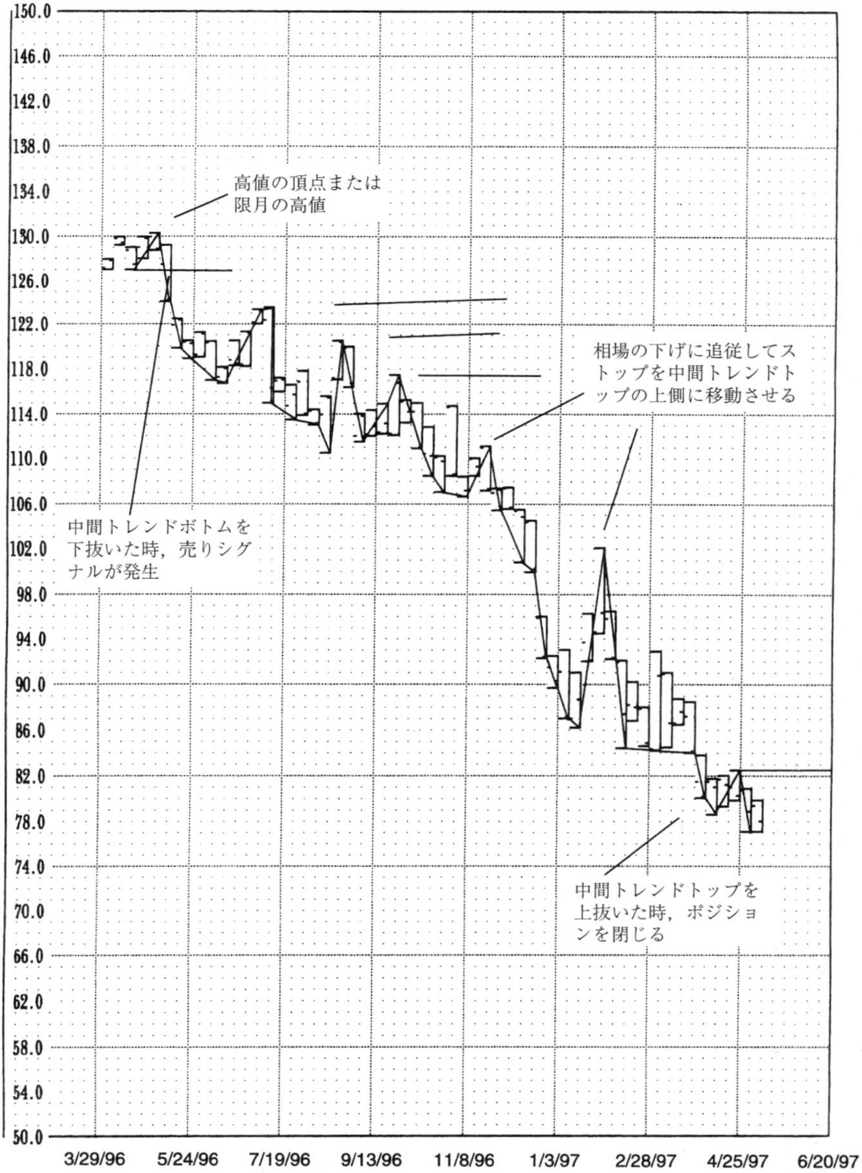

図8.10　**高値の頂点から開始した中間トレンド指標と売りシグナル**

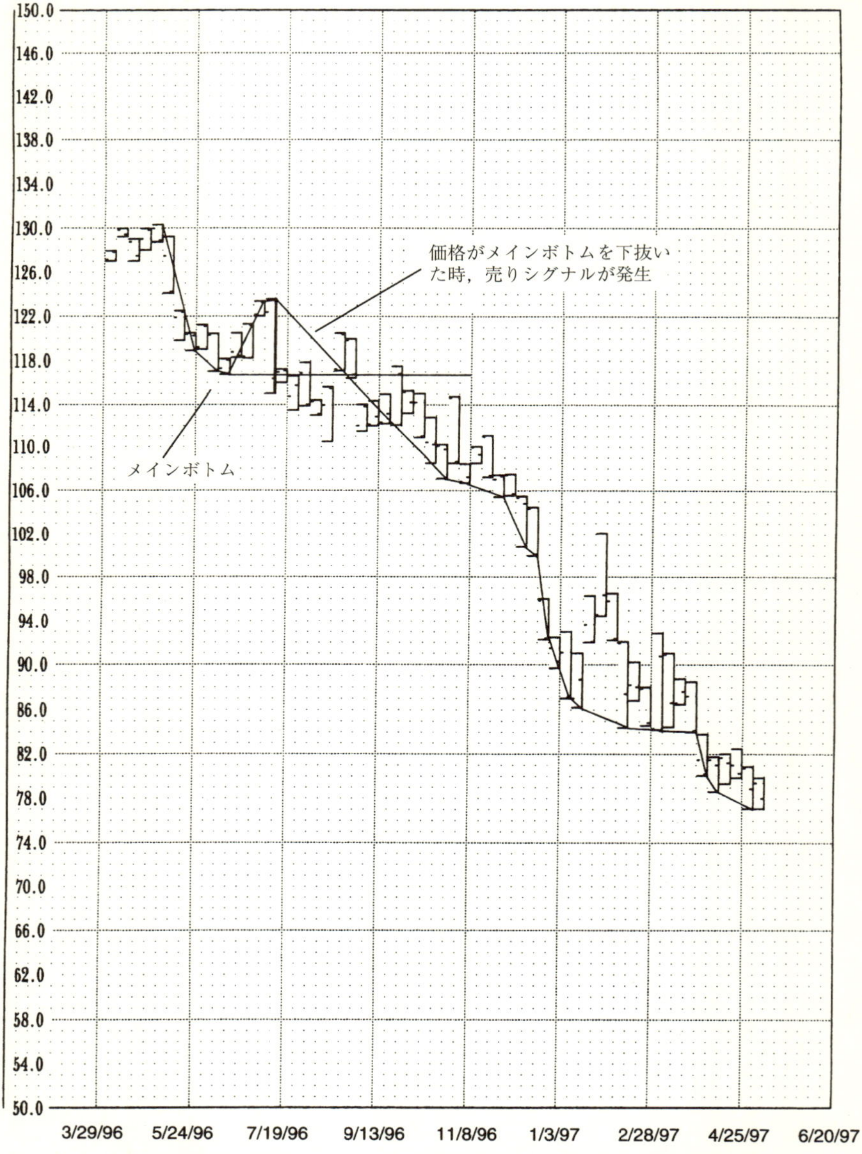

図8.11　**高値の頂点から開始したメイントレンド指標と売りシグナル。市場が安値の頂点に接近した場合は７〜10週ルール（ストップを直前のバーの高値の上側に置く）に従うべきである。**

回もロワーボトム（より低いスイングボトム）を形成する可能性がある。このような場合，新しいスイングトップのすぐ上に買いストップを移動させて利益が吹き飛ばされるのを防止しながら，相場の下落に追従していかなければならない。いったん相場がスイングボトムを形成して直近のスイングトップを上回ったら，ポジションは閉じられ，トレーダーのポジションはフラットになる。

リバーサルストップ（ストップでのポジション反転）

〈買いのリバーサルストップで出動する場合〉

前にも述べたように，買いポジションを形成するのに最も安全なのは時間的，価格的に延長した下げトレンドの後である。

これは通常，最も成功確率の高い売買パターンと言えるが，より積極的なトレーダーならば売りポジションを閉じたポイントで買いポジションを作る（ポジションを反転してドテン買いに転じる）ことを考えるだろう。買いのリバーサルストップ（ドテンのポイント）に届き，ポジションを反転させた後は，トレーダーはただ相場の上昇スイングに追従し，新しいスイングボトムが形成されるたびに売りのリバーサルストップを上方に移動させる。相場がハイアートップとハイアーボトムを形成し続ける限り，トレーダーは同じポジションを持続するのである。価格が直近のスイングボトムを下抜き，リバーサルストップにかかった時には，そのポジションは閉じられ反転される。

買いのリバーサルストップによって形成された買いポジションは，価格と時間の双方において延長した下落トレンドの後や，安値の頂点で発生した買いシグナルに従った場合よりもリスクが高い場合が多い。これは，しばしばその限月のレンジにおける中ほどのような不利な価格帯で買いが引き起こされるからである。この水準では，方向感が定まらない荒い値動きが発生しやすく，ウィプソーがよく発生するのである。それゆえ，負けトレードと手数料コストの増加によって損失の頻度は高くなる。ここに述べた特徴は，中間トレンド指標やメイントレンド指標よりも，マイナートレンド指標においてより当てはまることを銘記すべきである。研究や分析を通して，トレーダーはどのトレンド指標が自分の売買スタイルに適しているのかを判断できる。このことは前章で詳細に述べた。

買いのリバーサルシグナルを勧めることができる唯一のタイミングは，価格と時間に関して延長された下落の動きが生じて市場が歴史的な安値圏に到達し，トレーダーがこの時まで下落中のトレンド指標にうまく乗って売りポジションを持っていた場合である。このようなケースでは，トレーダーは最初のポジションで高い収益を上げているため，ここで多少損をしても十分なほど余裕資金がある。言い換えれば，トレーダーは元手に手をつけずに勝負に出られるからである。

〈売りのリバーサルストップで出動する場合〉

先に述べた買いのリバーサルストップと同様に，売りのリバーサルストップから売りポジションを形成することは，高値の頂点からの下げで売りポジションを形成する場合よりもリスクが高い。これは，トレーダーがポジションの形成される価格水準をほとんどコントロールできないからである。売りシグナルが歴史的なサポートや主要なパーセント・リトレースメントの水準近辺で発生した場合，トレーダーは市場が最終的にサポートの価格帯を突破するまで，何度か上げ下げ両方の相場を経験することになるかもしれない。したがって，このタイプのシグナルは，より積極的に売買したいと考えており，かつウィプソーの連続や大きな手数料負担に耐えられるような積極的なトレーダーにしか勧められない。

売りのリバーサルシグナルを勧めることができる唯一のタイミングは，価格と時間に関して延長された上昇の動きが生じて市場が歴史的な高値圏に到達し，トレーダーがこの時まで上昇中のトレンド指標にうまく乗って買いポジションを持っていた場合である。このようなケースでは，トレーダーは最初のポジションで高い収益を上げているため，ここで多少損をしても十分なほど余裕資金がある。言い換えれば，トレーダーは元手に手をつけずに勝負に出られるからである。

ピラミッディング：一般的な定義

スイングチャートを作成し，市場がどのように推移するのかを観察した後は，トレーダーはしばしばスイングを利用してピラミッディング（利乗せ）することを考え始める。今日の市場ではボラティリティーが高くなり，スイングが短くなっているという認識があるため，ピラミッディングの人気はかつてほどではない。多くの場合，大きなポジションがウィプソー型の相場につかまってしまうのを恐れて，トレーダーはピラミッディングのことを考える勇気をなくしてしまうのである。トレーダーは，ピラミッディングの方法と，市場タイミングに沿って適切に作成されたスイングチャートが，強力なピラミッディング戦略を計画するうえで役に立つことを学ぶために，相場を研究し分析する必要がある。

近年，ピラミッディングがうまくいかないことが増えている理由は，トレーダーが市場に長期トレンドに発展する時間を与えないためである。これは，多くのトレーダーが建玉の小さい市場では売買できないと信じており，期近限月だけに注目し，期先限月を無視するためである。どの市場を売買するかの決定は個人の売買スタイルに依存する。この結果，短期トレーダーや日計りトレーダーは最も流動性に富む市場で売買する必要がある一方，不利な約定が生じる懸念によって多くのトレーダーは期先限月を敬遠してしまうのである。

ピラミッディング売買を実行したければ期先限月も対象とする必要があるが，これは６カ月から１年先の限月を売買することを恐れてはならないということだ。前に述べたように，このための勇気は相場を研究し，分析することによってしか得られない。言い換えると，トレーダーがピラミッディングで成功するためには，短期的に不利な約定をつけられることを無視し，市場の長期的な可能性に焦点を当てなければならないのである。

市場の動きは相対的である。短期トレーダーは素早く仕掛け，手仕舞うことを主眼としており，これを実行するためにはボラティリティーが必要なので，彼らは動きの速い市場に依存することになる。一方，ピラミッディング型トレーダーは，ポジションが発展していくには時間がかかることを認めており，日々の市場の動きについて心配することはない。したがって，もし読者が長期的に売買する意図を持ったならば，長期のデータを購入し，研究のためチャートを作成しなければならない。

チャート情報の業者は取引されているすべての市場や銘柄をカバーする紙面

の余裕はないので，中心限月のチャートを販売している。しかし，トレーダーは長期チャートを利用してピラミッディングを計画するのが望ましい。通常，月足チャートと週足チャートが，どの市場でピラミッディングすべきかということについて最良の指針を示してくれる。これらのチャートによって，トレーダーはどの市場が極端な水準で売買されているのか，そして長期的なピラミッディングを最もうまく実行できそうなのかということを判断することが可能になる。

先に述べたとおり，近年はトレーダーが市場にトレンドを発展させる時間を与えないため，ピラミッディングが失敗することが多くなっている。期近限月を売買していると，トレンドの発展途上ですぐにロールオーバーが来てしまうため，ピラミッディングが失敗することが多いのだろう。たとえば，大豆先物の場合，10月から開始した11月物のピラミッディングは１月物へのロールオーバーによって中断されてしまう。ある限月から別の限月へのロールオーバーの過程ではトレーダーが困惑させられることが多く，とくに旧穀限月から新穀限月へのロールオーバーの場合はそうである。この定期的なロールオーバーによって，分析者は，実際の売買行為よりも次の限月に適切にロールする方に集中することを強いられる。

要するに，市場の長期トレンドでピラミッディングに成功したければ，流動性の低さによって短期的に約定が不利になる可能性を受け入れて期先限月を取引し，売買戦略を研究，計画しなければならない。

買いピラミッディング

長期的な買いのピラミッディングを行うことを決定したら，歴史的な安値圏にある市場を探す。これらの歴史的安値水準ではボラティリティーは低いことが多く，とくに延長された下落の動きが終了しつつある場合はそうである。ボラティリティーが低く，取引レンジが狭いため，ストップロス注文をコントロールすることは容易である。

マイナートレンド指標によるピラミッディング

マイナートレンド指標に基づいてピラミッディングするには２つの方法がある。

１．マイナートップを上抜いた時に買う。

２．マイナートレンドの方向に沿って一定の（値幅または時間の）インターバルを置いて買う。

〈マイナースイングだけを用いた買いピラミッディング〉

買いのピラミッディングは，価格と時間の両方に関して延長された下落が起きた後に，単純にマイナートップを上抜いた時に開始される。当然のことながら，買いのピラミッディングは偶然に開始するのではなく，計画的なものでなければならない。ピラミッディングの最初の取引を執行した後は，相場がさらに上伸してマイナートップを上抜くたびにトレーダーはポジションの追加を繰り返し，単純に相場のスイングに追従していけばよい（図8.12）。

この方法はトレンドの強さに追従して買う手法なので，トレーダーは買いシグナルが発生した後で普通程度のダウンスイングが起こることを意識していなければならない。この手法では追加的な買いのコストが高くなるため，手仕舞いの時点では利益の出ているポジションが収支トントンか，負けトレードに変わってしまう可能性がある。

〈マイナートレンド指標を用いて一定値幅の変動で行う買いピラミッディング〉

買いピラミッディングを実行する第２の方法は，最初の買いシグナルが発生した後で一定の値幅だけ変動するたびに買い乗せるというものである。その際の固定値幅を決める上で最も安全な方法は，その契約の過去のマイナースイングの歴史を研究することである。

ボトムからのピラミッディングにおいては，トレーダーは強さを買っているのだということに留意していなければならない。もし大豆における平均的なアップスイングが20セントならば，約20セントの上昇の後にピラミッディングを開始してはならない。そうではなく，相場が上向きの動きを加速しそうな平均アップスイングの中ほどの点を探すべきである。このアイデアは，トレンド

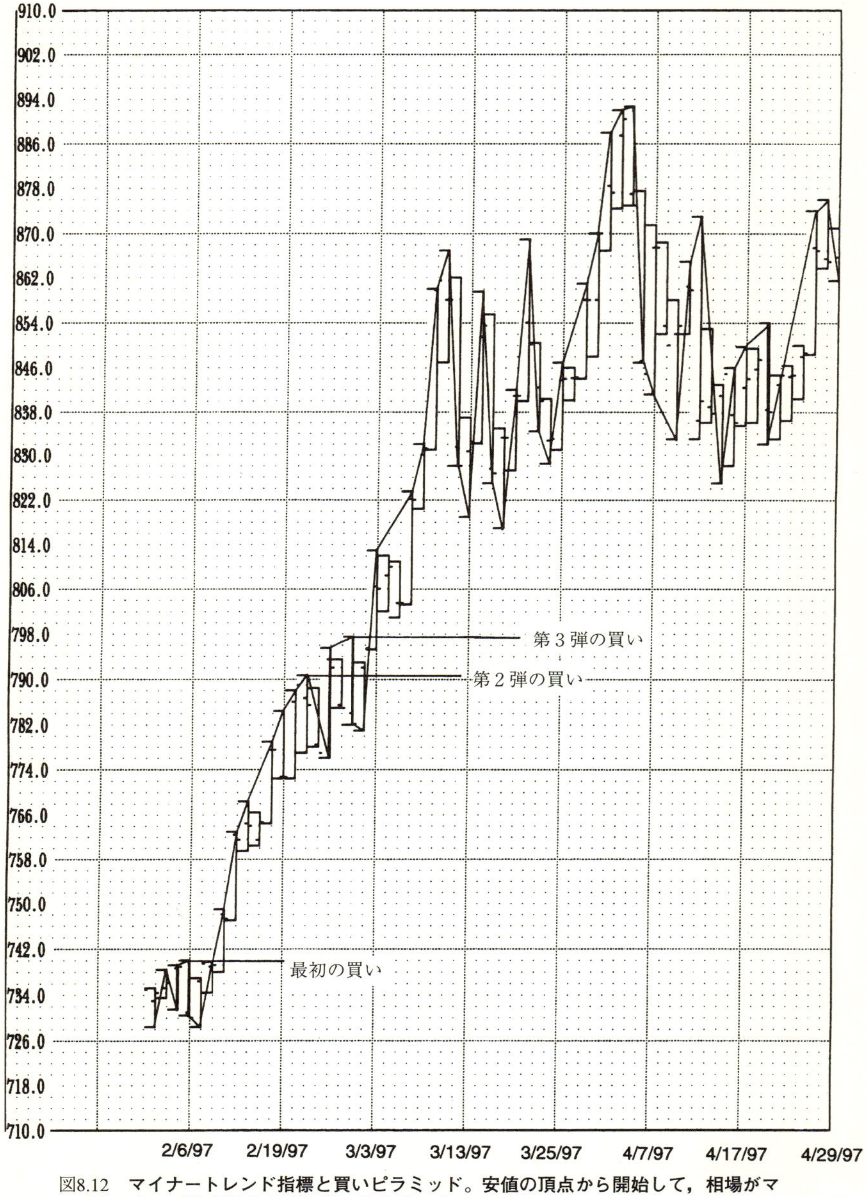

図8.12　マイナートレンド指標と買いピラミッド。安値の頂点から開始して，相場がマイナートップを上回るたびに買い乗せていく。

に沿って買うものの，スイングトップの上側よりも有利な価格で買うというものである。より有利な価格とは，パーセンテージ・リトレースメント・ポイントやギャンアングルなどによりあらかじめ決定された価格増加分である（これら2つの概念については，後の章でさらに詳しく説明する)。ピラミッディングを成功させるためには，特定の市場における過去のスイングを作成し，研究することが欠かせない。スイングの特性について学ぶためには，過去のデータを利用すべきである。

このピラミッディング手法を利用した場合も，追加的な買いのコストが高くなるため，手仕舞いの時点では利益の出ているポジションが収支トントンか，負けトレードに変わってしまう可能性がある。しかし，その程度は最初の方法よりは小さい。

〈マイナースイングチャートで一定の時間間隔を置いて行うピラミッディング〉

「市場を打ち負かす」という表現がよく用いられる。しかしながら，一定のタイムインターバルに基づく売買の狙いは，市場を打ち負かそうとするのでなく市場のリズムと調和しようとすることである。もし，最近のスイングから集められた情報により，市場がトップから一定の期間だけ調整する傾向があったと判明したとすると，前回の下落と同じ期間だけ市場が下げたら買うのである。たとえば，最初のマイナースイングが10日間上昇と4日間下落であり，次のマイナースイングが15日間上昇と4日間下落であれば，高値に続く4日間の下落後は買いを検討する。

この種のピラミッドが機能するためには，市場がこのパターンに従い続けることが必要である。今回の上昇期間が前回の上昇より短かったり，その後の下落が前回の下落よりも長かった場合は，トレンドが変化したことを告げている。この時，トレーダーは自分が市場の時間の推移に合わせて売買していることを忘れてはならない。所定の時間が過ぎたり，パターンが変化した時は，トレンドが変化したと見なすべきなのである。

中間トレンド指標によるピラミッディング

中間トレンド指標に基づいてピラミッディングするには3つの方法がある。

1．中間トップを上抜いた時に買う。
2．中間トレンドの方向に沿って一定の（値幅または時間の）インターバルを置いて買う。
3．マイナートレンドと中間トレンドの組み合わせを利用して買う。

繰り返して言うと，このタイプの売買は安値の頂点などの極端な価格水準から開始すべきである。これを判断するためには，過去の事例や前回のスイングの記録から得られるデータを利用すること。

〈中間スイングだけを用いて買いピラミッディングを行う〉

最初の方法は，中間トレンド指標の買いシグナルに合わせて買うものである（図8.13）。安値の頂点から出発して最初の中間トップを上抜いた時に最初の買いを実行し，直近の中間ボトムの下側にストップロスを置く。価格が次の中間トップを上抜いた時に第2弾の買いが追加される。市場が極端な高値圏に到達するか，直近の中間スイングボトムを下抜くまで，この方法を繰り返す。

〈中間スイングチャートを用いて一定値幅の変動で買いピラミッディングを行う〉

買いピラミッディングの第2の方法は，一定の値幅だけ変動するたびに買い乗せるというものである（図8.13）。まず最初の方法と同じやり方でピラミッディングを開始する。相場が上伸するのに伴い，固定された価格水準でポジションを追加する。その際の価格水準を決める上でよい方法の1つは，過去のスイングの大きさを研究すること。市場が10セント上昇するという強い傾向を持っていれば，10セントの上昇を期待して5セントごとに買うようにするのである。

さらに，過去の下落のうちトレンドを変化させなかったものの大きさに注目する。たとえば，市場がトップから5セントだけ下落するという傾向を持っていれば，5セントの下落には買い向かう。これらの下落の目標到達点は，パーセンテージ・リトレースメントの水準や上昇中のギャンアングルであることもある。

この手法の狙いは，直近の中間スイングトップの上側を買うよりも有利な価

図8.13　**中間トレンド指標とさまざまなピラミッドの方法**

格水準で買うことである。この売買手法を学ぶためには研究と実践が必要である。

〈中間スイングチャートを用いて一定の時間間隔を置いて行うピラミッディング〉

「市場を打ち負かす」という表現がよく用いられる。しかしながら，一定のタイムインターバルに基づく売買の狙いは，市場を打ち負かそうとするのでなく市場のリズムと調和しようとすることである。もし，最近のスイングから集められた情報により，市場がトップからある一定の期間だけ調整する傾向があったと判明したとすると，前回の下落と同じ期間だけ市場が下げたら買うのである。たとえば，最初の中間スイングが10日間上昇と４日間下落であり，次の中間スイングが15日間上昇と４日間下落であれば，高値に続く４日間の下落後は買いを検討する。

この種のピラミッドが機能するためには，市場がこのパターンに従い続けることが必要である。今回の上昇期間が前回の上昇より短かったり，その後の下落が前回の下落よりも長かった場合は，トレンドが変化したことを告げている。この時，トレーダーは自分が市場の時間の推移に合わせて売買していることを忘れてはならない。所定の時間が過ぎたり，パターンが変化した時は，トレンドが変化したと見なすべきなのである。

〈マイナートレンド指標と中間トレンド指標を組み合わせた買いピラミッディング〉

第３の方法でピラミッディングを開始するには，市場が直近の中間スイングトップを上抜いた時に買い始める。追加的なポジションはマイナー（あるいは１本バーの）スイングチャートの買いシグナルに従って加えられる。マイナースイングチャートによって追加されたすべてのポジションは，中間トレンドの方向に沿っているはずである。プロテクティブストップ（手仕舞いのためのストップ）は，中間トレンドシグナルに基づく買いに対しては中間ボトムの下側に，マイナートレンドシグナルによる買いに対してはマイナーボトムの下側に置かれる。この手法のバリエーションとして，すべてのストップを中間ボトムの下側に置くというやり方もある。

これは積極的な売買スタイルの１つであり，安値の頂点か歴史的な安値水準から開始しなければならない。このタイプの売買は（１回の建玉規模が）下に行くほど大きく，上に行くほど小さくなるのでピラミッドに似た形となり，市場が上昇するにつれてトレーダーがポジションを手仕舞う際の裁量の余地が大きくなる。

メイントレンド指標によるピラミッディング

メイントレンド指標に基づいてピラミッディングするには４つの方法がある。

１．メイントップを上抜いた時に買う。
２．メイントレンドの方向に沿って一定の（値幅または時間の）インターバルを置いて買う。
３．マイナートレンドとメイントレンドの組み合わせを利用して買う。
４．中間トレンドとメイントレンドの組み合わせを利用して買う。

繰り返して言うと，このタイプの売買は安値の頂点など極端な価格水準から開始すべきである。これを判断するためには，過去の事例や前回のスイングの記録から得られるデータを利用すること。

〈メイントレンドスイングだけを用いて行う買いピラミッディング〉

メイントレンド指標によるピラミッディングの最初の方法は，メイントレンド指標の買いシグナルに合わせて買うというものである（図8.14）。安値の頂点から出発して最初のメイントップを上抜いた時に最初の買いを実行し，直近のメインボトムの下側にストップロスを置く。価格が次のメイントップを上抜いた時に第２弾の買いが追加される。市場が極端な高値圏に到達するか，直近のメインスイングボトムを下抜くまで，この方法を繰り返すのである。

〈メイントレンドチャートを用いて一定値幅の変動で行う買いピラミッディング〉

買いピラミッディングの第２の方法は，一定の値幅だけ変動するたびに買い乗せるというものである。ピラミッディングの開始は最初の方法と同じであ

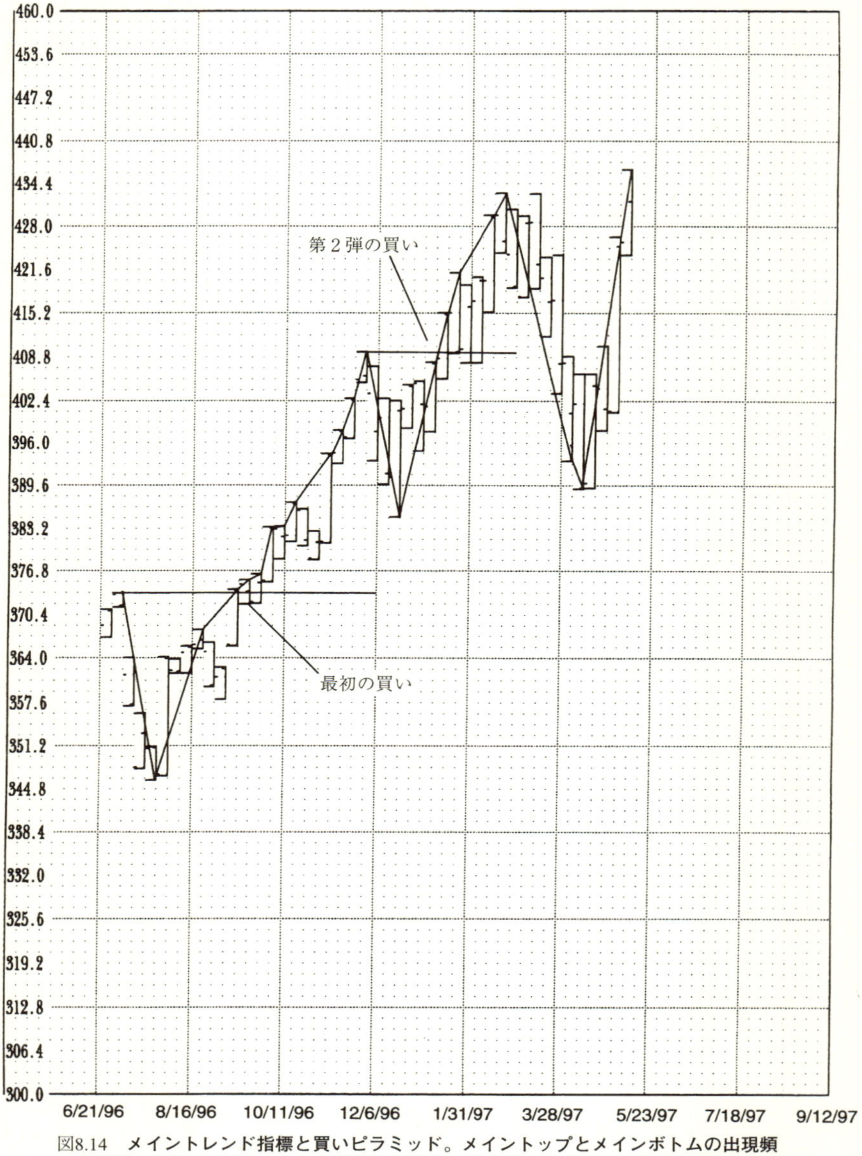

図8.14　メイントレンド指標と買いピラミッド。メイントップとメインボトムの出現頻度が低いため，メイントレンド指標はピラミッドの買いシグナルをめったに出さない。しかも，しばしば安値の頂点から大きく上昇した後や，高値の頂点に接近したところで買いシグナルが発生するのが難点である。

る。相場が上伸するに伴い，一定の価格水準でポジションを追加していく。その際の価格水準を決める上でよい方法の１つは，過去のスイングの大きさを研究すること。市場が30セント上昇するという強い傾向を持っていれば，30セントの上昇を期待して15セントごとに買うようにするのである。

さらに，過去の下落のうちトレンドを変化させなかったものの大きさに注目する。たとえば，市場がトップから20セントだけ下落するという傾向を持っていれば，20セントの下落には買い向かう。これらの下落の目標到達点は，パーセンテージ・リトレースメントの水準や上昇中のギャンアングルであることもある。

この手法の狙いは，直近のメインスイングトップの上側を買うよりも有利な価格水準で買うことである。この売買手法の習得には研究と実践が必要である。

〈メイントレンドチャートを用いて一定の時間間隔を置いて行うピラミッディング〉

「市場を打ち負かす」という表現がよく用いられる。しかしながら，一定のタイムインターバルに基づく売買の狙いは，市場を打ち負かそうとするのでなく市場のリズムと調和しようとすることである。もし，最近のスイングから集められた情報により，市場がトップからある一定の期間だけ調整する傾向があったと判明したとすると，前回の下落と同じ期間だけ市場が下げたら買うのである。たとえば，最初のメインスイングが20日間上昇と７日間下落であり，次のメインスイングが25日間上昇と７日間下落であれば，高値に続く７日間の下落後は買いを検討する。

この種のピラミッドが機能するためには，市場がこのパターンに従い続けることが必要である。今回の上昇期間が前回より短かったり，その後の下落が前回の下落よりも長かった場合は，トレンドが変化したことを告げている。この時，トレーダーは自分が市場の時間の推移に合わせて売買していることを忘れてはならない。所定の時間が過ぎたり，パターンが変化した時は，トレンドが変化したと見なすべきなのである。

〈マイナートレンド指標とメイントレンド指標を組み合わせた買いピラミッディング〉

第3の方法によるピラミッディングは，市場が直近のメインスイングトップを上抜いた時の買いから始まる。追加的なポジションはマイナー（あるいは1本バーの）スイングチャートの買いシグナルに従って加えられる。マイナースイングチャートによって追加されたすべてのポジションは，メイントレンドの方向に沿っているはずである。プロテクティブストップは，メイントレンドのシグナルに基づく買いに対してはメインボトムの下側に，マイナートレンドのシグナルによる買いに対してはマイナーボトムの下側に置かれる。この手法のバリエーションとして，すべてのストップをメインボトムの下側に置くというやり方もある。

このタイプの売買手法はトレーダーがメイントレンドに乗り続けるのを勇気づけ，メイントレンドのアップスイングの内部にあるマイナー・アップスイングを利用することに特徴がある。

この手法も，メイントレンドが上昇し続けている限りトレーダーに買いポジションを持続させる点は同じであるが，マイナートレンド指標が売りシグナルを示せばそれに応じてポジションを軽くする。

これは積極的な売買スタイルの1つであり，安値の頂点か歴史的な安値水準から開始しなければならない。このタイプの売買は（建玉規模が）下に行くほど大きく，上に行くほど小さくなるのでピラミッドに似た形となり，市場が上昇するにつれてトレーダーがポジションを手仕舞う際の裁量の余地が大きくなる。

〈中間トレンド指標とメイントレンド指標を組み合わせた買いピラミッディング〉

ピラミッディングを企図して相場を仕掛ける第4の方法では，まず市場が直近のメインスイングトップを上抜いた時に買いポジションを作る。追加的なポジションは中間（あるいは2本バーの）スイングチャートの買いシグナルに従って加えられる。中間スイングチャートによって追加されたすべてのポジションは，メイントレンドの方向に沿っているはずである。プロテクティブストップは，メイントレンドのシグナルに基づく買いに対してはメインボトムの下側に，中間トレンドのシグナルによる買いに対しては中間ボトムの下側に置かれる。この手法のバリエーションとして，すべてのストップをメインボトムの下側に置くというやり方もある。

このタイプの売買手法はトレーダーがメイントレンドに乗り続けるのを勇気づけ，メイントレンドのアップスイングの内部にある中間トレンドのアップスイングを利用することに特徴がある。この手法も，メイントレンドが上昇し続けている限りトレーダーに買いポジションを持続させる点は同じであるが，中間トレンド指標が売りシグナルを示せばそれに応じてポジションを軽くする。

これも積極的な売買スタイルの１つであり，安値の頂点か歴史的な安値水準から開始しなければならない。このタイプの売買は（建玉規模が）下に行くほど大きく，上に行くほど小さくなるのでピラミッドに似た形となり，市場が上昇するにつれてトレーダーがポジションを手仕舞う際の裁量の余地が大きくなる。

純正ピラミッド

トレーダーのスタンスがどれだけ攻撃的か，あるいは市場が極端な水準にあるか否かの判断にどれだけ自信を持っているかにもよるが，私が純正ピラミッドと呼ぶ手法でポジションを積み上げるやり方もある。

純正ピラミッドは安値の頂点付近の買いシグナルによって開始されるが，安値付近では大きなポジションを取り，価格が上に行くほど追加するポジションが小さくなるのが特徴である。この手法を用いるトレーダーは，適切な価格水準でポジションを閉じられるよう，あらかじめ抵抗の水準を計算する技法を持っていなければならない。

目下の上昇が厳しい下落の後だった場合にはとくにそうであるが，これらの抵抗となるポイントは，過去の中間トップのいずれかの付近であることが多い。もし特定可能であれば，追加的なポジションの利食い目標は，前の高値からのパーセンテージ・リトレースメントや高値から引いた下向きのギャンアングルによって設定される。これらの抵抗ポイントについては後の章で説明する。

売りピラミッディング

長期的な売りのピラミッディングを行うことを決断したら，歴史的な高値圏にある市場を探す。これらの極端な水準ではボラティリティーが高いことが多く，とくに長期間の上昇の動きが生じた後ほどそうである。ボラティリティーが高く，価格のレンジが広いため，リスクをうまくコントロールできるようストップロス注文を緊密にモニターする必要がある。

マイナートレンド指標によるピラミッディング

マイナートレンド指標に基づいてピラミッディングするには２つの方法がある。

1．マイナーボトムを下回った時に売る。
2．マイナートレンドの方向に沿って一定の（値幅または時間の）インターバルを置いて売る。

〈マイナートレンド指標だけを用いた売りピラミッディング〉

売りのピラミッディングは，価格と時間の両方に関して延長された上昇が起きた後に，単純にマイナーボトムを下抜いた時に開始される。当然のことながら，売りのピラミッディングは偶然に開始するのではなく，計画的なものでなければならない。ピラミッディングの最初の取引を執行した後は，トレーダーは価格がさらに下落してマイナーボトムを下抜くたびにポジションの追加を繰り返し，単純に市場のスイングに追従していけばよい（図8.15）。

この方法はトレンドの弱さに追従して売る手法なので，トレーダーは売りシグナルが発生した後で普通程度のアップスイングが起こるということを意識していなければならない（図8.16）。この手法では追加的な売りのコストが低くなるため，手仕舞いの時点では利益の出ているポジションが収支トントンか，負けトレードに変わってしまう可能性がある。

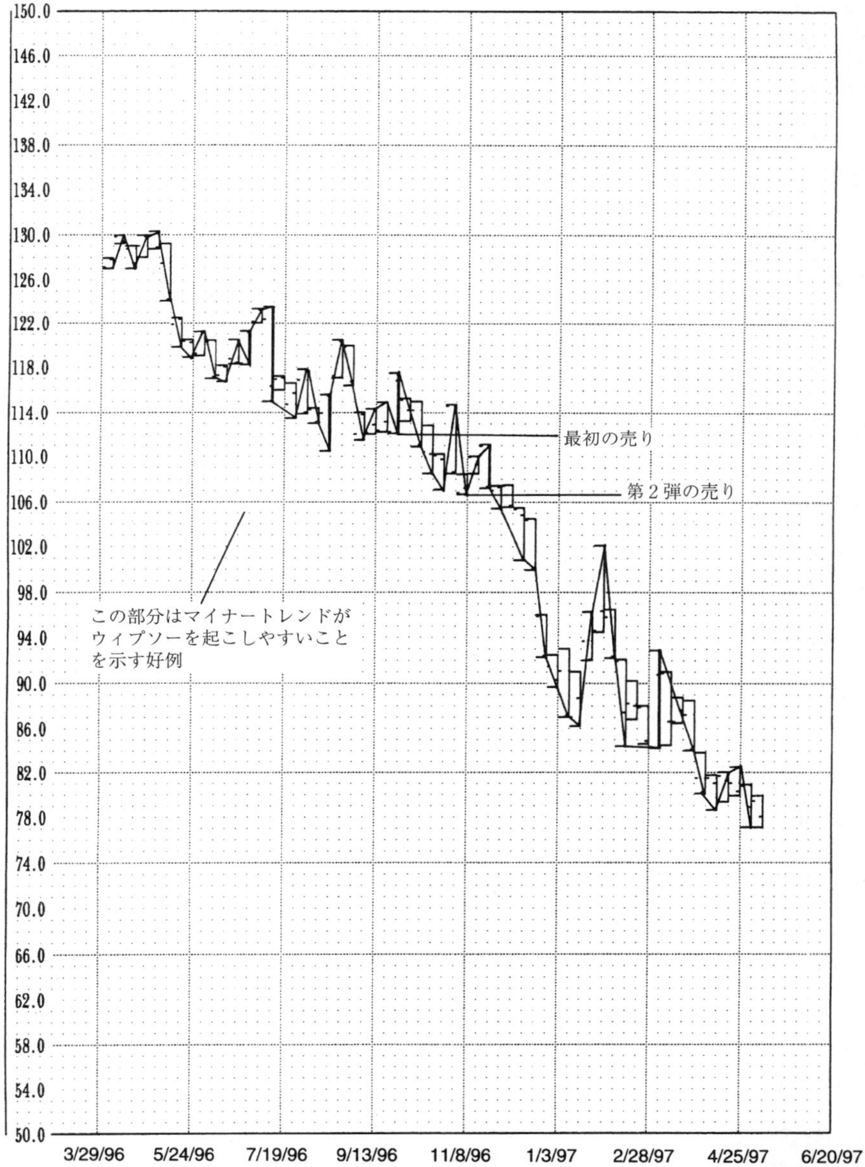

図8.15　**マイナートレンド指標とそれによる売りピラミッディング。市場がマイナーボトムを下回るたびにポジションを積み上げていく方法である。**

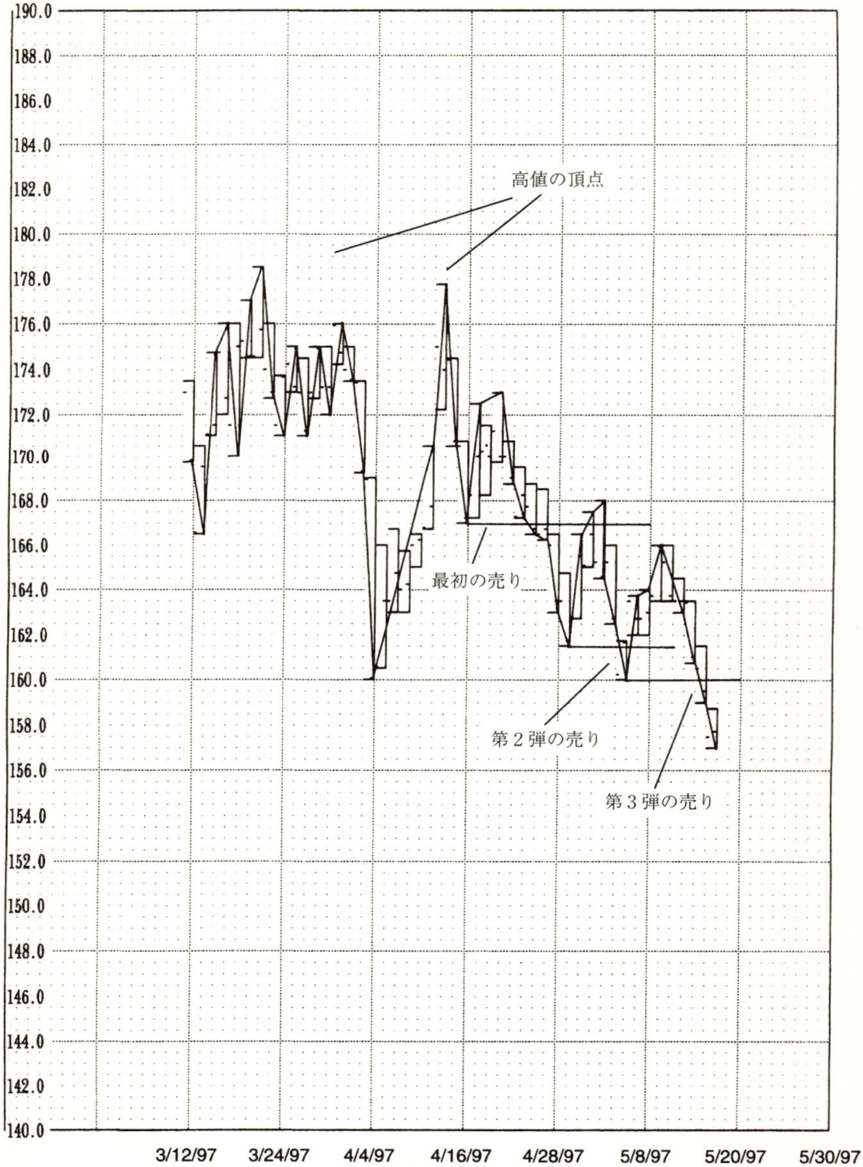

図8.16　**マイナートレンド指標とマイナースイングによる売りピラミッディング。高値の頂点から開始し，市場がマイナーボトムを下抜くたびに売り乗せる。**

〈マイナートレンド指標を用いて一定値幅の変動で行う売りピラミッディング〉

売りピラミッディングを実行する第2の方法は，最初の売りシグナルが発生した後に一定の値幅で売り乗せるというものである（図8.17）。その際の値幅を決める上で最も安全な方法は，その契約の過去のマイナースイングの歴史を研究することである。

トップからのピラミッディングにおいては，トレーダーは弱さを売っているのだということに留意していなければならない。もし銀における平均的なダウンスイングが20セントならば，約20セントの下落の後にピラミッディングを開始してはならない。そうではなく，市場が下向きの動きを加速しそうな平均ダウンスイングの中ほどの点を探すべきである。この数字は5セントあるいは10セント下かもしれない。このアイデアは，トレンドに沿って売るものの，スイングボトムの下側よりも有利な価格で売るというものである。より有利な価格とは，あらかじめ決めておいた値幅だけ下ということだが，50％のリトレースメント・ポイントや上向きのギャンアングルという場合もあろう。

ピラミッディングを成功させるためには，特定の市場における過去のスイングを作成し，研究することが欠かせない。スイングの特性について学ぶためには，過去のデータを利用すべきである。

このピラミッディング手法を利用した場合も，追加的な売りのコストが低くなるため，手仕舞いの時点では利益の出ているポジションが収支トントンか，負けトレードに変わってしまう可能性がある。しかし，その程度は最初の方法よりは小さい。

〈マイナースイングチャートで一定の時間間隔を置いて行う売りピラミッディング〉

「市場を打ち負かす」という表現がよく用いられる。しかしながら，一定のタイムインターバルに基づく売買の狙いは，市場を打ち負かそうとするのでなく市場のリズムと調和しようとすることである。もし，最近のスイングから集められた情報により，市場がボトムからある一定の期間だけ反発する傾向があったと判明したとすると，前回の反発と同じ期間だけ市場が上げたら売るのである。たとえば，最初のマイナースイングが10日間下落と4日間上昇であり，次のマイナースイングが15日間下落と4日間上昇であれば，安値に続く4

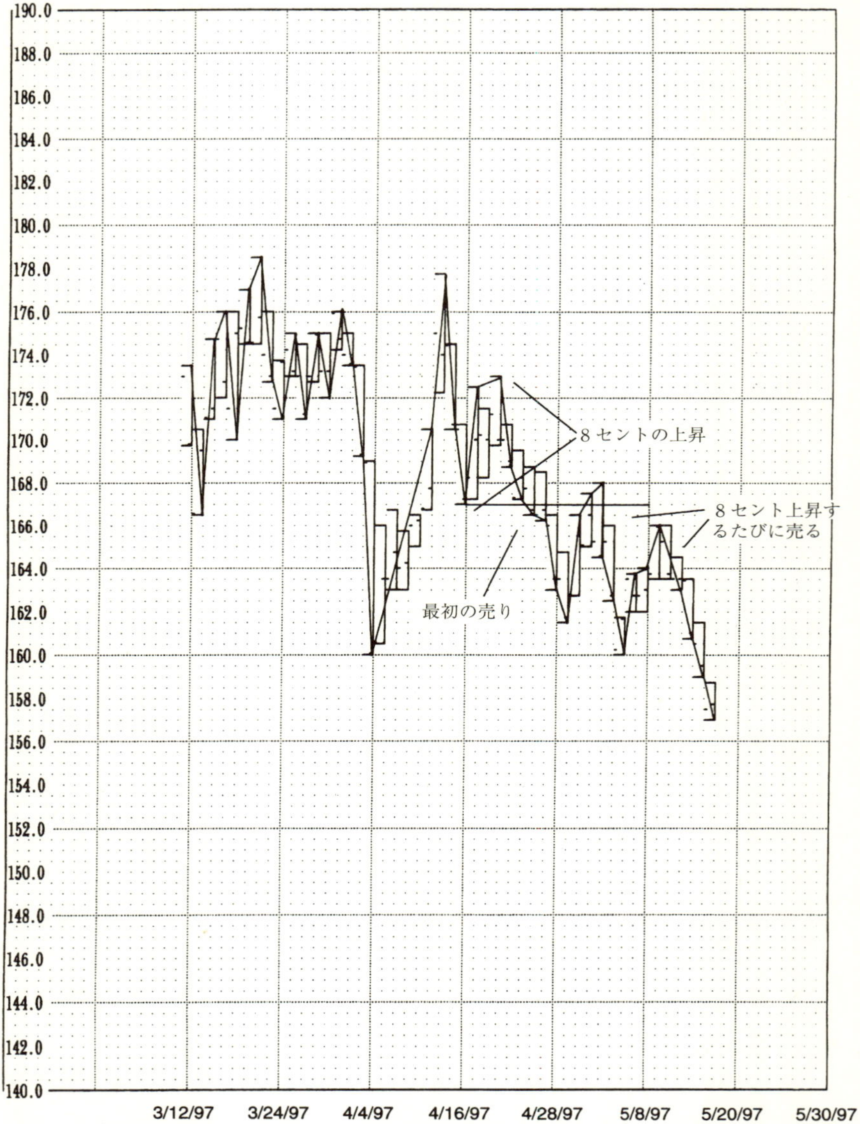

図8.17　マイナートレンド指標と一定値幅での売り乗せピラミッディング。将来の売りポイントを決定するために，直近の上昇の値幅を見る。このケースでは直近の上昇は8セント。いったん最初の売買が誘発されたら，8セント反発するごとに売り乗せる。

日間の反騰後は売りを検討する。

この種のピラミッドが機能するためには，市場がこのパターンに従い続けることが必要である。今回の下落期間が前回の下落より短かったり，その後の反発が前回の反発よりも長かった場合は，トレンドが変化したことを告げている。この時，トレーダーは自分が市場の時間の推移に合わせて売買していることを忘れてはならない。所定の時間が過ぎたり，パターンが変化した時は，トレンドが変化したと見なすべきなのである。

中間トレンド指標によるピラミッディング

中間トレンド指標に基づいてピラミッディングするには３つの方法がある。

1．中間ボトムを下抜いた時に売る。
2．中間トレンドの方向に沿って一定の（値幅または時間の）インターバルを置いて売る。
3．マイナートレンドと中間トレンドの組み合わせを利用して売る。

繰り返して言うと，このタイプの売買は安値の頂点などの極端な価格水準から開始すべきである。これを判断するためには，過去の事例や前回のスイングの記録から得られるデータを利用すること。

〈中間スイングだけを用いた売りピラミッディング〉

最初の方法は，中間トレンド指標の売りシグナルに合わせて売るものである。高値の頂点から出発して最初の中間ボトムを下抜いた時に最初の売りを実行し，直近の中間トップの上側にストップロスを置く。価格が次の中間ボトムを下抜いた時に第２弾の売りが追加される。市場が極端な安値圏に到達するか，直近の中間スイングトップを上抜くまで，この方法を繰り返す。

〈中間スイングチャートを用いて一定値幅の変動で行う売りピラミッディング〉

売りピラミッディングを実行する第２の方法は，最初の売りシグナルが発生した後に一定の値幅で売り乗せるというものである。まず最初の方法と同じ方法でピラミッディングを開始する。値動きが進展するにつれて，一定幅だけ変動したところでポジションを追加する。この際の値幅をうまく決めるための方法は，過去のスイングの大きさを研究すること。市場が10セント下落するという強い傾向を持っていれば，10セントの下落を期待して5セントごとに売るのである。

次に，過去の反発のうちでトレンドを変化させなかったものの値幅を確認する。もし市場に5セントだけ反発する傾向が見られたならば，5セントの上昇には売り向かう。これらの反発の目標到達点は，パーセンテージ・リトレースメントの水準や下降中のギャンアングルであることもある。

この手法の狙いは，直近のスイングボトムを下抜いたところよりも有利な価格で売り乗せようというものである。この売買手法の習得には研究と実践が必要である。

〈中間スイングチャートを用いて一定の時間間隔で行う売りピラミッディング〉

「市場を打ち負かす」という表現がよく用いられる。しかしながら，一定のタイムインターバルに基づく売買の狙いは，市場を打ち負かそうとするのでなく市場のリズムと調和しようとすることである。もし，最近のスイングから集められた情報により，市場がボトムからある一定の期間だけ反発する傾向があったと判明したとすると，前回の反発と同じ期間だけ市場が上げたら売るのである。たとえば，最初のスイングが10日間下落と4日間上昇であり，次のスイングが15日間下落と4日間上昇であれば，安値に続く4日間の反騰後は売りを検討する。

この種のピラミッドが機能するためには，市場がこのパターンに従い続けることが必要である。今回の下落期間が前回の下落より短かったり，その後の反発が前回の反発よりも長かった場合は，トレンドが変化したことを告げている。この時，トレーダーは自分が市場の時間の推移に合わせて売買していることを忘れてはならない。所定の時間が過ぎたり，パターンが変化した時は，トレンドが変化したと見なすべきである。

〈マイナートレンド指標と中間トレンド指標を組み合わせた売りピラミッディング〉

第３の方法でピラミッディングを開始するには，市場が直近の中間スイングボトムを下抜いた時に売り始める。追加的なポジションは，マイナー（あるいは１本バーの）スイングチャートの売りシグナルに従って加えられる。マイナースイングチャートによって追加されたすべてのポジションは，中間トレンドの方向に沿っているはずである。プロテクティブストップ（手仕舞いのためのストップ）は，中間トレンドシグナルに基づく売りに対しては中間トップの上側に，マイナートレンドシグナルによる売りに対してはマイナートップの上側に置かれる。この手法のバリエーションとして，すべてのストップを中間トップの上側に置くというやり方もある。

これは積極的な売買スタイルの１つであり，高値の頂点か歴史的な高値水準から開始しなければならない。このタイプの売買は（１回の建玉規模が）上に行くほど大きく，下に行くほど小さくなるので逆ピラミッドに似た形となり，市場が下落するにつれてトレーダーがポジションを手仕舞う際の裁量の余地が大きくなる。

メイントレンド指標によるピラミッディング

メイントレンド指標に基づいてピラミッディングするには４つの方法がある。

１．メイントップを下抜いた時に売る。
２．メイントレンドの方向に沿って一定の（値幅または時間の）インターバルを置いて売る。
３．マイナートレンドとメイントレンドの組み合わせを利用して売る。
４．中間トレンドとメイントレンドの組み合わせを利用して売る。

〈メイントレンド指標だけを用いた売りピラミッディング〉

メイントレンド指標によるピラミッディングの最初の方法は，メイントレンド指標の売りシグナルに合わせて売るというものである。高値の頂点から出発して最初のメインボトムを下抜いた時に最初の売りを実行し，直近のメイントップの上側にストップロスを置く。価格が次のメインボトムを下抜いた時に第２弾の売りが追加される。市場が極端な安値圏に到達するか，直近のメインスイングトップを上抜くまで，この方法を繰り返すのである。

〈メイントレンドチャートを用いて一定値幅の変動で行う売りピラミッディング〉

売りピラミッディングの第２の方法は，一定の値幅だけ変動するたびに売り乗せるというものである。ピラミッディングの開始は最初の方法と同じである。相場が進展するのに伴い，一定の価格水準でポジションを追加していく。その際の価格水準を決める上でよい方法の１つは，過去のスイングの大きさを研究することである。たとえば市場が40セント下落する強い傾向を持っていれば，40セントの下落を期待して５セントごとに売るようにする。

さらに，過去の反発のうちトレンドを変化させなかったものの大きさに注目する。たとえば，市場がボトムから15セントだけ反発するという傾向を持っていれば，15セントの反発には買い向かう。これらの反発の目標到達点は，パーセンテージ・リトレースメントの水準や下降中のギャンアングルであることもある。

この手法の狙いは，直近のメインスイングボトムを下抜いたところよりも有利な価格水準で売ることにある。この売買手法の習得には研究と実践が必要である。

〈メイントレンドチャートで一定の時間間隔を置いて行う売りピラミッディング〉

「市場を打ち負かす」という表現がよく用いられる。しかしながら，一定のタイムインターバルに基づく売買の狙いは，市場を打ち負かそうとするのでなく市場のリズムと調和しようとすることである。もし，最近のスイングから集められた情報により，市場がボトムからある一定の期間だけ反発する傾向があったと判明したとすると，前回の反発と同じ期間だけ市場が上げたら売るのである。たとえば，最初のスイングが時間枠のカウントで10期間下落と４期間上昇であり，次のメインスイングが15期間下落と４期間上昇であれば，安値に続く４期間の反発後は売りを検討する。

この種のピラミッドが機能するためには，市場がこのパターンに従い続けることが必要である。今回の下落期間が前回より短かったり，その後の上昇が前回の上昇よりも長かった場合は，トレンドが変化したことを告げている。この時，トレーダーは自分が市場の時間の推移に合わせて売買していることを忘れてはならない。所定の時間が過ぎたり，パターンが変化した時は，トレンドが変化したと見なすべきなのである。

〈マイナートレンド指標とメイントレンド指標を組み合わせた売りピラミッディング〉

第３の方法によるピラミッディングは，市場が直近のメインスイングボトムを下抜いた時の売りから始まる。追加的なポジションはマイナー（あるいは１本バーの）スイングチャートの売りシグナルに従って加えられる。マイナースイングチャートによって追加されたすべてのポジションは，メイントレンドの方向に沿っているはずである。プロテクティブストップは，メイントレンドのシグナルに基づく売りに対してはメイントップの上側に，マイナートレンドのシグナルによる売りに対してはマイナートップの上側に置かれる。この手法のバリエーションとして，すべてのストップをメイントップの上側に置くというやり方もある。

これは積極的な売買スタイルの１つであり，高値の頂点か歴史的な高値水準から開始しなければならない。このタイプの売買は（建玉規模が）上に行くほど大きく，下に行くほど小さくなるので逆ピラミッドに似た形となり，市場が下落するにつれてトレーダーがポジションを手仕舞う際の裁量の余地が大きくなる。

〈中間トレンド指標とメイントレンド指標を組み合わせた売りピラミッディング〉

ピラミッディングを企図して相場を仕掛ける第４の方法では，まず市場が直近のメインスイングボトムを下抜いた時に売りポジションを作る。追加的なポジションは中間（あるいは２本バーの）スイングチャートの売りシグナルに従って加えられる。中間スイングチャートによって追加されたすべてのポジションは，メイントレンドの方向に沿っているはずである。

プロテクティブストップは，メイントレンドのシグナルに基づく売りに対してはメイントップの上側に，中間トレンドのシグナルによる売りに対しては中間トップの上側に置かれる。この手法のバリエーションとして，すべてのストップをメイントップの上側に置くというやり方もある。

これも積極的な売買スタイルの１つであり，高値の頂点か歴史的な高値水準から開始しなければならない。このタイプの売買は（建玉規模が）上に行くほど大きく，下に行くほど小さくなるので逆ピラミッドに似た形となり，市場が下落するにつれてトレーダーがポジションを手仕舞う際の裁量の余地が大きくなる。

売りの純正ピラミッド

トレーダーのスタンスがどれだけ攻撃的か，あるいは市場が極端な水準にあるか否かの判断にどれだけ自信を持っているかにもよるが，売りの純正ピラミッドと呼ばれる手法でポジションを積み上げるやり方もある。

純正ピラミッドは買いシグナルによって開始され，安値付近では大きなポジションを取り，価格が上に行くほど追加するポジションが小さくなるのが特徴である。これに対し売りの純正ピラミッドは売りシグナルによって開始され，高値付近で大きなポジションを取り，価格が下に行くほど追加するポジションが小さくなるのが特徴である。この手法を用いるトレーダーは，適切な価格水準でポジションを閉じられるよう，あらかじめサポートの水準を計算する技法を持っていなければならない。

目下の上昇が厳しい下落の後だった場合にはとくにそうであるが，これらの抵抗となるポイントは，過去の中間ボトムのいずれかの付近であることが多い。もし特定可能であれば，追加的なポジションの利食い目標は，前の安値からのパーセンテージ・リトレースメントや安値から引いた上向きのギャンアングルにより設定される。これらの抵抗ポイントについては後の章で説明する。

スイングチャートの弱点

ウィプソー相場（揉み合い）

スイングチャートに従って売買するトレーダーにとって最大の障害物は，ウィプソー相場である。ウィプソーとは，トレンド転換は起こすものの上方あるいは下方へと動きが持続せず，トレンド転換後1，2本のバーの後に再度方向を転換するような，だましの動きが立て続けに起こることである。

これを防ぐためには，フィルターを設定するのが有効である。このためのフィルターとは，トップの上側やボトムの下側に設定するストップまでの値幅を大きくするという程度の単純なものでもよい。あるいは，トレンドラインの突破を認定する場合は一定量の貫通を条件にするとか，1日ベースのマイナートレンド指標の代わりに2，3日ベースのトレンド指標を用いるという方法もあろう。

フィルターを置く場合は，現在取引されている価格水準を考慮に入れなければならない。高値圏においては，より高いボラティリティーとより広いレンジのために，スイングトップの上側のやや離れたところにストップを置く必要がある。安値圏ではレンジは狭くなり，ボラティリティーもそれほど高くならない。

ロストモーション

スイングチャートと併用すべきフィルターについて分析する場合，トレー

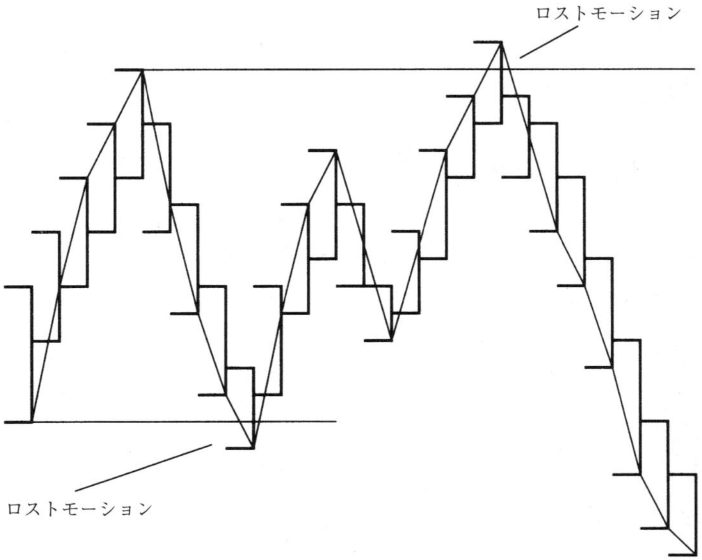

図8.18　**スイングチャートにおけるロストモーション**

ダーはギャンが「ロストモーション」と表現した概念に出合うことになる。ロストモーション（図8.18）は，前のトップやボトムを突破したものの，それがトレンドの反転を必ずしも意味しないような動き，またはその際に許容される超過値幅と定義してよいだろう。

スイングチャート利用法の一般的な例において述べたように，トレーダーは市場がスイングトップを上抜いた時に買い，市場がスイングボトムを下抜いた時に売ることになっている。しかし，「抜く」「突破する」という言葉についての正確な定義はしてこなかった。これは，それぞれの市場が独自のロストモーションの数値を持っているためである（図8.19）。

たとえば，大豆市場では，スイングトップを３～５セント上抜いてから市場が反落し，下落トレンドに入ることが多い。この場合，スイングトップの１～３セント上に置いたストップは，執行されてもその後相場は上昇しないで終わることが多いということになる（図8.20）。

同じことがスイングボトムの下側に置かれたストップについても言える。市場が５セントもスイングボトムを下回った後に反転し，そのままメイン・アップトレンドの方向に進むこともありうる。

トレーダーにとってロストモーションの発生を記録しておくことは重要である。ストップに届いた時にはトレンドが上方か下方に転換するような，戦略的な位置にストップを置けるようにしておくためである。このことは，「だましのブレイクアウト」に関するチャートを正確に作成し続けることによって達成される。だましのブレイクアウトが起きた時にはチャートに印を付ける。それらは高値の頂点や安値の頂点の近辺で最も出現しやすい。これらの数字を記録として長期間保存しておくべきである。それがロストモーションの大きなデータベースとなり，将来の参考となるからである。これらのデータから，それぞれの市場のロストモーションの最大値，最小値，および平均値を判断できるはずである。

歴史的な視点に加え，チャーチストは現在の中心銘柄のチャートに特有なロストモーションの記録も保存すべきである。その銘柄の取引初日から市場のスイングのチャートを作成しておくことによって，トレーダーは，それが中心銘柄になる前にロストモーションについての正確な記録を持つことができる。

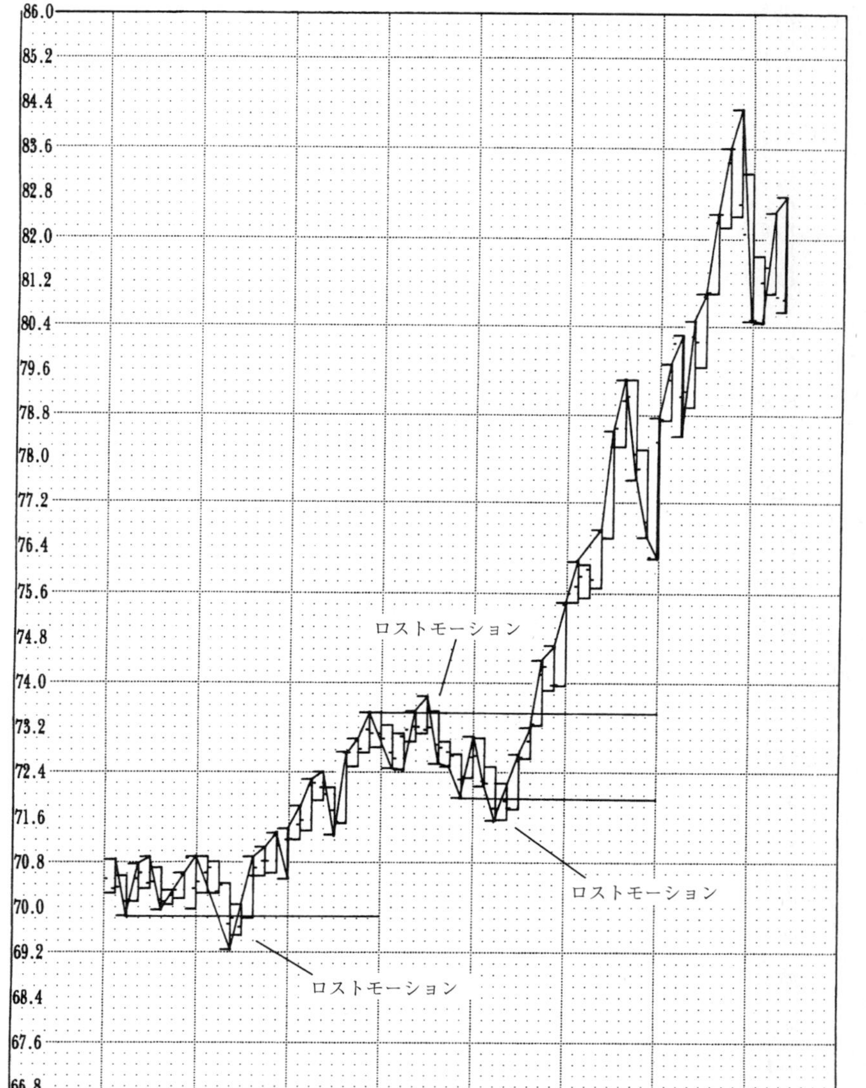

図8.19　**ロストモーションを書き込んだマイナースイングチャート。マイナースイングチャート上ではスイングが多数出現するため，ロストモーションも多く発生する。**

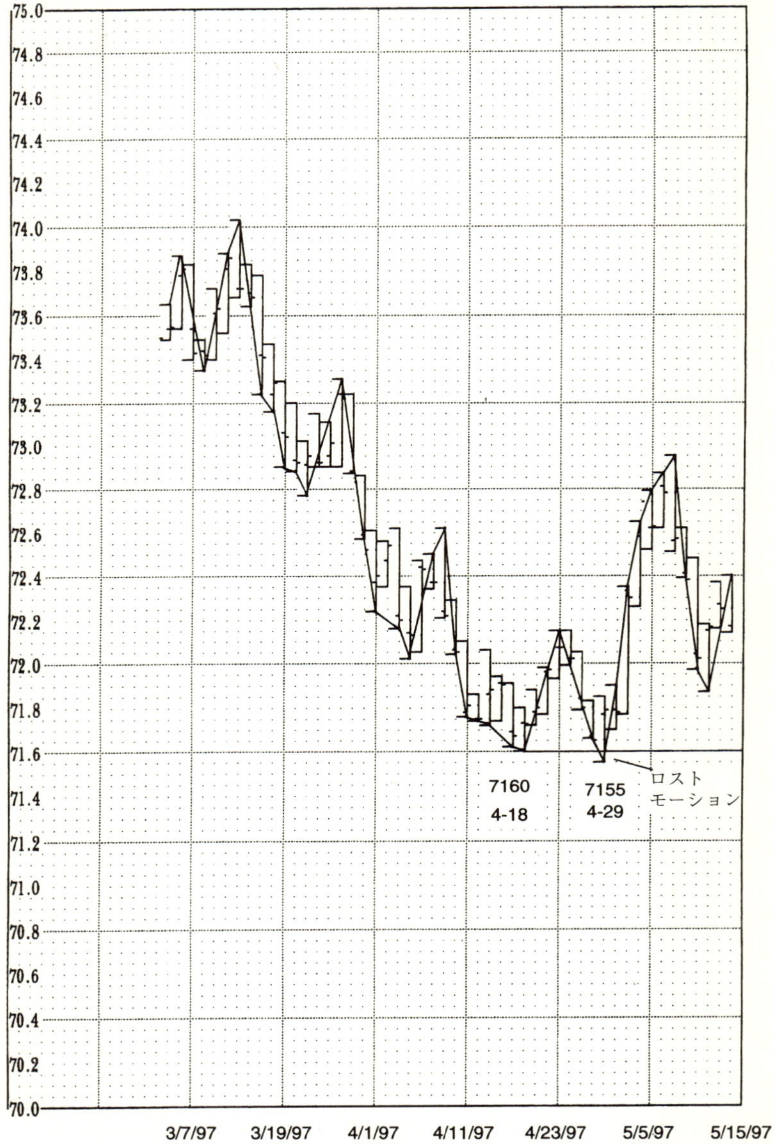

図8.20　**ロストモーションを書き込んだ中間スイングチャート。ロストモーションを計算するためには，最初のボトムと第2のボトムの差をとる。7160－7155＝5ポイント**

また，トレーダーは価格水準によってロストモーションの幅が変化することにも留意すべきである。たとえば，大豆市場のロストモーションは，相場が１ブッシェル８ドルから９ドルで取引されている時の方が，５ドルから６ドルで取引されている場合よりも大きい。

パーセンテージ・リトレースメントとギャンアングルを用いて支持や抵抗の水準を見つけようとしている際に発生した場合は，ロストモーションの概念は非常に重要になる。たとえばこの場合，市場は50％ポイントの価格やギャンアングルを貫通した後に元のトレンドを回復することが多い。スイングチャートの研究により発見されるロストモーションは，しばしばパーセンテージ・リトレースメントとギャンアングル・チャートにおけるこのような現象を分析する際の出発点となる。

ま と め

これで，スイングチャートとそれをどのように売買に利用するかという議論を終える。スイングチャートの手法はギャンの分析手法において非常に重要な位置を占める。なぜならそれが他のすべてのチャートの基礎となっているからである。ギャンアングルを正しく引くためには，トップとボトムを正しく特定しなければならない。パーセンテージ・リトレースメントの水準を計算するにもトップとボトムを定めておかなければならない。また，サイクルの時間間隔を測るためには，正確にスイングトップとスイングボトムを定める必要があるのである。

第9章　価　　格

ホリゾンタルサポートとレジスタンス

ギャンは支持と抵抗を定めるのにさまざまな方法を用いた。その手法によると，支持と抵抗の価格帯は水平もしくは斜めの方向に存在する。「水平（ホリゾンタル）」の支持と抵抗としてはスイングトップ，スイングボトム，パーセンテージ・リトレースメント・ポイントなどが挙げられる。これらがそう呼ばれるのは，チャート上のポイントから支持線，抵抗線としてずっと右側へ延長されるためである。スイングチャートの支持と抵抗は，レンジ内に価格がとどまり，それにより規定されるパーセンテージの水準が維持されている限り，無限に延長される。これに対して，「斜め（ダイアゴナル）」の支持と抵抗はギャンアングルにより規定される。この２つの手法によるシグナルが重複する場合には，支持もしくは抵抗としての意味は強化される。

スイングチャート

トレンド指標の章では，マイナートレンド，中間トレンド，メジャートレンドを用いてスイングチャートを作成する方法を学んだ。これらのチャートでは，それぞれトップとボトムが規定された。価格と時間の研究がより高度な水準に進むにつれて，これらの価格が短期的に重要であるだけでなく，半永久的に有効であることを知るだろう（図9.1）。

スイングトップ

市場がトップ（スイングにおける天井）を付けた後は，チャート上においてこのトップを右へ延長，すなわちトップから右方向へ赤い線を引くこと。この線

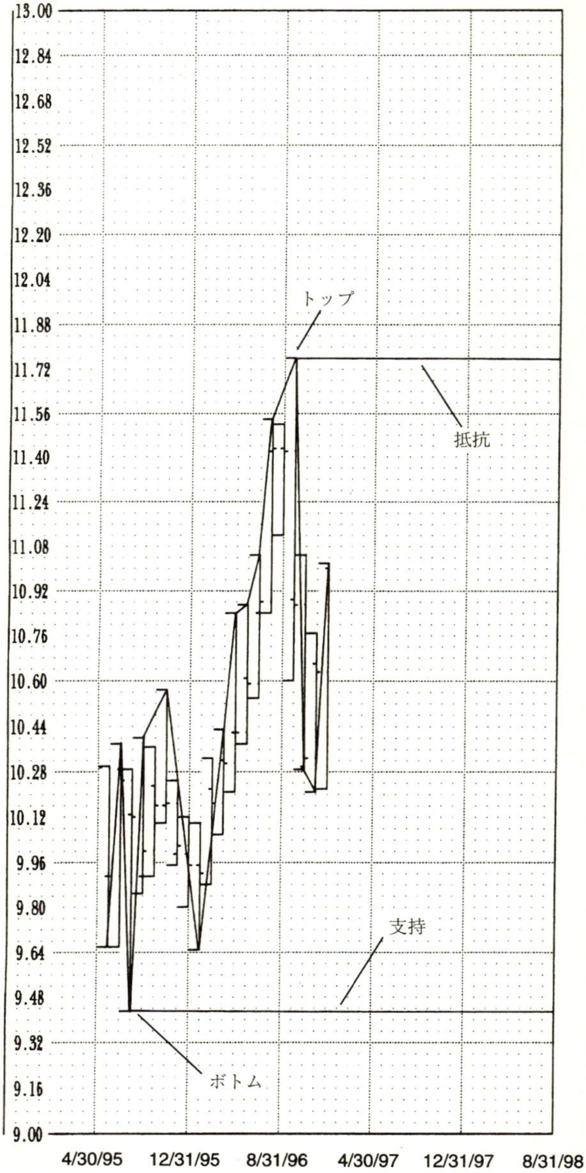

図9.1　**支持と抵抗を表示したスイングチャート**

は時間的に延長されたトップを表す。取引が経過していくと，価格が何度かこの線に到達したり超えることがあるかもしれない。最初に価格がこの水準に届いた時は，売り圧力が予想される。ダブルトップもしくはシングルトップの形での高値形成の動きに注意してほしい。

一般に，市場がトップを超える時，トレンドは上方向へ転換するか，現在までの上げトレンドが維持される。一度突破されたトップは，今度は安値の支持として注意すべき水準となる。ギャンの好んだルールの１つに，「かつてのトップは新しいボトムとなる」というものがある。この動きは大いに注目すべきである。相場はしばしば従来の高値を突き抜けて買いのストップにかかった後，再びこの高値水準まで下げることがあるからだ。このフォーメーションが有効であれば，従来の高値が今後の安値を支えてくれるはずである。

それぞれのトップが将来のトップに関連しているため，それらを観察することは重要である。これがトップからの線を限りなく延長すべき理由である。マイナートップを監視し続けることは難しいかもしれないが，中間トップはなるべく，そしてメイントップは必ず水平方向に延長しておくべきだ。

スイングボトム

市場がボトム（スイングにおける底値）を付けた後は，チャート上においてこのボトムを右へ延長，すなわちボトムから右方向へ赤い線を引くこと。この線は時間的に延長されたボトムを表す。取引が経過していくと，価格が何度かこの線に到達したり割り込むことがあるかもしれない。最初に価格がこの水準に届いた時は，買い圧力が予想される。ダブルボトムもしくはシングルボトムの形での安値形成の動きに注意してほしい。

一般に，市場がボトムを割り込むと，トレンドは下方向へ転換するか，現在までの下げトレンドが維持される。一度突破されたボトムは，今度は高値の抵抗として注意すべき水準となる。ギャンの好んだもう１つのルールは，「かつてのボトムは新しいトップとなる」というものである。この動きは大いに注目すべきである。相場はしばしば従来の安値を割り込んで売りのストップにかかった後，再びこの安値水準まで戻すことがあるからだ。このフォーメーションが有効であれば，従来の安値が今後の高値の抵抗となるはずである。

それぞれのボトムが将来のボトムに関連しているため，それらを観察することは重要である。これがボトムからの線を限りなく延長すべき理由である。マイナーボトムを監視し続けることは難しいかもしれないが，中間ボトムはなるべく，そしてメインボトムは必ず水平方向に延長しておくべきだ。

将来のトップとボトムを予想するため以外に，スイングチャートは上下のスイングのパターンから将来の価格の動きを予測するためにも用いられる。ありうる将来の価格の方向を特定するためには，ラリーの値幅を記録しておかなくてはならない。将来のアップスイングを予測するために，過去のアップスイングを研究することが重要である。逆に，将来のダウンスイングを予測するために，過去のダウンスイングを記録しておくこと。

スイングチャートを作成することが価格と時間の分析の第一歩である。なぜならそれがギャンの手法におけるすべてのテクニカル分析ツールの出発点となるからである。スイングボトムとスイングトップはトレーディングレンジを形成する。このレンジはトレーディングで成功するために不可欠の，重要な支持と抵抗を含んでいる。この章の次の2つの節では，これらの重要な支持，抵抗のポイントについて考察する。最初の節では，どのようにしてギャンアングルを描き，解釈するかについて詳述し，次の節では，パーセンテージ・リトレースメント・レベルをどのように計算し解釈するかについて述べる。

ギャンアングル

ギャン理論の中ではギャンアングルがおそらく最も人気が高いものであろう。多くのトレーダーがギャンアングルを自分自身のトレーディングや相場予測に用いているからだ。ギャンアングルはトレンドラインと同じとは言えないが，しばしば比較，対照される。ギャンアングルは一定の速度（角度）で進む斜めの線で形成される。トレンドラインは上昇トレンドではボトムとボトムを結ぶことで，下降トレンドではトップとトップを結ぶことで，それぞれ形成される（図9.2）。

ギャンアングルチャートを作成する時には，スイングチャートがきわめて重要となる。スイングトップが下向きのギャンアングルの起点となり，スイング

図9.2　砂糖先物1997年７月物週足チャートにおける上向きのギャンアングル

ボトムが上向きのギャンアングルの起点となるためである。マイナー，中間，メインのどのトレンド指標チャートからでもアングルの起点を決定することができるが，スイングチャート・トレーディングの場合と同様，アングルが多すぎるとトレーダーは混乱することがある。マイナーボトムやマイナートップを起点とするギャンアングルを推奨できないのは，このためである。アングルがあまりに多く引かれるため，チャートがクモの巣のようになってしまうからだ。これは分析麻痺症（アナリシス・パラリシス）と呼ばれる状態を引き起こす可能性がある。これは文字どおり，膨大な数のアングルにより支持と抵抗がこんがらかってしまい，分析者が市場で身動きがとれなくなってしまうのである。

ギャンアングルを描くのに望ましいチャートは，中間トレンドチャートとメイントレンドチャートだが，最適なものは中間チャートであろう。これは支持と抵抗を特定し，相場を予測するために適度な数のアングルを提供するからである。メイントレンド指標チャートで描かれたチャートも重要であるが，多くの場合，アングルの数が大幅に減ってしまうのが難点である。メイントレンド指標チャートのアングルは，意味の強いボトムやトップから引かれるので強力だが，出現する頻度が低いため，トレーダーが不要なリスクを取る羽目になりやすいのが難点である。

ギャンアングルの重要性

アングル理論を説明するのに必要な19の基本的な幾何学的な形状がある（図9.3～9.21）。これらの形状は他のものよりも繰り返される傾向が強く，時間による検証を経てきており，信頼性が高いと考えられている。

1．安値からのレンジのスクエア
2．高値からのレンジのスクエア
3．１×１アングルより上側の強いポジションのブルマーケット
4．１×１アングルより下側の弱いポジションのブルマーケット
5．１×１アングルより下側の強いポジションのベアマーケット
6．１×１アングルより上側の弱いポジションのベアマーケット

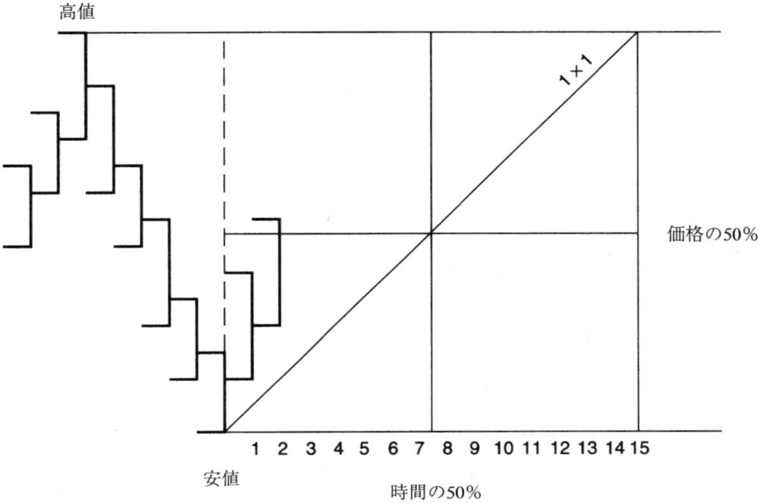

図9.3　**安値からのレンジのスクエア。ギャンアングルと価格の50%リトレースメントの交差が重要なサポートを形成している。**

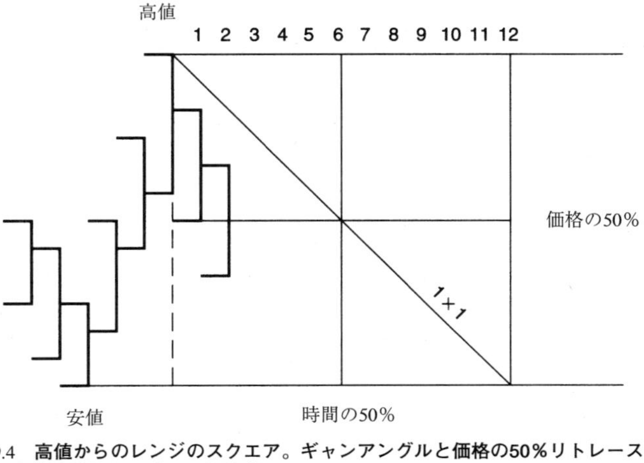

図9.4　**高値からのレンジのスクエア。ギャンアングルと価格の50%リトレースメントの交差が重要なサポートを形成している。**

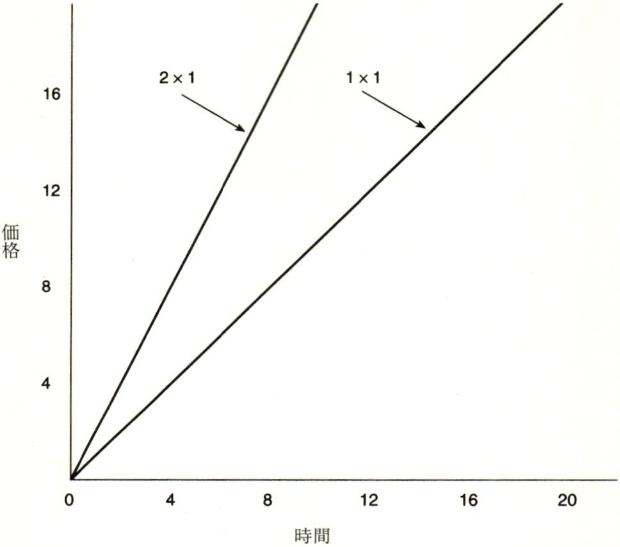

図9.5　1×1アングルより上側の強いポジションのブルマーケット

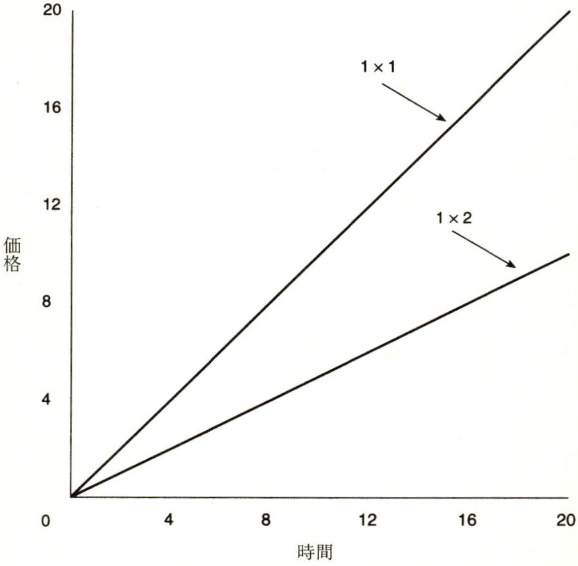

図9.6　1×1アングルより下側の弱いポジションのブルマーケット

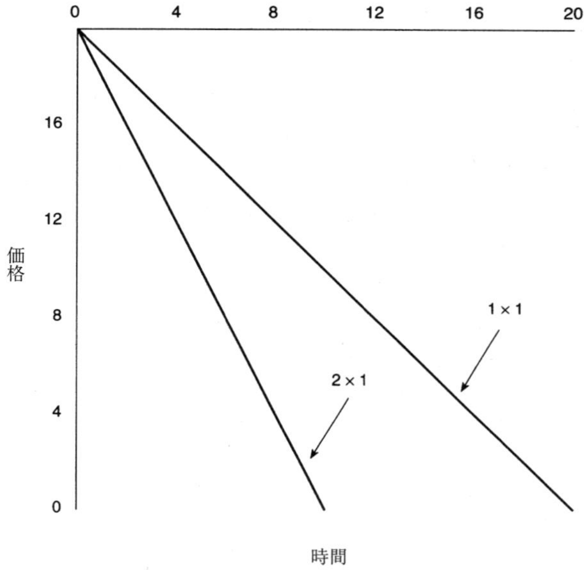

図9.7　1 × 1 アングルより下側の強いポジションのベアマーケット

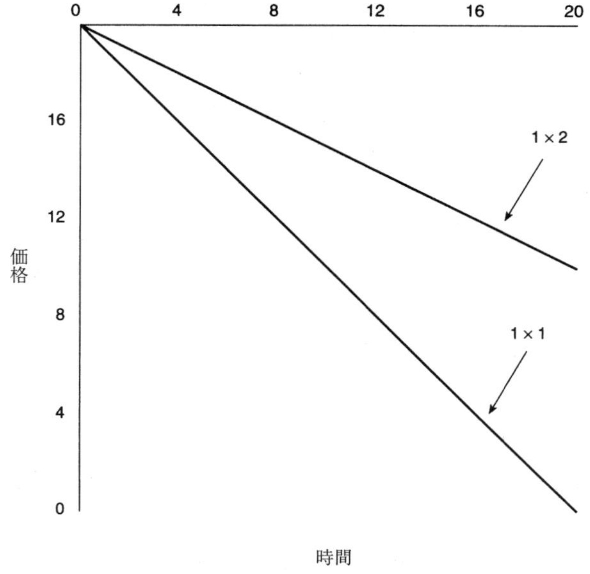

図9.8　1 × 1 アングルより上側の弱いポジションのベアマーケット

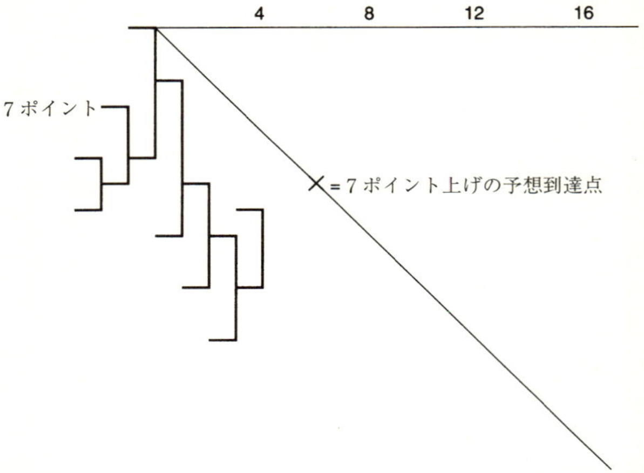

図9.9　**スイングチャートと高値からのアングル。スイングチャートとアングルを用いて今後の値動きを予想。ここではスイングチャートによる目標値とギャンアングルによって，抵抗が形成されている。**

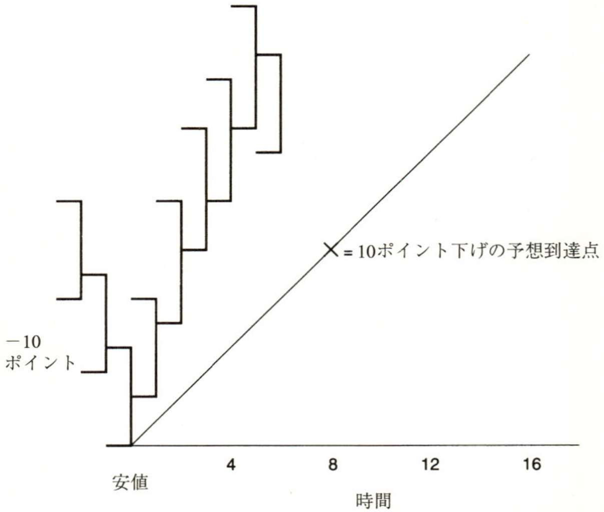

図9.10　**スイングチャートと安値からのアングル。ギャンアングルとの均衡を保つよう，スイングチャートによる目標値を設定すること。ここではスイングチャートとギャンアングルの組み合わせに注目。**

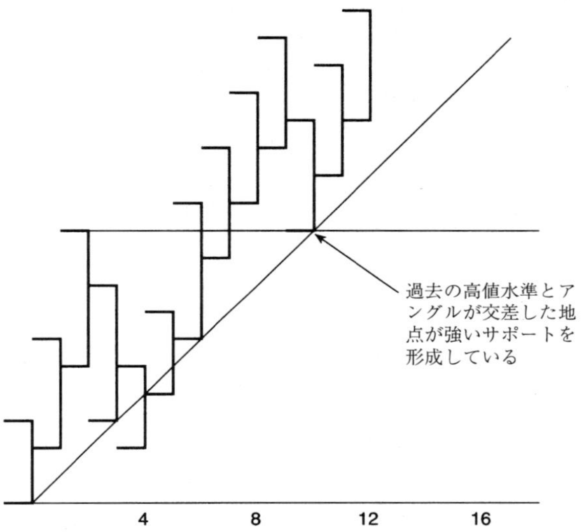
過去の高値水準とアングルが交差した地点が強いサポートを形成している
4
8
12
16

図9.11　**アングル上の過去の高値との交点は，新たな支持ポイントとなる。**

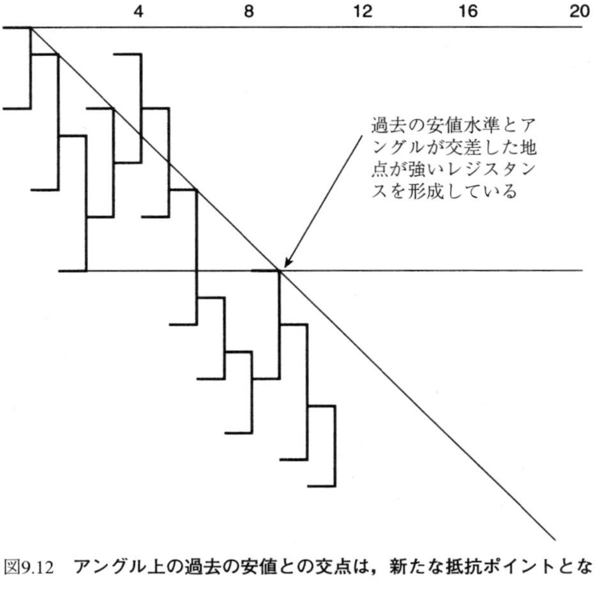
4
8
12
16
20
過去の安値水準とアングルが交差した地点が強いレジスタンスを形成している

図9.12　**アングル上の過去の安値との交点は，新たな抵抗ポイントとなる。**

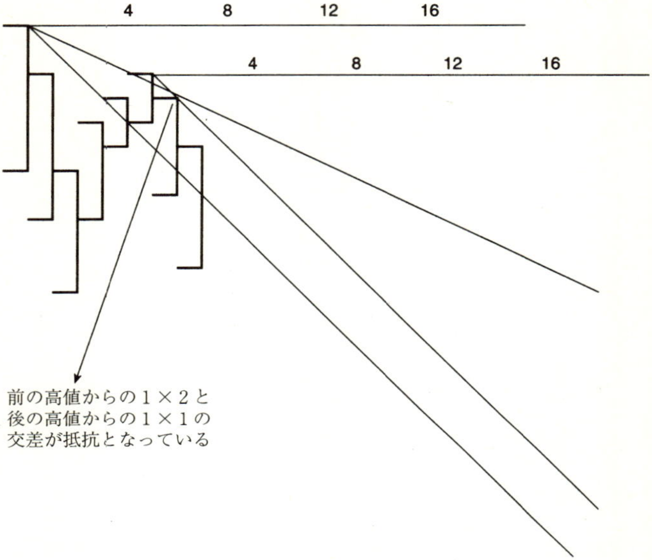

図9.13　**ダブルトップからのアングル**

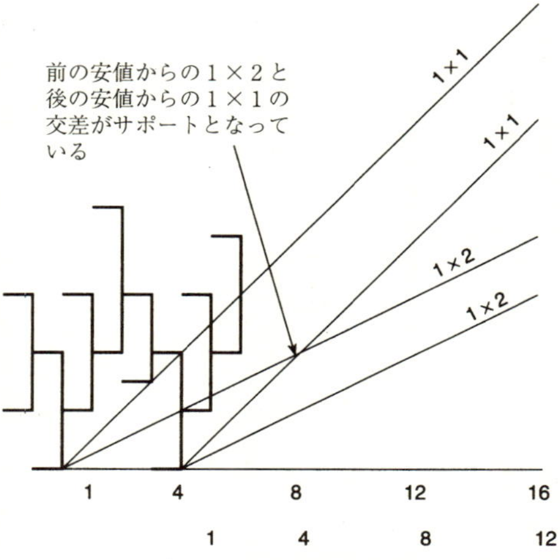

図9.14　**ダブルボトムからのアングル**

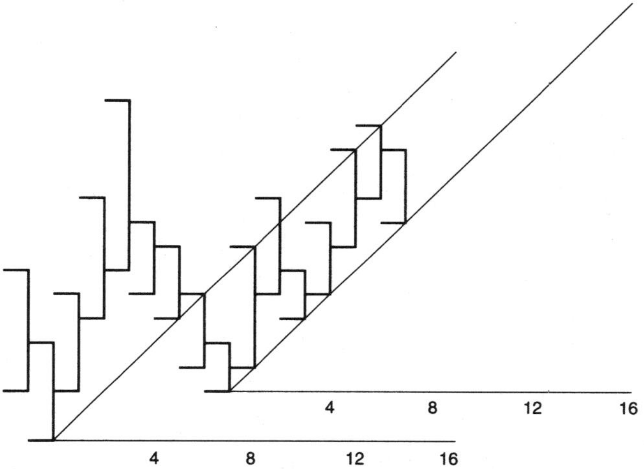

図9.15　ダブルボトムからの上昇トレンドチャネル。ダブルボトムから引かれた平行なアングルが，相場上昇時のガイドとなっている。

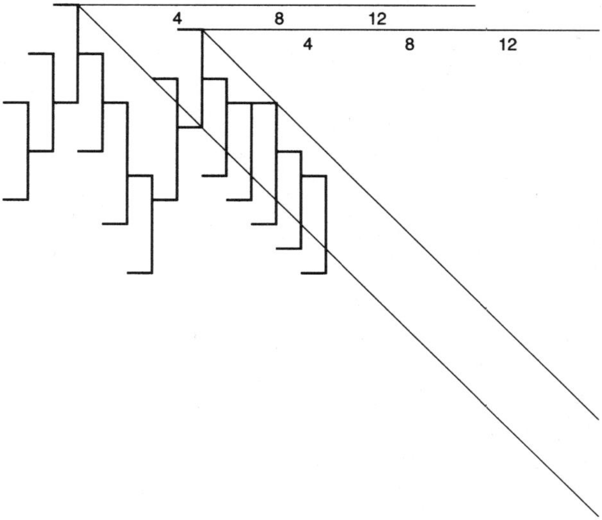

図9.16　ダブルトップからの下降トレンドチャネル。ダブルトップから引かれた平行なアングルが，相場下落時のガイドとなっている。

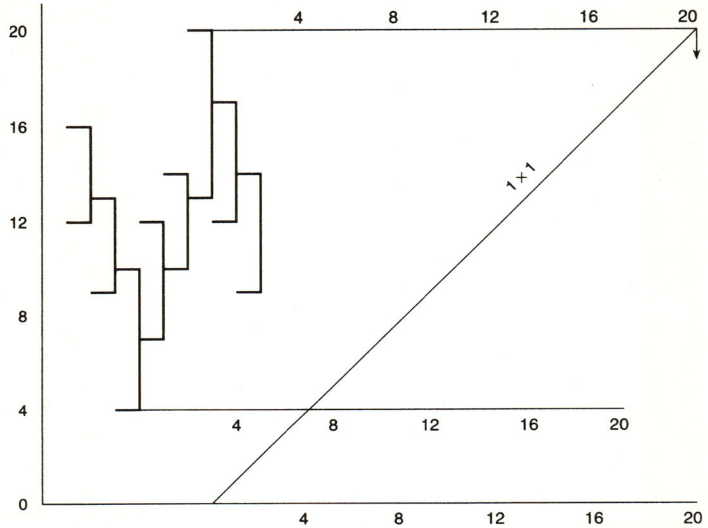

図9.17　高値からのゼロアングル。ゼロから引かれたアングルが高値の水準に到達した時，価格と時間の均衡が成立する。

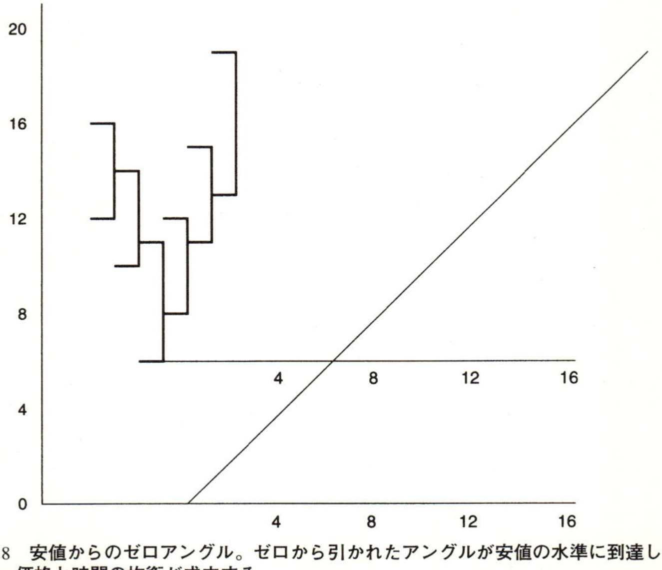

図9.18　安値からのゼロアングル。ゼロから引かれたアングルが安値の水準に到達した時，価格と時間の均衡が成立する。

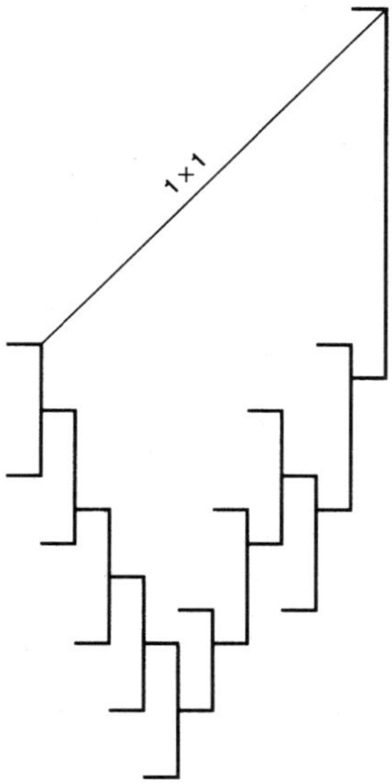

図9.19　**高値からの上向きのアングルにより将来の高値を予想する。高値からの上昇1×1はしばしば将来の高値を予告する。**

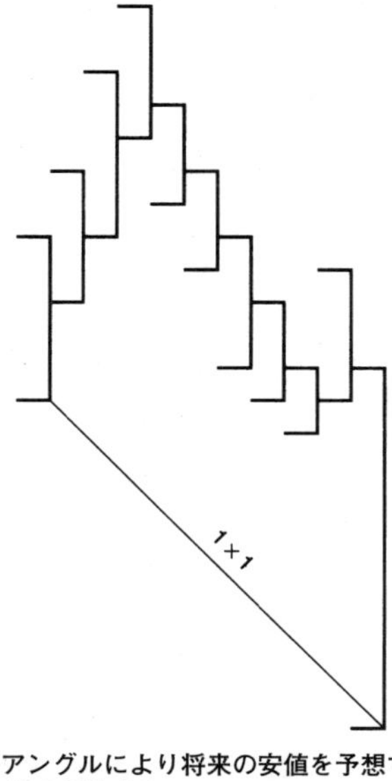

図9.20　**安値からの下向きのアングルにより将来の安値を予想する。安値からの下降1×1はしばしば将来の安値を予告する。**

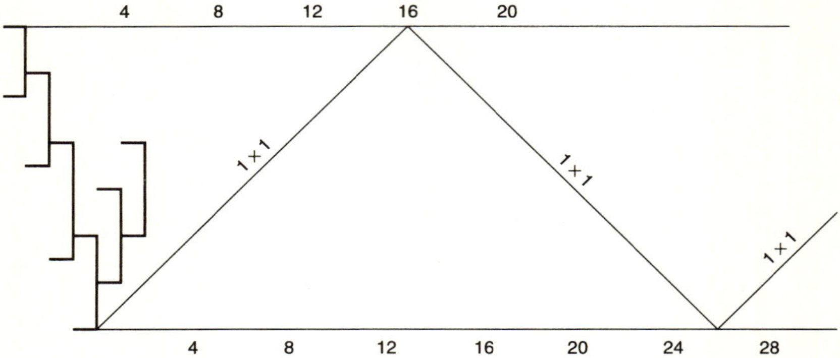

図9.21 **相場がレンジの範囲内にとどまっている限り，アングルは何度でも反復される。**

7．スイングチャートと高値からのアングル
8．スイングチャートと安値からのアングル
9．過去の高値とアングルとの交点が新しい支持となる
10. 過去の安値とアングルとの交点が新しい抵抗となる
11. ダブルトップからのアングル
12. ダブルボトムからのアングル
13. ダブルボトムからの上昇トレンドチャネル
14. ダブルトップからの下降トレンドチャネル
15. 高値からのゼロアングル
16. 安値からのゼロアングル
17. 高値からの上向きのアングルによる将来のトップの予測
18. 安値からの下向きのアングルによる将来のボトムの予測
19. 相場がレンジ内にとどまる限り，アングルは反復される

ギャンアングルの考え方の基本的前提は以下のようなものである。仮に，何週間または何カ月か前にトップやボトムの予測を可能とするアングルを知っているとすれば，トレードでずっと大きな成功を収められるはずである。ジオメトリック・アングル（ギャンアングル）が正確にトップとボトムを予測するからである。この手法を試す前に記憶すべき重要な項目は以下の通りである。

- 個々の相場商品は個性を持ち，他とは異なるものである。売買をしようとしている相場に固有の性質を識別するには，それぞれの相場におけるアングルの使い方を研究し実践することが必要である。それぞれの相場に対して適切なグラフの目盛りを選択することを学んで欲しい。いい加減な目盛りの選択をすると，チャート全体が役に立たなくなってしまうだろう。
- 相場の構造と機能は幾何学的である。チャート上のすべてのポイントは，他のポイントと幾何学的に整合性がある。このため，相場は幾何学的なアングルにより測定される幾何学的法則に従うのである。
- 相場予測をする上で，週足チャートは他のものより圧倒的に有効と言える。それに続くのが月足チャートである。日足チャートは，ボラタイルで取引が活発な市場で最もよく機能する。

ギャンアングルチャートの作成法

前に述べたように，ギャンアングルチャートを作成するのに先立って，トレンド指標チャートを作成しておく必要がある。この節では，主に中間トレンド指標チャートを使うことにする。その理由は，２本バーのスイングに従う時，最良のギャンアングルチャートが作成されるからである。

目盛り

ギャンアングルによる斜線は一定の速度で進行することから，ギャンアングルチャートは価格の目盛りに敏感である。少しでも意味のあるチャートを作ろうと考えるなら，適切な目盛りを用いて正しいチャートを作成しなくてはならない。前にも述べた通り，それぞれの相場には固有の価格目盛りがあり，相場変動は構造，機能において幾何学的である。このため，チャートに表した時，相場変動は幾何学的法則に従うのである。

ギャンが残したチャートと草稿の研究が示すところでは，ギャンは幾何学的な構造あるいは公式に従う価格目盛りを選択した。市場が安値の水準にある時は，より小さい目盛りが使用された。高値の水準にある時は，より大きな目盛りが使用された。

記憶すべき１つのルールは，幾何学的に進行し，価格の水準と直接的な関係にある価格目盛りを選択せよということである。これを実行すれば，幾何学的アングルは価格と時間を正確な方式で測定することができるだろう。日足，週足および月足チャートで幾何学的な構造に従う価格目盛りの例として，以下のものが挙げられる。

1－2－4
1－4－8
2－4－8
4－8－16
$^{1}/_{8}$－$^{1}/_{4}$－$^{1}/_{2}$
0.10－0.20－0.40
0.20－0.40－0.80
0.125－0.25－0.50
0.25－0.50－1
$^{4}/_{32}$－$^{8}/_{32}$－$^{16}/_{32}$

ギャン自身は唯一のチャート用紙として，1904年から1955年に亡くなるまで，1インチごとに縦横各8本の線を施し，線4つごとに太線にしたものを使用していたことは覚えておくべきである。ギャンはこのチャート用紙を幾何学的構造のゆえに選択した。

1インチごとに5本あるいは10本の線を持つ用紙は使用すべきではない。「ギャントレーダー2」のソフトウェアも，この独自の幾何学的法則に基づいて設計されている。

ギャンアングルは価格と時間の関数であるため，価格の目盛りが重要である。アングルは一定の速度で動くがゆえに予測力を持っている。これが適切な目盛りを使用しなくてはならないもう1つの理由である。もし目盛りが不正確なら，予測もその影響を受けてしまうだろう。

表9.1は，個々の先物相場にとって最も適切な価格目盛りのリストである。これらの価格目盛りはギャン方式のチャートを作成する際に用いるべきである。これらは検証済みであり，正確な結果を生み出してきた。これらの目盛り

が読者のトレーディングスタイルに適合するかどうかを確認するため，研究し実際に使ってほしい。もし自分自身のための目盛りをつくりたいのであれば，以下の２つの方法を研究してほしい。

⑴　リストにない相場の目盛りを決定する方法

ある相場の目盛りを決定する最も簡単な方法は，（あるトレンドにおける）トップとトップの値幅と，ボトムとボトムの値幅を取り，相場がトップからトップ，ボトムからボトムへ動くために要した時間で割ることである。

表9.1　最適な価格の目盛り

種　　類	日　足	週　足	月　足
トウモロコシ	１セント	２セント	４セント
大　　豆	２セント	４セント	８セント
小　　麦	１セント	２セント	４セント
大　　麦	１セント	２セント	４セント
ビーンオイル	10ポイント	20ポイント	40ポイント
大豆ミール	50ポイント	100ポイント	200ポイント
生　　牛	10ポイント	20ポイント	40ポイント
生　　豚	10ポイント	20ポイント	40ポイント
ポークベリー	50ポイント	100ポイント	200ポイント
コ　コ　ア	５ポイント	10ポイント	20ポイント
砂　　糖	４ポイント	８ポイント	16ポイント
コ　ー　ヒ　ー	50ポイント	100ポイント	200ポイント
オレンジジュース	50ポイント	100ポイント	200ポイント
綿　　花	25ポイント	50ポイント	100ポイント
原　　油	10ポイント	20ポイント	40ポイント
暖　房　油	25ポイント	50ポイント	100ポイント
無鉛ガソリン	25ポイント	50ポイント	100ポイント
金	１ドル	２ドル	４ドル
銀	１セント	２セント	４セント
プ　ラ　チ　ナ	１ドル	２ドル	４ドル
銅	１ドル	２ドル	４ドル
Ｔ　ボ　ン　ド	４／3	８／3	16／32
Ｓ＆Ｐ　500	80ポイント	160ポイント	320ポイント
ユーロダラー金利	２ポイント	４ポイント	８ポイント

この数式により上昇トレンドライン，下降トレンドラインの速度（角度）が得られる。たとえば，トップとトップ，ボトムとボトムの値幅が50であり，時間が27日であれば，これらの２つのポイントを結ぶトレンドラインの速度は

1.85である。トレンドラインの平均速度は，この計算を何回か繰り返すことで特定できる。トレンドラインの平均速度を決定したら，最も近い整数となるように四捨五入する。この例では，もし平均上昇トレンドラインが1日当たり1.95動くのであれば，ギャンアングルの目盛りは２と見なすのである。このやり方は表9.1に掲載されていない相場に対してのみ用いるべきである。

(2) 適切な目盛りを決定する数式

２つの主要なボトムの値幅を両者の間の時間で割ったものは，そのアングルの速度もしくは目盛りに等しい。この公式は２つの主要なトップの値幅に対しても適用できる。双方の目盛りを計算した後，両者の平均から最寄りの整数を特定してもよい。

上昇トレンドの目盛り
　＝（主要ボトム２－主要ボトム１）÷（２つのボトム間の時間）
下降トレンドの目盛り
　＝（主要トップ１－主要トップ２）÷（２つのトップ間の時間）

［例１］

大豆1997年７月物の日足チャート。

最初の主要ボトムは1997年２月７日の7.285。２つ目の主要ボトムは1997年４月15日の8.25。時間の差は45日。

(8.25－7.285)÷45＝2.14

これは表9.1に提示された日足の２セント／１日に近い。

［例２］

カナダドル1997年７月物の日足チャート。

最初の主要トップは1997年１月22日の7568。２つ目の主要トップは1997年３月13日の7403。時間の差は36日。

(7568－7403)÷36＝4.58

これは表9.1に提示された日足の5ポイント／1日に近い（図9.22)。

トレンド指標の章で述べたように，ボトムからボトム，トップからトップのデータの維持がなされていれば，その相場の適切な目盛りを判断するのに十分な情報が得られる。

その相場の目盛りの妥当性を判定するには，多くのチャートを作成する意欲が必要だ。適切な目盛りを特定する最も簡単な方法は，単に計算を繰り返すことである。

ギャンアングルの計算

ギャンアングルの作成はごく簡単である。ギャンアングルは価格と時間の関数であるから，それを適切に描くのに必要なのは正しく作成されたチャート，緑と赤のペン，計算機，そして定規だけである。

適切に作成されたチャートとは営業日ベースで作られたものである。休日や週末をこのチャートに加えてはいけない。休日や週末には価格が変動しないからである。それぞれのマス目が価値を持っているため，空白のマス目を作ることはアングルの意味を台無しにする，すなわち理想的な線に対して誤差が生じてしまうのである。

ギャンアングルを計算する基本的な数式は，

価格×時間

である。

変数が与えられていれば，簡単な数学の知識により価格もしくは時間を計算することができる。正確な目盛りを知り，基準の価格と将来の価格があれば，いつ市場がこの価格に到達する可能性が高いか予測することができる。また，使用すべき目盛りを知り，基準の価格と将来の日時が与えられれば，その所与の期間においてアングルがどの位置にあるかを予測できる。

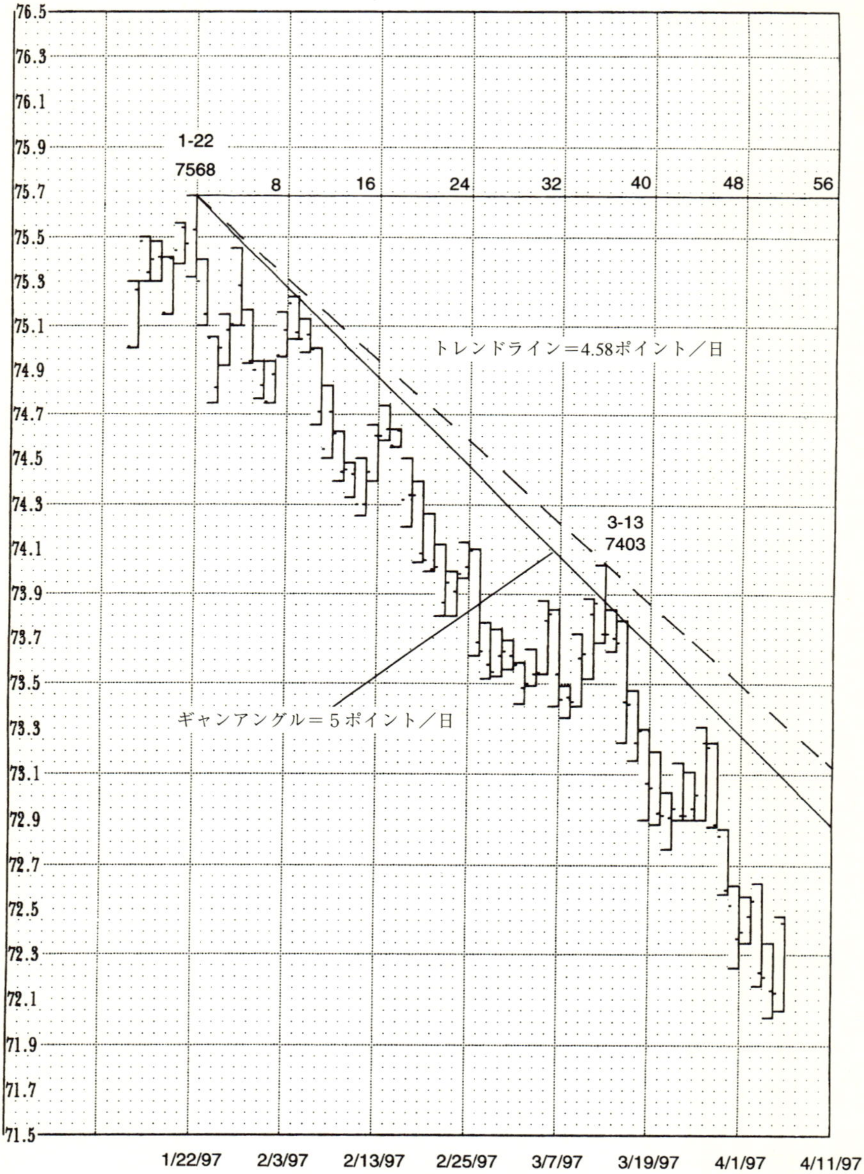

図9.22　カナダドル1997年7月物の日足チャート

上向きのアングルの計算

⑴　中間ボトムからのギャンアングル
１×１アングルより上の強い上げ相場の場合

〈最初の重要なアングル：１×１〉

最初の，そして最も重要なアングルは１×１であり，１単位の価格が１単位の時間に対応する。

ステップ１：適切に作成されたチャート上に，赤ペンで中間ボトムから水平右方向へ線を引く。この線はチャートの右端まで延長してよい。中間ボトムからチャートの右端までのマス目を数え番号をつける。４つおきに番号を振るのが最も簡単である。

ステップ２：中間ボトムから１×１アングルを描く準備をする。

基本的な公式は，中間ボトムの水準に目盛りに時間を掛けたものを加えるということである。

［例］

生牛1997年６月物の日足チャート。目盛りは10ポイント／１日。中間ボトムは1997年４月８日の6300。

1997年４月８日に6300で付けた中間ボトムから右方向へ赤ペンで，限月の最終日まで線を引く。

1997年４月８日から営業日を数える。チャート上で４日もしくは８日ごとに印を付ける（図9.23）。

1997年６月20日に限月が終了するが，1997年４月８日のボトムからの期間は52営業日である。

目盛りが10ポイント／１日であるため，52営業日掛ける10ポイントは520ポイントに相当する。

この数値を中間ボトムに加える。この場合には，6300足す520により，１×１のギャンアングルは6820に位置する。緑ペンで6300のボトムから6820まで１×１アングルを描く。

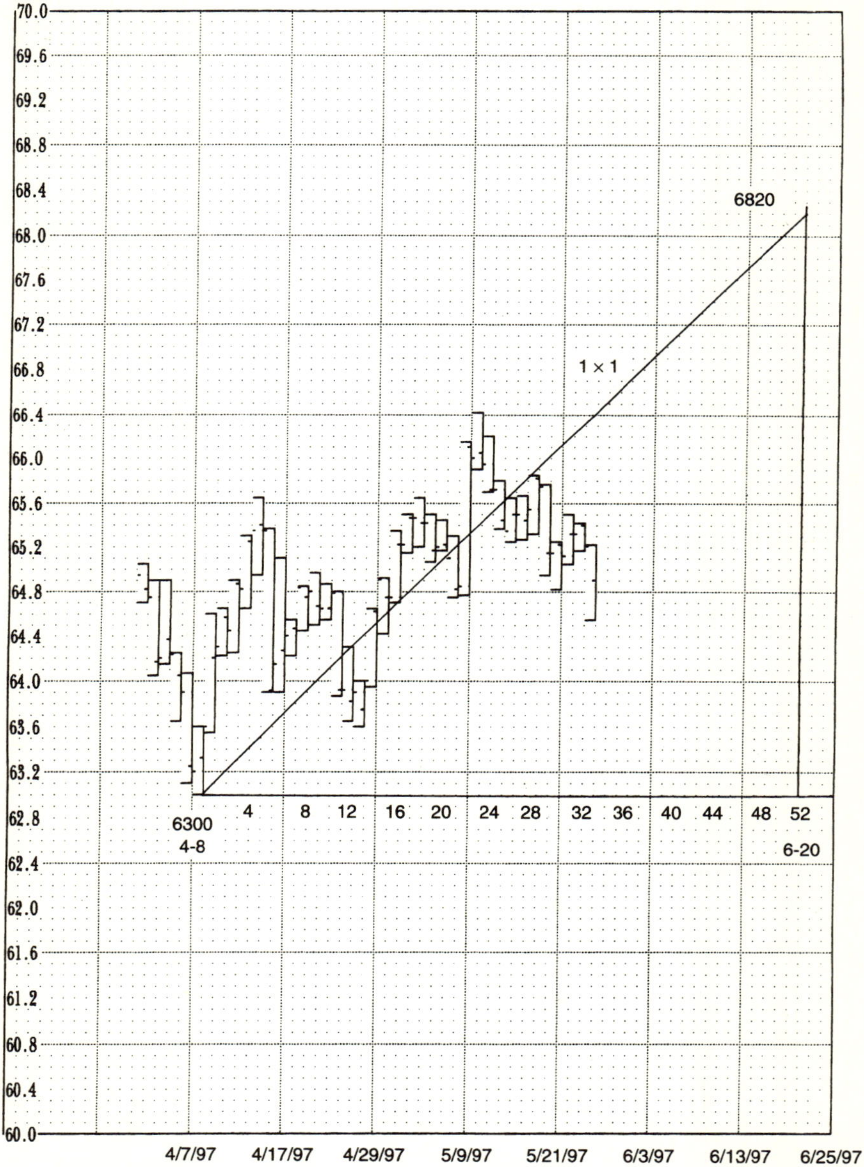

図9.23　上向きのアングルの計算。1×1アングルを引く前に，あらかじめチャート上に4日または8日ごとに日付を打っておく。

このアングルはそれぞれの日においてチャート上の正確な位置にある。たとえば，1997年５月９日は6300で付けた中間ボトムから23営業日であるが，この日の中間ボトムからの１×１アングルは6530である（図9.24）。

〈1×1アングルの計算および価格を特定する代替的な方法〉

中間ボトムと目盛りが既知であれば，相場がある特定の価格に到達しそうな日を推定することが可能である。1997年７月物の生牛相場を例にとると，中間ボトムが6300であることは既知である。質問は，「現在の目盛りに基づき，１×１アングルを用いる場合に，いつ相場が6582に到達する可能性が高いか」である（図9.25）。

これに答えることは容易である。単純にターゲットの価格から中間ボトムを差し引き，その相場の目盛りで割る。これにより１×１アングルがこの価格に到達するであろう営業日が得られる。営業日をチャート上で数え，そこから適切な日時を探す。これはこの日にその付近で売買がなされているだろうという意味ではない。正しい意味は，相場が１×１に従うのであれば，最低でも価格はこの水準を維持しているということである。

[解　法]

6582－6300＝282

282÷10ポイント＝28.2

答えは28.2営業日であり，1997年５月16日と推定される。

⑵ 中間ボトムからのギャンアングル
1×1アングルより上の強い上げ相場の場合

〈2番目に重要なアングル：2×1〉

２番目に描くべきアングルは２×１アングルで，２単位の価格が１単位の時間に対応する。

ステップ１：チャートに１×１アングルを描いた後に，２×１アングルを

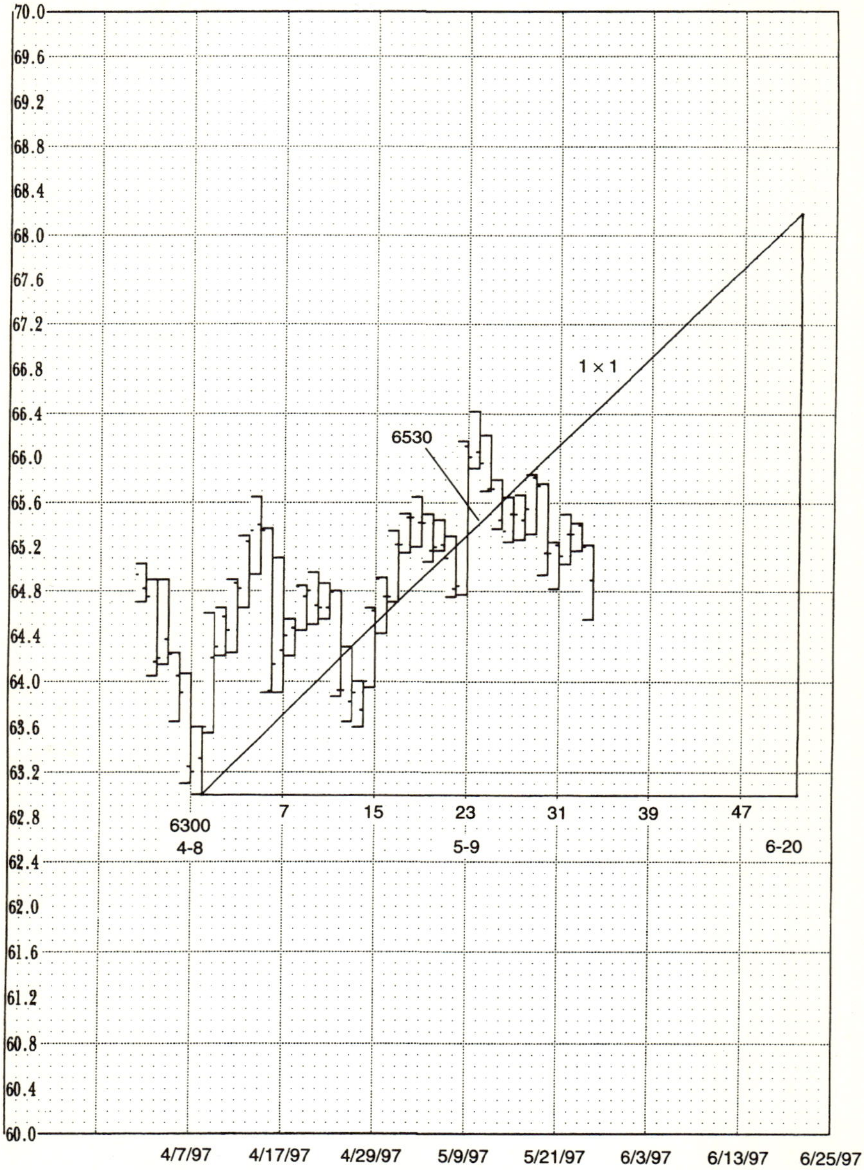

図9.24　上向きのアングルの計算。特定の日付に向けて１×１アングルを引く。

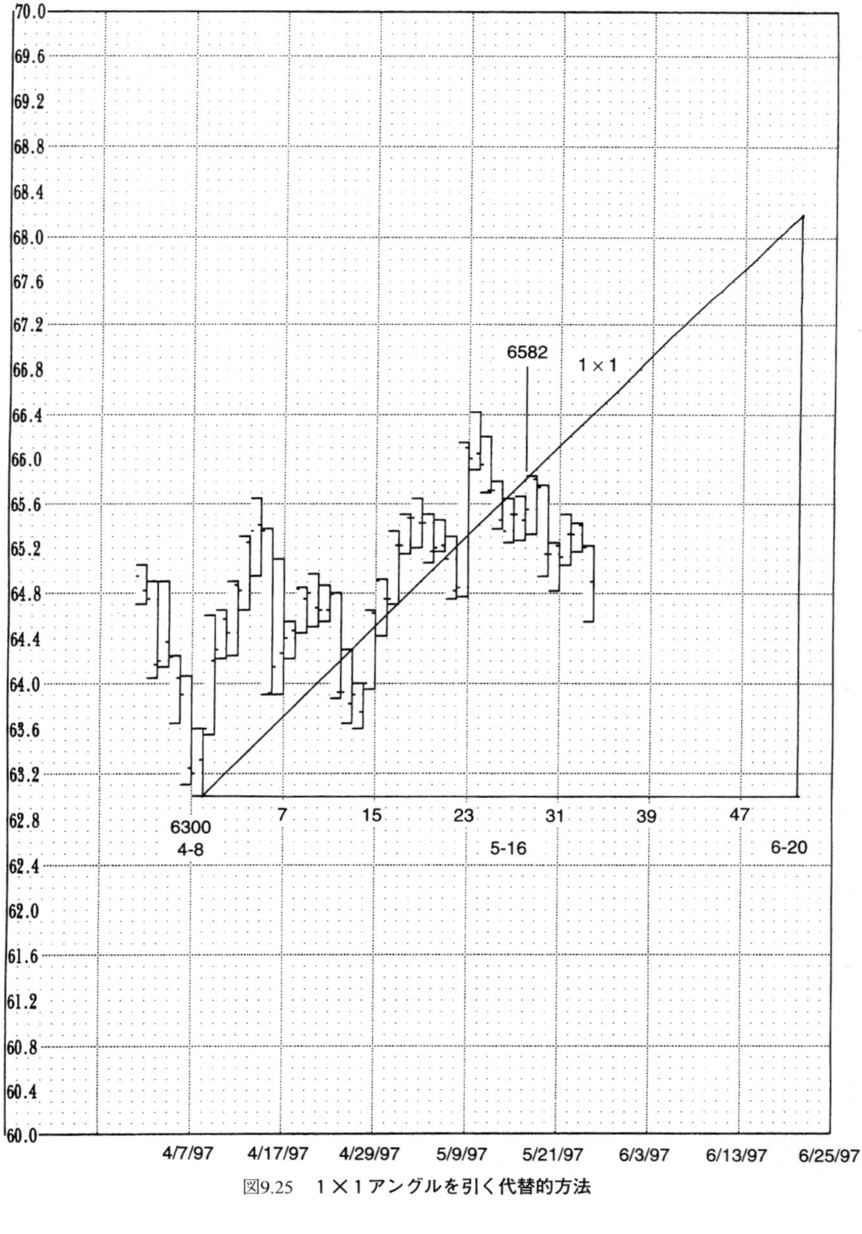

図9.25　１×１アングルを引く代替的方法

チャートに加える。

ステップ2：中間ボトムから，2×1アングルを描く準備をする。

基本的な公式は，中間ボトムの水準に目盛りに時間を掛けたものを加えるということである。

[例]

生牛1997年7月物の日足チャート。目盛りは10ポイント／1日。中間ボトムが1997年4月8日の6300。

1997年4月8日に付けた6300の中間ボトムからの営業日を数える。4もしくは8営業日ごとに印を付ける（図9.26）。

この例では，ボトムから15営業日目が参考ポイントとして選択されている。

目盛りが10ポイント／1営業日であるため，15営業日掛ける10ポイントは150ポイントに相当する。ここまでは1×1アングルと同一の計算である。1×1の2倍の速度で動くアングルを得るため，150に2を掛ける。これにより300という数字を得る。

この数字を中間ボトムに加える。この場合には，6300足す300で2×1ギャンアングルが6600となる。赤ペンでボトムの6300から6600まで2×1を引く。このアングルはそれぞれの日においてチャート上の正確な位置にある。例として，6300での中間ボトムから1997年5月9日までは23営業日である。6300のボトムから2×1アングルは1997年5月9日には6760に到達する（図9.27）。

〈2×1アングルの計算および価格を決定する代替的な手法〉

中間ボトムと目盛りが既知であれば，相場がある特定の価格に到達しそうな日を推定することが可能である。生牛1997年6月物を例に取ると，中間ボトムが6300であることは既知である。質問は，「現在の目盛りに基づき，2×1アングルを用いる場合に，いつ相場が6582に到達する可能性が高いか」である。

これに答えることは容易だ。単純に目標価格から中間ボトムを差し引き，その相場の目盛りで割る。この数字を2で割ることで2×1アングルが得られる。

これにより2×1アングルがこの価格に到達するであろう営業日が得られ

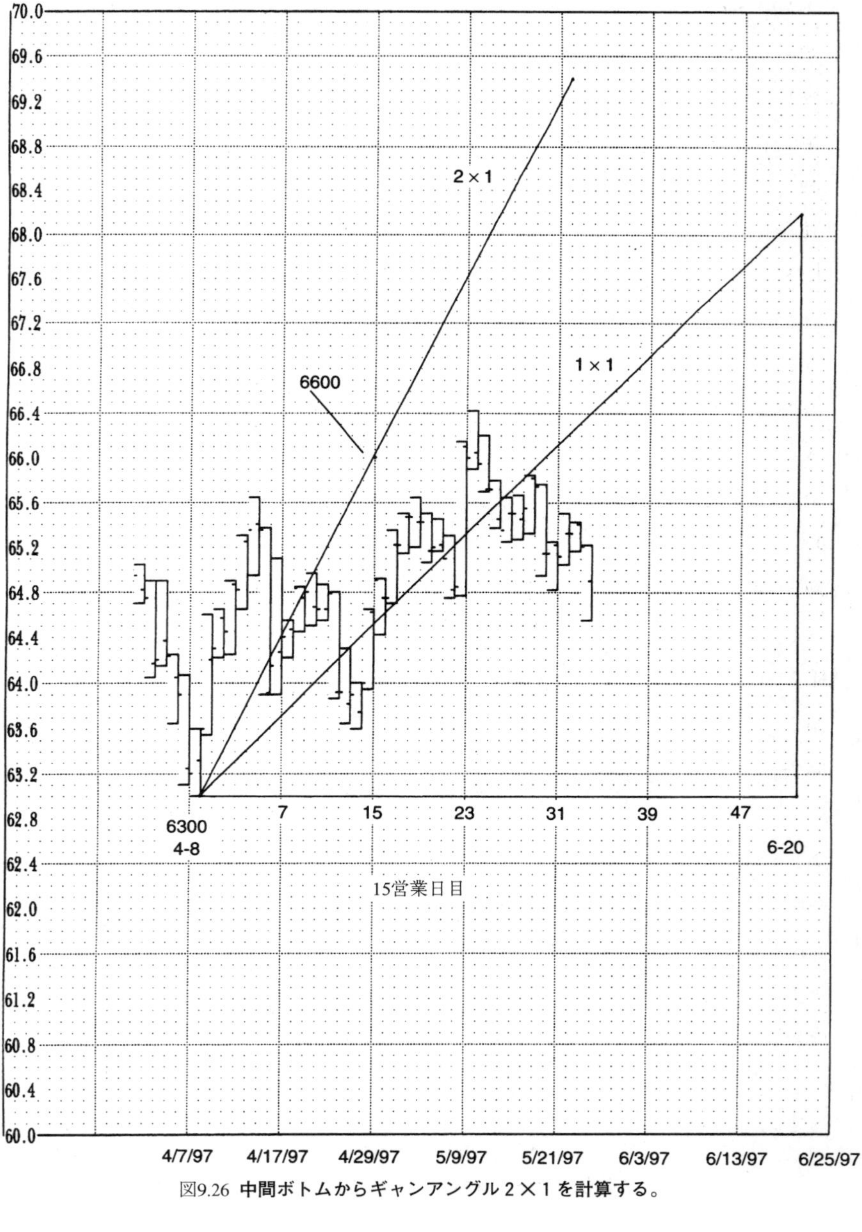

図9.26 **中間ボトムからギャンアングル2×1を計算する。**

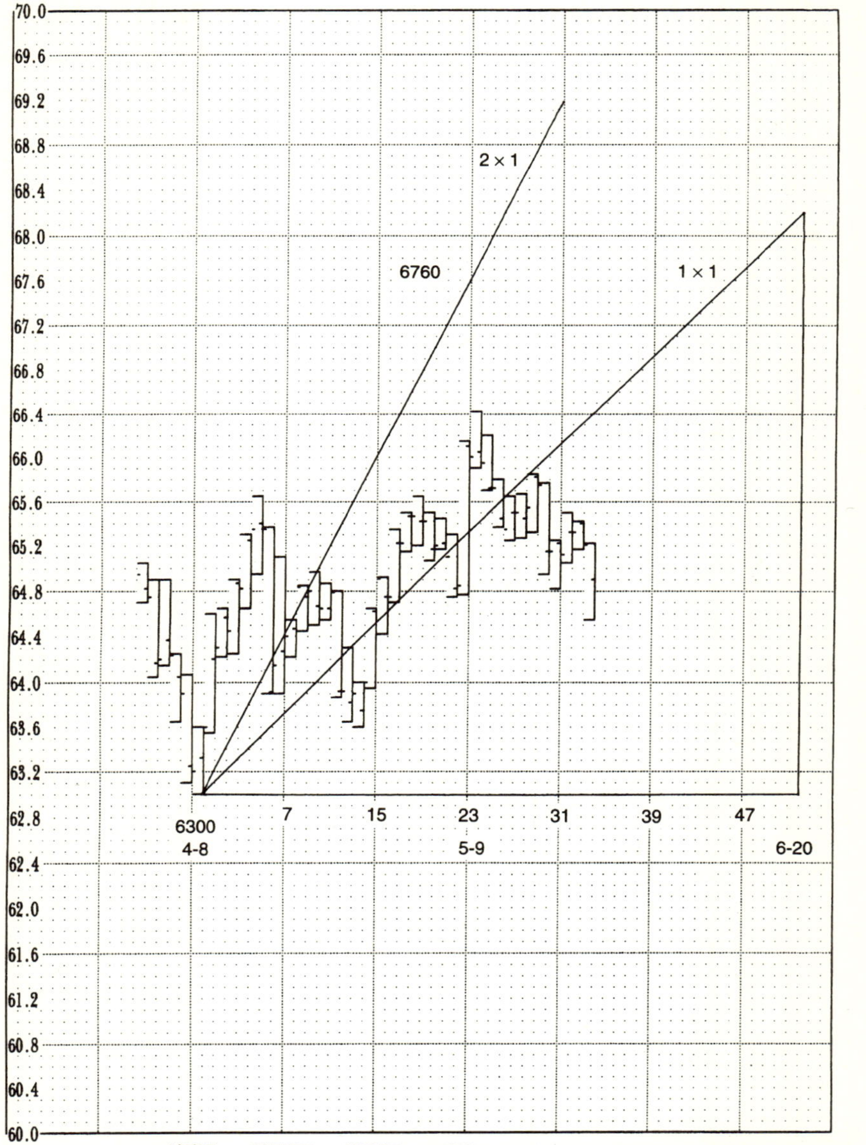

図9.27　特定の日付から，中間ボトムからの２×１アングルを計算する。

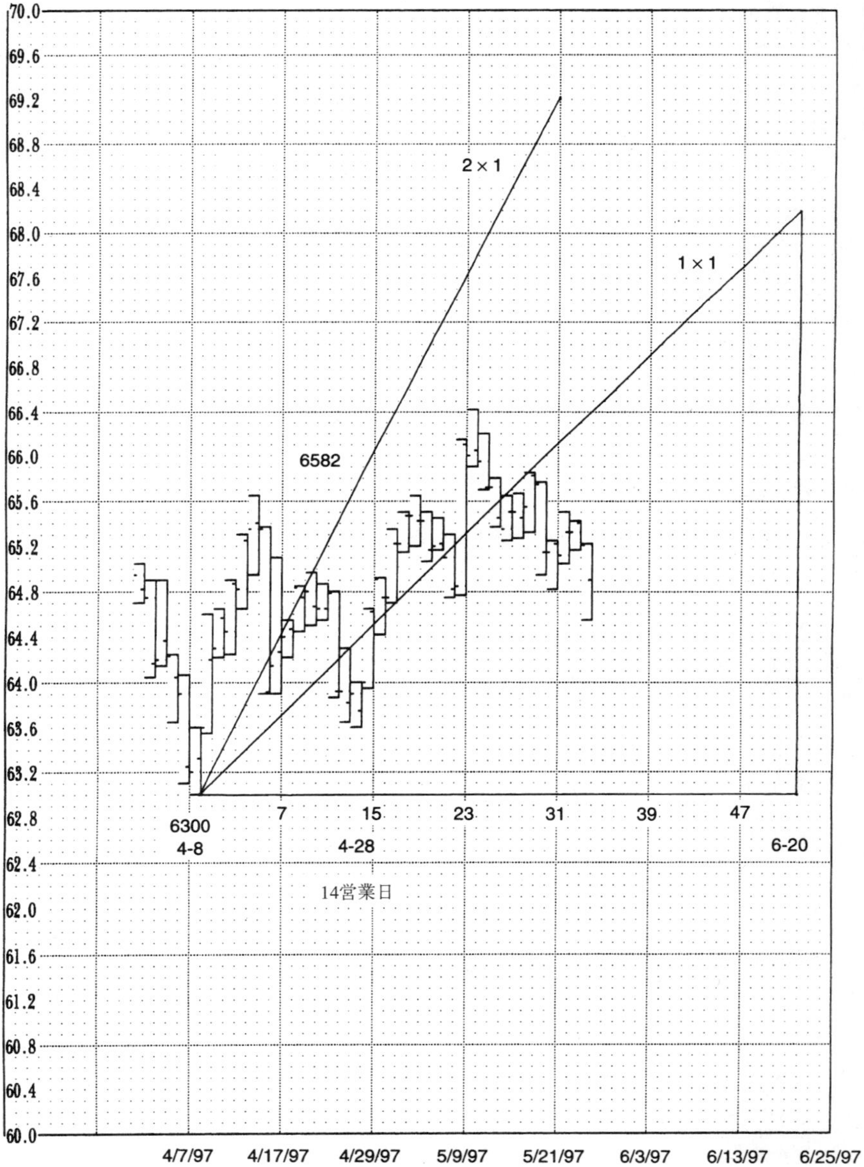

図9.28　2×1アングルの代替的計算方法

る。営業日をチャート上で数え，そこから適切な日時を探す（図9.28）。これはこの日にその付近で売買がなされているだろうという意味ではない。正しい意味は，相場が２×１に従うのであれば，最低でも価格はこの水準を維持しているということである。

［解　法］

6582－6300＝282

282÷10ポイント＝28.2

28.2÷２＝14.1

答えは14.1営業日であり，1997年４月28日と推定される。

⑶　中間ボトムからのギャンアングル

１×１アングルより上の強い上げ相場の場合

〈３番目に重要なアングル：１×２〉

３番目に描くべきアングルは１×２アングルであり，１単位の価格が２単位の時間に対応する。

ステップ１：チャートに１×１を描いた後に，１×２をチャートに加える。

ステップ２：中間ボトムから，１×２アングルを描く準備をする。

基本的な公式は，中間ボトムの水準に目盛りに時間を掛けたものを加えるということである。

［例］

生牛1997年６月物の日足チャート。目盛りは10ポイント／１日。中間ボトムは1997年４月８日の6300。

1997年４月８日に付けた6300の中間ボトムからの営業日を数える。４もしくは８営業日ごとに印を付ける（図9.29）。

1997年６月20日に限月が終了するが，1997年４月８日のボトムからの期間は52営業日である。

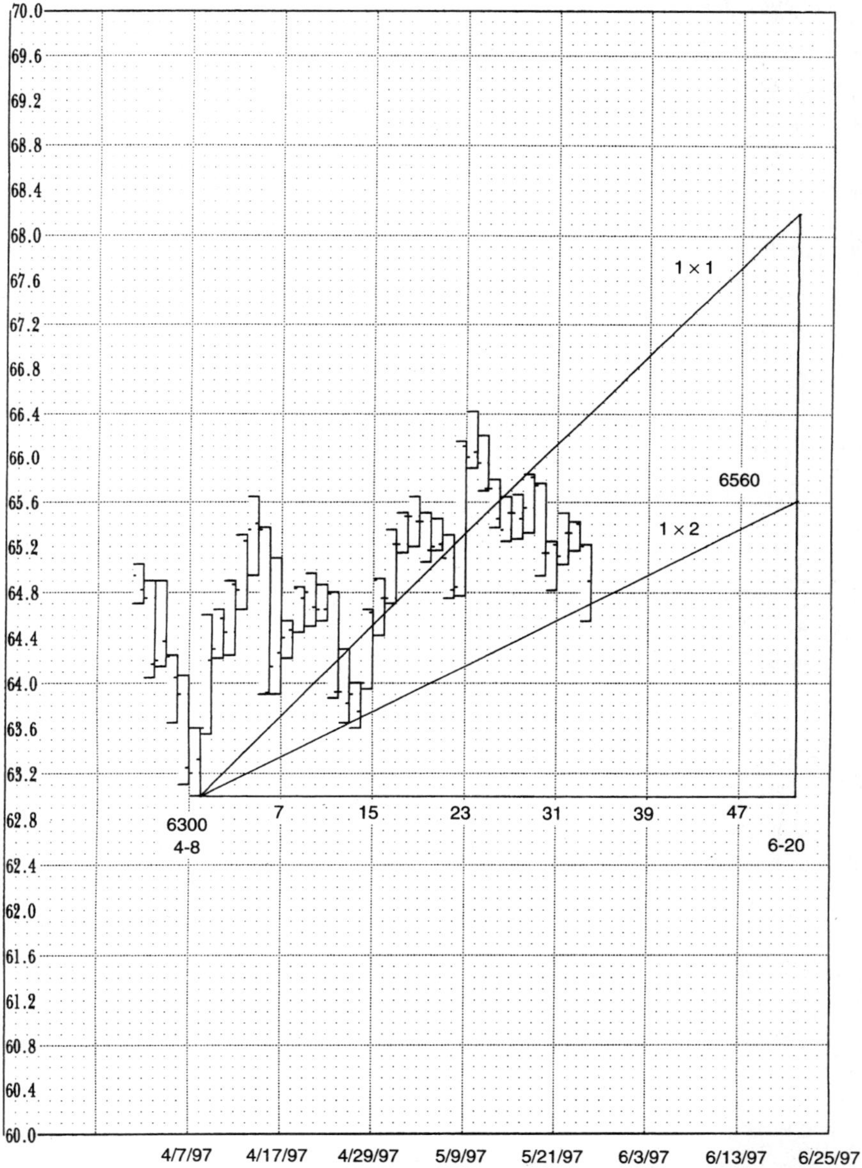

図9.29　**中間ボトムからの１×２アングルを引く方法**

目盛りが10ポイント／１日であるため，52営業日掛ける10ポイントは520ポイントに相当する。ここまでの計算は１×１の場合と同じである。求めるアングルが１×１の半分の速度で上昇するものであるから，520を２で割る。これにより260を得る。

この数値を中間ボトムに加える。この場合には，6300足す260により，１×２のギャンアングルは6560に位置する。赤ペンで6300のボトムから6560まで１×２アングルを描く。

このアングルはそれぞれの日においてチャート上の正確な位置にある。たとえば，1997年５月９日は6300で付けた中間ボトムから23営業日であるが，この日の中間ボトムからの１×２アングルは6415である。

〈１×２アングルの計算および価格を決定する代替的な手法〉

中間ボトムと目盛りが既知であれば，相場がある特定の価格に到達しそうな日を推定することが可能である。生牛1997年６月物を例に取ると，中間ボトムが6300であることは既知である。質問は，「現在の目盛りに基づき，１×２アングルを用いる場合に，いつ相場が6440に到達する可能性が高いか」である（図9.30）。

これに答えることは容易である。単純にターゲットの価格から中間ボトムを差し引き，それをその相場の目盛りで割る。この数値に２を掛けると１×２アングルが得られる。すなわち，１×２アングルがこの価格に到達するであろう営業日が得られる。営業日をチャート上で数え，そこから適切な日時を探す。これはこの日にその付近で売買がなされているだろうという意味ではない。正しい意味は，相場が１×２に従うのであれば，最低でも価格はこの水準を維持しているということである。

［解　法］

6440－6300＝140

140÷10ポイント＝14

14×２＝28

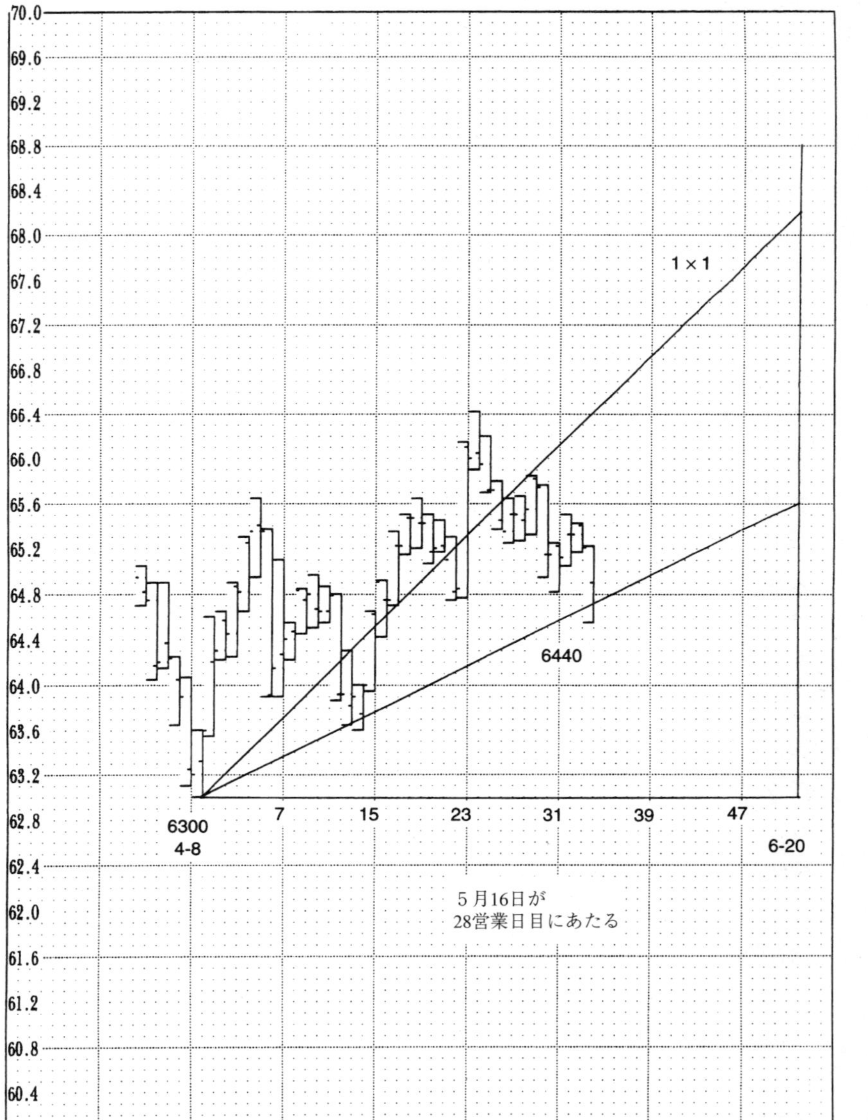

図9.30　**1×2の代替的な作成法**

答えは28営業日であり，1997年５月16日と推定される。

下向きのアングルの計算

⑴　中間トップからのギャンアングル
　　１×１アングルより下の強い下げ相場の場合

〈最初の重要なアングル：１×１〉

最初の，そして最も重要なアングルは１×１であり，１単位の価格が１単位の時間に対応する。

ステップ１：適切に作成されたチャート上に，赤ペンで中間トップから水平右方向へ線を引く。この線はチャートの右端まで延長してよい。中間トップからチャートの右端までのマス目を数え番号をつける。４つおきに番号をつけるのが最も簡単である。

ステップ２：中間トップから１×１アングルを描く準備をする。基本的な公式は，中間トップの水準から目盛りに時間を掛けたものを差し引くということである。

[例]

銀1997年６月物の日足チャート。目盛りは１ポイント／１日。中間トップは1997年５月12日の493。

中間トップである1997年５月12日の493から赤ペンで右方向に線を引く。この線を，たとえば最初の受渡日まで延長する。

1997年５月12日からの営業日を数える。チャート上での４日もしくは８日ごとに印をつける。

1997年７月１日が最初の受渡日であるが，1997年５月12日のトップからの日数は35営業日である（図9.31）。

目盛りが１セント／１営業日であるため，35営業日掛ける１セント／営業日は35セントに相当する。

この数値を中間トップから差し引く。この場合には，493引く35によりギャ

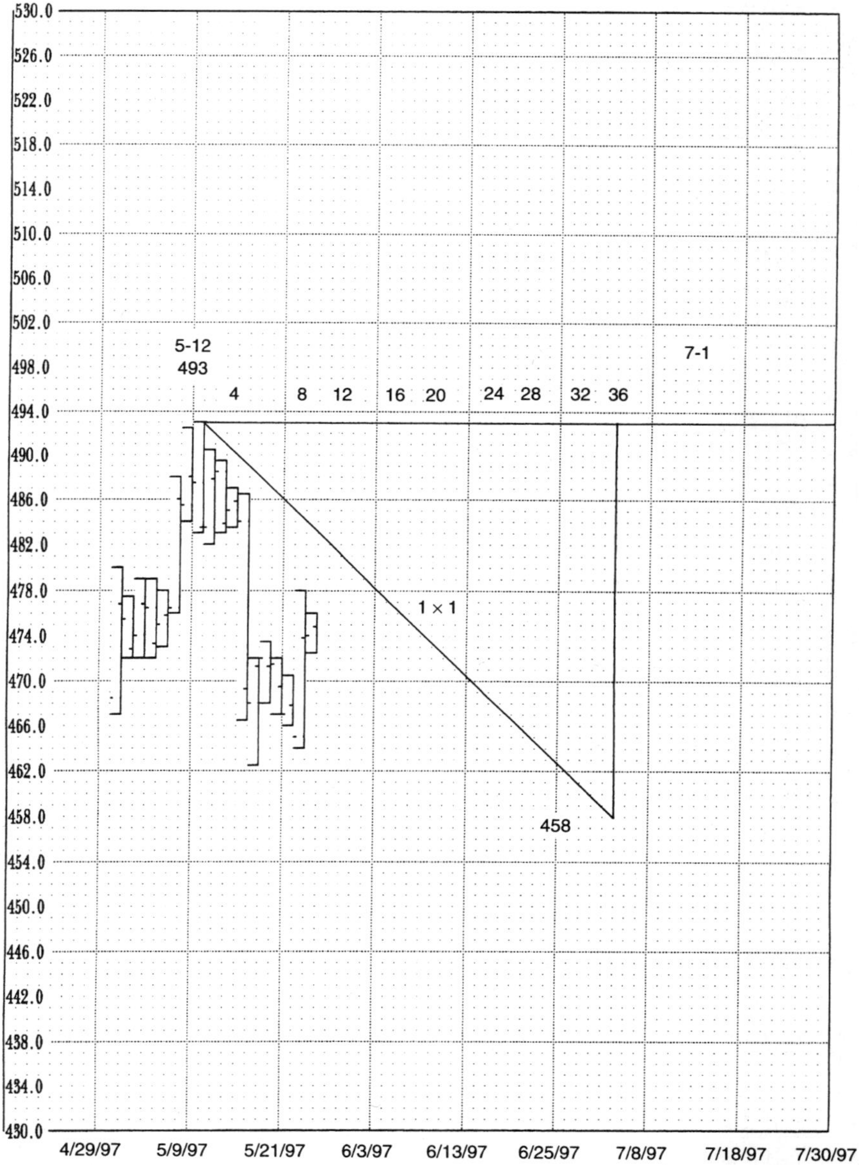

図9.31　下向きのアングルの計算。1×1を引くため，チャート上に高値から4日または8日ごとに対応する点を打っておく。

ンアングル１×１は458に位置する。緑ペンで493のトップから458まで１×１アングルを描く。

このアングルはそれぞれの日においてチャート上の正確な位置にある。たとえば，1997年６月20日は493で付けた中間トップから20営業日である。493で付けたトップからの1997年５月12日の１×１アングルは473である（図9.32）。

〈1×1アングルの計算および価格を特定する代替的な方法〉

中間トップと目盛りが既知であれば，相場がある特定の価格に到達しそうな日を推定することは可能である。銀の1997年７月物を例に取ると，中間トップが493であることは既知である。質問は，「現在の目盛りに基づき，１×１アングルを用いる場合に，いつごろ相場が463に到達する可能性が高いか」である（図9.33）。

これに答えることは容易である。単純に中間トップからターゲットの価格を差し引き，その相場の目盛りで割る。これにより１×１アングルがこの価格に到達する営業日が得られる。営業日をチャート上で数え，そこから適切な日時を探す。これはこの日にその付近で売買がなされているだろうという意味ではない。正しい意味は，相場が１×１に従うのであれば，最高でも価格はこの水準を上回ることはないということである。

［解　法］

493－463＝30

30÷１セント＝30

答えは30営業日であり，1997年６月24日と推定される。

⑵　中間トップからのギャンアングル
1×1アングルより下の強い下げ相場の場合

〈第2に重要なアングル：2×1〉

２番目に重要なアングルは２×１であり，１単位の時間に２単位の価格が対

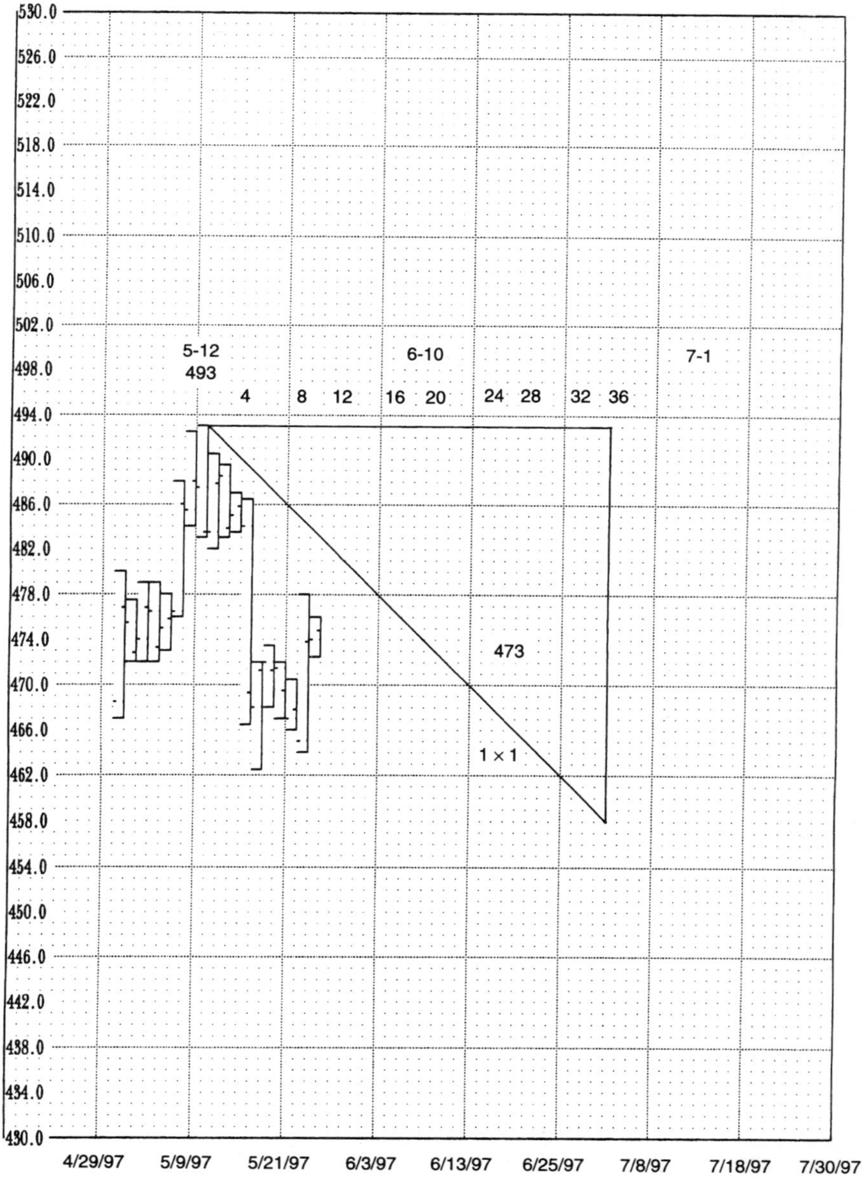

図9.32　下向きのアングルの計算。特定の日付に対応した点を求めておき，１×１を引く。

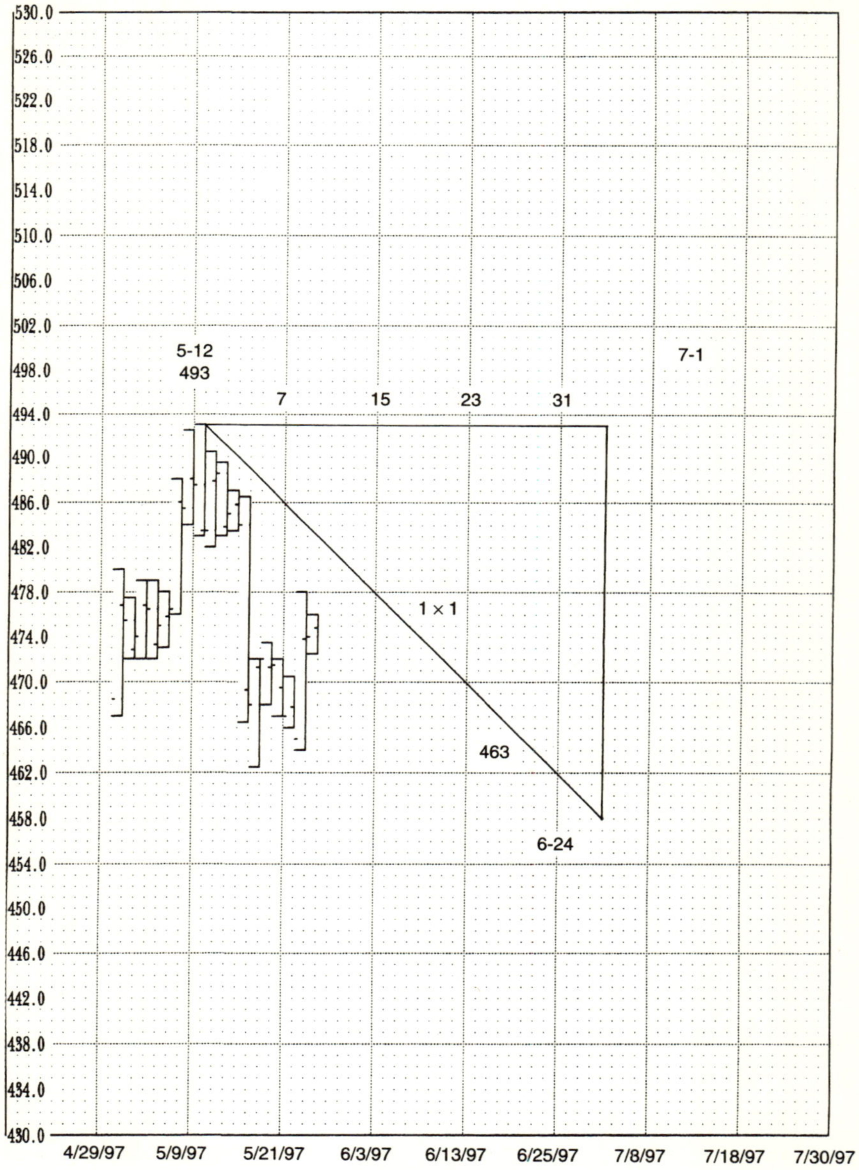

図9.33　1×1を引くための代替的な方法

応する。

ステップ1：チャートに1×1アングルを描いた後に，2×1アングルをチャートに加える。

ステップ2：中間トップから2×1アングルを描く準備をする。

基本的な公式は，中間トップの水準から目盛りに時間を掛けたものを差し引くということである。

[例]

銀の1997年7月物の日足チャート。目盛りは1ポイント／1日。中間トップは1997年5月12日の493。

最初に中間トップである1997年5月12日からの営業日を数える。チャート上で4日もしくは8日ごとに印を付ける。1997年6月1日までの，1997年5月12日の中間トップからの時間は15営業日である（図9.34）。

目盛りが1セント／1営業日であるため，15営業日掛ける1セント／営業日は15セントになる（ここまでは1×1アングルの計算と同様である）。1×1の2倍の速度で動くアングルを得るために15を2倍する。この結果，30セントの数値が得られる。

この数値を中間トップから差し引く。この場合には，493引く30により2×1ギャンアングルは6月1日に463に位置する。赤ペンで493のトップから463まで2×1アングルを描く。

このアングルはそれぞれの日においてチャート上の正確な位置にある。たとえば，1997年5月21日は493で付けた中間トップから7営業日であるが，中間トップである493からの2×1アングルは479に位置する。

〈2×1アングルの計算および価格を特定する代替的な方法〉

中間トップと目盛りが既知であれば，相場がある特定の価格に到達しそうな日を推定することは可能である。銀の1997年7月物を例に取ると，中間トップが493であることは既知である。質問は，「現在の目盛りに基づき，2×1アングルを用いる場合に，いつ頃，相場が463に到達する可能性が高いか」である（図9.35）。

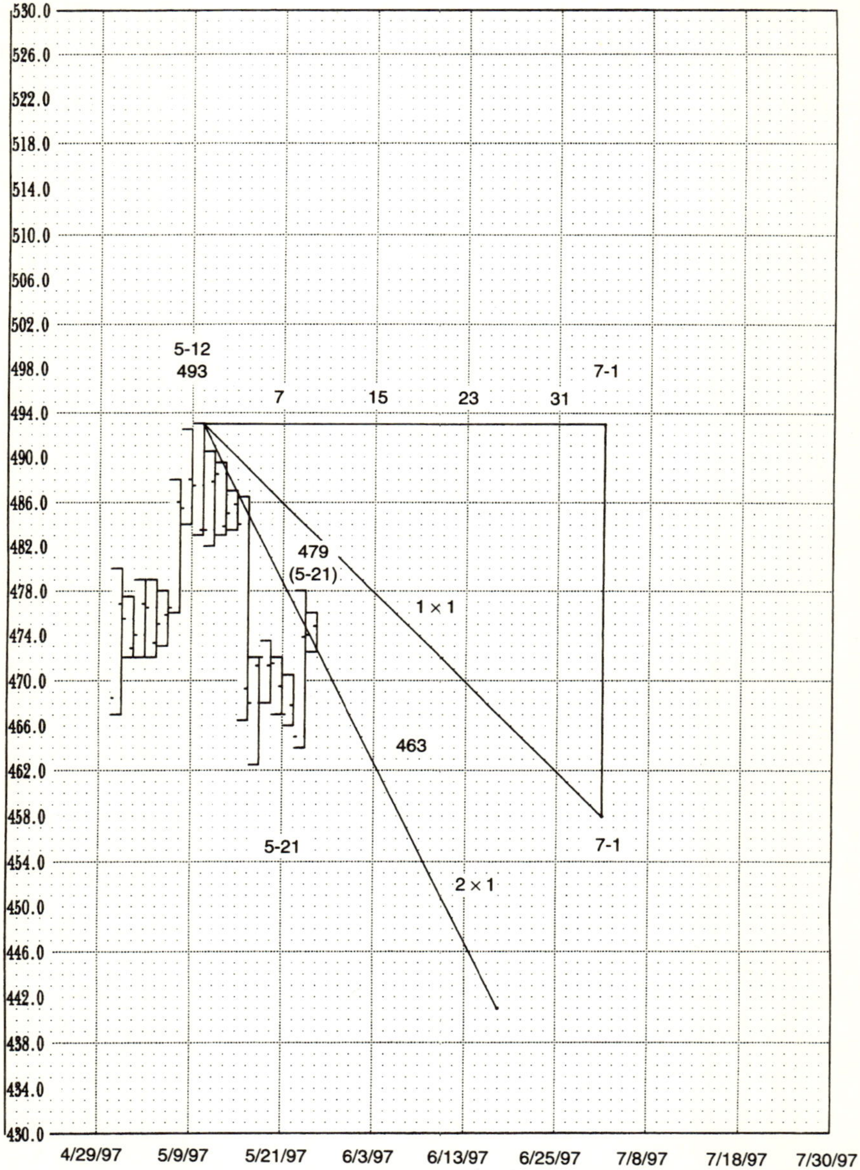

図9.34　中間トップからのギャンアングル2×1の計算

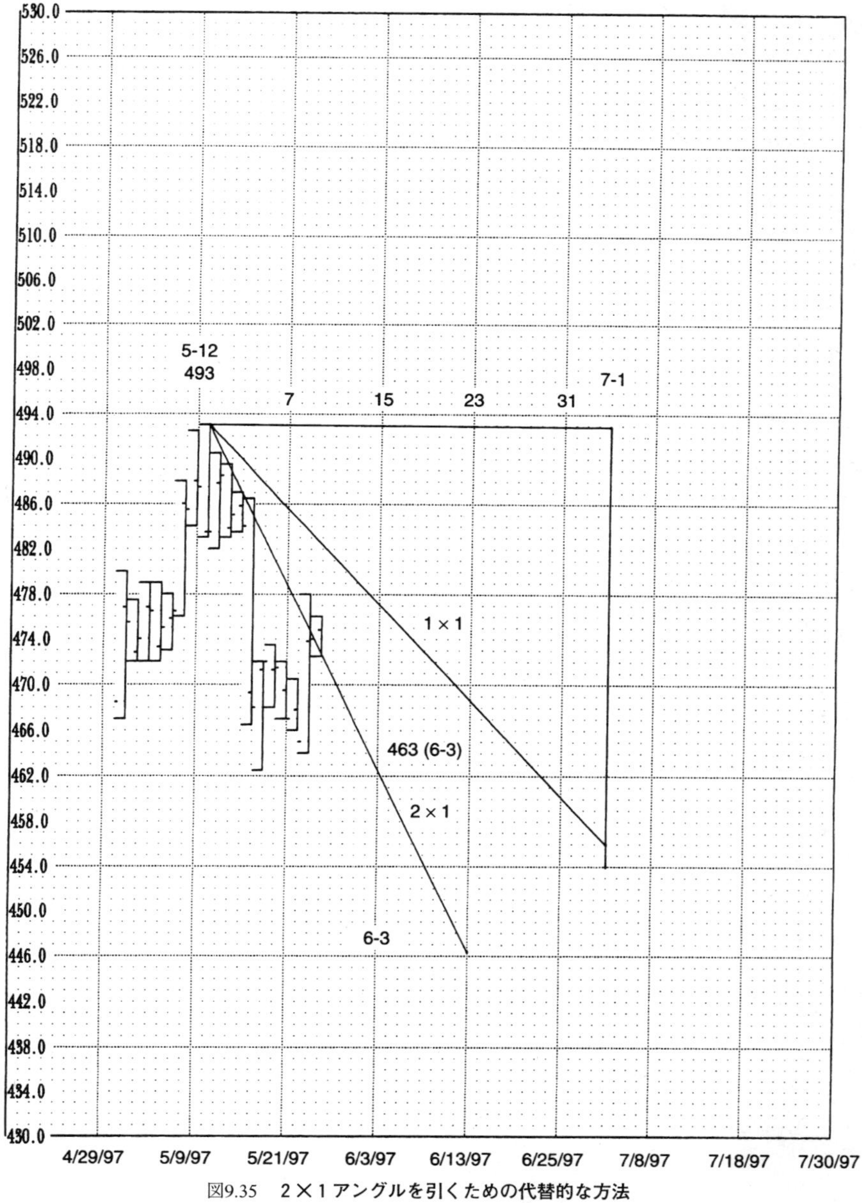

図9.35　２×１アングルを引くための代替的な方法

これに答えることは容易である。単純に中間トップからターゲットの価格を差し引き，その相場の目盛りで割る。さらにこれを２で割ることにより，２×１アングルがこの価格に到達する営業日が得られる。

営業日をチャート上で数え，そこから適切な日時を探す。これはこの日にその付近で売買がなされているだろうという意味ではない。正しい意味は，相場が２×１に従うのであれば，最高でも価格はこの水準を上回ることはないということである。

［解　法］

493－463＝30

30÷１セント＝30

30÷２＝15

答えは15営業日であり，1997年６月３日と推定される。

⑶　中間トップからのギャンアングル
1×1アングルより下の強い下げ相場の場合

〈3番目に重要なアングル：1×2〉

３番目に重要なアングルは１×２であり，１単位の価格が２単位の時間に対応する。

ステップ１：チャートに１×１を描いた後に，１×２をチャートに加える。

ステップ２：中間トップから，１×２アングルを描く準備をする。

基本的な公式は，中間トップの水準から目盛りに時間を掛けたものを差し引くということである。

［例］

銀の1997年７月物の日足チャート。目盛りは１セント／１日。中間トップは1997年５月12日の493。

1997年５月12日に付けた493の中間トップからの営業日を数える。４もしくは８営業日ごとに印を付ける。

1997年７月１日が最初の受渡日であるが，中間トップからの時間は35営業日である（図9.36）。

目盛りが１セント／１営業日であるため，35営業日掛ける１セント／営業日は35セントとなる。ここまでは１×１アングルと同様の計算である。１×１の半分の速度で動くアングルを得るために，35を２で割る。この結果，17.5セントの数値が得られる。

この数値を中間トップから差し引く。この場合，493引く17.5により，ギャンアングル１×２は475.5に位置する。赤ペンで493のトップから475.5まで１×２アングルを描く。

このアングルはそれぞれの日においてチャート上の正確な位置にある。たとえば，1997年６月10日は493で付けた中間トップから20営業日であるが，この日の中間トップからの１×２アングルは483に位置する。

〈1×2アングルの計算および価格を特定する代替的な方法〉

中間トップと目盛りが既知であれば，相場がある特定の価格に到達しそうな日を推定することは可能である。銀の1997年７月物を例に取ると，中間トップが493であることは既知である。質問は，「現在の目盛りに基づき，１×２アングルを用いる場合に，いつ頃，相場が480に到達する可能性が高いか」である（図9.37）。

これに答えることは容易である。単純に中間トップからターゲットの価格を差し引き，その相場の目盛りで割る。さらにこれに２を掛けることにより，１×２アングルがこの価格に到達する営業日が得られる。営業日をチャート上で数え，そこから適切な日時を探す。これはこの日にこの価格がつくだろうとか，この日にその付近で売買がなされているだろうという意味ではない。正しい意味は，相場が１×２に従うのであれば，最高でも価格はこの水準を上回ることはないということである。

［解　法］

493－480＝13

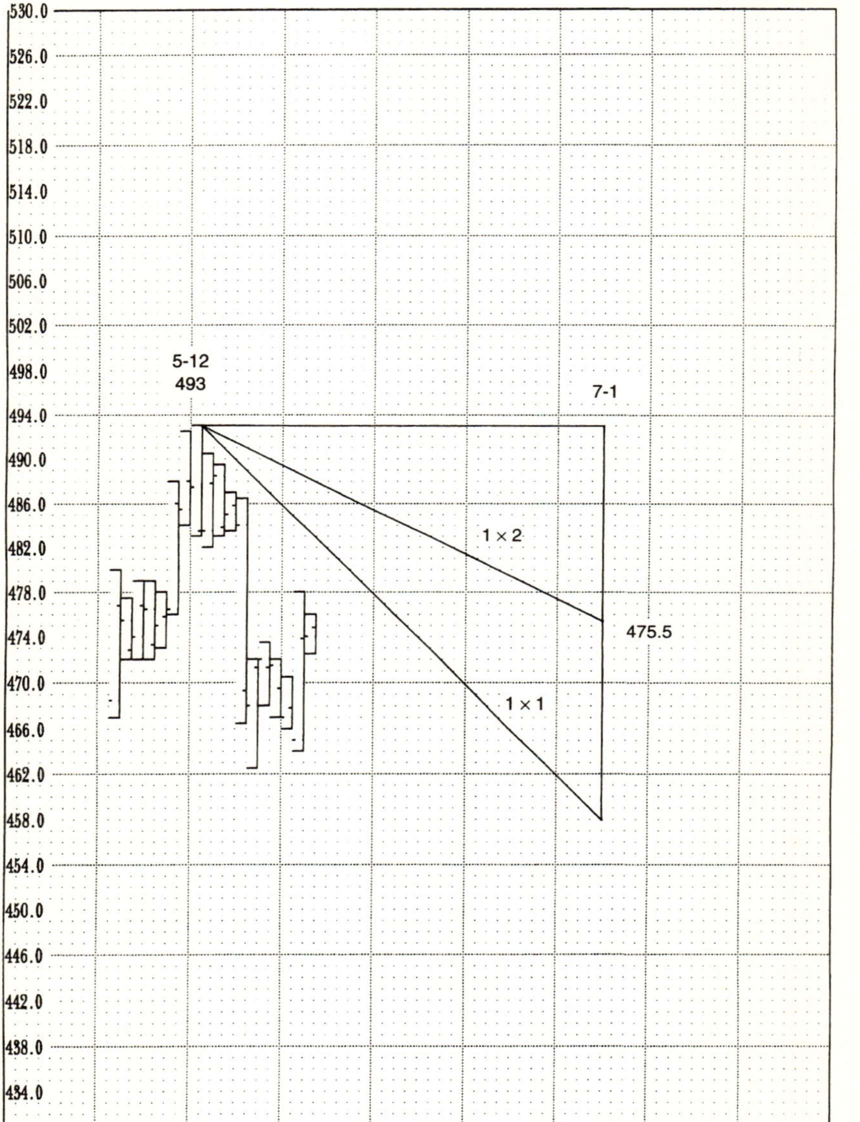

図9.36　**中間トップからのアングル１×２の計算**

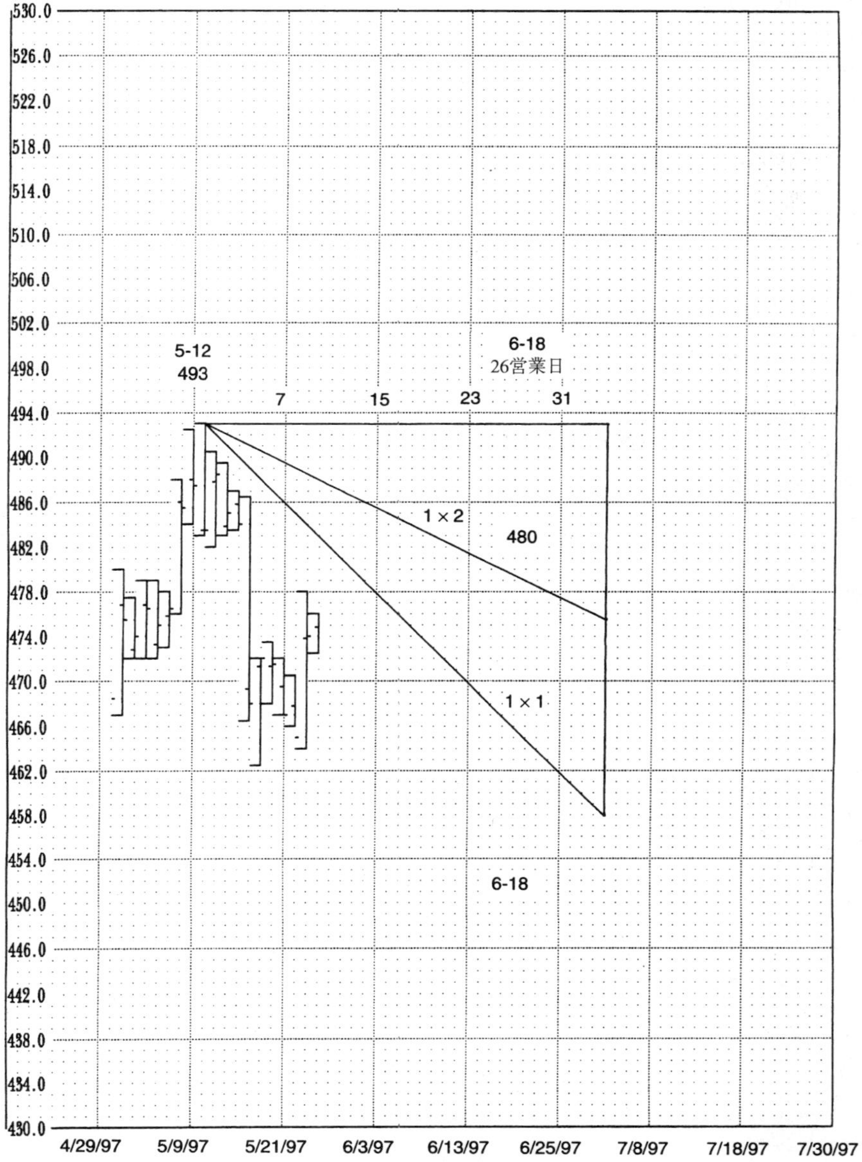

図9.37　1×2アングルの代替的な作成法

13÷１セント＝13

13×２＝26

答えは26営業日であり，1997年６月18日と推定される。

同様の数式により，必要であれば，８×１，４×１，１×４，１×８も計算してみてほしい。

ゼロアングル

価格ゼロを起点として上昇するアングルは非常に重要であり，読者が付けているチャートでも簡単に利用できる。これは日足チャートよりも，期間の長い月足や週足チャートでの方がうまく機能する。トレーダーが２～３年に及ぶ日足チャートを用いているのでなければ，ゼロアングルが有効に機能するには短すぎるのである。

[例]

重要な安値を100で付け，その安値を付けた時点における価格ゼロの点から，すべての重要なアングルを引きたければ，単純に100を付けた時点から右方向へ100マス数え，その地点に向かって価格ゼロの地点から斜線を結ぶと，ゼロアングル１×１が得られる。２×１であれば右方向へ50マス，１×２であれば200マス数える。もちろん，これは読者の目盛りが１時間単位に１ポイントの場合であり，別の目盛りを使っていればそれに応じて修正しなければならない。

この手法の主な目的は，どこで価格と時間が均衡しているかを見ることである。これは「安値のスクエアリング」として知られている。詳細は第10章で取り上げる。

[例]

重要な高値が500にあり，その高値を付けた時点における価格がゼロの点からすべての重要なアングルを引きたければ，使用する目盛りが５の場合は，500の高値を付けた時点から単純に右方向に100マス数え，その地点に向かって価格ゼロの地点から斜線を結ぶと，ゼロアングル１×１が得られる。２×１であれば右方向へ50マス，１×２であれば200マス数える。

この手法の主な目的は，どこで価格と時間が均衡しているかを見ることである。これは「高値のスクエアリング」として知られている。この詳細も第10章で取り上げる。

ギャンアングルの使い方

〈トレーディングシステムに取り入れてみる〉

アナリストたちがギャン理論について話している時，「１×１アングルがブレイクされるまでロングを維持しろ」とか，「50％のポイントで止まらなければ，トレンドの転換に注意せよ」などと言うのを耳にすることがある。

はじめのうちは，どういう意味なのかわからないかもしれない。たとえば，「１×１アングルをブレイクする」と「止まらない」という言葉で，トレーダーたちは何を言おうとしているのか。あるいは，ギャン分析の多くが１つのアングルから別のアングルへの移動に関係するものなら，重大なブレイクとなるためには相場がどれだけアングルを突破しなければならないのか。

幾何学的（ジオメトリック）アングルを用いてトレンドの変化を確認するのは困難な作業である。この幾何学的アングルのルールを，ギャンは決して固定的なものとはしなかった。それを調査，検証，そして実践することこそが，ギャンアングルを理解する鍵だと考えていたからである。ギャンの本や『コース』はいわば１つのガイドラインとして作られたものであり，ギャンは実践による検証を推奨していたのである。

幾何学的アングルを作成することは容易である。また，それらを解釈することはより困難だが不可能ではない。この節では，アングルやトレーディングシステムの構築に関するどんな質問に対しても答えが得られるはずだ。

いかなるトレーディングシステムの構築も，3つの過程から成り立っている。

1　システムの種類を決定する。トレンドフォローか，支持や抵抗に従う逆張りか。

ほとんどのトレンド追随型のシステムは，大きな動きをとらえるように設計されている。このトレンド追随システムを用いる時にトレーダーが最も恐れるのは，「大きな動き」を逃すことだ。ギャンのテクニックによるトレンドフォローと逆張りの複合システムが示すところでは，明確なシグナルの後であれば市場に参入するのに遅すぎることは決してない。トップやボトムを逃したとしても，幾何学的アングルはポジション構築の場を指示してくれるだろう。

幾何学的アングルは有効な支持と抵抗の位置も，相場がボトムやトップから離れるたびに継続的に示してくれる。

つまり，ボトムやトップから引かれた幾何学的アングルが，実質的にボトムやトップの延長であり，一定の速度で動いているからである。これはギャン理論の根幹の概念である，「トップやボトムにより，将来のトップやボトムを予測することができる」に関連している。

2　仕掛ける際のルールを確立する。

エントリー（仕掛け）の条件設定は，最も頻繁に議論されるギャンのルールの１つである，「相場がアングルに到達した時に買う，または売る」に深くかかわってくる。

最も重要なアングルは１×１である。「このアングルが相場の強さと方向を決定し，投資家はこのアングルだけで売買すること（価格が角度45度の線で休止している時に買う）ができる」と，ギャンは述べている。

ボトムから上向きの１×１より上方にとどまっている時はいつもその銘柄は強く，トップから下向きの１×１より下にある時は弱い。

下げ相場における最良の売り場は，中間トップからの１×１に価格が届いてもそれを超えられない時である。同じく最良の買い場は，相場が中間ボトムからの１×１上にとどまっている時である。相場が大きく動く間には，これらは何度も起こるものである。

アングルは，ボトムまたはトップの延長としての役割しか持たないことを銘記しておく必要がある。相場がアングル上にとどまっている時に買うのは，実際には，アングルの起点であるボトムを買っているのと同じことである。すでに述べたように，トップまたはボトムを逃したとしても，エントリーするのに遅すぎることは決してないのである。

あるボトムが重要であればあるほど，そこから引かれたアングルも重要となる。日足のボトムからのアングルよりも中間，メインボトムからのアングルで買う方がよい。より意味の強いボトムはより強い将来のアングルを意味するからである。

〈全アングルの法則〉

もう1つの重要なガイドラインは，ギャンが「全アングルの法則」と呼んだものである。相場があるアングルをブレイクすると，次のアングルまで動くだろうというものである。これは，時間が経過するにつれてアングルの重要性が弱まり，相場が最終的にそれをブレイクしたままとなるからである。このため，2×1をブレイクした相場は1×1アングルへ向かって動き始めるだろうと考える。同様に，1×1をブレイクした相場は最終的には1×2アングルに到達すると見るわけである。逆に，上昇の動きの場合は，1×2アングルで踏みとどまれば1×1まで上昇する見込みが高く，1×1を超えれば2×1をめざすラリーにつながる見込みが高いと考えるのである。

相場がボトムを形成する時は，常に次のことを思い出してほしい。相場が1×1アングルよりも上にある時は，価格が時間に先行し，相場が1×1アングルよりも下にある時は，時間が価格に先行している。そして相場が1×1の上にとどまっている時は，時間と価格が均衡している（図9.38）。

日足チャートで，ボトムからの1×1を価格が横切る時には，価格に時間に勝るだけの十分な力強さがないことを示唆しているのかもしれない。

通常このようなケースは，相場が1×1の上でとどまるか，下にブレイクされて1×2のサポートを探りにいくかのどちらかである。時間的にみて正確に，1つのサイクルが一巡した場合，相場は通常，1×2，1×1，または2×1アングルのどれかを完成させる。理想的には相場は1×1に従って動くものである。

強気相場の初期にしばしば見られることだが，小さな反落を伴いながら価格がじりじりと上昇することがある。このような場合は，時間が抵抗として働くのと同様に，上げ過程でのマイナー，あるいは中間トップからのアングルが抵

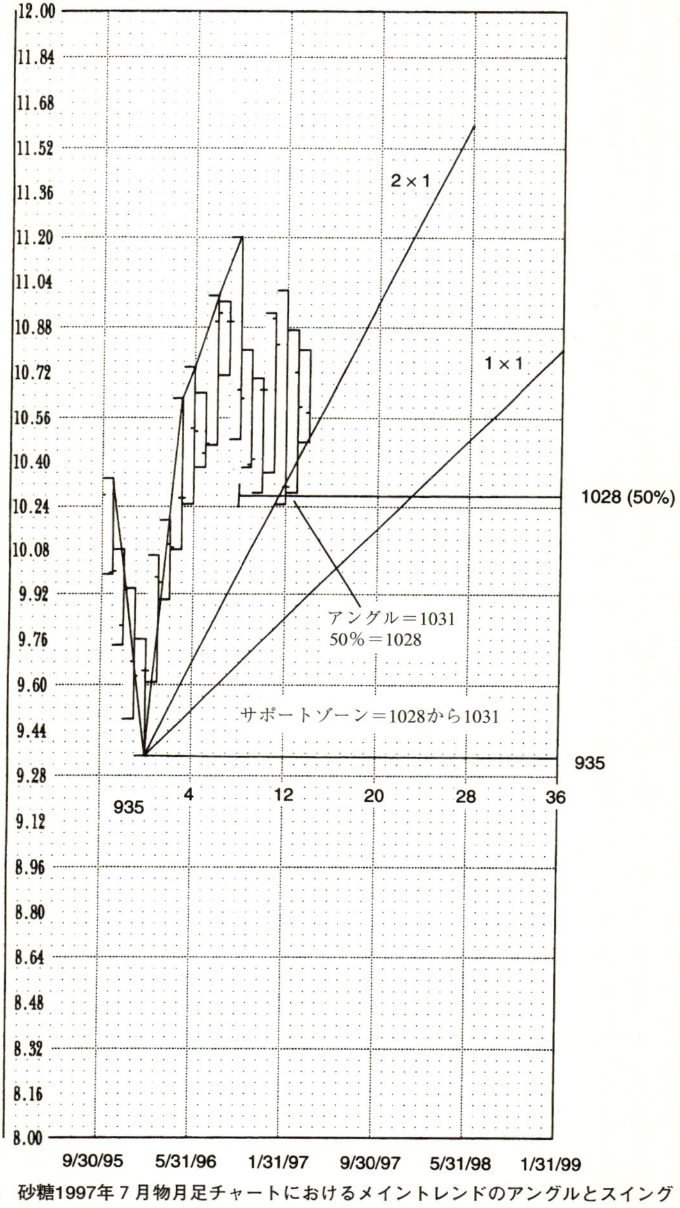

図9.38　**砂糖1997年７月物月足チャートにおけるメイントレンドのアングルとスイング**

抗となっているのである。

これらのトップからのアングルを想定すると，これらがしばしば中間，そしてメインボトムから這い上がっている価格を抑えていることに気づくだろう。最も強い動きが起こるのは，相場が中間トップからの下降アングルと中間ボトムからの上昇アングルを同時に突き抜ける時である。マイナートップ，ボトムに基づくアングルに比べて，こちらの方がトレンドラインをブレイクするにはより大きな力を必要とする。

幾何学的アングルを用いる時，価格が高くなるにつれて，それぞれのアングルの間が広まるのは驚くべきことではない（図9.39）。しかし，これは価格が上昇するにつれて底から離れ，このため調整に対する抵抗力が弱まっていることをも意味する。

このことと全アングルの法則とを組み合わせると，２×１アングルをブレイクした後に急反落し，１×１アングルに届いた途端に急反発することは不思議ではない。急落後の反発については正反対のことが言える。

3　ストップの位置を決定する。

投資家としては，トレンドが変化した時にのみ，ストップにかかって市場から抜けたいと考える。その鍵は，トレンドの変化が有効となるにはどの程度アングルが貫通すればよいかを知ることである。これを決定するいくつかの方法をギャンは考案している。

トップからのトレンドの変化を確認するルールの１つは，下落が直前の反落の値幅を超えているのを確認することである。ボトムからのトレンドの変化を確認するルールの１つは，下落過程における反発の最大値幅を超える上昇を確認することだ。価格が，前回のアングル貫通の時以上の貫通を見せた場合は，トレンドの変化の可能性があることを示唆している（図9.40）。

これはどこにストップロス注文を置いたらよいかを示している。過去の動きを研究することで，平均的なアングル貫通の動きがどのようなものであるかを知ることができる。これは「ロストモーション」として知られるが，以下の項で議論する。すでに第８章でも議論したことだが，ギャンアングルに適用される場合でも，ロストモーションの概念はまったく変わらない。

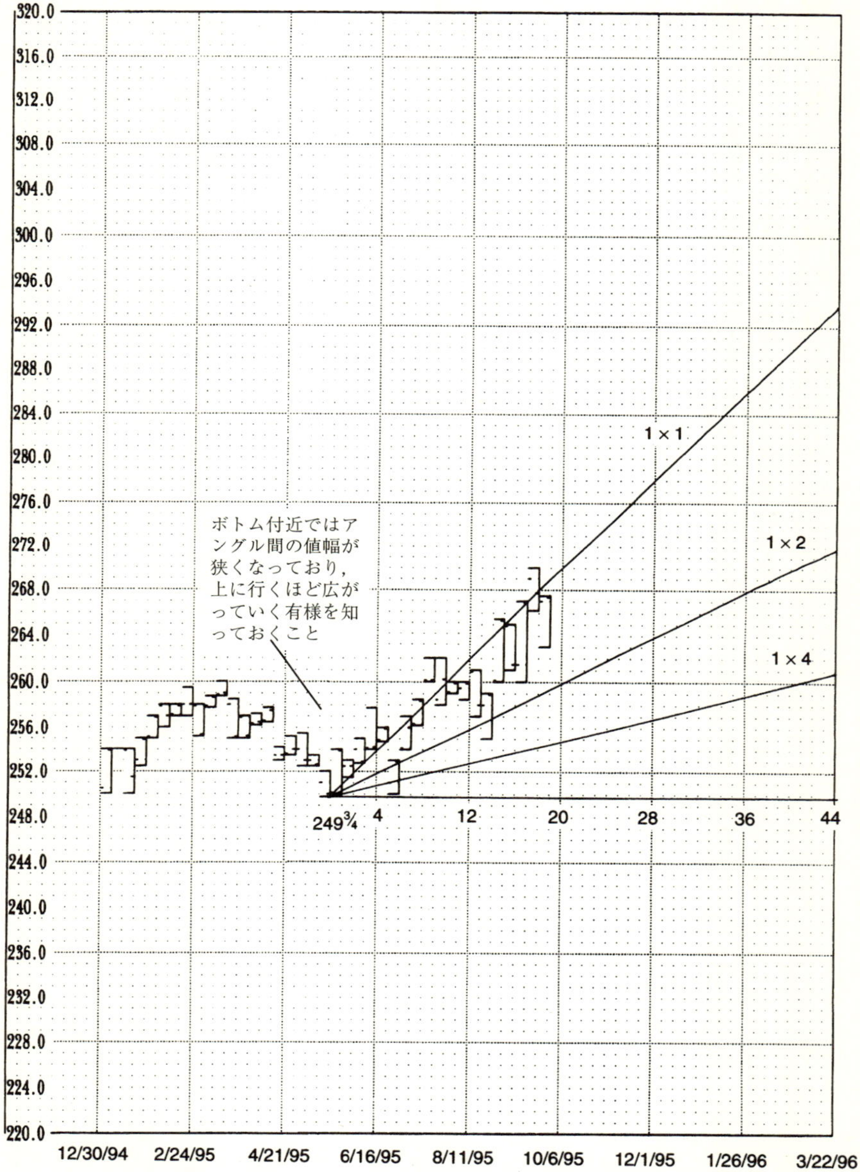

図9.39　**相場の水準が高くなればなるほど，アングル間の値幅が広がってくる。**

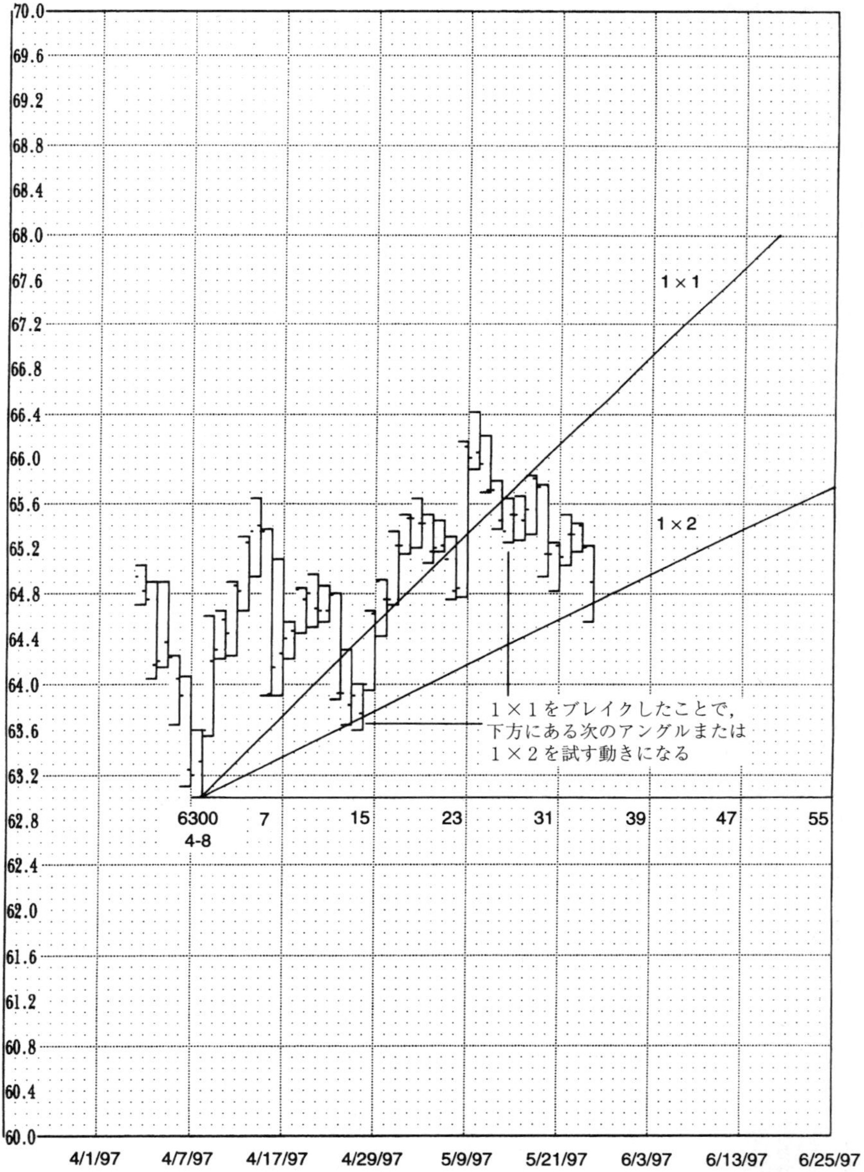

図9.40　全アングルの法則。相場はアングルをブレイクすると，次のアングルに向かって動く性質がある。

ロストモーション

アングルに適用される場合のロストモーションは，価格が一時的にトレンドに逆行し，重要な支持もしくは抵抗となっているアングルを貫通する時に生じる。上昇トレンドの過程を通して，相場は一定の速度で動く上昇トレンドを描くアングルに従って動くだろう。時には，相場はアングルを下にブレイクするが，１～２日でアングルの上に戻ることがあるだろう。

ポイントは，相場がアングルを回復する前にアングルをどれだけ貫いたかを記録しておくことである。これは，買いポジションを手仕舞いする際に，どこにストップロス注文を置くかを決定するのに役立つ。分析は２つの部分に分かれる。１つは，ある特定のアングルを貫通したロストモーションの過去の習性を調べること，もう１つは現在問題となっているアングルを貫通するロストモーションのここ最近の傾向を調べることである（図9.41）。

前者を調べるには，過去のアングル貫通のデータを維持管理しておく必要がある。このデータベースにより，トレーダーはトレンドを反転させない貫通の

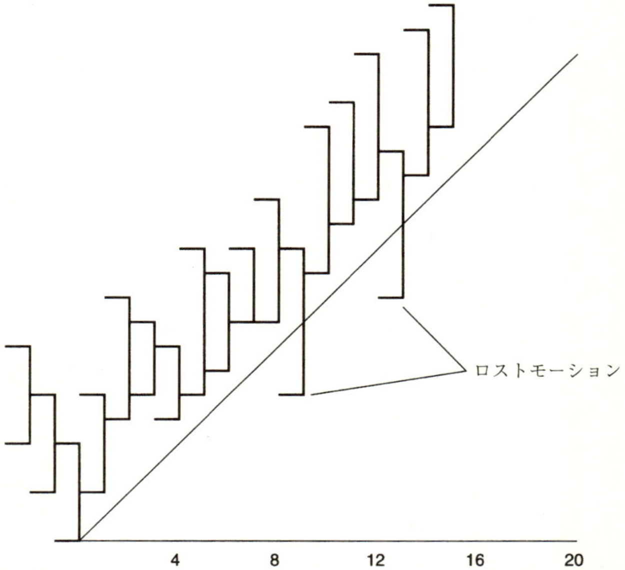

図9.41　ギャンアングルにおけるロストモーション。ロストモーションの大きさを確認し，今後のストップの位置の決定に役立てる。

平均値（平均ロストモーション）を計算することができる。それに対して1価格単位だけ余裕を持たせてストップを置けばよいのである。上昇トレンドの相場であれば，ストップは該当するアングルに対して平均ロストモーション＋1価格単位だけ下に置かれ，下降トレンドの相場であれば，アングルに対して平均ロストモーション＋1価格単位だけ上に置けばよい（図9.42）。

[例]

ギャンアングルが2.72ドルにある上昇トレンドの相場。平均ロストモーションは2.5セント。上向きのギャンアングルより少なくとも3セント下にストップを置く（図9.43）。

[例]

ギャンアングルが108-15／32にある下降トレンドの市場。平均ロストモーションは7ティック。下向きのギャンアングルより少なくとも8ティック上にストップを置く。

最近の市場におけるロストモーションの使い方は若干異なってきている。ギャン理論は金科玉条のものではなく，相場環境に合わせて修正のきく理論であるため，しばしば現在の市場の状況に合わせてストップ注文を調整する必要が生じる。言い換えると，マネーストップ（訳注：一定金額の損失で執行されるストップ）はもはや用いられず，メインボトムやメイントップに関するストップ，パーセンテージ・リトレースメント・ポイント，ギャンアングルなどが用いられている。現在の相場環境に応じてギャンアングルを用いたストップを置く時は，トレーダーは自分が売買しようとしているアングルの過去の貫通のデータを記録しておく必要がある。この数字がわかれば，この数値より少なくとも1価格単位を加えたところにストップを置く。たとえば，上昇トレンドの相場で，前回のアングルの貫通が5セントであれば，ストップは上向きのアングルから最低でも6セント下に置く。下降トレンドの相場では，前回のアングルの貫通が20ティックであれば，下向きのアングルから最低でも21ティック上にストップを置くのである。

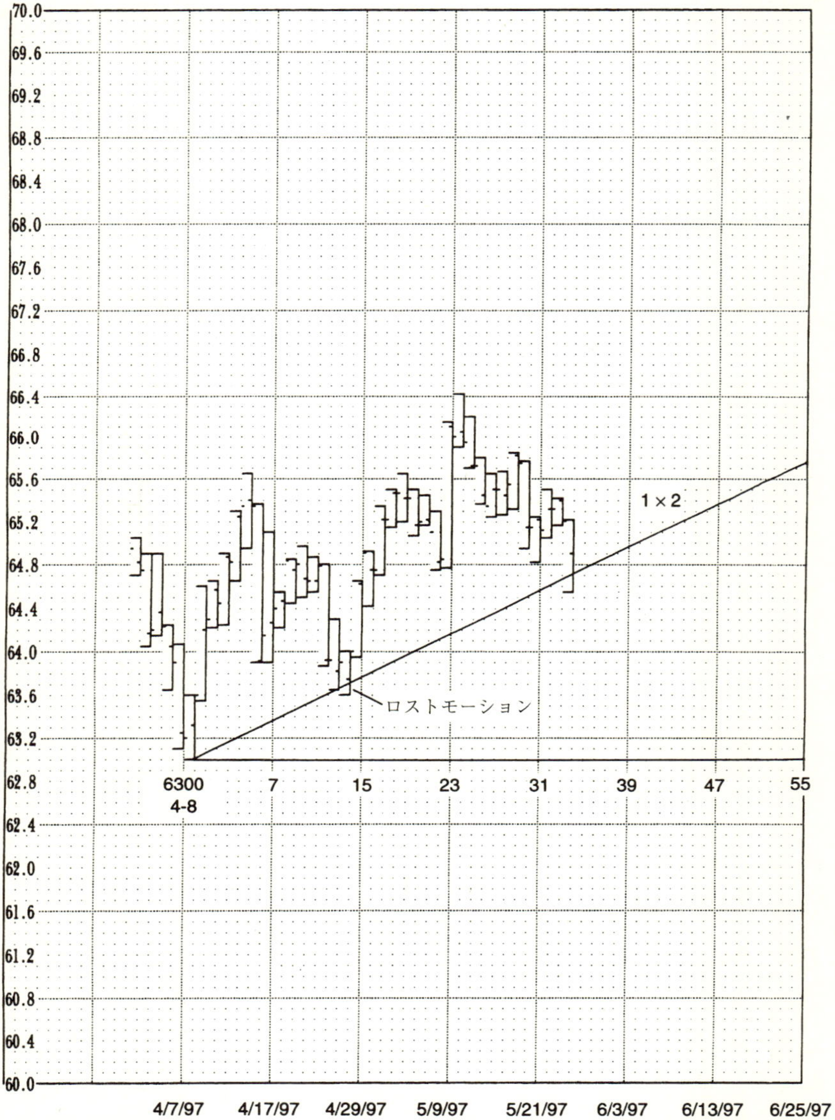

図9.42　特定のアングルに対するロストモーションの過去の習性を確認する。相場はアングルをブレイクした後ですぐアングルを回復し，上昇に転じることがある。いったんアングルをブレイクし，すぐ回復する動きをロストモーションという。ロストモーションはストップの位置を決定するのに役立つ。

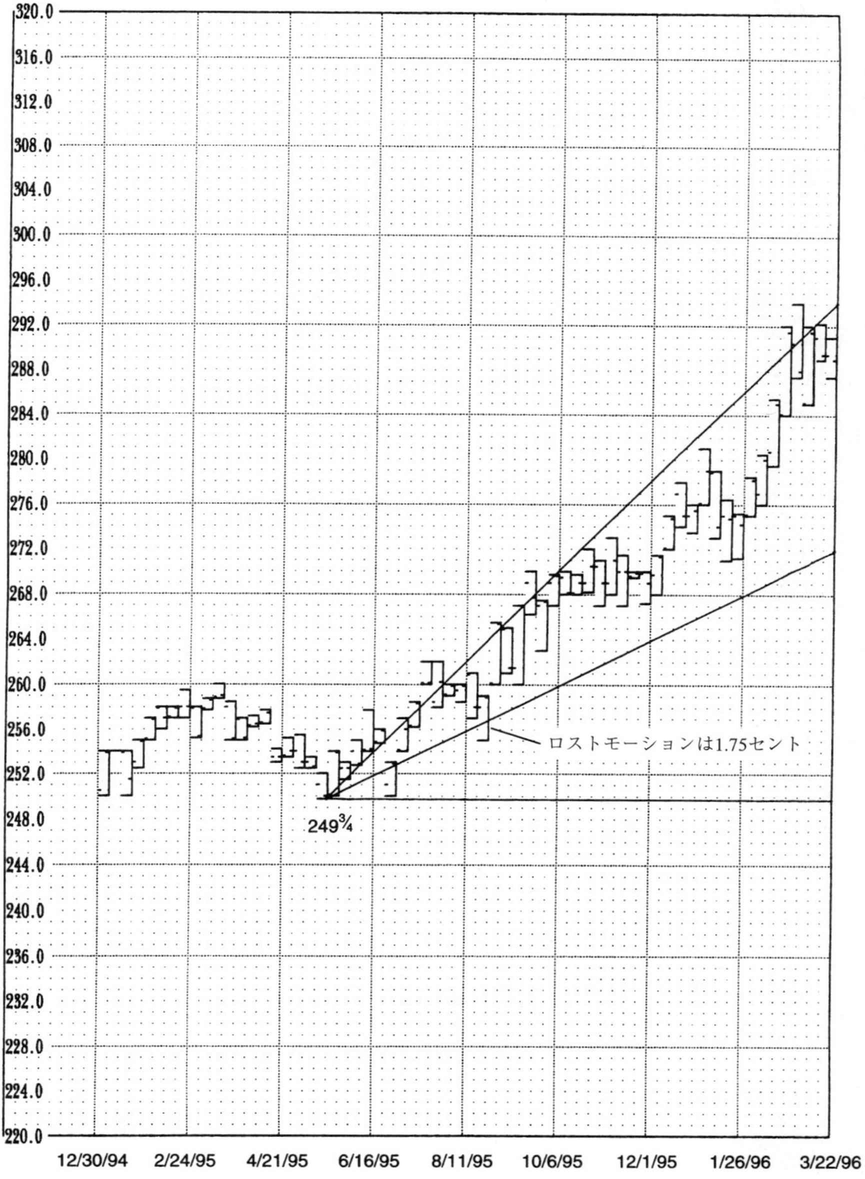

図9.43　ロストモーションと1×2アングル

[例]

ギャンアングルが6.80ドルにある上昇トレンドの相場。前回のアングルの貫通は5セント。ストップは上向きのアングルから最低でも6セント下に置く。

[例]

ギャンアングルが800.25にある下降トレンドの市場。前回のアングルの貫通は100ポイント。ストップは下向きのアングルから最低でも105ポイント上に置く。

ロストモーションとギャンアングルの背景にある基本的な考え方は，相場が歴史的なパターンもしくは直近のパターンをブレイクするまでは，そのアングルが壊れたとは判定しない，というものである。アングルが過去の貫通よりも大きく突破された時は，ストップロス注文がトレーダーをさらなる損失から守ってくれる。そして，全アングルの法則により，一度アングルが完全に突破されると，次のアングルまでその方向の動きが続く可能性が高いことを銘記しておくこと。

ロストモーションは，適用する相場とその相場環境に応じて変化する。たとえば，4×1，2×1，1×1，1×2，1×4アングルにおいては，それぞれのロストモーションは異なるだろうし，市場における価格の位置によっても異なるだろう。低い価格では，高い価格水準に比べてロストモーションはより小さいだろう。

ロストモーションをメイントップ，メインボトム，パーセンテージ・リトレースメント，そしてアングルに適用して研究すると，それぞれの平均ロストモーションは同じ大きさであるとの結論に達する。これは非常に重要である。価格水準に応じて適切にロストモーションに基づいたストップを置けるようになれば，より良好なトレーディング結果が期待できるからである。

最後に，トレンドの変化をもたらさないギャンアングルを貫く動きの大半が，ギャンの分類でいうロストモーションの範疇に入ることを覚えておいてほしい。

ロストモーションは，価格変動の勢いにより生じた，アングルをわずかにブレイクする動きと表現することができる。ギャンの時代には，たとえば，穀物の平均ロストモーションは1.75セントだった。ギャンがその著作や『コース』で，（チャートポイントから）3セント離したストップロス注文を何度も提唱したのはこのためである。トレーダーは，選択したそれぞれの相場のロストモーションを，その市場で取引されている価格水準に応じて調査し研究するべきである。トレーダーはロストモーションの拡大をあらかじめ見込んでおいた方がよいだろう。その方が誤ってストップにかかる危険が減少するからだ。

ロストモーションの大きさは，研究と実践を通じて特定できる。ロストモーションは，トップやボトム，50％リトレースメント水準，そして幾何学的アングルの周辺で発生する。幾何学的アングルを含め，いかなるシステムも，適切にストップを置くためにロストモーションを規定するルールを持たなくてはならない。

以上がギャンアングルに関する節の結論である。ここまでで読者は，相場を分析しトレードするのに必要な主なギャンアングルを適切に計算する基礎知識を得たはずである。ギャンアングルは，トレンドの強さや，支持と抵抗水準の決定において重要であり，トレーディング戦略を構築するのに単独で用いることも可能だが，スイングトップやボトム，そしてパーセンテージ・リトレースメントの水準と組み合わせる時に最も威力を発揮する。次の節では，重要なパーセンテージレベルを議論する。ここで読者は正確なリトレースメントレベルの計算，表示方法を学ぶことができよう。

パーセンテージ・リトレースメント

最も重要なパーセンテージ・リトレースメント・ポイントはレンジの50％である。これは相場があるレンジの範囲内にある時に最も多くトレードされる価格である。相場が上昇トレンドにあり，この価格よりも上で推移している時にはこの価格が支持線となる。相場がこの水準を下にブレイクすることは，弱さを示し将来の下落を示唆するが，スイングボトムを下抜いた時のようにトレンドを下方に転換させるものではない。

相場が下降トレンドにあって，この価格よりも下で推移している時には，この価格が抵抗線となる。相場がこの水準を上にブレイクすることは強さを示し，さらなる上昇を示唆するが，スイングトップを抜けた時のようにトレンドを上方に転換させるものではない。

さらに，相場がレンジ内でトレードされている時，50％価格の両側に数時間単位ずつとどまることがある。この特殊な動きは注視すべきである。というのは，これらのスイングがしばしばロストモーションや相場のモメンタムを示すからである（図9.44）。

ロストモーションは，すでにスイングチャート・トレーディングとストップの置き方のところで定義したが，ここでは，相場がパーセンテージ・リトレースメントの水準を回復する前に許容可能な，平均の貫通の値幅と定義する。言い換えれば，これはパーセンテージ・リトレースメントの水準を回復する前に，相場がどれだけパーセンテージ・リトレースメント・ポイントをブレイクできるかを示すものである。

たとえば，相場が上昇トレンドにあり，スイングチャートが，10ドルが50％リトレースメントポイントに相当するようなメインレンジを形成していると仮定しよう。週の最初の日に価格は安値9.90ドルまで下落した。翌日，相場が反発し高値が10.12ドル，安値が10.01ドルまで回復した。この動きにより9.90ドルでマイナーボトムが形成される。このレンジのロストモーションは，パーセンテージ・リトレースメント・ポイントと，それを回復するまでの安値の差であるから，

10.00ドル－9.90ドル＝10セント

このロストモーションの数値は重要である。上昇トレンドの相場で，価格の50％ポイントへの押し目を買おうとする場合のストップを置くのに役立つからだ。ロストモーションにより規定された価格より下に置かれたストップがヒットされることはほとんどなく，ヒットされた場合は下げ続ける可能性が高いのである。

以上は，ある相場でどのようにロストモーションを計算するかの簡略化した例である。より洗練された方法は，その相場での同一価格の50％ポイントもし

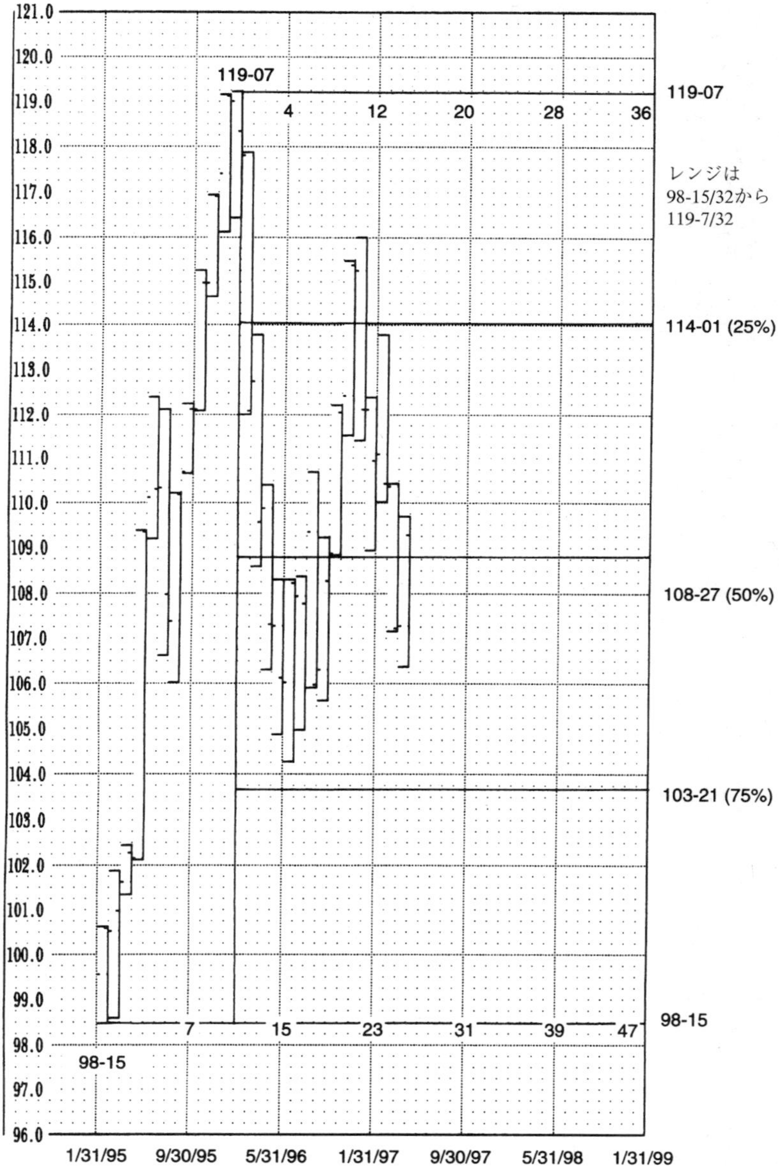

図9.44　ある銘柄における主要なギャン・リトレースメント水準

くはすべての価格の50％ポイントにおける一連のロストモーションの平均を取ることである。ロストモーションの数値は相場の水準に応じて変化することに注意してほしい。たとえば，安値の水準では価格変動幅は小さいため，ロストモーションの数値も小さい。逆に高値圏では価格変動幅が大きくなるため，ロストモーションの数値は相対的に大きくなるだろう。

個々の銘柄について，さまざまな価格水準におけるロストモーションの値幅の正確な記録を付けることは非常に重要である。時間が経つにつれて，ある相場が価格の50％ポイントを抜ける時にどういう振る舞いをするか，その明確なイメージが得られるはずだ。この研究は，トレーディングシステムを開発したり，ロスカットのためのストップを置く時に，非常に価値ある情報を提供することになろう。

この節の最初に述べたように，最も重要なパーセンテージ・リトレースメント・ポイントはメジャーレンジの50％である。ここ（訳注：先物市場）で言うメジャーレンジとは，（個別限月の）全期間のレンジであり，あるいは次の2つもしくは3つの限月の全期間のレンジである。加えて，ある限月の月足，週足，あるいは日足チャートのメジャーレンジの価格の50％からも，価値ある支持と抵抗の水準が得られる。本書で議論される他の時間と価格に関する概念と同様に，価格の50％に他の支持，抵抗が重なっていたり，複数のレンジの50％水準が重複していた場合などは，堅固な支持と抵抗水準とともに方向性に対する示唆が与えられることがある。

レンジが大きければ大きいほど，相場がその範囲内で動く期間が長くなると考えられるため，価格の50％の意味も強化される。また相場があるレンジ内に長い時間とどまっているほど，トレーダーはその50％ポイントについて多くを学ぶことができる。これはロストモーションのデータを集積する上でとくに有益である。「レンジ内のレンジ」により形成された複数のレンジの50％ポイントの集合は非常に重要である。それらのポイントが非常に接近していた場合，極めて堅固な支持と抵抗を形成するためである。

50％リトレースメント・ポイントはレンジ内において最も重要な支持水準であるが，25％もしくは1/4リトレースメントと，75％もしくは3/4リトレースメントレベルも重要なパーセンテージ・リトレースメント・レベルである。もし

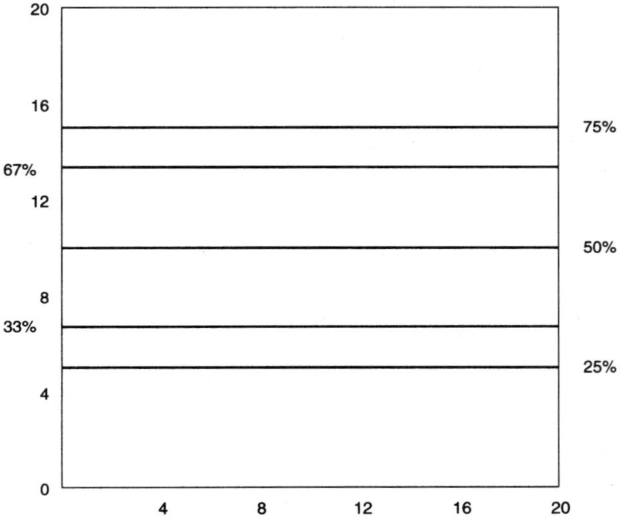

図9.45　**パーセンテージ・リトレースメントの価格水準。最も重要なリトレースメントの水準がレンジの範囲内にある。**

これらのポイントから適切な支持や抵抗としての十分な証拠が得られないのであれば，1/3と2/3リトレースメントレベルが適しているかもしれない（図9.45参照）。

パーセンテージ・リトレースメントを用いる際の鍵は，メジャーレンジからマイナーレンジまで綿密に調べることである。最初に歴史的なメジャーレンジを用いて，歴史的に重要なメジャー・パーセンテージ・リトレースメント・ポイントを特定する。これは，時間との対比で相場のメジャーポジションを特定するのに役立つ。全期間の50％水準より下でトレードされている相場は底入れの最中かもしれないし，全期間の50％水準よりも上でトレードされている相場は天井形成場面にあるかもしれない。大勢的な動きの始まりを予測しようとする時は，全期間のレンジを用いる。一方，個々のトレードである相場にエントリーする時は，月足，週足，日足チャートで示される現在のメジャーレンジに神経を集中させるべきである。支持と抵抗の重なっているポイントを探すのは非常に重要である。というのは，ロングでもショートでも，これらの点がエントリーしようとする際の手がかりとなるからだ。

価格の50％水準を用いてトレードする時は，常にメイントレンドの方向にポジションを持つこと。メイントレンドが上昇であれば，50％価格を割り込んだところで買う。メイントレンドが下降であれば，50％価格を超えるラリーで売る。最後に，さまざまな価格水準でトレードされる個々の相場について，ロストモーションの最小の大きさを計算しておくことは極めて重要である。というのは，これがプロテクティブストップ（訳注：比較的近めに置かれる利益確定のためのストップ）を置く際の最も重要な分析ツールだからである。

パーセンテージ・リトレースメントは水平な支持と抵抗の価格水準である。これは，ひとたびレンジが特定され，市場がレンジ内にとどまっている限りはこれらの価格が一定の水準に固定されるためである。全期間の価格レンジと，現在のチャート・レンジに対してトップダウンアプローチを用いることが重要なのは，これらの価格が一度形成されると簡単にはブレイクされないからだ。このため，パーセンテージ・リトレースメント・レベルは長期にわたり継続しやすい。そして，それが長く続くほどロストモーションに関する情報が蓄積され，ストップの適切な位置を学習できるという利点が発生するのである。このことはうまく機能するトレーディングシステムの構築にとって役に立つ。

価格のパーセンテージ・リトレースメント水準のほかに，スイングトップとスイングボトムもチャート上を将来まで延長することが可能な支持と抵抗のポイントである。一度，市場がトップもしくはボトムを抜いても，それらの価格水準は依然として重要である。これは，上昇トレンドでは従来のトップが新しいボトムとなり，下降トレンドでは従来のボトムが新しいトップとなる強い傾向があるからである。過去のトップやボトムを将来まで引き延ばすべき理由はここにある（図9.46）。

ロストモーションのルールは，「従来の支持イコール新しい抵抗，従来の抵抗イコール新しい支持」というトレーディングシナリオにも応用できる。相場がトップを突き抜けた後，元の位置まで下げ，再び上昇に転じるというケースにおいて，従来のトップをどれだけ下へ割り込むことが許容できるか研究し分析してほしい。同様に，相場がボトムを割り込んだ後，元の位置に戻り，再び下落に転じるというケースにおいて，従来のボトムをどれだけ上抜くことを許

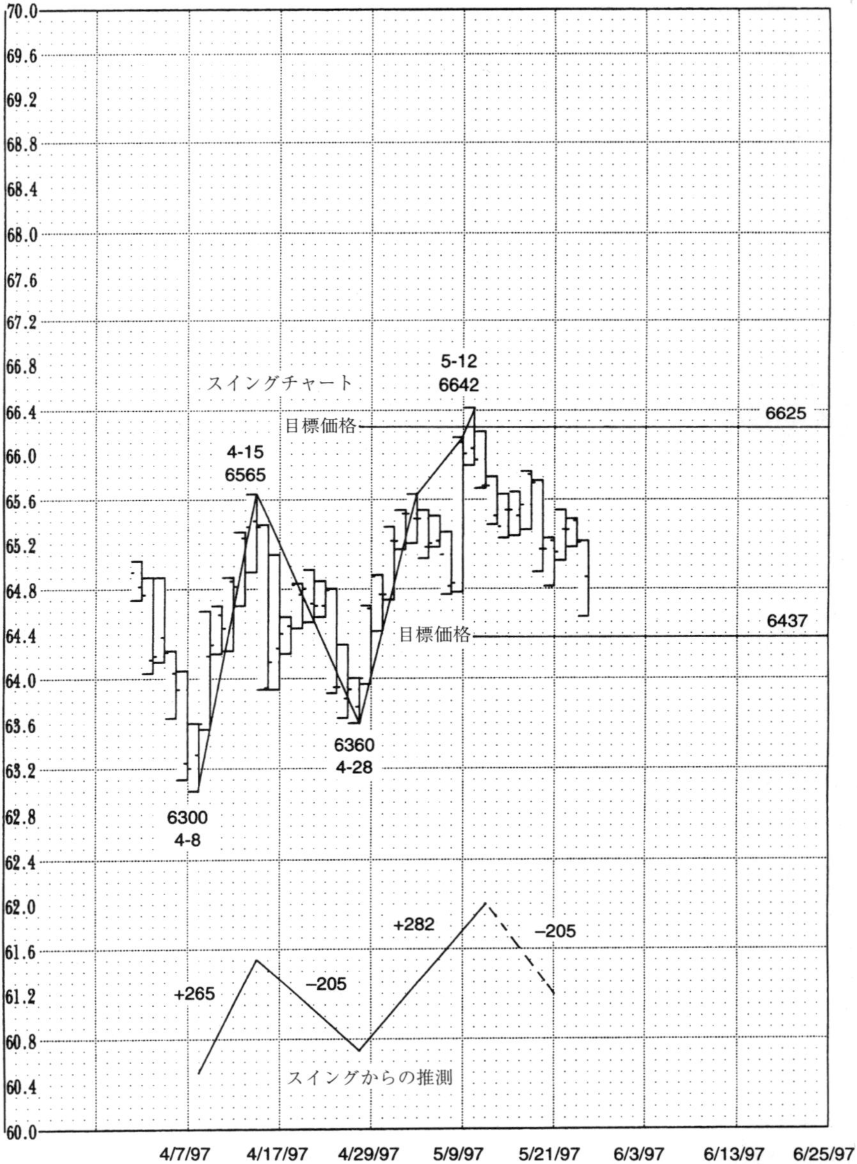

図9.46　**将来の価格動向を予測するのにスイングチャートを用いる。**

容できるか研究し分析してほしい。ロストモーションの値幅を正確に特定することが，安全なストップを決定するための鍵となる。

最も強い水平の支持と抵抗は，過去のトップやボトムがパーセンテージ・リトレースメント水準に重なる時に生じる。この組み合わせは極めて堅固な支持と抵抗になる。上昇トレンドの間に堅持すべき最も簡単なルールは，従来のトップと価格の半値押し（50％水準）が重なっているところへ下げた場合に買うことである。逆に，下げ局面における最も簡単なルールは，従来のボトムと半値戻しの重なるところに反発してきた時点で売ることである。もし可能なら，この組み合わせでトレーディングする時に，選択されたストップについて比較し組み合わせてみるとよい。そうすれば，不要なリスクを取らずに，大きく儲けられる余地があることを確信するだろう。

水平と斜めの指標の組み合わせ

それぞれの価格指標は単独で用いることも可能だが，組み合わせて用いると非常に有効である。このような組み合わせが強力な支持となる例として，以下のものが挙げられる。

- 上向きのギャンアングルとパーセンテージ・リトレースメント。とくに，価格の50％と上向きの１×１アングルが交差した場合は強い支持水準となる（図9.47と図9.48）。
- 上向きのギャンアングルと従来のトップ。とくに，アングルが１×１の場合は強力な支持となる。
- 上向きのギャンアングルと過去のボトム（図9.49）。
- スイングチャートの支持価格と上向きのギャンアングル。とくに，アングルが１×１の場合は強力な支持となる。
- パーセンテージ・リトレースメントと従来のトップ。
- パーセンテージ・リトレースメントとスイングチャートの目標値。
- 従来のトップとスイングチャート目標値。

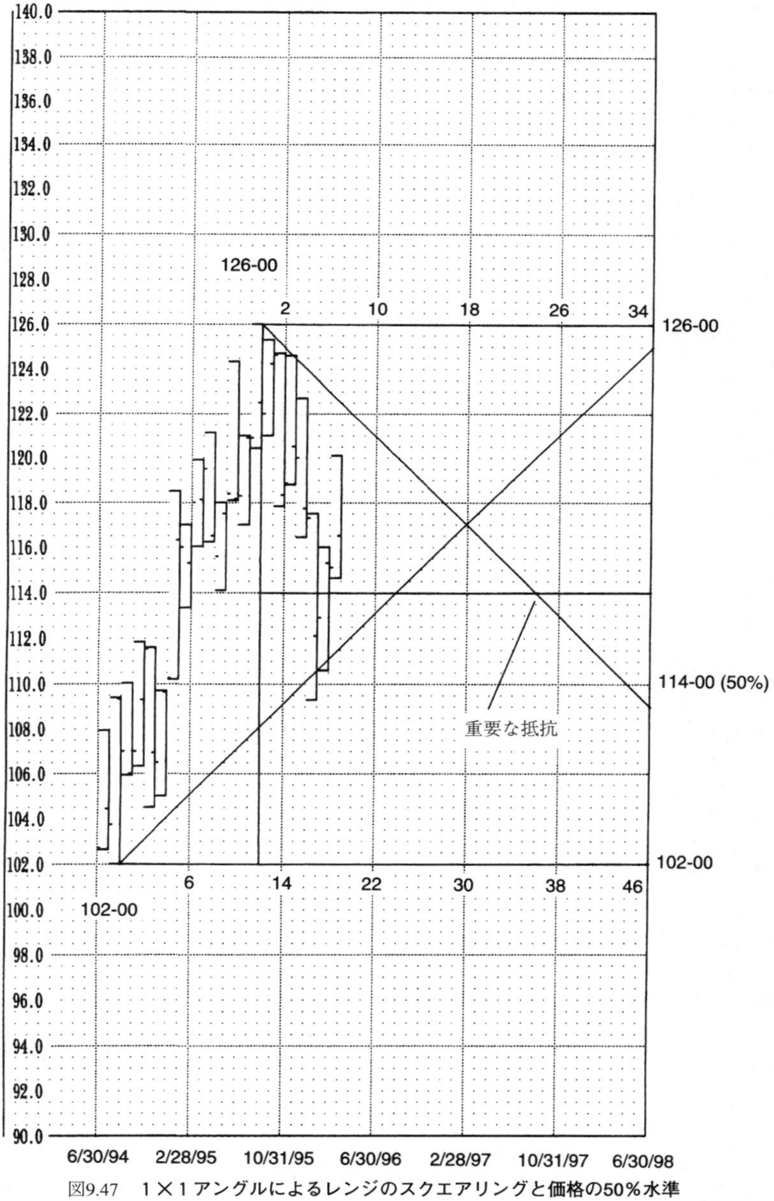

図9.47　１×１アングルによるレンジのスクエアリングと価格の50％水準

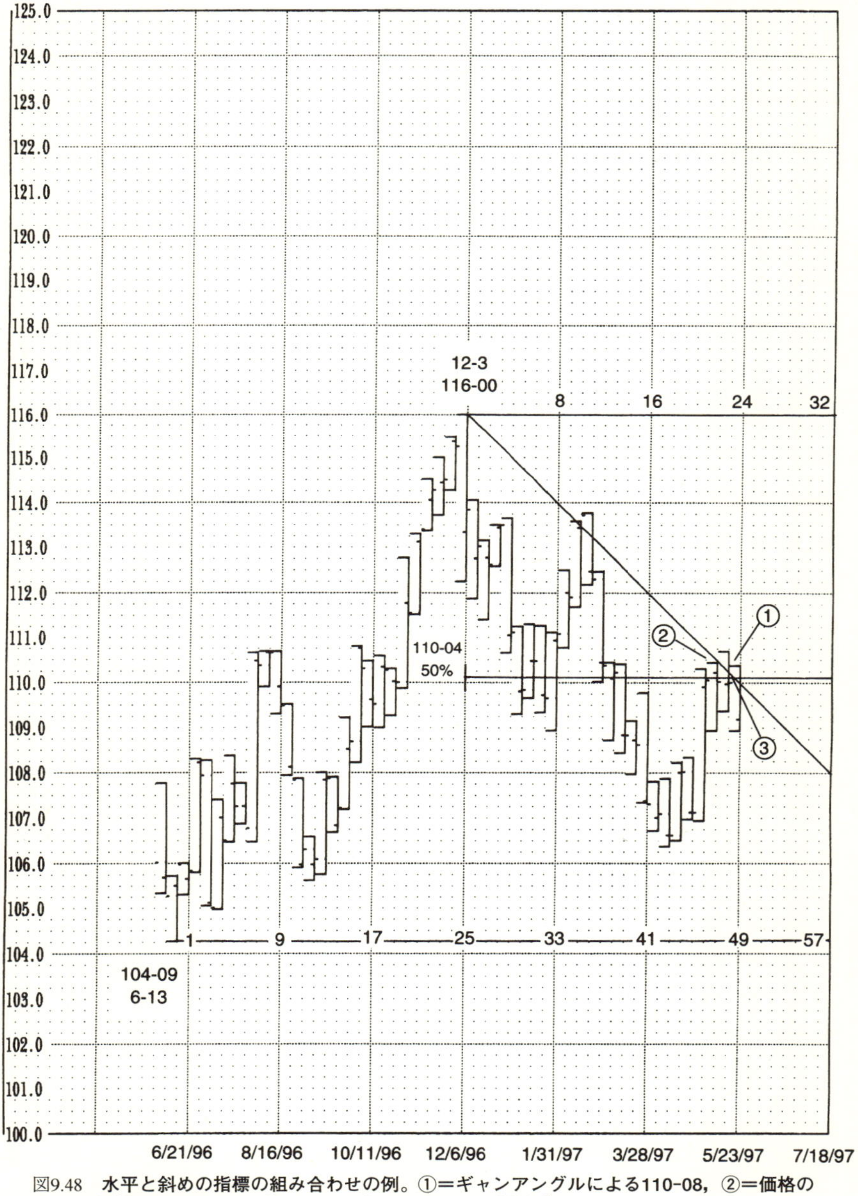

図9.48　水平と斜めの指標の組み合わせの例。①＝ギャンアングルによる110-08，②＝価格の50％水準である110-04，③＝110-04と110-08による抵抗ゾーン

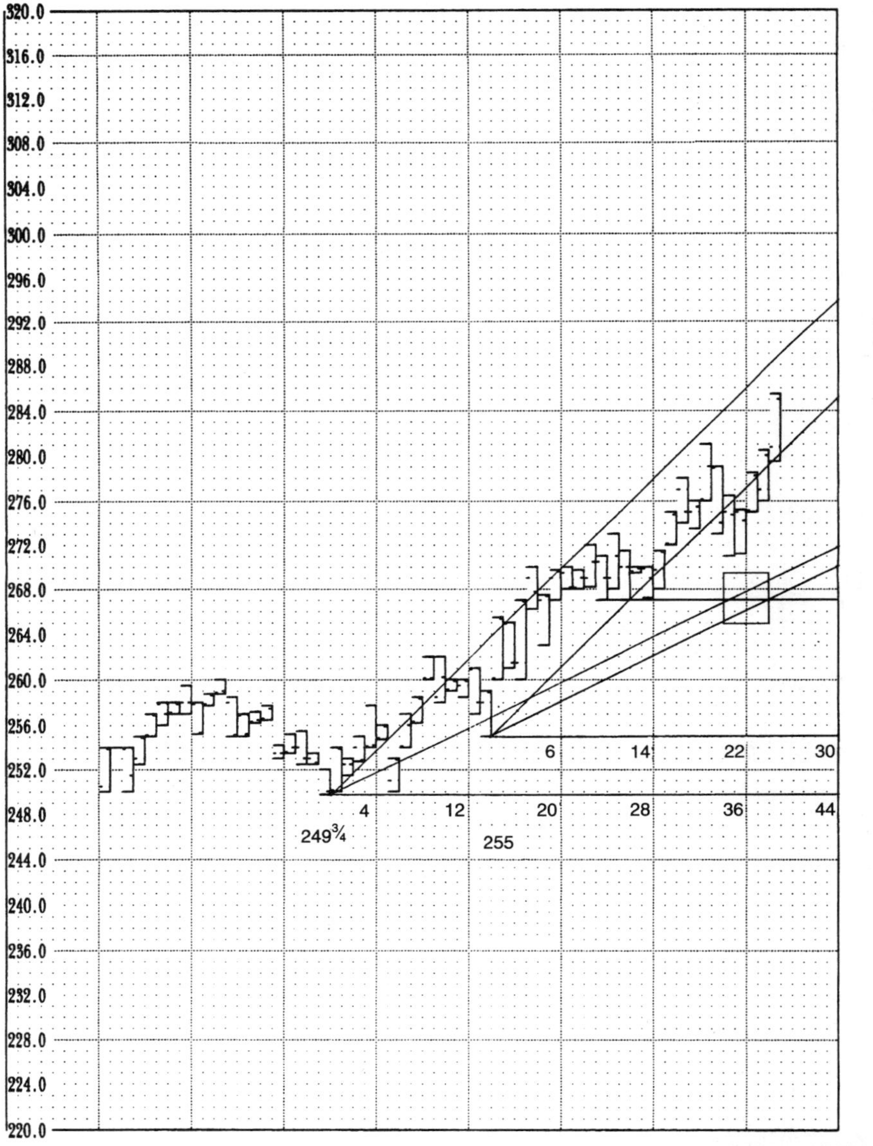

図9.49　上向きのアングルと過去のボトム

一方，組み合わせが強力な抵抗となる例として以下のものが挙げられる。

- 下向きのギャンアングルとパーセンテージ・リトレースメント。とくに，価格の50％と下向きの1×1アングルが交差した場合は強い抵抗水準となる。
- 下向きのギャンアングルと従来のボトム。とくに，アングルが1×1の場合は強力な抵抗となる。
- 下向きのギャンアングルと過去のトップ。
- スイングチャートの抵抗価格と下向きのギャンアングル。とくに，アングルが1×1の場合は強力な抵抗となる。
- パーセンテージ・リトレースメントと従来のボトム。
- パーセンテージ・リトレースメントとスイングチャートの目標値。
- 従来のボトムとスイングチャートの目標値。

3つの支持となる指標が組み合わさった場合は，支持力は非常に強固なものとなる。たとえば，50％リトレースメントとスイングチャート目標値が重なっているところに，上向きの1×1アングルが交差する場合である。これが強力な支持となるのは，3つのそれぞれ独立した分析手法が同一の価格水準を支持しているからである。

したがって，ストップロス注文の配置をより上手にコントロールするためには，指標の組み合わせを学ぶことが極めて重要である。もし読者がギャンアングルを用いてトレードし，それに従いストップを置いているのなら，価格の50％水準にあたる地点にストップロスを置く場合があるだろう。このことは，支持水準に到達すると同時にストップがヒットされるかもしれないことを意味している。同様に，もし価格の50％水準で買う方針だったとすれば，ギャンアングル上にストップを置く必要があるかもしれない。あるいはスイングチャートが，パーセンテージ・リトレースメントでの買い，またはギャンアングル到達での買いのために読者が置いた，まさにそのストップのところまでのブレイク発生を示しているのかもしれない。2つ，時には3つの指標を組み合わせることで強力なストップ，すなわち，ヒットされにくいがヒットされた時にはトレンドの変化を示す可能性が高いストップを置くことができる（図9.50，図9.51）。

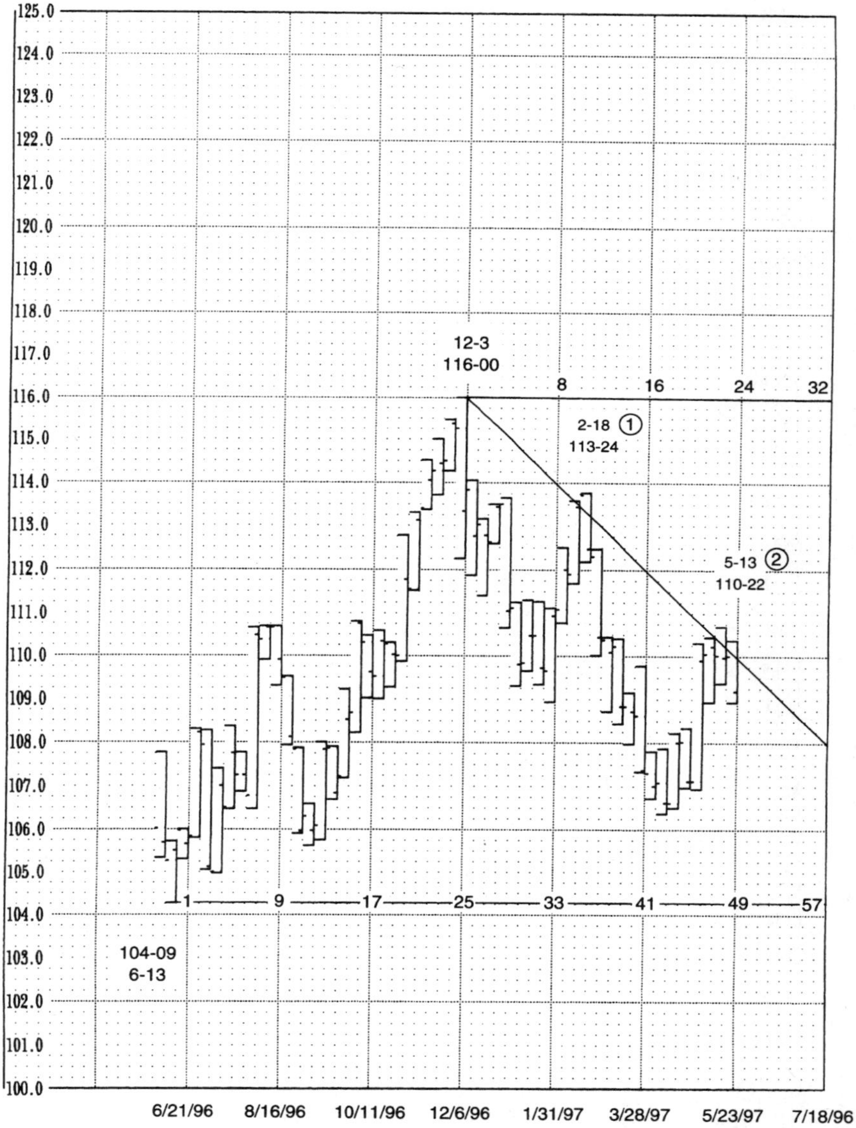

図9.50　指標の組み合わせの例。①＝ギャンアングルによる２月18日の113-08，この日の高値は113-24で16／32のロストモーションが発生。②＝ギャンアングルによる５月13日の110-08，この日の高値は110-22で14／32のロストモーションが発生。価格の50％水準は110-04

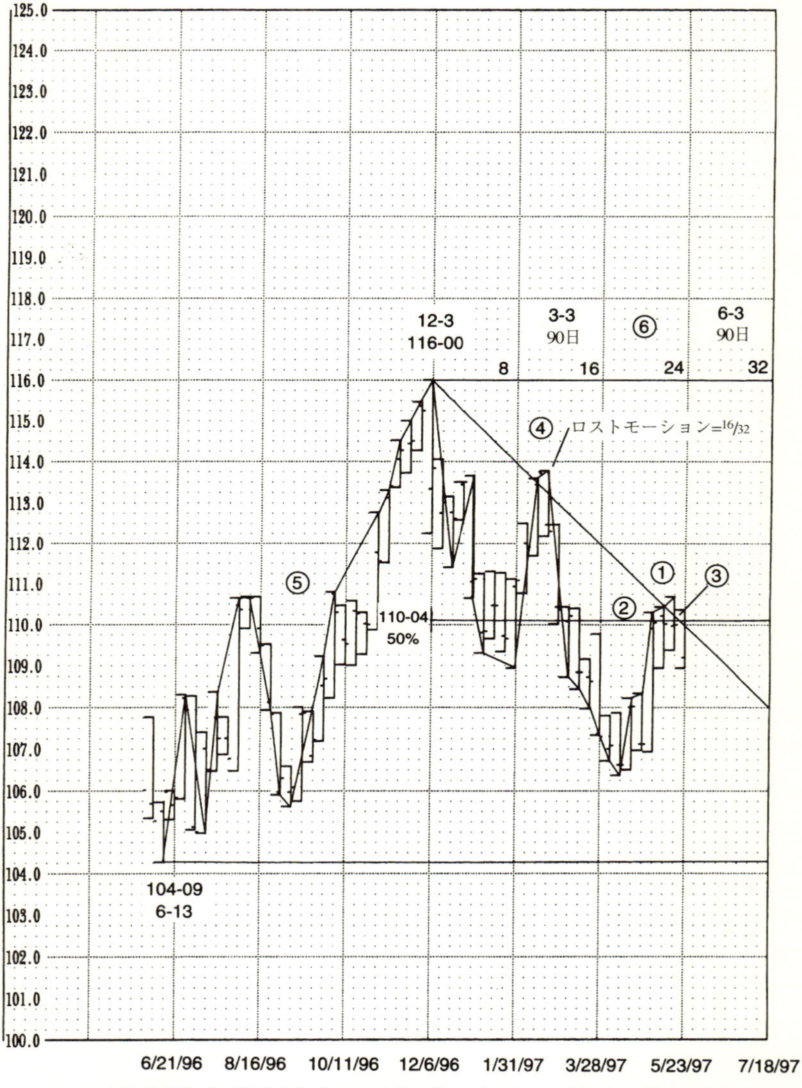

図9.51　水平と斜めの指標の組み合わせの例。①＝ギャンアングルによる110-08，②＝価格の50％水準である110-04，③＝110-04と110-08による抵抗ゾーン。④＝ストップを決定するのに用いた直前のロストモーション，16／32。⑤＝レンジの決定に用いたトレンド，⑥＝タイムピリオドは90日。結論：トレンドは下向き。タイムピリオドからは６月３日までは下げトレンド継続。したがって110-04と110-08の範囲で売り，16ティック以上上にストップを置く。

同様の組み合わせは，売りシグナルに対しても有効である。売りシグナルを個別に解釈するのではなく，より戦略的なレベルでストップを置くために指標の組み合わせを利用してほしい。

有効な支持と抵抗水準の計算の次に，時間が重要な要素となるかどうかを見極めなくてはならない。この問題は次の章で取り上げる。トレーディング戦略において時間をどのように応用するかを含めて，さまざまな時間分析について説明する。

まとめ

ギャンは支持と抵抗の水準を決定するのにいくつもの方法を用いた。ギャン分析の本質は，重要な価格水準は斜めおよび水平の支持と抵抗により決定されるというものである。斜めの価格水準はギャンアングルにより決定される。水平な価格水準はスイングトップ，スイングボトム，そしてパーセンテージ・リトレースメント・ポイントにより決定される。個別の方法により強力な支持と抵抗を得られるが，さまざまな方法の組み合わせが最良の結果を生む。ギャンアングルを計算するには何よりも正確さが要求される。したがって，適切な目盛りを選択することはこの種のチャートを構築する上で重要である。最後に，ギャンアングルやパーセンテージ・リトレースメント・ポイントに応用されるロストモーションの概念を理解することも欠かせない。これはトレーディングシステムを構築する上でも同様に重要である。

この章ではトレーディング戦略における価格の重要性について説明した。次の章では時間とその応用について分析する。

第10章　時　　間

ギャンはトレンド転換を判定するうえで，時間こそが最も重要であると考えていた（訳注：この章で用いられる時間という言葉は，日本のテクニカル分析で言う「日柄」の概念に近いと考えられるため，以後，適宜に日柄と訳すことにする)。ギャンは時間を，ナチュラル（自然の）サイクル，アニバーサリー・デート，季節性，スイングサイクル，スクエアデートなど，さまざまな方法で計測した。この章では，時間が天井打ち，底入れ，トレンド転換を決定づけるということを，さまざまな観点から議論する。最初に最も難解と思われるナチュラルサイクルから議論を開始し，最後に一番ポピュラーな方法である時間のスクエアで終わることにする。ナチュラルサイクルは難解な概念である。それはフィナンシャル・アストロロジー（金融占星術）についての複雑な問題をはらんでいるからだ。占星術を適切に実践に活用するには，直接占星術に関係のない方面に対しても少なからぬ研究時間を費やす必要がある。一方，時間のスクエアが最も一般的と考えられるのは，天井，底値，トレンド転換を予測する際にわかりやすいチャートを使用するからである。第９章で学習したテクニックの多くがこの章で応用される。この結果，価格変動の研究より得られた成果は，このタイミング・テクニックを使うことで一段と強化されるだろう。季節チャートやスイングチャートなどを含むタイミング分析も議論される。これらの概念は，第４章から第７章におけるテクニックを使って作成されたチャートから得られた情報を実用化するものでもある。

ナチュラルサイクル

ナチュラルサイクルとは，人間の介入する余地のない自然の法則によって計測，あるいは予測されるタイムピリオド（日柄）のことである。

天体の現象

〈惑星の動き〉

惑星（の動き）によって予測された現象やパターンは大変重要である。というのは，それらは黄道（天球上の太陽の通り道）を動きながら，コンジャンクション，スクエア，トライン，オポジションなどの角度を形成するからである。コンジャンクションすなわち合とは，２つもしくはそれ以上の惑星同士が黄道上でほぼ重なることであり，スクエアすなわち矩とはそれらが90度の角度を形成すること，またトラインすなわち三分一対座とは120度を形成，オポジションすなわち衝とは180度をなすことを指している。

これらのパターンは金融占星術者たちによって強気相場や弱気相場のしるしとして分類されてきた。強気相場の兆候は合とトラインである。一方，弱気相場の兆候は矩と衝である。ギャンやその他の金融占星術者たちは，天井，底，相場の方向性を予言する際に，多くの惑星のパターンを発見するために天文暦表（惑星運行表）を詳しく調べていた。惑星の将来の位置は天文暦表を使うことによってあらかじめわかっていたので，ギャンはそれをガイドとして何年にもわたる相場予測をすることが可能だったのである。

一般的に，ビジネスの星は木星と土星である。木星は強気の惑星と考えられ，土星は弱気の惑星と考えられている。ふつう木星は拡大，膨張を暗示するため，それゆえ膨張している相場は強気相場と考えられている。一方，土星は抑制，制限を暗示しており，それゆえ弱気相場と関連しているのである。天王星と火星はボラティリティーと不安定なトレーディングに関連している。これらの惑星について，またそれらの市場の方向性との関係を分析，研究することが，占星術をトレーディングに応用する前に必要である（図10.1）。

〈惑星による支配〉

惑星による支配について知ることが，予測精度を高めるためのもう１つの鍵である。というのは，金融占星術では，さまざまな相場と惑星の関係や，特定の相場の方向を支配すると言われる惑星の関係を読み解いていく必要があるからだ。これらの関係を解説している書籍は入手可能だが，ガイドラインとしてのみ用いるべきだろう。これらの一般に受け入れられている惑星の意味を知る

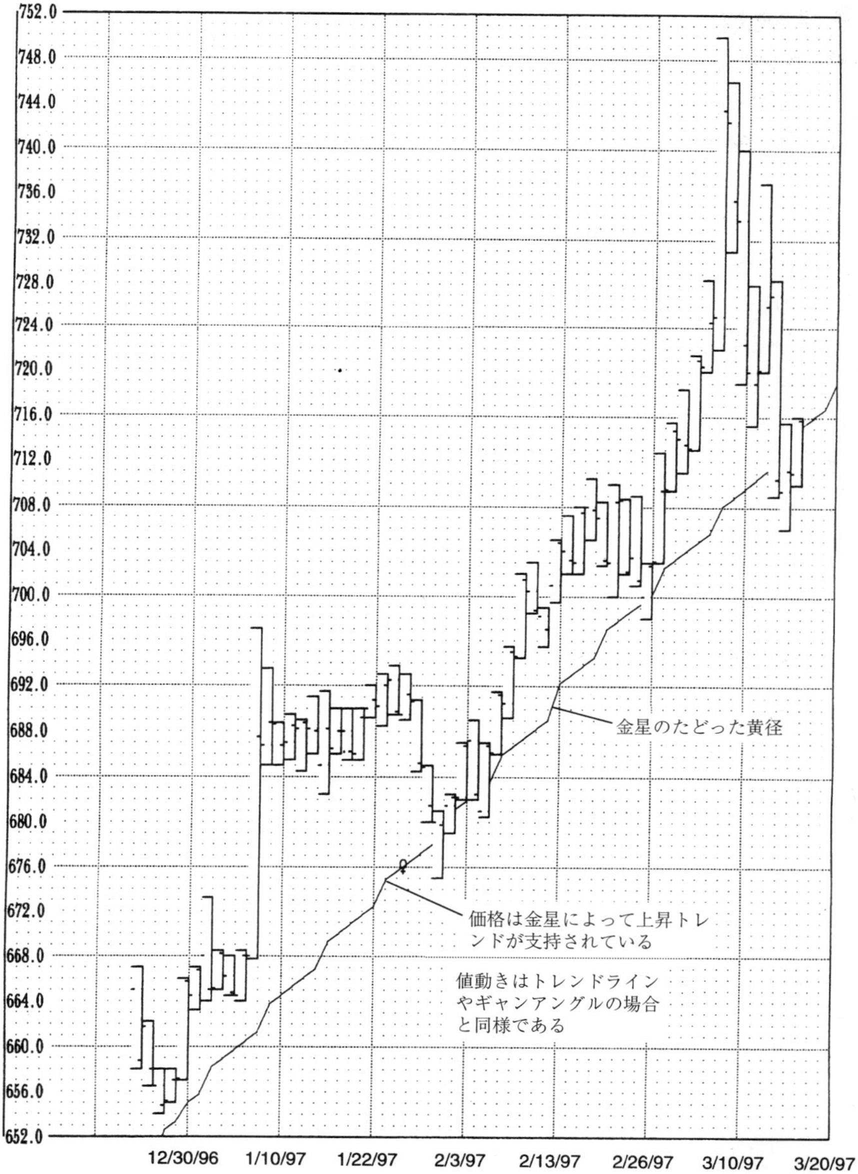

図10.1　**惑星のナチュラルサイクルと大豆1997年11月物の日足チャート（太陽を中心に見て水星から90度＝0.5）**

ことは研究の初歩段階としては悪くはないにしても，有効な予測手法あるいはトレーディングツールとして確立するためには，その関連性や事実関係を実証するための研究と試行錯誤が要求される。それにもかかわらず，惑星による支配について知ることは，予測法を構築する上では重要な一部分を担うのである。

大惑星の動きから市場の大きな動きを予測するほかに，ギャンは月の位相による７日間サイクルや太陽の動きによる30日間サイクルなどのマイナーサイクルも用いていた。大きな動きというものは，本来，大惑星のサイクルや大惑星が織り成す座相によって予測される。たとえば，２年間サイクルは火星の軌道に関連していると思われるが，それは火星が２年かけて太陽のまわりを１周するためであり，また天王星の84年間サイクルは，84年かけて太陽のまわりを１周するためである。最後になるが，ギャンは先物相場の値動きの予測に，惑星の座相のサイクルも使用していた。たとえば，木星と土星の合は20年サイクルと最もよく合致しているのである。

〈30日サイクルあるいは太陽サイクル〉

太陽サイクルは人の力では変化させることができないので，ナチュラルサイクルである。実際の太陽サイクルは概算で365日であり，円あるいは360度と密接に関連している。完全な１年のサイクルは360度あるいは365日として測定される。言い換えれば，円周上の１度は，基本的に１日に相当する。ここがギャンのサイクル分析のベースである。

365日という完全な太陽サイクルに加えて，年間サイクルを分割することもまた重要である。これらの分割には，１年の４分の１，３分の１，２分の１，３分の２，４分の３などがあり，これらは天井，底値，あるいはトレンド転換の重要ポイントとなっている。これらは角度に変換すると，90度，120度，180度，240度，270度となる。

ナチュラルサイクルの具体例としては，春分の日（３月21日），夏至（６月21日），秋分の日（９月21日），冬至（12月21日）などがある。これらの「シーズナル・デート」は太陽サイクルの動きによって区分されており，暦の上では大体90日間ずつ離れている。これらの日付は，四半期に分割されているけれども，人間が作る四半期は，3月31日，6月30日，9月30日，12月31日によって区分されている。したがってそれは（人知が介入しているために），ナチュラル・クォーターやナチュラル・デートではない。これらのタイムピリオド（期間，日柄）は，トップやボトムから計測して来るべきトップやボトムの予測をするうえで，極めて重要な意味を持つ。

太陽のナチュラルサイクルに並行して，ギャンは30日サイクルも重要であるとした（図10.2および図10.3）。これは黄道上の12宮を30日ごとに推移していく太陽のナチュラルサイクルと同等なのである。

〈7日間あるいは月のサイクル〉

ギャンが推奨していたもう1つのナチュラルサイクルは，月のサイクルである。月のサイクルとは，新月から新月までの28日間サイクルのことである。この28日間のメインサイクルの中の，キーとなる7日間のマイナーサイクルは，それぞれ異なる月の相である。一例を挙げると，14日間のサイクルは新月から満月あるいは，満月から新月ということになる。

〈金融占星術〉

このようなサイクルの研究は，金融占星術の見出しの部分に過ぎず，その全貌を解説するのは本書の範疇を超えている。天井や底値，そしてトレンド転換を予測するのに金融占星術をどのように適用したらよいかを理解するためには，さらなる調査や研究が必要である。また，ギャン自身が時折，そこからの結論を間接的，暗示的な表現で書き残していることを知っておくのも大変重要である。つまり，占星術に通暁することにより，オリジナルのギャンのテキストやコース・ブックの至る所に出てくる，隠された占星術的サイクルに基づく判断の根拠を究明することができるかもしれないということである。

ギャンのアプローチ

ギャンは惑星のサイクルやそれに絡んだ現象を広範に調査し，相場の騰落と惑星の運行に相関関係を見いだそうとした。長年にわたる研究の結果は，惑星の緯度と経度は価格変化を引き起こす力を持ち，矩や三分一対座は価格を上下

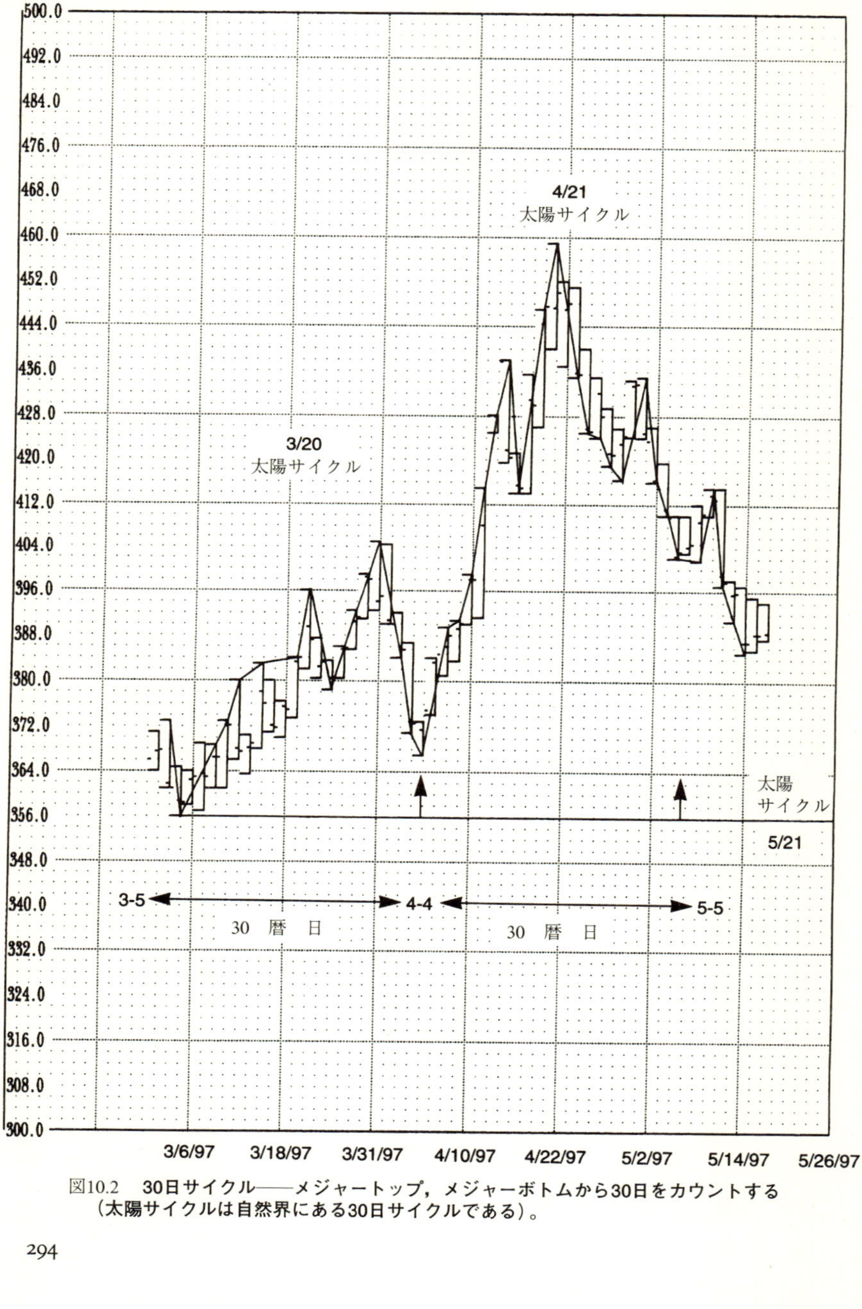

図10.2 **30日サイクル――メジャートップ，メジャーボトムから30日をカウントする（太陽サイクルは自然界にある30日サイクルである）。**

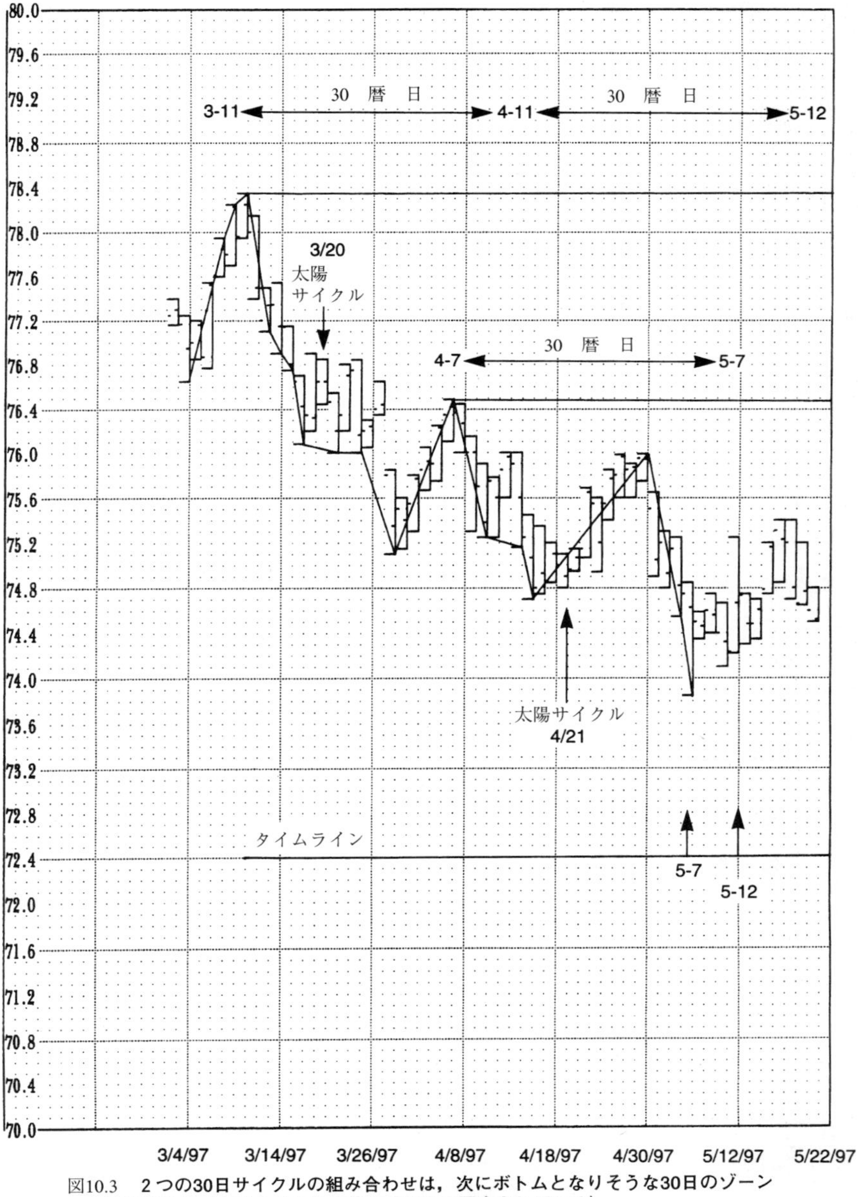

図10.3　２つの30日サイクルの組み合わせは，次にボトムとなりそうな30日のゾーンを予感させる（太陽サイクル自体はそのまま固定されている）。

させる力を持つ，というものであった。

ギャンは熱心なトレーダーであったばかりでなく，同様に冷静な観察者でもあったことを心に留め置くべきである。それゆえ，市場の長期予測を実践しつつも，短期的な市場の動きによってそれらの予測を調整し，変更していた。これはギャンの予測の中にも書かれていることだが，市場の動きが変化を示唆した場合は，元来の予測である天井や底値を訂正して顧客に伝えたということである。

たとえば，ギャンが１月８日の高値打ちと２月10日の底打ちを予言したとしよう。もし，１月８日が予想に反して底値となった場合，ギャンは顧客である投資家たちに２月10日は安値でなく高値を付けにいく公算が高いと伝えるだろう。このことは，高値や安値を予想すること以上に，（高値，安値を付け転換日となる）日付を予測することの方が重要であることを教えてくれる。伝えられるところによれば，ギャンの予測は極めて的確だったが，その相場の方向性予測の的確さよりも，相場の動きに正しく追随していく能力の方が重要であることを，ここでは強調しておきたい。

ナチュラルサイクルの相場への利用法

まず最初に，ナチュラルサイクル（図10.4）を使ってみようとするなら，天文暦表に精通する必要がある。惑星の運行法則により，惑星の将来の位置は前もって予測できる。したがって天文暦表からは，合，矩，三分一対座，衝といった惑星の位置関係を確認できる。月の位相に伴った，惑星が星座から星座へと運行する動きも確認することができる。要するに，惑星の正確な緯度と経度を正しく指し示すことができるわけである（図10.5）。

ギャンは天文暦表の情報を，高値と安値の予測だけでなく，強気，弱気相場のトレンドの強弱の予測にも利用している。それによって，何年も前に相場トレンドの強弱や方向性を予言できたのだろう。

ギャンは金融占星術の研究に多年を費やしたが，没後，その研究のベースになった蔵書等のリストが発表されている。これらの書物の多くは再版されていて，今日でも入手可能である。さらに，「ギャントレーダー２」のようなコンピュータソフトの出現により，惑星の位置関係からのチャートはより簡単に描

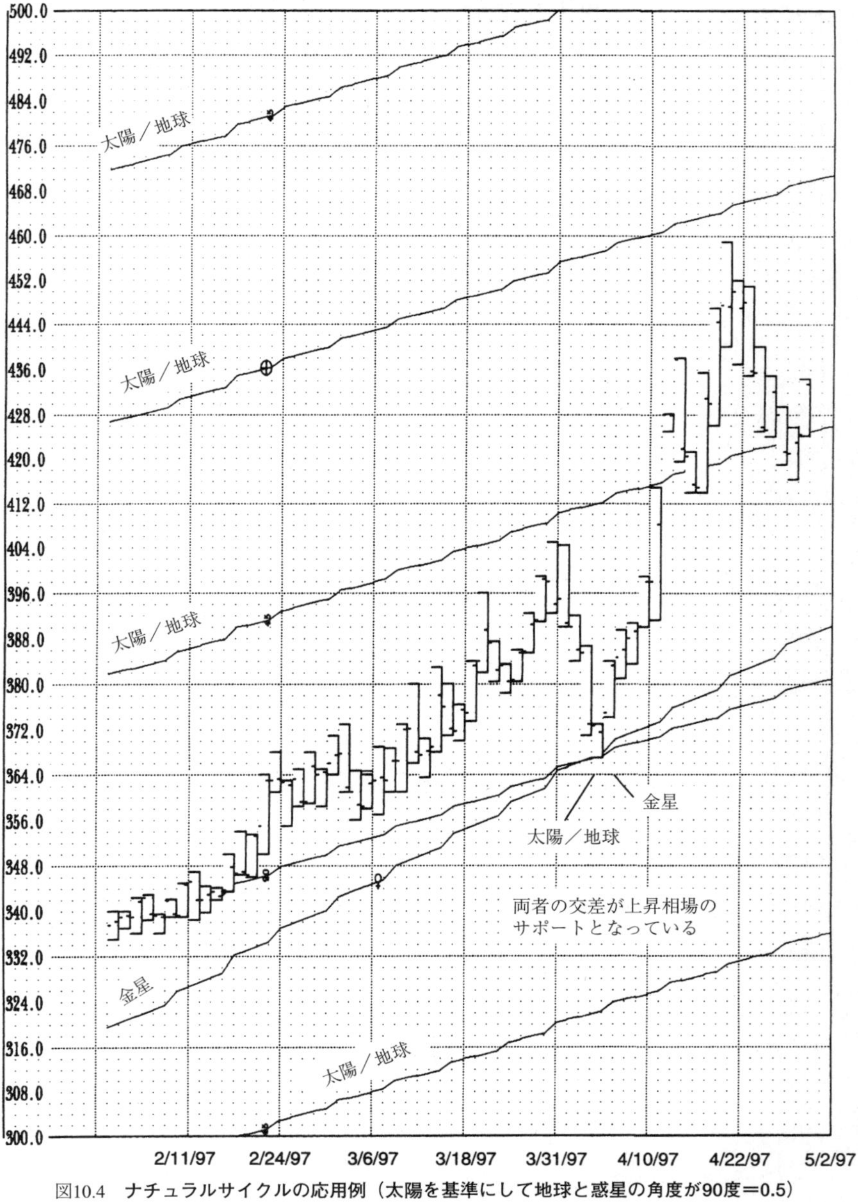

図10.4　ナチュラルサイクルの応用例（太陽を基準にして地球と惑星の角度が90度＝0.5）

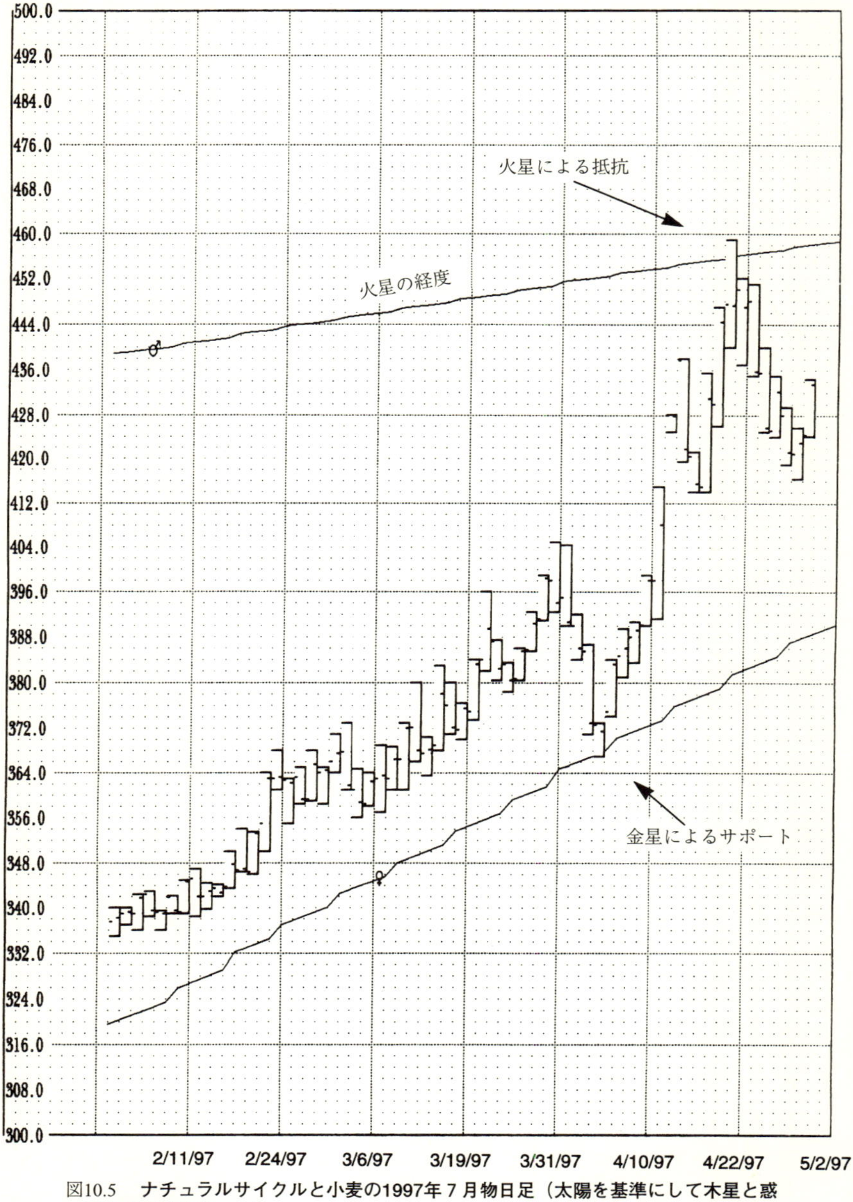

図10.5　ナチュラルサイクルと小麦の1997年７月物日足（太陽を基準にして木星と惑星の角度が90度＝0.5）

けるようになった。現在市販されているそれ以外の金融占星術ソフトにも，コンピュータ化された天文暦表が組み込まれている。早い話が，予測をする上で必要不可欠なデータが，簡単に手に入るようになっているのである。とはいえ，ひとつだけ指摘しておかねばならないことがある。

データはすでに入手可能だとしても，相場予測は科学というよりは芸術（アート）である。つまり，書物やコンピュータの数値を読むこととは対照的に，占星術的データを解釈するには深い研究と訓練が必要不可欠だということである。それには個々の惑星の性質，それぞれの市場に対する惑星の影響力，惑星によって引き起こされる現象についても知らなければならない。

要するに，ナチュラルサイクルを用いて市場予測を行うためには，金融占星術についての基礎的な理解が求められるのである。そこには天文暦表の読み方をはじめ，市場に対する惑星の影響力の学習，惑星の現象を予測の際にどう解釈するかなどが含まれる。こうした基礎的知識を習得したうえで，さらにその情報を先物市場でのトレーディングに応用するための研究と訓練が必要となる。このような学習を経て初めて，トレーダーは自分なりのナチュラル・デートの解釈によって，予測やトレードを行うべきだろう。

ギャンの予測やトレードの多くは，ナチュラルサイクルや金融占星術の理解に基づいている。そこではトップとボトム，トレンド転換，そしてサポートとレジスタンスについての予測法などが使われている。ナチュラルサイクルについてのギャンの理解は，多様な金融占星術の方法を深く調査，研究することに裏づけられている。また，トレーダーでもあったギャンは，その予測をトレーディングのガイドラインとして使うと同時に，相場状況に合わせて調整もしていた。

アニバーサリー・デート

ナチュラルサイクルは，太陽と月のサイクルではその年１年間を通じて固定した日付（たとえば，高値から90日とか180日のような）が適用される（図10.6）。惑星間の合，矩，三分一対座，衝については，天文暦表により予測可能なインターバルが適用される。トレーダーがこれらのサイクルを使う際には，それに

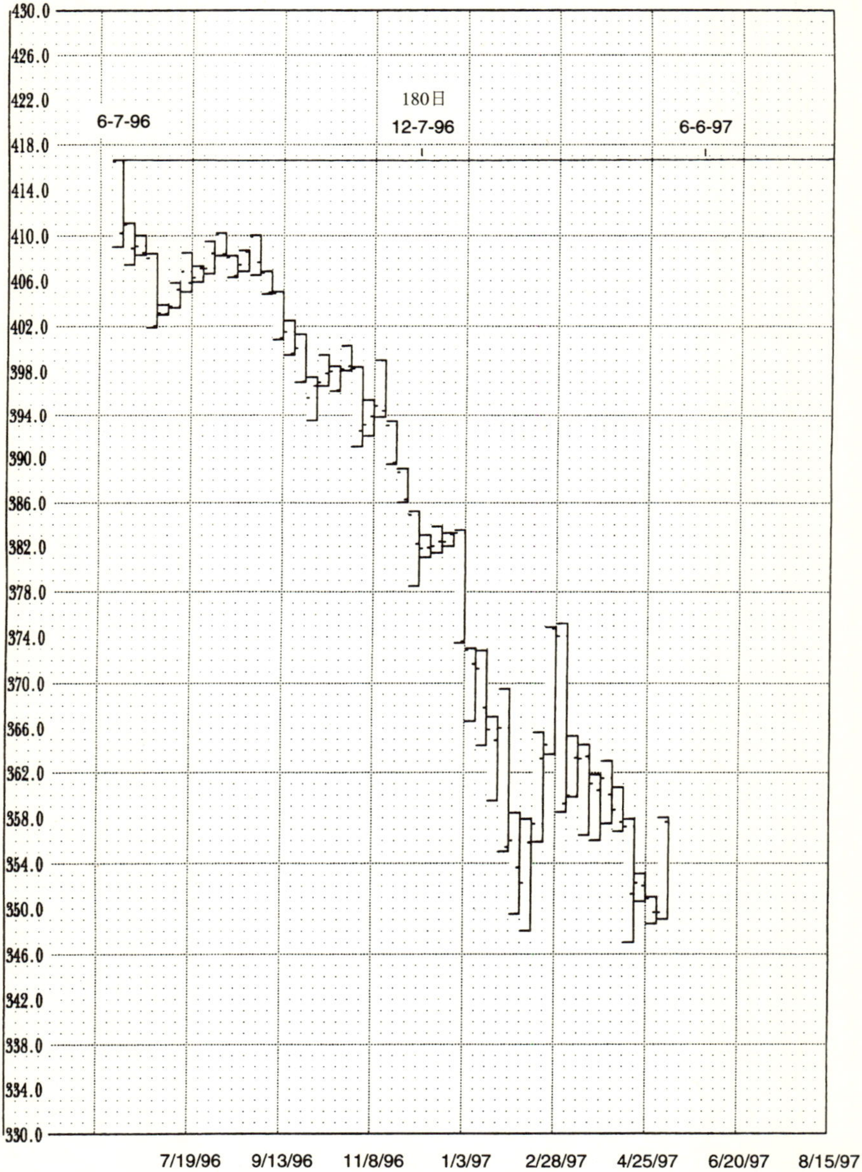

図10.6　アニバーサリー・デート・サイクル

表10.1　5月の月間チャートによるトウモロコシ9月限のアニバーサリー・デート

		月間の高値，安値の日付			
番号	月	日	高　値	日	安　値
1	5	600520	120.87	600502	117.25
2	5	610515	121.00	610523	116.25
3	5	620504	119.62	620529	114.50
4	5	630531	121.00	630501	117.25
5	5	640506	123.87	640515	120.37
6	5	650505	129.75	650525	124.75
7	5	660531	125.75	660504	122.62
8	5	670526	138.62	670518	132.50
9	5	680508	120.62	680522	117.37
10	5	690521	132.12	690526	124.50
11	5	700501	129.13	700518	126.13
12	5	710528	148.38	710519	139.75
13	5	720524	129.50	720531	126.75
14	5	730530	213.62	730502	165.00
15	5	740501	269.00	740507	238.00
16	5	750520	272.25	750528	251.00
17	5	760527	284.75	760503	269.00
18	5	770503	256.00	770520	242.00
19	5	780530	271.50	780502	241.50
20	5	790502	280.00	790517	263.75
21	5	800505	298.00	800529	284.50
22	5	810501	377.00	810526	349.00
23	5	820503	289.75	820528	276.00
24	5	830503	312.75	830527	290.50
25	5	840525	330.00	840514	314.00
26	5	850501	269.50	850529	256.50
27	5	860509	220.00	860530	199.75
28	5	870512	205.50	870501	183.75
29	5	880531	234.50	880513	211.25
30	5	890505	268.25	890530	239.00
31	5	900511	286.00	900522	268.50
32	5	910506	254.25	910530	241.00
33	5	920515	267.25	920501	247.50
34	5	930503	238.75	930526	228.50

従った日付デイトップ，ボトムあるいはトレンド転換が起きるはずだと考えるのである。

アニバーサリー・デート・サイクル（表10.1）は，ナチュラルサイクルと同様の概念を用いるが，トップあるいはボトムが形成されるまではどうなるかわからない。アニバーサリー・デートの基本定義は，メジャートップ（大天井）またはメジャーボトム（大底）の後，毎年訪れる同じ日付である。たとえば，1996年６月１日が天井であれば，アニバーサリー・デートは，1997年６月１日，1998年６月１日，以下同様に将来の６月１日は，メジャートップによるアニバーサリーと考えるのである。メジャーボトムについても同様のことが言える（図10.7）。

アニバーサリー・デートの分割

アニバーサリー・サイクルのバリエーションとして，このサイクルを４分の１，３分の１，２分の１，３分の２，４分の３，の時間枠に分割したものがある（図10.8）。アニバーサリー・サイクルは，通常365日であるから，４分の１に分割すると90ないし91暦日，３分の１に分割すると120ないし122暦日，２分の１で分割すると180ないし182暦日，３分の２だと240ないし244暦日，４分の３だと270ないし274暦日となる。これらの分割は，最も重要なアニバーサリー・デート・サイクルを表す。

年のアニバーサリー・デートとマイナー分割の組み合わせ

アニバーサリー・デートについてのもう１つのバリエーションは，１年のアニバーサリー・デートとタイムピリオドの組み合わせである（図10.9）。

現在のタイムピリオド（日柄）は，メイントップ，あるいはメインボトムから1.25年のアニバーサリー・サイクルと考えられる。また，2.5年のサイクルも有効と見られる。メイントップ，メインボトムの日付は，将来にわたり有効であるから，正確に記録しておくことが肝要である。このようなサイクルを研究する目的は，将来の高値，安値，トレンド転換の手がかりとなるアニバーサリー・サイクルの集中する時期を発見するためである。

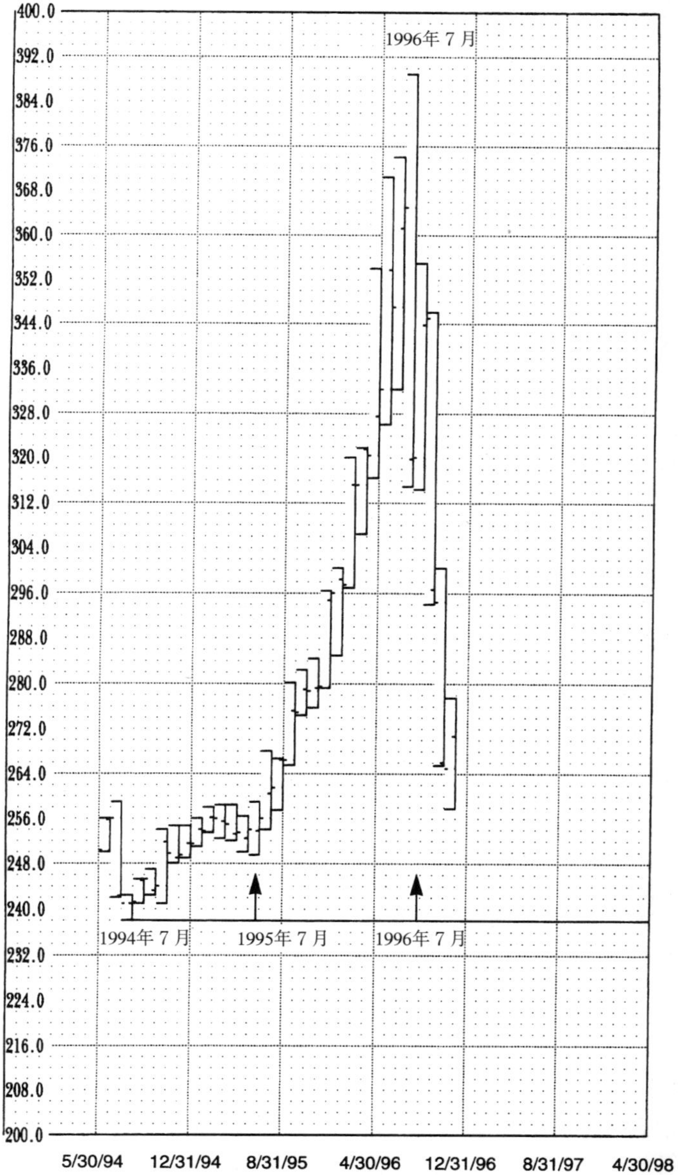

図10.7　**月足によるアニバーサリー・デート**

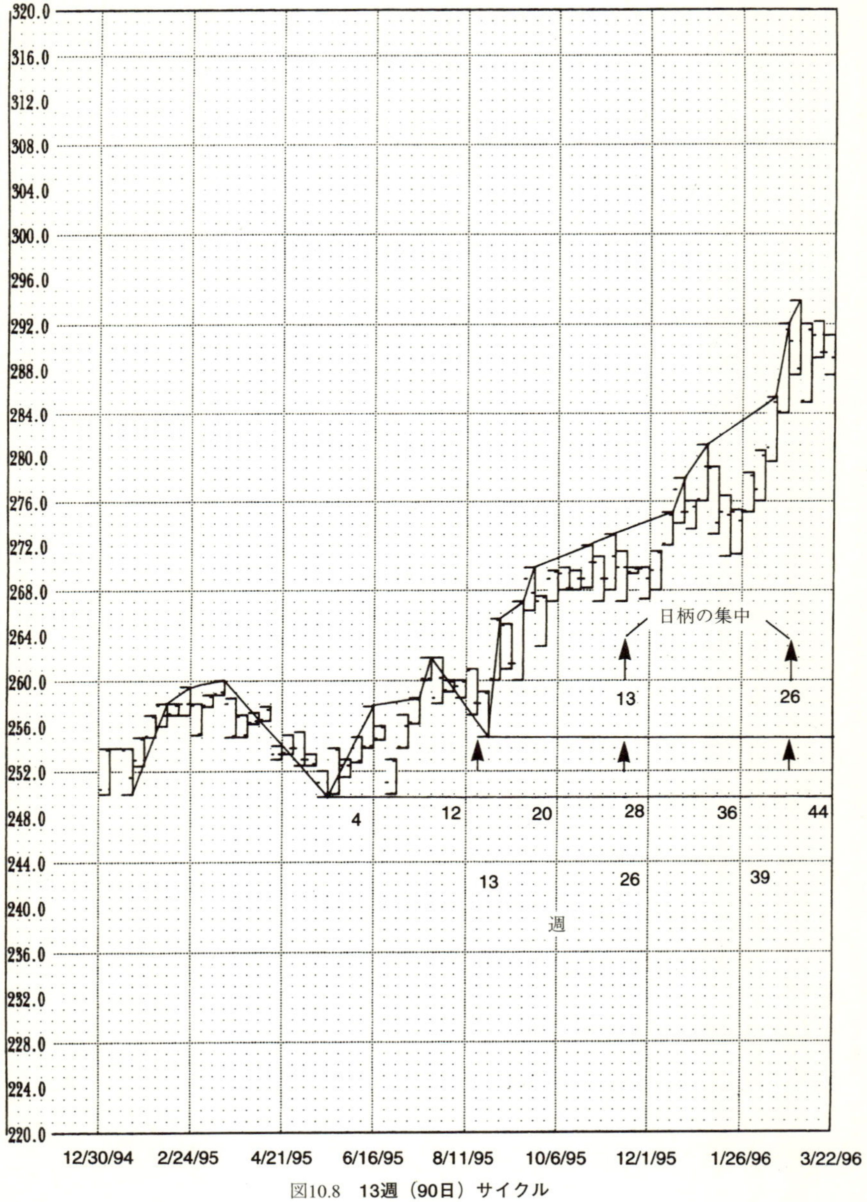

図10.8　13週（90日）サイクル

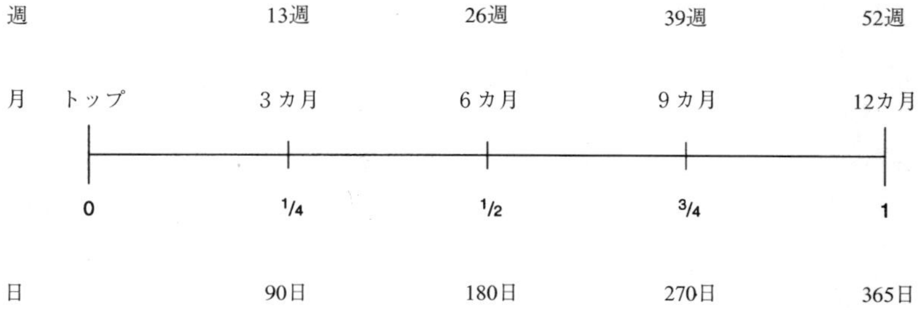

図10.9　**アニバーサリー・デートと時間の分割**

アニバーサリー・デートの相場への利用法

メイントレンド指標チャートを正確に描いた後では，トレーダーは目の前に，現在までのメイントップやボトム，および過去にメイントップやボトムが形成された価格や日付を一杯書き込んだチャートを広げていることだろう。これらのデータは，メイントップやメインボトムのデータを永久保存するために，パソコンの表計算シートに記録しておくこと。

〈月足メイントレンド指標チャート〉

アニバーサリー・デートの研究では，過去のデータは多ければ多いほどよい。これによって，将来のトップ，ボトム，トレンド転換を正確に予測するうえで重要なサイクルを発見できるからである。前にも述べたが，これらの記録を保持するために最も簡単な方法は，メイントレンド指標チャートを作成する際にパソコンの表計算シートに記録しておくことである。最初に従うべき最重要のチャートの時間枠は月足である。通常，ある先物限月の月次メイントレンド指標チャートは，一代のうちに最低2つのメイントップとメインボトムをトレーダーに提示する。トレーダーは，10年から20年に及ぶ月足チャートのデータを使うことで，同一日付またはそれにごく近い日付におけるメイントップやボトムの集中を知り，そこから将来のトップとボトムの有効な予測を行うことができる。

〈週足メイントレンド指標チャート〉

重要なサイクルデートの構築，分析のために2番目に重要なものは，週次のメイントレンド指標チャートである。このチャートは，予測のための新たなアニバーサリー・サイクル・デートを提供する。そこには一代足中の高値や安値，および月次のメイン指標チャートに現れたあらゆるメイントップやボトムが含まれている。週次と月次に重複した日付は極めて重要である。今一度繰り返すが，キーは同一日付またはそれにごく近い日付におけるメイントップやボトムの集中である。5年から10年にわたる週足のメイントップとメインボトムは，これらアニバーサリー・デートの重要な事例となるだろう。

〈日足メイントレンド指標チャート〉

重要なサイクルデートを構築，分析するうえで3番目に重要なトレンド指標は，日次のメイントレンド指標チャートである。このチャートは，週次のメイントレンド指標チャートや，週次の中間トレンド指標チャートよりも多様なサイクルデートを提供する。このチャートには契約限月一代の高値と安値，月次・週次のチャートに現れたすべてのメイントップ，ボトムも表示されている。そして，メイントップ，ボトムのうちには，週足チャートには現れるが月足チャートには現れないものがあるが，これらは日足チャートには必ず現れるものである。

短期張りのトレーダーは，日足チャートのサイクルに注意を払うべきである。もしトレーダーが売買開始の初日からこのチャートを引いているとしたら，この契約の売買が活発になった段階では，一連の90日サイクルデートが完成しているはずである。これらのデータは，将来のトップとボトムを予測するうえで重要である。

時間的に延長した動き

スイングチャートの作成法を学ぶ際には，時間的に延長した動きの後でチャート作成を始めることが強く推奨される。いかなる市場でも短期のサイクルを研究してみると，トップからトップ，トップからボトム，ボトムからボトム，ボトムからトップへの延長した動きは，しばしば90日サイクルを形成していることがわかる。言い換えれば，もし市場がメイントップから現在まで90暦日を経過していて，ダウントレンドにある場合，この時期に底打ちのサイン，すなわちボトムからトップへの反転シグナルを示す可能性が非常に高いのである。メインボトムから90暦日経過した場合の事例を調べてみるとよい。

またトレーダーは，上昇や下落のスイングを予測する以外にも，市場が直近のメイントップあるいはボトムから90暦日付近における天井打ちの動きがないかどうか察知しようとするものである。このサイクルは将来のトップやボトムを予測するためのものであって，必ずしもトレンド転換を予測するためのものではないことを銘記しておくべきである。

トレンド転換は，価格がメイントップやメインボトムを突破する時にのみ実現するものであり，メイントップやメインボトムを付けた時点でトレンド転換が実現したとみなすべきものではない。このことは，メイントップやメインボトムがすでに形成されていても，それがサイクルの働きと組み合わさった場合にのみ，トレンド転換が近い将来に起こりうることを示すに過ぎない，というほどの意味である。

90日サイクルの重要性

アニバーサリー・デートの基本的機能は，相場が将来付けるであろうトップやボトムの日付を特定することにある。最も一般的なアニバーサリー・デートのサイクルは90日である。相場が90日サイクルの高値に接近するに伴い，トレーダーはシグナルトップ・フォーメーションの出現に注意すべきである。そうなった場合は時間とパターンの組み合わせにより，天井打ちの可能性が高まるからだ。

逆に，相場が90日サイクルの安値に接近するに伴い，トレーダーはシグナルボトム・フォーメーションに注意すべきである。そうなった場合は時間とパターンの組み合わせにより，底打ちの可能性が高まるからだ。

3つのメイントレンド指標チャートの組み合わせ

時間枠の異なる3つのメイントレンド指標チャートを組み合わせることで，このテクニックは将来の高値と安値を予測するための価値あるツールとなる。将来のメイントップやボトムの起こりうる月，週，日を割り出す能力は非常に重要である。たとえば，10年間の月次データを学習することで，かなりの高い確度をもって，1年のうちで最もトップやボトムを付けそうな月を判断することができる。さらに，市場がその月のどの週にトップやボトムを付けそうか，何日頃にトップやボトムを付けそうかを判断することができるようになる。

トレーダーがどれだけ攻撃的であるかにもよるが，予測に月次のメイントレンド指標チャートを使う代わりに，月次の中間トレンドチャートやマイナートレンドチャートを使ってもかまわない。これらのチャートは，より多くのサイクルトップやボトムの選択肢をトレーダーに提供してくれるので，高値・安値となる日柄のデータをより多くもたらすだろう。このテクニックは週足や日足チャートにも適用できる。

アニバーサリー・デートによる将来の高値・安値の予測

アニバーサリー・デートは，将来の高値・安値の時期を知る手がかりとはなるが，必ずしもそこでトレンド転換が起こるとは限らない。トレンド転換はスイングトップやスイングボトムを突破した時にのみ実現する。そのような状況が実現するのは，サイクルトップやサイクルボトムが形成されてから数日後，あるいは数週間後かもしれない。サイクルトップやサイクルボトムの形成からトレンド転換に至る期間の長さを集中的に研究することで，将来の有効なトレンド転換がいつ頃発生するかをより正確に知ることができるようになるだろう。

この方法とは，まず，以前にスイングトップやスイングボトムの予測の際に用いたのと同様のやり方で，トレンド転換に関するデータを収集する。その後，過去に発生したトレンド転換のアニバーサリー・デートが集中している時間帯を発見するのである。こうすることで，将来のトレンド転換の時期を相当正確に予測できるようになるだろう。

スイングチャートと時間のパターンの組み合わせによりトレンド転換の時期を予測する方法のほかに，アニバーサリー・デート（特に90日サイクル）とシグナルトップ，シグナルボトムを組み合わせる方法もある。

第3章から第7章でも述べたように，時間的に延長した動きの後では，来るべきトレンド転換の前兆となるシグナルトップとシグナルボトムの形成に注意しなければならない。

シグナルトップとシグナルボトムの定義には，「時間的に延長した動きの後で発生した場合」という条件が付け加えられていたのを覚えているだろうか。90日サイクルは，トレーダーがピンポイントでシグナルトップやシグナルボトムを的中させるのを可能にする場合がある。というのは，サイクルトップやボトムは90日サイクルと関連して形成される場合が多く，また90日は「時間的に延長した動き」と呼ぶに十分だからである。90日サイクルの満了する時期には，シグナルトップやシグナルボトムの形成に注意すること。

ここでは主として90日サイクルを中心に議論を進めてきたが，180日，270日，あるいは1年などのサイクルにも利用することができる。

要するに，相場予測にアニバーサリー・デートを利用する究極的な狙いは，サイクルトップやサイクルボトムが発生しそうな月，週，日を相当の精度で特定することにある。それゆえ，できるだけ多くの過去の高値や安値の情報を入手することが重要である。いうまでもなく将来の高値・安値の予測に有効だからである。したがって，トレーダーは最も長い期間を鳥瞰できるメイントレンド指標チャートを注視すべきである。月足，週足，日足のメインスイングチャートの併用は，将来の高値・安値をより正確に予測するのに有効である。

シーズナリティー（季節性）

1年間にわたるアニバーサリー・デートを記入したチャートのことを，「シーズナルチャート」と呼ぶことがある（図10.10）。これは一般的な季節性を利用したテクニックとは異なり，さまざまな市場や商品について，過去の相場に基づいて1年のうちでどの時期に最も大きなラリーやブレイクが発生しそうであるかが記入されているもので，多くのアナリストが利用している。

月足チャートを用いて年間の高値月と安値月を予測する

簡単な高値・安値の予測法として，白紙のチャート用紙に過去の高値と安値を記入していくやり方がある（表10.2）。このデータは月足，週足，日足のメイントレンド指標チャートから得られる。過去の記録をしっかり保存しておくことが重要なのは，このような場合があるからである。

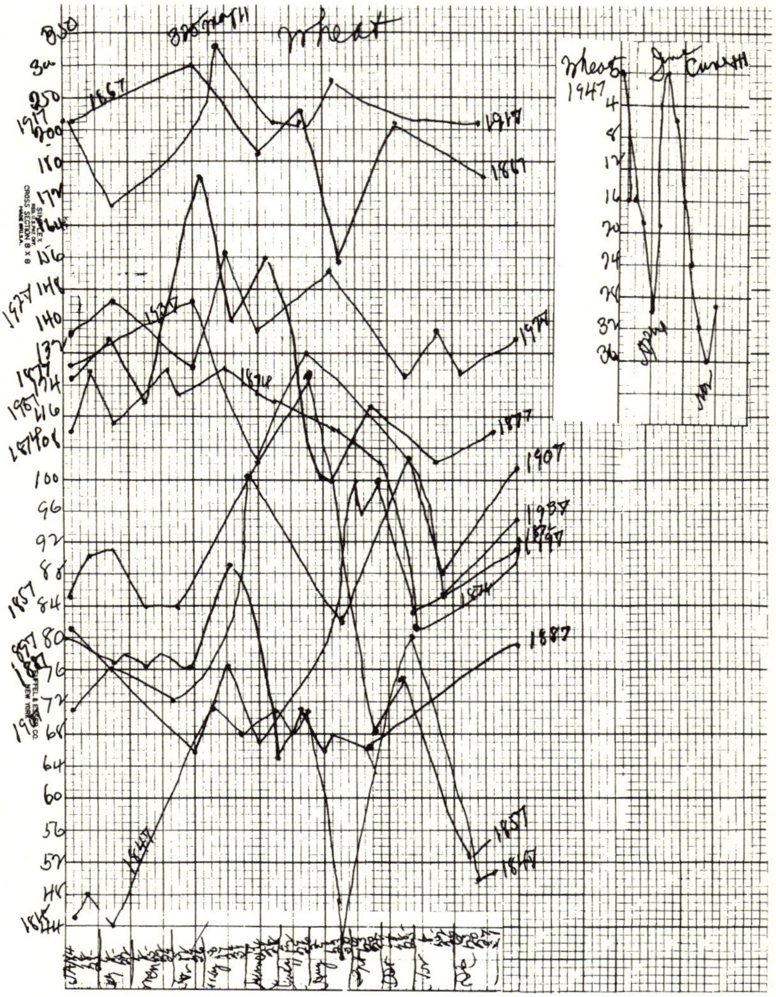

図10.10　オリジナルのギャンチャート。1847年から1937年にかけての小麦の季節性

単純に１年間の高値と安値を予測するためにアナリストが準備すべきものは，白紙のチャート用紙，緑と赤のペン，定規，メイントップとメインボトムの時間と価格の正確な記録である。１年だけの予測であれば，チャート用紙は１枚で十分だろう。

表10.2　大豆11月物の年間高値，安値

番号	年	高　値	日　付	安　値	日　付
1	1960	220.00	600811	206.12	600121
2	1961	263.50	610425	215.75	610103
3	1962	250.00	621024	229.25	620806
4	1963	291.50	631108	240.12	630109
5	1964	282.50	641002	237.62	640721
6	1965	259.75	651214	242.25	650526
7	1966	334.50	660719	258.00	660103
8	1967	291.37	670605	261.25	671002
9	1968	273.25	680315	239.25	681202
10	1969	248.00	691024	233.12	690729
11	1970	310.25	701028	242.37	700106
12	1971	342.25	710716	278.00	710104
13	1972	386.75	721115	295.75	720113
14	1973	929.00	730814	345.25	730112
15	1974	956.00	741004	506.00	740408
16	1975	699.00	750102	464.00	751118
17	1976	777.25	760707	483.00	760127
18	1977	797.50	770607	497.00	770816
19	1978	731.00	781030	554.00	780117
20	1979	833.00	790622	625.00	791029
21	1980	930.50	801105	631.00	800402
22	1981	871.00	810409	625.00	811116
23	1982	708.00	820201	518.00	821004
24	1983	968.50	830913	585.25	830104
25	1984	771.00	840620	568.50	840921
26	1985	624.00	850121	488.00	851118
27	1986	552.25	860430	465.25	860825
28	1987	624.50	870616	460.25	870217
29	1988	1046.00	880623	608.50	880104
30	1989	760.50	890320	540.00	891016
31	1990	682.00	900501	552.00	901114
32	1991	650.00	910802	517.00	910710
33	1992	651.00	920601	524.50	921005
34	1993	757.50	930719	576.00	930616

最初のステップは，チャートの底辺に時間を記入することである。月足チャートの底辺には12カ月を，週足チャートの底辺には週末の日付を，日足チャートにはカレンダーの日付を，それぞれ振る。

このチャートでは価格データは直接関係ないが，チャートの左方に歴史的な高値と安値のレンジ，あるいは過去最低10年程度のレンジを記入しておくとよいだろう。価格データはより複雑な予測を行う際に必要になってくる。

チャートに時間を振れば，データベースを用いて特定の相場のスイングトップとボトムを見つけることができる。

第２のステップでは，白紙の月間チャートにメイントップの数に応じて矢印を記入する。時間軸のチャートの対応する月の上端から，赤ペンでメイントップが発生した月の数だけ下向きの矢印を記入する。たとえば，メイントップが１月に発生した場合，赤い矢印をチャートの１月の枠の上端から記入する。次のメイントップが３月だった場合は，３月の枠の上端から赤い矢印を記入していく。この作業を最後まで繰り返す（図10.11）。

次に，月間チャートに，メインボトムが発生した月の数だけ，チャートの対応する月の枠の下端から緑色で上向きの矢印を記入していく。

たとえば，メインボトムが２月に発生した場合，緑の矢印をチャートの２月の枠の下端から記入する。次のメインボトムが７月だった場合は，７月の枠の下端から緑の矢印を記入していく。この作業を最後まで繰り返すわけである（図10.12）。

最後のステップが，このチャートから高値，安値の固まりを発見することである。このチャートには月足チャートの高値と安値のデータが含まれており，トレーダーにマーケットの概観を与えるよう設計されている。どの月に高値および安値を付ける傾向が強かったかがわかるのである。

週足チャートを用いて年間の高値週と安値週を予測する

このチャートを作る最初のステップでは，チャートの下端に週末の日付を振る。

このチャートでは価格データは直接関係ないが，チャートの左方に歴史的な高値と安値のレンジ，あるいは過去最低10年程度のレンジを記入しておくとよ

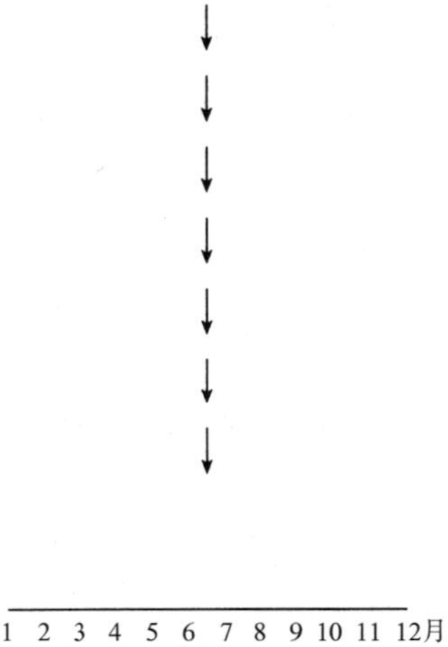

図10.11　**大豆11月物の年間高値による予測フォーマット。1960年から1993年の間に，6月が高値となったのは7回あった。**

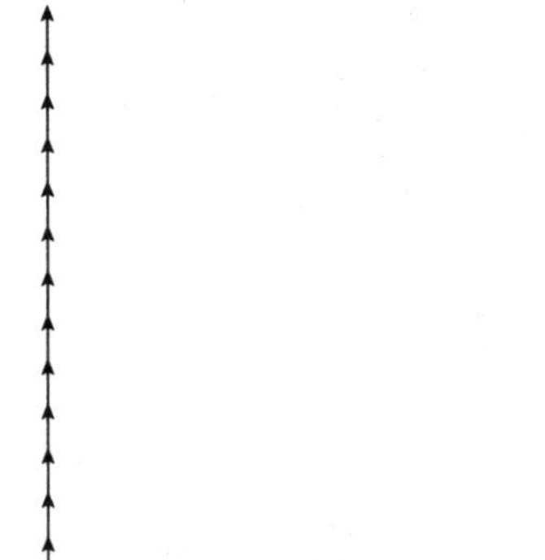

図10.12　**大豆11月物の年間安値による予測フォーマット。1960年から1993年の間に，1月が安値となったのは13回あった。**

いだろう。価格データはより複雑な予測を行う際に必要になってくる。

チャートに日付を振れば，データベースを用いて特定の相場のスイングトップとボトムを見つけることができる。

第2のステップでは，白紙の週間チャートに週間のメイントップの数に応じて矢印を記入する。時間軸のチャートの対応する週の上端から，赤ペンでメイントップが発生した週の数だけ下向きの矢印を記入する。たとえば，メイントップが1月4日に終わる週に発生した場合，赤い矢印をチャートの1月4日に対応する週の枠の上端から記入する。次のメイントップが3月10日に終わる週だった場合は，3月10日に対応する週の枠の上端から赤い矢印を記入していく。この作業を最後まで繰り返す。

次に，週間チャートに，メインボトムが発生した週の数だけ，チャートの対応する週の枠の下端から緑色で上向きの矢印を記入していく。たとえば，メインボトムが2月10日に終わる週に発生した場合，緑の矢印をチャートの2月10日に対応する週の枠の下端から記入する。次のメインボトムが7月16日に終わる週だった場合は，7月16日に対応する週の枠の下端から緑の矢印を記入していく。この作業を最後まで繰り返す。

最後のステップが，このチャートから高値，安値の固まりを発見することである。週足チャートの高値と安値のデータを含んでいるこのチャートは，日足チャートほどではないが，トレーダーに月足チャートからもたらされる以上に詳細なマーケットの概観を与えるよう設計されている。これによって，どの週に高値および安値を付ける傾向が強かったかが明らかとなる。

日足チャートを用いて年間の高値週と安値週を予測する

このチャートを作る最初のステップでは，チャートの下端に1年間の日付を振る。

このチャートでは価格データは直接関係ないが，チャートの左方に歴史的な高値と安値のレンジ，あるいは過去最低10年程度のレンジを記入しておくとよいだろう。価格データはより複雑な予測を行う際に必要になってくる。

チャートに日付を振れば，データベースを用いて特定の相場のスイングトップとボトムを見つけることができる。

第２のステップでは，白紙の毎日のチャートに日々のメイントップの数に応じて矢印を記入する。時間軸のチャートの対応する日の上端から，赤ペンでメイントップが発生した日の数だけ下向きの矢印を記入する。たとえば，メイントップが３月５日に発生した場合，赤い矢印をチャートの３月５日の枠の上端から記入する。次のメイントップが４月10日だった場合は，４月10日に枠の上端から赤い矢印を記入していく。この作業を最後まで繰り返す。

次に，毎日のチャートに，メインボトムが発生した日の数だけ，チャートの対応する日の枠の下端から緑色で上向きの矢印を記入していく。たとえば，メインボトムが２月10日に発生した場合，緑の矢印をチャートの２月10日の枠の下端から記入する。次のメインボトムが７月16日だった場合は，７月16日の枠の下端から緑の矢印を記入していく。この作業を最後まで繰り返す。

最後のステップが，このチャートから高値，安値の固まりを発見することである。このチャートは，トレーダーに月足や週足チャートからもたらされる以上に詳細なマーケットの概観を与えるよう設計されており，どの日に高値および安値を付ける傾向が強かったかが明らかとなる。

高値，安値の予測と価格水準

ここまでは，相場が１年のうちメイントップ，メインボトムを付ける傾向が強い時期について，さまざまな時間枠で述べてきた。以降では，相場が天井または底値を付けやすい価格水準を知るテクニックについて議論する。すでに繰り返し述べているように，重要なのは価格と時間の分析である。時間と価格の双方を併用する方法を学ぶべきであり，一方を他方より重視することがあってはならない。

価格水準と月足メイントップ，メインボトム

このテクニックは基本的に前に使ったものと同じである。ひとつだけ違うのは，メイントップを示す赤い矢印の代わりに，Ｘの文字を置くことである。

たとえば，大豆11月物が1988年６月に10.46ドルでメイントップを打ったとしよう。「価格と時間のシーズナル月足チャート」の価格10.46ドルの水準で，毎年６月のところに，赤ペンでＸを記入するのである（図10.13）。

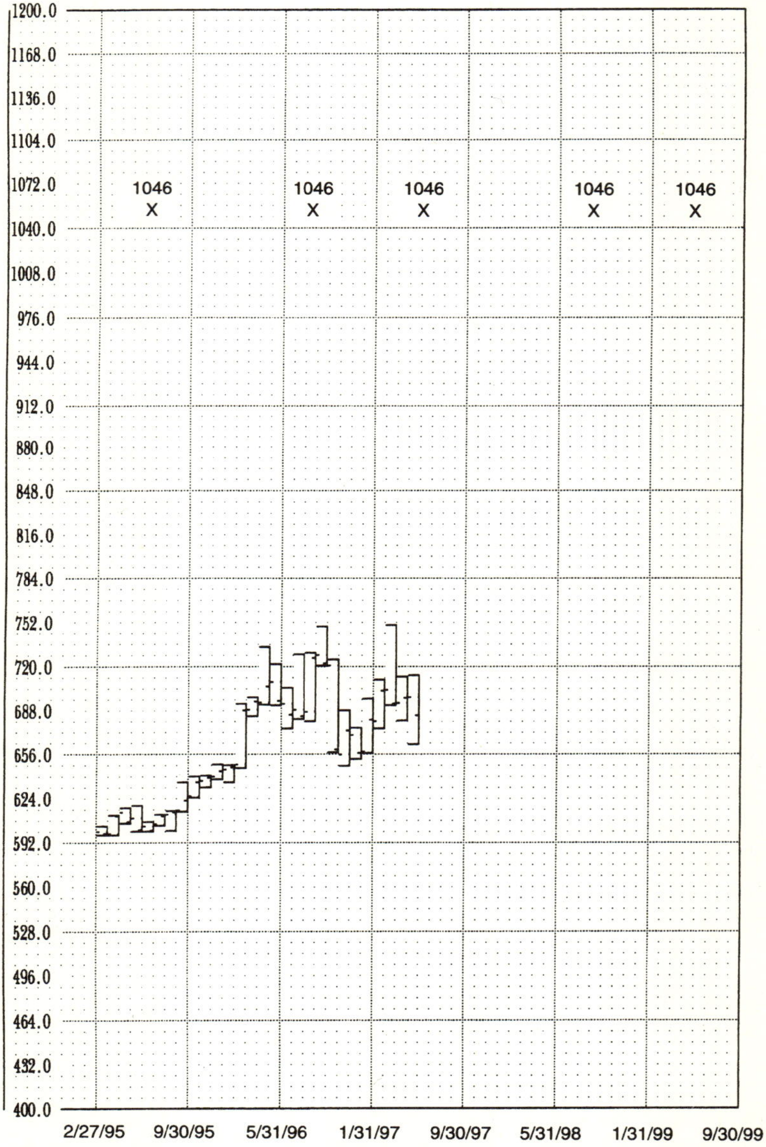

図10.13　月足のシーズナルチャート。過去最高値を，それが発生した月に将来にわたり記入しておく。図の例では1988年６月の高値10.46ドル。この手法により時間と価格の参考が得られる。

これはメインボトムについても基本的に同じである。メインボトムを示すところに緑の矢印を記入する代わりに，Xの文字を置く。

たとえば，トウモロコシ12月物が1988年7月に2.725ドルでメインボトムを打ったとしよう。「価格と時間のシーズナル月足チャート」の価格2.725ドルの水準で，毎年7月のところに，緑色のペンでXを記入するのである。

週足チャートでもこの作業を繰り返す。たとえば，大豆11月物が1988年6月24日に終わる週に10.46ドルでメイントップを打ったとすると，「価格と時間のシーズナル週足チャート」に，その週と価格に対応するところに赤でXを書き込むのである。

また，トウモロコシ12月物が1988年7月29日に終わる週に2.725ドルでメインボトムを打った場合，「価格と時間のシーズナル週足チャート」に，その週と価格に対応するところに緑色でXを書き込むわけである。

日足チャートでもこの作業は同じである。たとえば，大豆11月物が1988年6月23日に10.46ドルでメイントップを打ったとすると，「価格と時間のシーズナル日足チャート」に，その日と価格に対応するところに赤でXを書き込む。

また，トウモロコシ12月物が1988年7月28日に2.725ドルでメインボトムを打ったとすると，「価格と時間のシーズナル日足チャート」に，その日と価格に対応するところに緑色でXを書き込むのである。

価格と時間のシーズナルチャートの価値

価格と時間のシーズナルチャートの価値は，相場がどの程度の水準で天井や底値を打つか予測するのを可能にする点にある。これの重要性はときどき季節的傾向が狂う場合があるからである。相場が季節的な上昇トレンドに従っているうちに歴史的高値水準に到達したり，季節的な下降トレンドに従っているうちに歴史的安値圏に到達した場合に，こういうケースがよく発生する。

たとえば，大豆11月物には6月23日以降値下がりする季節的習性が見られる。通常，この情報は高値圏で取引されている場合は有効だが，安値圏で取引されている場合はあまり意味がない。この価格と時間の季節的分析を利用することで，トレーダーは，どの価格帯や水準で天井打ちや急落が起こりやすいか，あるいは逆方向への売買によりトレンドが妨げられやすいか，などを予測できるようになる。

シーズナルチャートのバリエーション

前節では過去のメイントップやボトムを将来のメイントップやボトムの予測に用いた。このテクニックのバリエーション（変化形）として，メイントップやボトムの代わりに月間のトップやボトムを用いる方法がある。

このテクニックを用いることで，アナリストは暦上で特定の月を発見でき，また月間の高値や安値を打ちやすい暦上での日にちを特定することができる。この手法の特徴は，月足チャートがメイントップ，メインボトムを示すのに対し，月間の高値，安値は必ずしもメイントップ，ボトムとは限らない点にある。

たとえば，ある月に入る直前にメイントップやメインボトムが形成され，そ

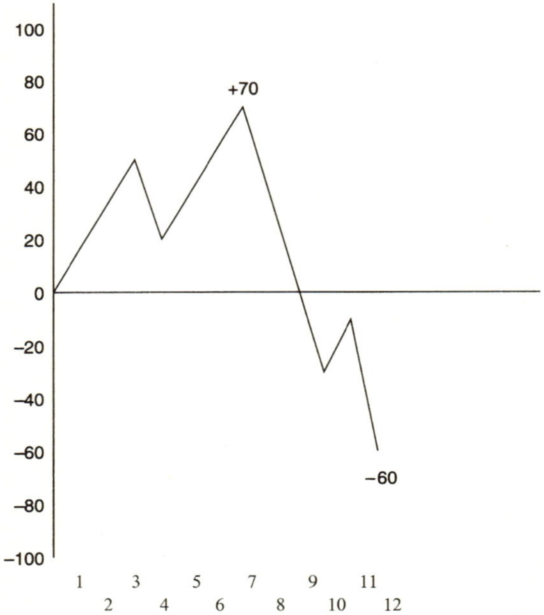

図10.14　**10年シーズナルチャートによる予測の例。このチャートでは年初から７月にかけて70セントのラリーが予想され，その後12月にかけてマイナス60セントに向けての急落が予想されている。**

の月を通じて一本調子のトレンドが継続したような場合である。

このテクニックは，月間のどの辺でトップやボトムを付ける傾向が強いかを確認するのに役立つ。

〈月足シーズナルチャート〉

このチャートでは最初の月の直前をゼロとして，毎月の上昇，下落を累積して表示する（図10.14）。ここから，前の月の終わりからどの程度の上昇，下落がありそうかが読みとれる。

〈10年シーズナルチャート〉

ギャンが最も好んだチャートの１つである10年シーズナルチャートは，10年サイクルに基づく市場の季節的傾向を教えてくれる。このチャートは年初をゼロからスタートし，過去の10年ごとの月次推移の平均値を累積していく。たとえば，1997年の予測のためなら，まず1987，1977，1967，1957，1947など，7

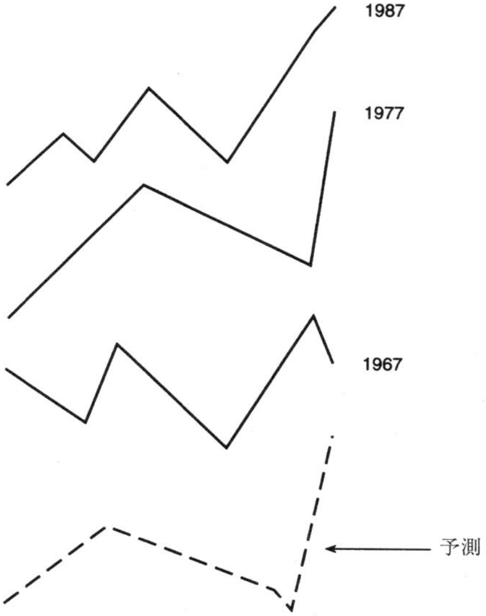

図10.15　**1997年の予測のためのギャン方式の10年シーズナルチャート。ギャンは10年ごとの相場パターンを１つのチャートに表示して，相場の季節性の予測を試みていた。97年の予測のためには，1987，1977，1967，1957，1947など，７で終わる年のスイングをチャートに描く。**

で終わる年のスイングをチャートに描く。この結果から，10年サイクルを通じて相場がどのように動いたかを知ることができる（図10.15）。相場の方向性と高値，安値の時期の予測に利用できるチャートである。

スイングチャート

基本的利用法

スイングチャート，あるいはトレンド指標チャートについては本書の前半で詳細に述べた。正しく作成されたスイングチャートは，価値あるタイミング情報をトレーダーに与えてくれる。この情報は，上昇トレンドにおけるラリーとその調整のそれぞれの期間，および下降トレンドにおけるブレイクとその調整のそれぞれの期間を予測する手がかりも与えてくれる。

定義によれば，上昇トレンドにおけるラリーの時間的規模は，上昇トレンドの延長に並行して増加する。天井打ちが接近しつつあるという最初の前兆は，ラリーが直前のラリーよりも短期間で終了してしまうことである。また，ラリーは定義により調整よりも時間的に長くなくてはならない。したがって，調整の期間が直前のラリーよりも長期に及ぶようだと，天井打ちの可能性が強まる。最後に，時間的に見て予想より短いアップスイングと，予想より長い調整が組み合わさった場合は，トレンドがすでに転換する準備ができているという有力な証拠と判断すべきである。

下降トレンドにおいては正反対のことが言える。定義によれば，下降トレンドにおけるブレイクの時間的規模は，下降トレンドの延長に並行して増加する。底入れが接近しつつあるという最初の前兆は，ブレイクが直前のブレイクよりも短期間で終了してしまうことである。また，ブレイクは定義により調整（この場合は反発）よりも時間的に長くなくてはならない。したがって，調整の期間が直前のブレイクよりも長期に及ぶようだと，底入れの可能性が強まる。最後に，時間的に見て予想より短いダウンスイングと，予想より長い調整が組み合わさった場合は，トレンドがすでに転換する準備ができているという有力な証拠と判断すべきである。

図10.16では，相場は下降トレンドにある。1997年３月13日から21日までの

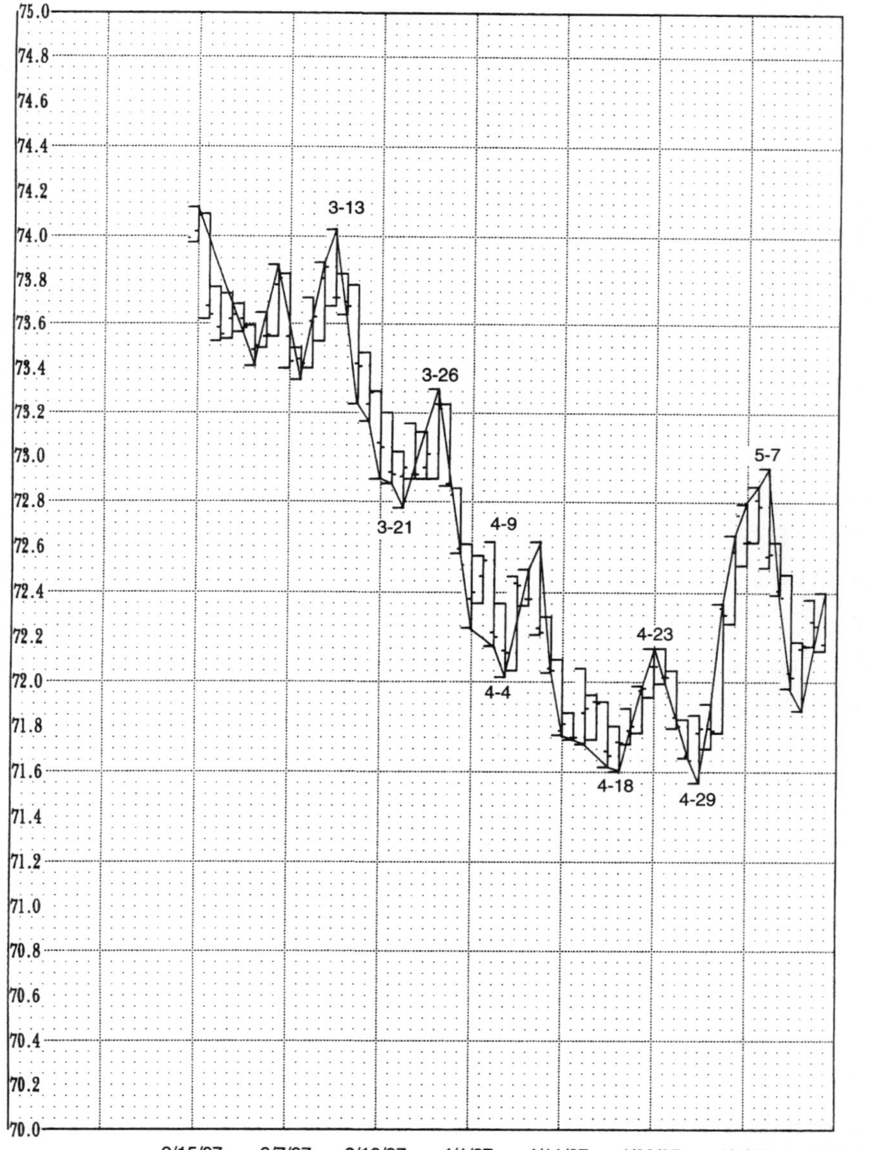

図10.16　カナダドル1997年 6 月物の日足タイムスイング。大勢下降トレンドを通じて，ラリーはしばしば 3 日でバランスしていた。

ブレイクは6取引日，調整は3取引日だった。次の下向きのスイングは7取引日であり，続いて3取引日のラリーが起こっている。

予測では，直近の高値から6日ないしそれ以上のブレイクが発生するはずだった。直前のブレイクと同等もしくはそれより短いブレイクの発生は，底入れのシグナルである。また，相場が最低6日以上のブレイクを見せず，次の調整高が3日以上続くようであれば，トレンド反転の準備が整ったと判断すべきである。

スイングチャートに基づく時間の目標とストップの設定

スイングチャートは時間（日柄）の目標設定やストップの決定にも利用できる。スイングチャートは，相場を打ち負かすというよりは，相場と並走する機会をトレーダーに与えるものである。

たとえば，上昇トレンドではスイングチャートを次のアップスイングの持続期間を予測するために使える。トレンドに沿ってロングポジションを形成した後で，トレーダーは時間の目標に到達した場合，もしくはストップ価格に到達した場合には，ポジションを手仕舞いたいという強い欲求に駆られるだろう。

あるトレードで持っているポジションに十分利が乗っていて，スイングチャートの判断からは調整が起こる日柄に到達している場合，このような状況を「時間の目標に到達した」という（図10.17)。このような日には，トレーダーは寄付または大引け，あるいはパーセンテージ・リトレースメントかギャンアングルなどで事前に決めてある価格で，利益を確定させるべきである。ここで手仕舞いの判断根拠となったのは，スイングチャートによれば，次の高値または安値が形成されるべき状態になったと言えるからだ。このような利食いの手法は，時間に従いつつ相場の流れに沿った売買を可能にしてくれる。このケースで，ポジションを維持し続けることは，トレーダーが相場を打ち負かしたいと考えていることを示している。このケースでトレーダーが目標を達成することができるのは，前回のラリーから予期される以上に強い動きが持続する場合に限られるが，同時に，大きなリスクも覚悟しなければならない。というのは，スイングが正確にその目標に到達して反転することになれば，利益の一部または全部を吐き出すことになるからである。

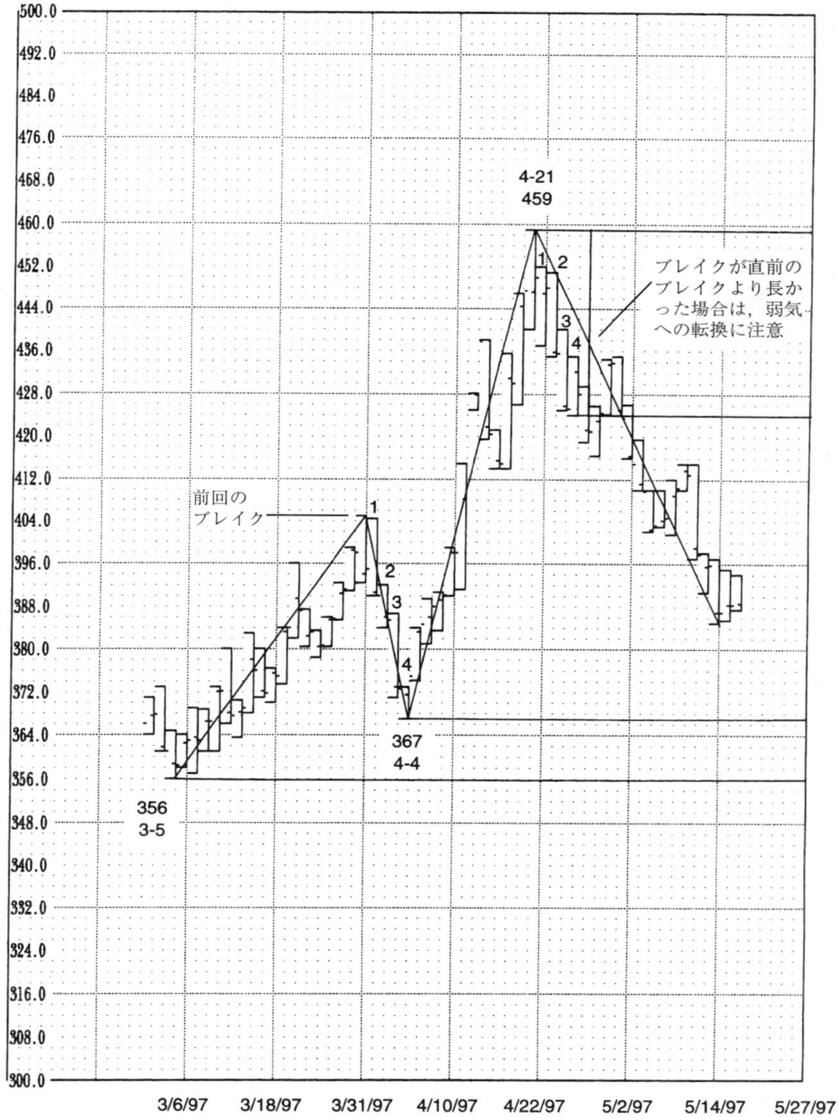

図10.17　**時間の目標。459の高値から，相場は４回にわたりより安いトップを形成している。このブレイクは前回と同様の４日間のブレイクである。もし前回のブレイクより時間的に長いブレイクが発生した場合は，弱気シグナルであり，トレンド転換の前兆と見るべきである。**

もしトレーダーがポジションに損失を抱えていて，スイングチャートに基づくと調整が入る日柄に到達していた場合，このような状況を「タイムストップに到達した」と称する。このような日には，トレーダーは寄付または大引け，あるいはパーセンテージ・リトレースメントかギャンアングルなどで事前に決めてある価格で，損失を確定させるべきである。ここで手仕舞いの判断根拠となったのは，スイングチャートによれば，次なる高値または安値が形成されるべき状態になったと言えるからだ。このようなストップロスの手法は，時間に従いつつ相場の流れに沿った売買を可能にしてくれる。このケースで，ポジションを維持し続けることは，トレーダーが相場を打ち負かしたいと考えていることを示している。このケースで，スイングの指示より長く相場にとどまることで目標を達成することができるのは，前回のラリーから予期される以上に強い動きが持続する場合に限られるが，同時に大きなリスクも覚悟しなければならない。というのは，スイングが正確にその目標に到達し反転することになれば，損失をいっそう拡大させることになるからである。

第3章から第7章は注意深く読んでもらいたい。というのはより正確に作成されたスイングチャートは，マーケットタイミングの価値ある情報を提供してくれるからである。相場の強さとリズムを判断するために，アップスイング，ダウンスイングの幅と期間は確実に記録し，研究しておく必要がある。いつ相場が天井や底値を形成するか，あるいはトレンド転換を知る手がかりも，スイングチャートから入手することができる。記憶しておかなければならないのは，上昇トレンドにおいては，ラリーの持続期間は前回と同等かそれより長く，下降トレンドにおいてはブレイクの持続期間は前回と同等かそれより長いということである。結局のところ，スイングの持続期間が利益確定とロスカットの鍵を握っていると言える。

スクエアチャート

レンジのスクエアリング

ギャンアングルの章では，支持と抵抗を決定するに当たって，価格のレンジがいかに重要であるかを示したが，この章では，ギャンスクエア（スクエアチャート）により形成される価格のゾーンについて解説する。ギャンスクエアのもう１つ重要な側面は，これから議論しようとしているタイミングの問題である。ギャンのスクエアチャートでは，価格のレンジと，将来のトップとボトムを特定する際に重要となるそのレンジに対する時間の分割が使用される。

〈スクエアチャートの作成と時間の分割〉

タイミング判断のためのギャンスクエアの作成手順は，ギャンスクエアで支持と抵抗の水準を割り出す際と同様である。

ステップ１：メイントップとメインボトムによって形成される，メインレンジ（値幅）を特定する。レンジをスケール（１時間枠に対する価格変化）で割り，スクエアの時間を計算する。

ステップ２：そのレンジを分割し，その値幅からタイムピリオド（日柄）を割り出す。

重要なタイムピリオドは，レンジの25，50，75％である（図10.18）。これらのポイントはそれぞれ，レンジに対応する時間のスクエアの４分の１，２分の１，４分の３を意味する。たとえば，時間のスクエアが50である場合，その25％に相当するタイムピリオドは，スクエアの日柄に0.25を乗じたものである。この例では，以下のようになる。

50×0.25＝12.5

タイムピリオドは使用されるチャートの時間枠，すなわち月足，週足または日足によって変わってくる。このケースでは日柄についての25％はそれぞれ12.5カ月，12.5週，12.5日を表す。

時間のスクエアの50％に相当するタイムピリオドは，そのスクエアの日柄に0.50を乗じたものである。この例では，以下のようになる。

50×0.50＝25

このケースでは，日柄についての50％はそれぞれ25カ月，25週，25日を表す（図10.19）。

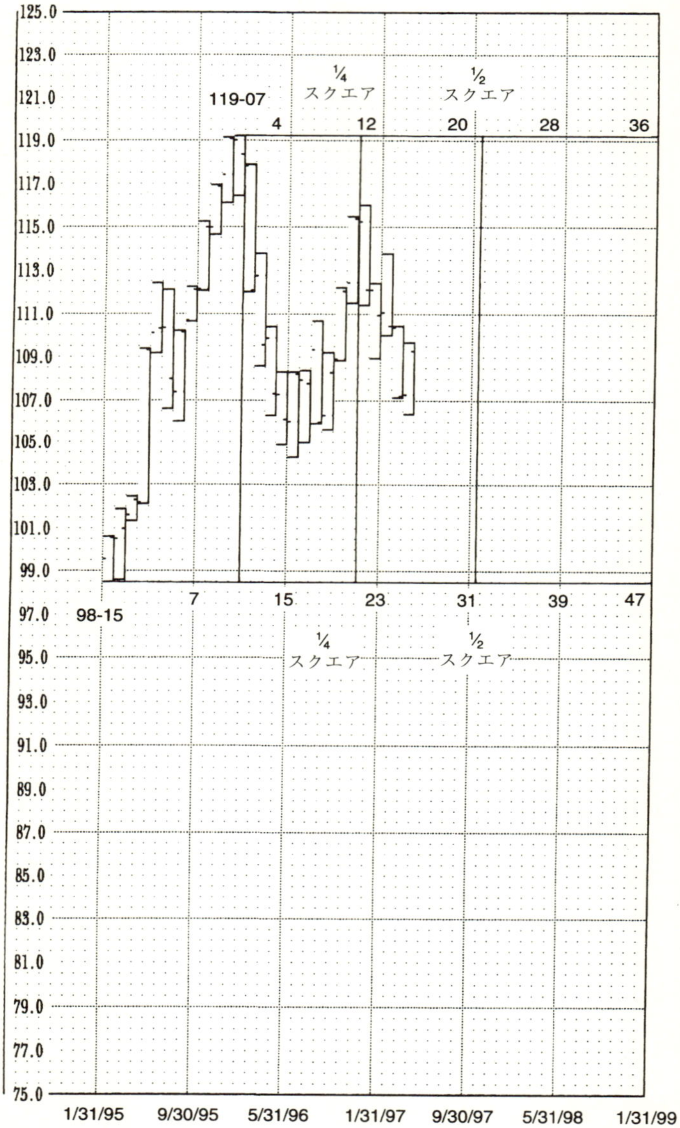

図10.18　レンジのスクエアリング。メイントップ＝119-07，メインボトム＝98-15，レンジ＝20-24。スケール＝0.50，時間のスクエアの２分の１＝20.75カ月，同４分の１＝10.38カ月（訳注：119-07とは119＋32分の７の意，スケールとは１時間枠に対応する価格変化）

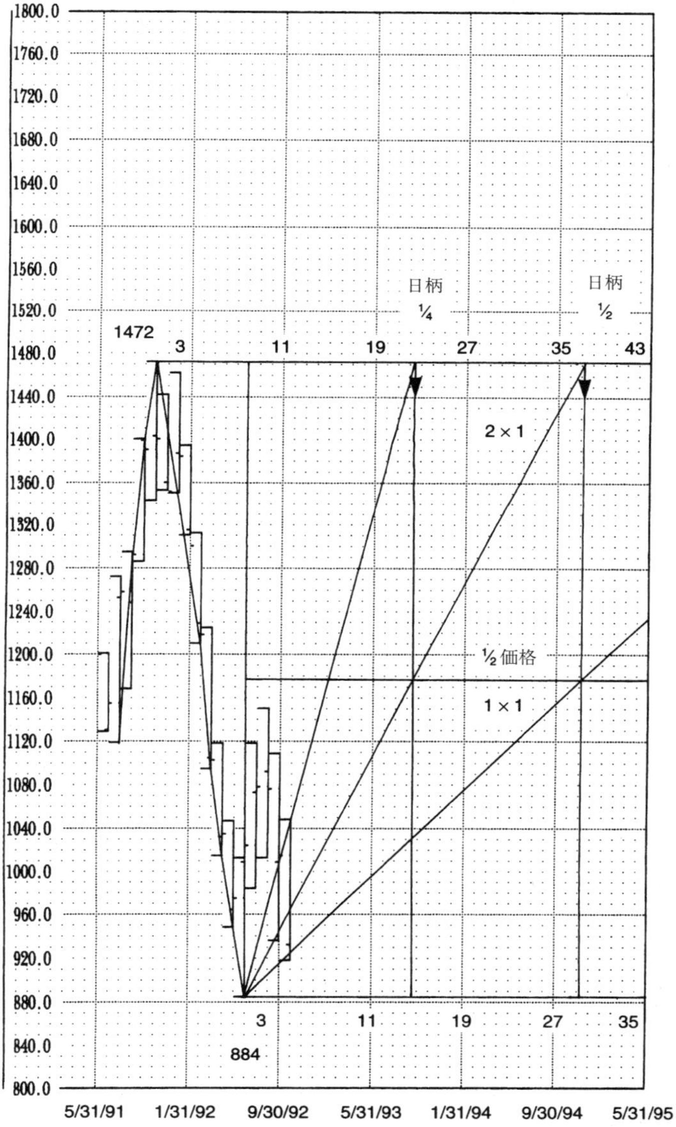

図10.19　レンジのスクエアリング，日柄の分割。トップ＝1472，ボトム＝884，レンジ＝588。スケール＝10，スクエアの２分の１＝29.4カ月，同４分の１＝14.7カ月。トップ，ボトム，あるいはトレンド転換は，スクエアの日柄の４分の１，２分の１で発生しやすい。

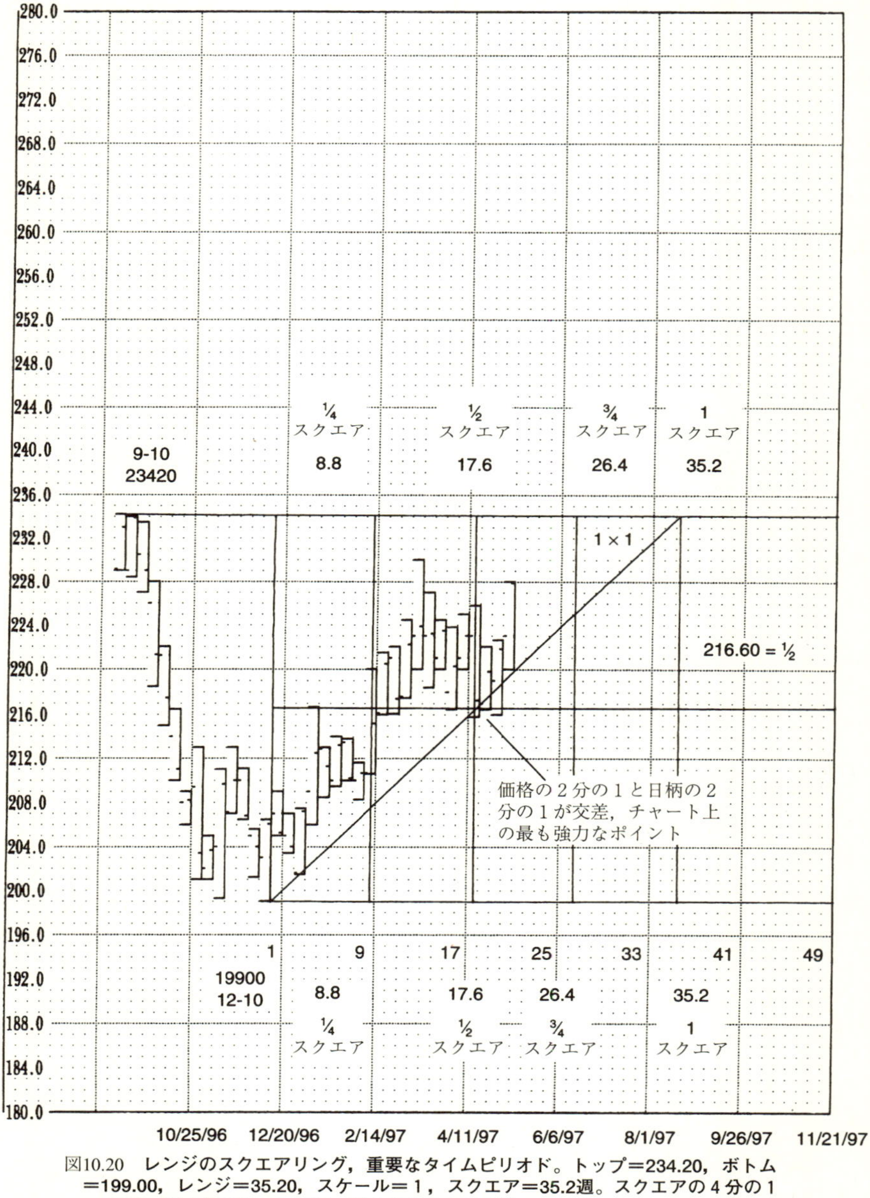

図10.20　**レンジのスクエアリング，重要なタイムピリオド。トップ＝234.20，ボトム＝199.00，レンジ＝35.20，スケール＝1，スクエア＝35.2週。スクエアの４分の１＝8.8週，同２分の１＝17.6週，同４分の３＝26.4週**

時間のスクエアの75％に相当するタイムピリオドは，そのスクエアの日柄に0.75を乗じたものである。この例では以下のようになる（図10.20)。

50×0.75＝37.5

ステップ3：チャート上でこれらのタイムピリオドを確認する。

チャート上にこれらのタイムピリオドをマークしておくことは非常に重要である。というのは，それらがトップやボトムを形成しやすい日付を示しているからである。また，相場はしばしばこれらの日付で高いボラティリティーを示すことがある。

これらのタイムピリオドは，確認されたレンジ内で価格が推移している限りでは，完全に有効であり続ける。だが，レンジが破られると，日付はもはやトップやボトムの時期を推定する根拠とはならない。なぜなら，これらに用いる際のレンジは元来，長い期間にわたって有効であるべきであって，その理由から全期間における高値，安値のレンジ，あるいはそれに次ぐ広いレンジを使用することが推奨されるのである。付け加えると，それらのレンジが示す日柄は，大勢天井や大底のフォーメーションのシグナルとなる可能性が高い。先物ではその限月の売買開始以来のレンジを使用してもかまわない。また，日足チャートにおける広いレンジも使用できるが，これらのレンジは往々にして突破されることを承知しておくべきだろう。

これら以外で将来のトップとボトムを予想するのに用いられるタイムピリオドは33％と67％である。これらはスクエアの日柄に対する3分の1と3分の2に相当する。日柄についての33％リトレースメントは，そのスクエアの期間に0.33を乗じ，67％リトレースメントは67％を乗ずることによって得られる。たとえばスクエアの期間が50（月，週，日）なら，日柄についての33％リトレースメントは，16.5カ月，週，日である。同様に67％リトレースメントは，33.5カ月，週，日である。

〈日柄の集中〉

この章の冒頭でも触れたが，トップやボトムを予測するうえで最も望ましいのは２個ないしそれ以上の日柄のポイントが重複することである。相場は契約開始以来のレンジや全期間のレンジなど，複数のメインレンジが組み合わさって構成されている。このようなオーバーラップのために，いくつかの「スクエアデート」が同じ時間帯に重なる状態が起こりうるのである。

たとえば，あるスクエアの４分の１が，同じ週に別のレンジのスクエアの２分の１に重なっている可能性がある（図10.21）。これらは注目すべき準備構成である。というのは，しばしば大勢天井または大底のフォーメーションに絡んでいるからである。このことは歴史的高値や安値の付近でトレードされている場合に強調できる（図10.22）。

高値のスクエアリング

ギャン自身が利用したテクニックの１つが，高値のスクエアリングである。高値でスクエアリングすると，トップとボトムを示唆する追加的なタイムピリオドが得られる。これは週足チャートではとくに重要である。高値をスクエアリングするためには，それぞれの市場で用いられたメイントップとスケールを知っておく必要がある。今一度繰り返すが，史上最高値あるいは２番目，３番目に高い高値は将来のボトムとトップを予測するのに非常に重要である。レンジのスクエアリングと異なり，高値のスクエアリングは無限に延長される。なぜなら過去のそれぞれの高値は，将来の高値や安値に対して数学的関係を維持し続けるからである。

たとえば，大豆11月物は10.465ドルが史上最高値である。大豆の週足におけるスケールは１週間当たり４セントであるため，史上最高値の10.465ドルを４セントで割ることによって，262週というサイクルが得られる。大勢のトップが形成された1988年６月24日に終わる週から262週ごとに，将来のトップあるいはボトムの時期が投影される。この週から262週ごと，すなわちおよそ５年ごとに，トレーダーはトップとボトムの可能性に注意すべきである。

高値のスクエアリングは主として，週足チャートと組み合わせて使用されるものであるが，他のチャート，とくに月足チャートでも使用可能である。たとえば，再び大豆11月物を取り上げると，10.465ドルの史上最高値は1988年６月だった。１カ月当たりのスケールは８セントであるため，大豆11月物の月足

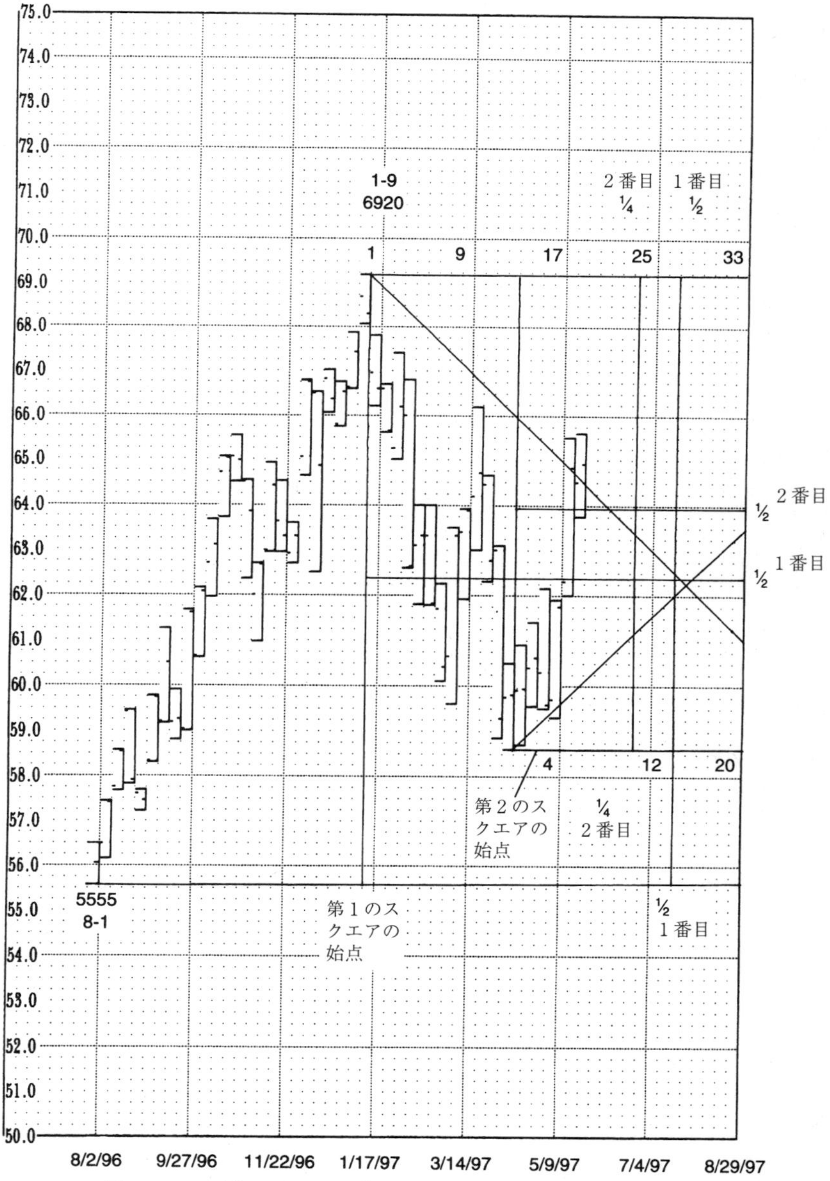

図10.21　レンジのスクエア。「スクエアの中のスクエア」の例

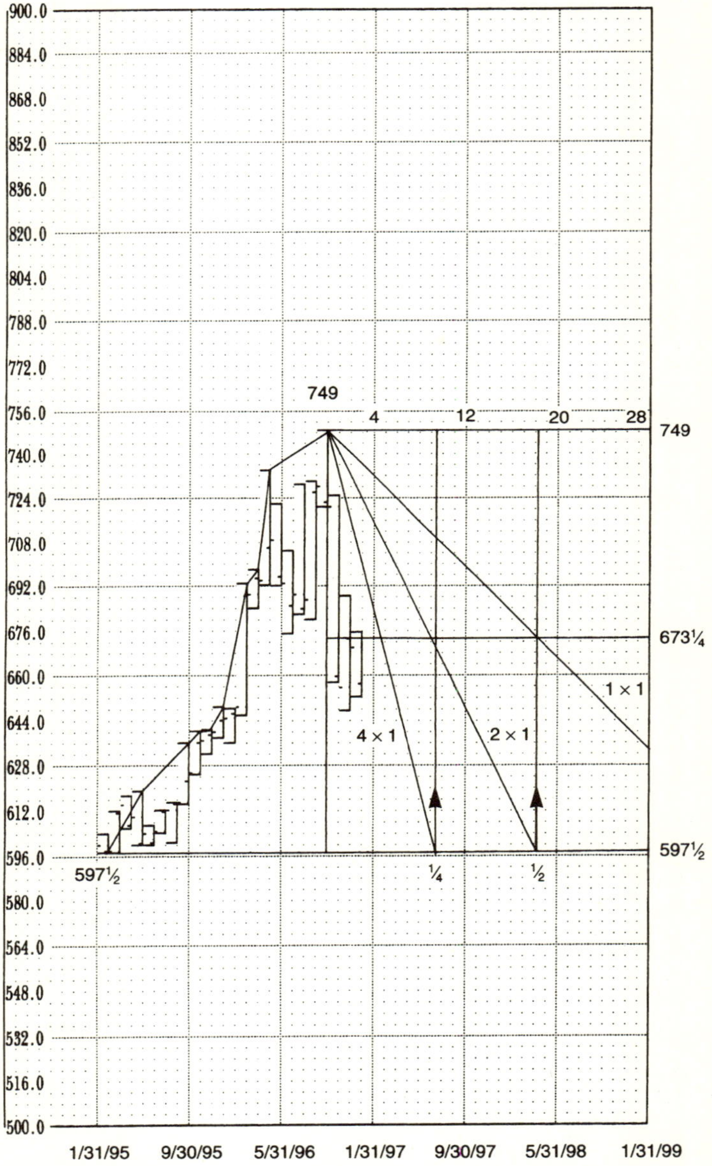

図10.22　レンジのスクエア。トップ＝749，ボトム＝597.5，レンジ＝151.5。時間のスクエアの２分の１＝18.94カ月，同４分の１＝9.47カ月

チャートは131カ月ごとにスクエアされるわけである。このことは，この史上最高値の時期から131カ月ごと，あるいはおよそ11年ごとに大勢天井や大底の到来が予測されるということを意味する。この場合，1999年６月は，大勢天井あるいは大底のタイムピリオドとして大いに注目すべきことになる。

安値のスクエアリング

ギャン自身が利用したもう１つのテクニックが，安値のスクエアリングである。安値でスクエアリングすると，トップとボトムを示唆する追加的なタイムピリオドが得られる。これは週足チャートではとくに重要である。安値をスクエアリングするためには，それぞれの市場で用いられたメインボトムとスケールを知っておく必要がある。今一度繰り返すが，史上最安値あるいは２番目，３番目に低い安値は将来のボトムとトップを予測するのに極めて重要である。レンジのスクエアリングと異なり，安値のスクエアリングは無限に延長される。過去のそれぞれの高値は，将来の高値や安値に対して数学的関係を維持し続けるからである（図10.23）。

たとえば，トウモロコシ７月物は1987年２月17日の1.54ドルが近年の最安値である。トウモロコシのスケールは１週間当たり２セントであるため，安値のスクエアリングは，1.54ドルの安値を２セントで割ることによって決定される。その結果，77週というサイクルが得られる。将来のトップあるいはボトムは，最安値が形成された1987年２月21日で終わる週から77週ごとに投影される。この週から77週ごと，あるいは概算で１年半ごとに，将来のトップとボトムの可能性に注意すべきである。

安値のスクエアリングは主として，週足チャートと組み合わせて使用されるものであるが，他のチャート，とくに月足チャートでも使用可能である。たとえば，再びトウモロコシ７月物を取り上げるが，1.54ドルの最安値は1987年２月に付けた。月足のスケールは１カ月当たり８セントであるため，トウモロコシ７月物の月足チャートは19カ月ごとにスクエアされるわけである。このことは，この安値から19カ月ごとに大勢天井や大底が到来する可能性を示唆している。この場合，1998年３月は，大勢天井あるいは大底のタイムピリオドとして大いに注目すべきことになる。

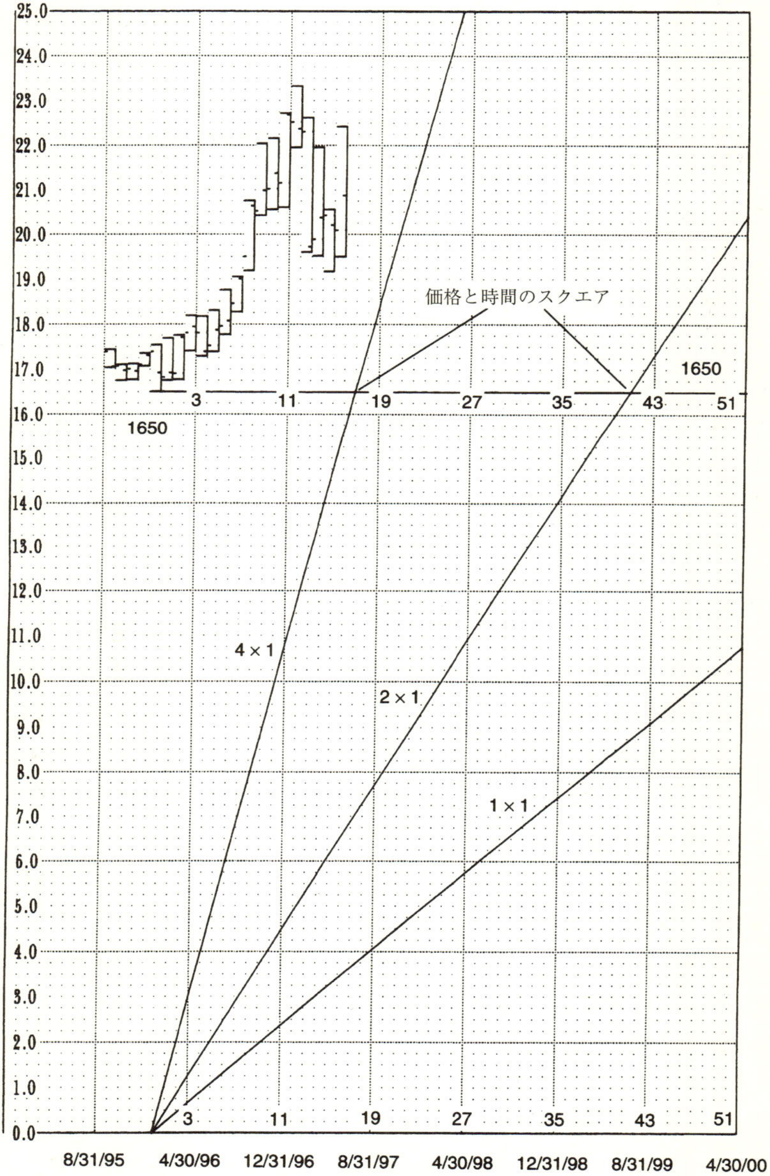

図10.23　**安値からのゼロアングル**

これでスクエアチャートの議論を終了する。おそらくギャンがトップとボトムの予測に使用していた３つの重要なタイミング指標は，レンジのスクエア，高値のスクエア，安値のスクエアだったと思われる。これらのツールは，トップとボトムの時期を予測する際に，過去の価格を使用する。このテクニックの習得には，学習と訓練が欠かせぬことは言うまでもない。注意深く分析することで，この方法による正確な時期決定が可能となる。分析が正確であれば，スクエアを使用することによって，トップとボトムが発生する地点について的確な指針が与えられる。将来のトップとボトムを適切に予測するためにも，このタイミング手法と適用される相場の特徴をよく学習してほしい。

まとめ

繰り返して言うが，相場が価格と時間から成り立っているという事実は非常に重要である。トレーディングを成功させる秘訣は，その２つをバランスさせることである。しかし，２つのうちでは時間の方がより重要である。トップとボトムの日柄を予測するためには，これらトップとボトムを決定するためのさまざまな方法があることを知っておくべきである。タイミングは，自然で調和のとれたサイクルの形で立ち現れてくる。これらのサイクルは，惑星の動きのような自然の現象によるものや，あるいはアニバーサリー・デートや日柄分割のように，過去の市場の動きから直接導かれるものである。タイミングはまた，レンジのスクエア，高値のスクエア，安値のスクエアのように，市場の実際の値動きを使用した調和のとれた方法によっても知ることができる。加えて，アップスイングとダウンスイングの持続期間が将来のトップとボトムの予測に役立つ。最後に，タイミング手法を組み合わせた使用をぜひ心がけてほしいと思う。経験則では，相場のトップとボトムは指標となる日柄が「重複」する時に最も発生しやすいためである。

以上，ギャンの相場分析理論の基礎を紹介してきた。次の章では，これらテクニックを実際にどのように利用するのか具体例で解説する。

第11章　ギャン・テクニックの実践

カナダドル1997年6月物日足

中間トレンド指標

カナダドル1997年6月物の日足チャートを例に分析しよう（図11.1)。相場は現在，この限月の高値の頂点である76.35をわずかに下回る位置にある。中間トレンド指標のトップは1997年1月22日に75.68で付け，続いて2回続けてロワーロー（安値が前日安値を下回る）が形成された。最初の2本バーチャートのボトムは1月24日の74.75で付けた。次の2本バーのトップは前の高値より低い1月28日の75.45である。中間トレンドは，前のボトムの74.75を下回った2月6日に下向きに転じた。ショートポジションのシグナルが発せられ，プロテクティブストップを直近のスイングトップである75.23の少し上に置いた。相場が高値，安値とも下に切り下げていったので，トレンド指標も下落し続け，ストップの位置もそのつど，直前のスイングトップのすぐ上に変更されている。下降トレンドは結局，3月6日のスイングトップ73.87を3月13日に上抜くまで継続し，ポジションはその日にストップにかかり手仕舞いされた。

スイングトップを上抜いたことに加え，その時のラリーは値幅，期間とも直前のラリーを上回っていた。買いシグナルはブレイクアウトによって発せられたが，直後に下げて直前のスイングボトムである73.35を下抜いたことにより，失敗に終わった。このラリーが失敗に終わる可能性は，3月13日のマイナー・シグナルトップ形成に兆候が現れていた。このシグナルトップは，延長した上昇波動の後に出現したものではなかったが，相場は上昇トレンドを維持できず，3月10日の安値73.35を下抜いたことで売りシグナルが点灯した。

次のダウンスイングは3月13日の74.03から3月21日の72.77まで，6日で1.26ポイントの下げだった。それに続く調整の上げは，72.77から3月26日の

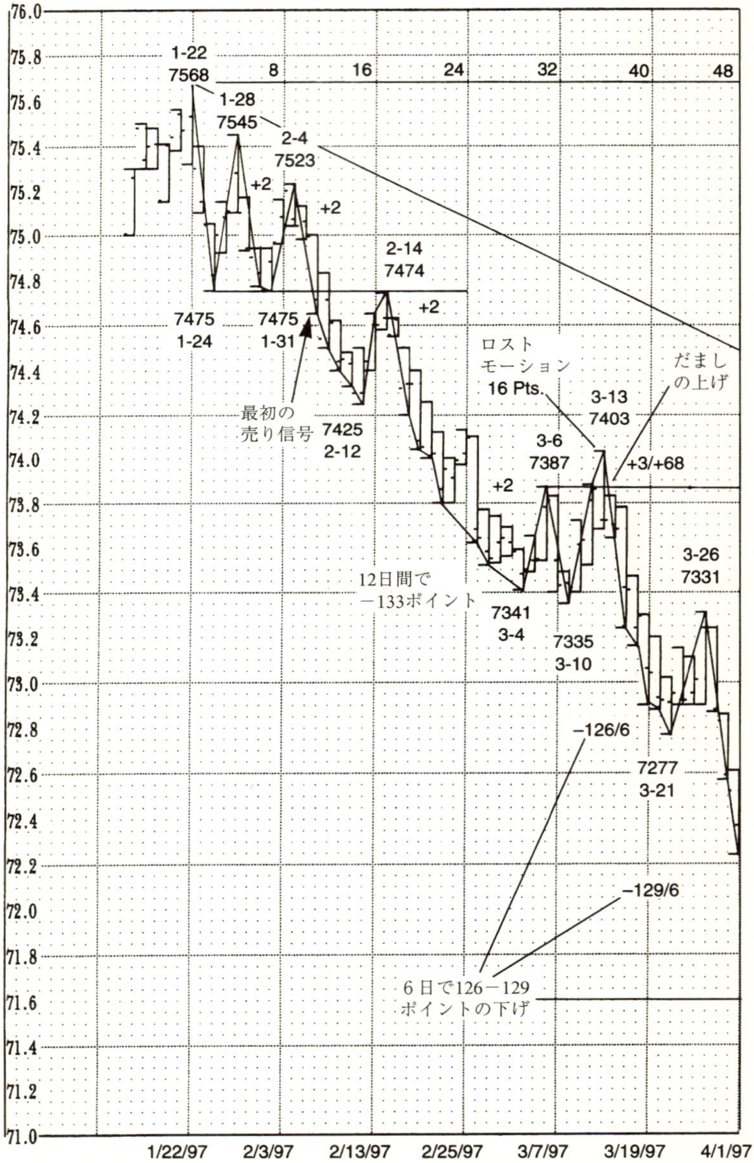

図11.1　カナダドル1997年６月物の日足チャート

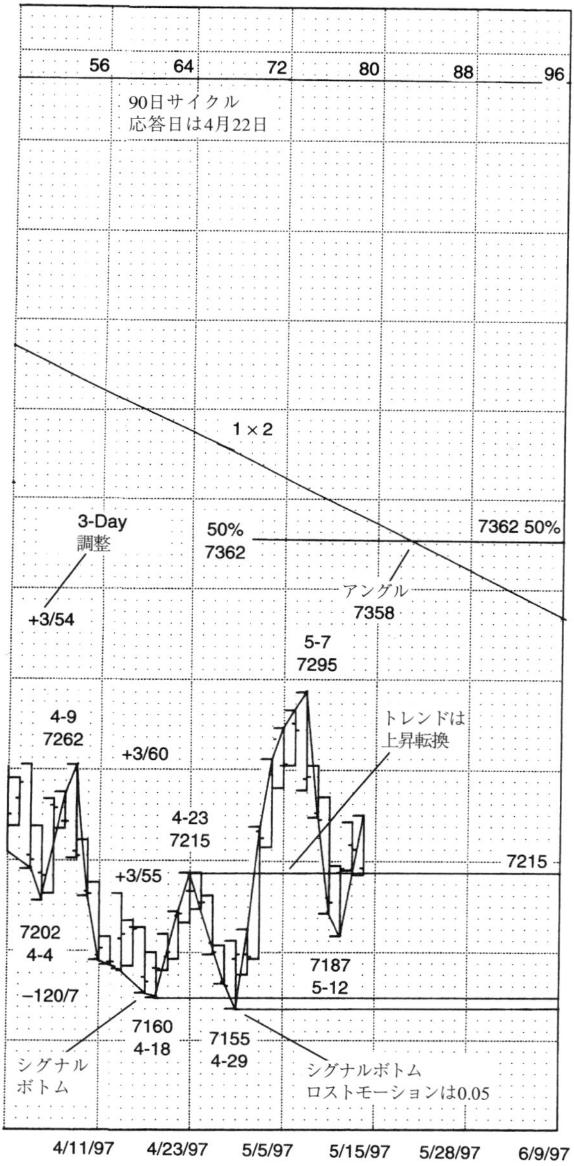
56
64
72
80
88
96
90日サイクル
応答日は4月22日
1×2
3-Day
調整
50%
7362
7362 50%
+3/54
アングル
7358
5-7
7295
4-9
7262
+3/60
トレンドは
上昇転換
4-23
7215
7215
+3/55
7202
4-4
7187
5-12
−120/7
7160
4-18
7155
4-29
シグナル
ボトム
シグナルボトム
ロストモーションは0.05
4/11/97
4/23/97
5/5/97
5/15/97
5/28/97
6/9/97

73.31まで，３日で0.54ポイントの上げだった。予測では，その後，次の６日間で1.26ポイント程度の下落が見込まれた。相場は実際に73.31から４月２日の72.01まで，６日間で1.29ポイント下落した。時間は前のブレイクとまったく同じであり，値幅はわずか３ポイントの差にすぎない。したがって相場はバランスしており，続いて３日で0.54ポイント程度の調整の上げが予想された。

次の調整は72.02から４月９日の72.62まで，３日で0.6ポイントの上げだった。ここでも時間は前のラリーとまったく同じであり，値幅は６ポイントの差にすぎない。次の予想は６日間で1.26から1.29ポイントの下落である。しかし，下落は72.62から71.60まで，７日間で1.02ポイントにとどまった。下げの期間は予想以上だったが，下げはターゲットである71.39から71.36よりかなり手前で終わってしまった。これは相場が上向きに転じる準備を整えつつあるという，最初のシグナルである。

この限月の最安値付近という値頃から考えて，底入れの動きに注意すべき時期に至ったと言える。４月18日の71.60はシグナルボトムの形となっていた。このことも，相場の転換点が迫っている兆候と言える。次の調整は71.60から72.15まで，３日で0.55ポイントだった。これは直前の調整とほぼ均衡しており，相場は前の安値71.60を維持することができずに，再び下げる可能性を示唆している。次のブレイクは４月29日の71.55までで，再びシグナルボトムを形成した。一般的に言って，７立会日以内で形成された２つのシグナルボトムは，大底が迫っていることを意味する。果たして相場は71.55からラリーを開始し，直前のスイングトップである72.15を上回った時点で中間トレンド指標は上向きに転換した。

71.60から71.55へのブレイクは，トレンドの上方反転までの間にわずか0.05ポイントの下抜きだった。このブレイクはロストモーションのためと言える。いまやメイントレンドも上向きとなり，ラリーは時間，値幅とも直前のラリーを上回って，強気相場の様相を呈し始めている。メイントレンドが上向き，ポジションもロングとなったため，次の予想が必要となっている。最初の上昇の足取りは71.55から72.95まで，６日で1.40ポイントの上げだった。この上げに続く最初のブレイクは３日で1.08ポイントの下げだった。これらの動きから，次は71.87のボトムから６日でおよそ1.40ポイントのラリーが予想される。予測では５月20日までに73.27ポイントの上昇が見込めることになる。実際には相場は５月16日に73.50まで上昇し，価格が時間に先行してしまったため，結局５月20日には73.27まで引き戻されることになった。その日の終値は73.29だった。この動きが価格と時間がバランスすることを証明している。

ギャンアングルとパーセンテージ・リトレースメントの組み合わせ

71.55からのラリーは５月21日に73.62に達したところで終了した。相場が重要な抵抗ゾーンに届いたところから売られた。メインレンジは１月22日の高値75.68から４月29日の安値75.15までだが，このレンジの50％水準は73.62だった。また１日当たり0.25ポイントの比率で低下するギャンアングル１×２は，５月21日時点で73.58を走っていた。これらが73.58から73.62付近に抵抗ゾーンを形成していたのである。これが相場が反落した理由である。

〈時間の分析〉

最初の中間トップは1997年１月22日に形成された。先行きの90日サイクルを考えると，次の大底あるいはトレンド転換は４月22日頃と予想される。最初のボトムは４月18日の71.60で，サイクルの日柄に対してわずか２日前だった。最後のボトムは４月29日の71.55だったが，これもサイクルの日柄に対して５日遅れただけである。

〈パターンの分析〉

71.60と71.55の２つのボトムは時間，価格ともに延長した下向きの動きの後に形成されたシグナルボトムであり，しかも限月の最安値（極端な価格水準）だった。これらの後に続くフォロースルーのラリーにより底入れ確認となり，最初の逆張り買いシグナルは底入れから最初のラリーに対する50％押しの水準で発せられた。

プラチナ1997年７月物日足

中間トレンド指標とギャンアングルの組み合わせ

相場は1997年２月28日のトップ403.50から364.00まで下落した（図11.2）。ボトムから最初のラリーは４月11日の377.50でストップした。続く２日間の下げで相場は４月15日の364.50まで下落した。４月17日にはスイングトップの377.50を上回り，メイントレンドが上昇転換した。

しかし，相場はトレンドの反転に追随せず，それに続くブレイクは364.50と

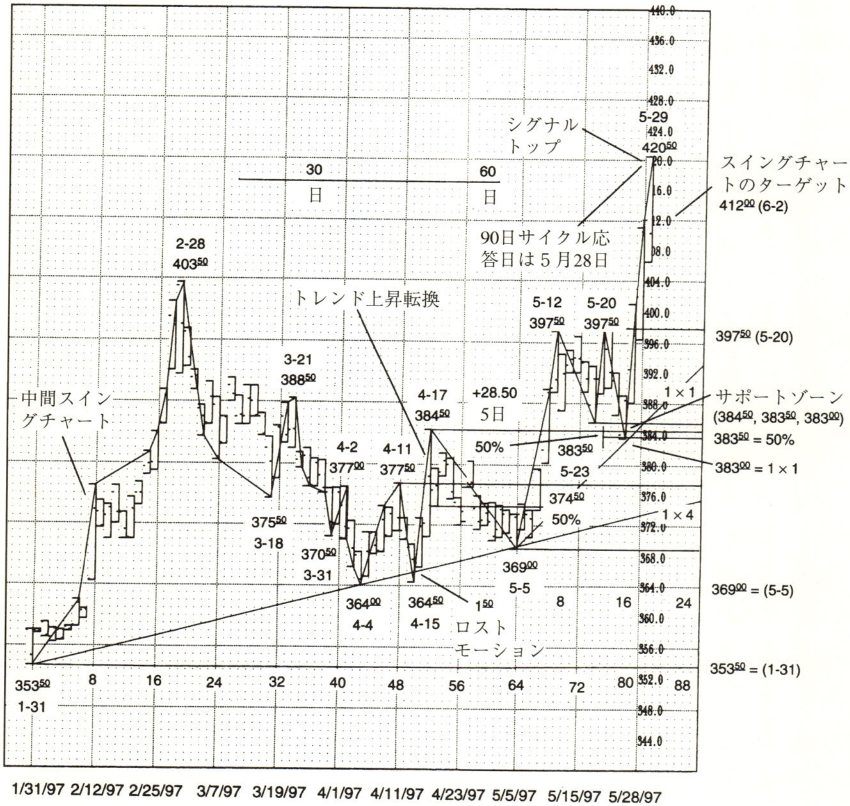

図11.2　**プラチナ1997年７月物日足のチャート**

384.50の間にマイナーレンジを形成，その50％水準が374.50となった。364.50のボトムから上昇するギャンアングルのサポートは４月29日に374.50を通過した。メイントレンドは上向きなので，このポイントで買いシグナルが発せられた。ストップは直前のスイングボトムである364.50のすぐ下に置かれた。こちらも強力なサポートゾーンである。しかし相場はすぐに上向かず，一時は369.00まで下値を試しにいって，374.50から大きく離れた。だが，この369.00は，この限月の最安値である353.00からの上昇アングルによるサポート地点だった。しかも，ここでシグナルボトムが形成された。

５立会日にわたって50％水準である374.50を下回って推移したが，５月８日になってようやく相場は上に放れた。明くる９日には，直前のトップである384.50を上抜き，上昇トレンドが再確認された。その後急速に上昇して，397.50に届いたところで上げ止まった。次のブレイクは，直前のトップである384.50に届かずに385.50で下げ止まった。これは「かつての高値が新たなサポートになる」というルールに合致している。次のラリーは相場を直前のトップの397.50まで押し上げたが，それを抜くには至らなかった。この動きは新たに385.50のボトムを形成することとなった。

397.90からのブレイクに続き，メインレンジは369.00から397.90となり，50％リトレースメント・ポイントは383.50となった。５月23日には，369.00からスタートし１日当たり１ドル上昇するギャンアングルが383.00ドルに位置していた。この日，パーセンテージ・リトレースメントと上昇ギャンアングルが383.50から383.00のサポートレンジを形成していた。トレンドは上向きを維持しており，この水準へのテストによって買いシグナルが発せられた。

５月23日，相場は直前のトレンド指標のボトムを２ドル下回り，383.50で下げ止まった。テクニカル的にはこの時点でトレンドは下向きに転換したわけだが，この程度の動きはプラチナ相場では普通に見られるロストモーションの範囲であり，売りシグナルと判定するには不十分だった。かつての高値によるサポート（384.50）と，50％レンジ（383.50）および上昇ギャンアングル（383.00）の組み合わせは強力なサポートとなり，相場は上昇した。

369.00から397.50までの最初のラリーは５日間で28.50ドルの上昇だった。次は，383.50のボトムから５日で28.50ドルの上げが予想されることになる。

すなわち６月２日までに412.00ドルへの上昇がターゲットになる。果たして５月28日に相場は終値で411.00まで上昇した。翌29日には420.50まで上昇してシグナルトップを形成した。この時点で価格は時間に対して先行している。このことは６月２日までに412.00まで下がる可能性を示唆している。

スイングチャートによって，６月２日の412.00という時間と価格のターゲットが得られたほか，５月28日には90日サイクルも到来していた。５月28日と６月２日の時間と価格の重複，およびこの限月の最高値水準は，天井打ちを示唆していた。５月29日のシグナルトップとそれを裏付ける30日のブレイクは，大勢天井が形成されつつあるという強いサインであった。この時点で，スイングチャートによる価格と時間をバランスさせるための，412.00までの反落と，ブレイクの始まりに注意しなければならない。ブレイクの最初の下げは420.50から399.20までで，レンジの50％リトレースメントポイントは409.90である。このことは409.90から412.00に次の抵抗ゾーンがあり，逆張りの売りポイントになることを示している。

生豚1997年６月物日足

生豚６月物は，1997年３月11日に付けた安値75.65から価格，時間の双方で延長した上昇トレンドを見せた後，４月24日の86.60で２本バーのトップを形成した（図11.3）。このトップは１月27日のトップからの90日サイクルに近い地点にある。86.60からのブレイクではスイングボトムとなる84.35まで下落し，中間トレンドは下向きに転じた。この高値は限月の一代高値であり極端な価格水準と言えるものだったので，この時点でショートポジションが構築され，ストップは最高値の上に置かれた。

５月５日の82.70までのブレイクに続き，相場は上伸した。最初の上値目標値は当初のレンジの50％水準である。このレンジは86.60から82.70までなので，50％水準は84.65となる。メイントレンドは下向きなので，５月７日に高値からの下向きのアングル１×１と50％水準への戻りが達成されたため，84.65から84.80の間でショートポジションを積み増しした。相場はすぐには下がらず，最後のトップを付ける前に，高値からの下向きのアングル１×２が通

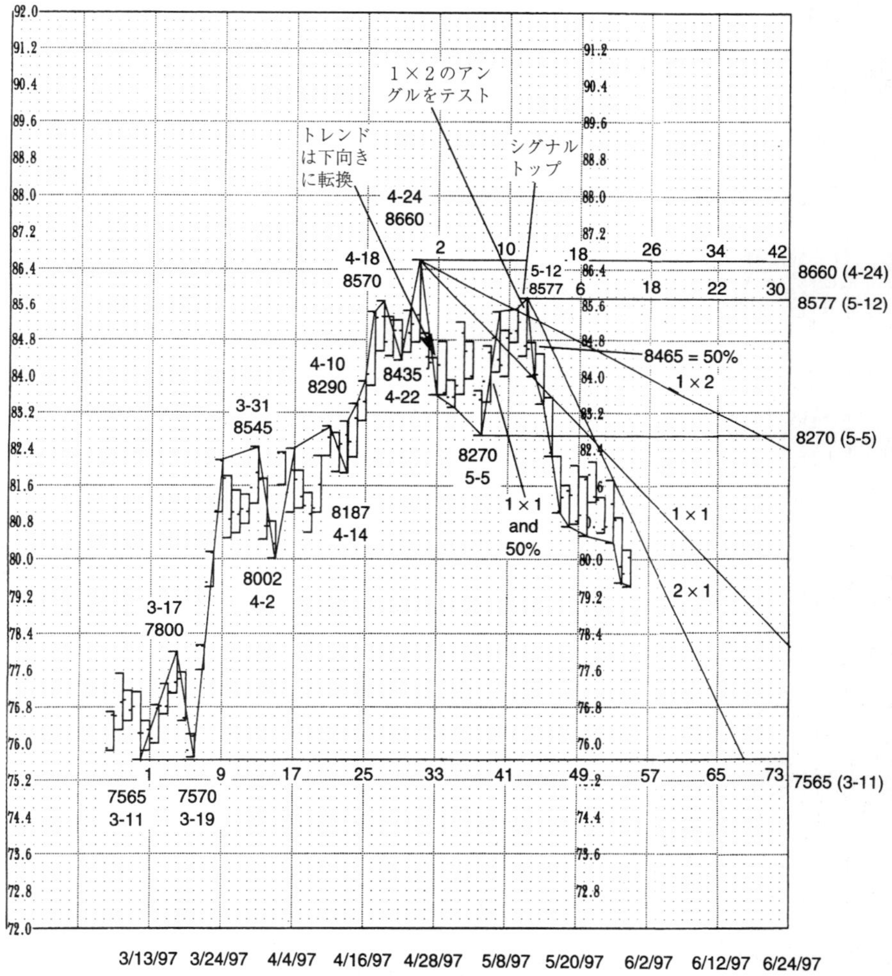

図11.3　**生豚1997年6月物日足のチャート**

過する85.40の付近まで上昇した。この最後のトップの日の動きはアウトサイドムーブで，下向きのシグナルトップを形成した。これによりトレンドは下向きに転じ，大勢天井打ちの強力なサインとなった。

最初のブレイクは4月24日の86.60から5月5日の82.70まで，7日で3.90ポイントの下げだった。このことから，5月21日までに直前のトップ85.77から

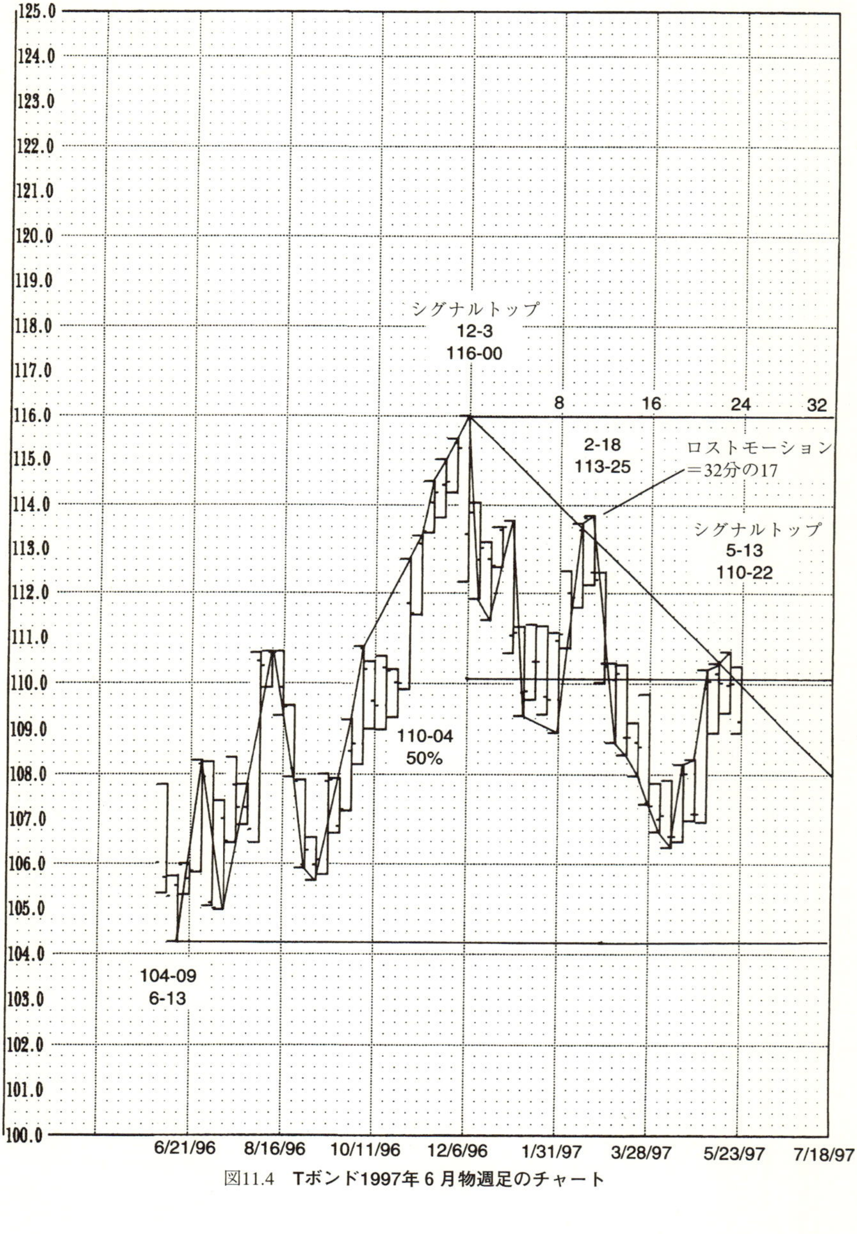

図11.4　**Tボンド1997年6月物週足のチャート**

81.87までの下落が予想された。実際のブレイクでは５月21日の80.50まで下落した。この下げは時間的にはバランスしている。この日，相場はシグナルボトムを形成，１日だけ反騰した。

Ｔボンド1997年６月物週足

メインレンジは104-09から116-00で，50％水準は114-04である（図11.4)。1997年５月16日に終わる週において，116-00のトップから引かれた下向きのアングルは110-08を走っている。これらが110-04から110-08の間に強力な抵抗ゾーンを形成していた。

中間トレンド指標によれば，トレンドは下向きだった。これは110-04から110-08の間で売る機会を与えてくれた。最初のラリーは２月18日の113-25までで，下向きの１×１アングルを超えたところで上げ止まった。アングルは113-08で，トップは113-25であった。この結果，ロストモーションは32分の17となった。このことは，次回のアングルに向けた戻りの際に売る場合，ストップの位置は少なくともアングルより32分の17以上，上に置くべきことを意味している。

５月13日に相場は110-22にあった。この水準は50％水準より32分の18高く，１×１より32分の14だけ高かった。したがってこのアングルへの戻りで売る際には，ロストモーションの32分の17よりも２，３ポイント高いところにストップを置くべきことになる。

この抵抗ゾーンを試す動きに続いて，相場は日足と週足でシグナルトップを形成，下落を開始し，結局108-17まで下げた。

これは，50％水準価格と下向きのアングルによる抵抗の組み合わせを用いたよい実例である。

訳者あとがき

本書は，久しく待望されていたギャン理論に基づくトレーディングの実践的手引き書である。これまでギャン理論の中核でありながら十分紹介されていなかった部分も含まれており，理論書としても貴重である。日本におけるギャン理論の普及に大きく資するものと期待される。

翻訳は，日本テクニカルアナリスト協会の出版企画部に属する木村喜由，鈴木衡一，辻川隆，本郷誠，的場丈秀の五名が担当し，全体の訳文の統一などは木村が行った。

日本でギャン理論が本格的に紹介されるようになったのは今から一〇年ほど前のことである。その後，小沢公氏（三菱信託銀行），林康史氏（大和投資信託）らを中心に，ギャン理論の基礎的文献や論文が精力的に発表されるようになり，今やギャン理論は，テクニカル分析を扱う人々の間ではごく一般的な会話に登場するまでに浸透している。しかし残念ながら，ギャン自身はその理論体系を包括的に著した書物を一切残していない。本国であるアメリカにおいても，いわゆるギャン理論の投資テクニックに関する部分は，『コース』と呼ばれる当初ギャン自身が講義し，死後はその著作権の譲渡を受けた人々が伝授しているかなり高額な講座用テキストの中に含まれるものにとどまっており，全貌は依然としてベールに包まれたままだったのである。

そのため，ギャン理論は，そこに含まれる内容の豊かさや真理の奥深さに対する畏敬の念とともに，未知の部分を残しているがゆえに，一種の別格扱いがなされていたとも言える。

これまで日本で出版されたギャンに関する書物の中では，ギャンの相場哲学を端的に知るための手がかりとして，『ギャン著作集Ⅰ，Ⅱ』（日本テクニカルアナリスト協会訳，日本経済新聞社），理論の概説書として『ギャンの相場理論』（林康史編著，同）がある。とくに後者はギャンの理論体系をコンパクトにまとめたものとして，ギャン理論に関心のある読者にとって必須の文献である。ただ，ギャンが投資の現場における基本的な分析ツールとして位置づけていたスイングチャートについての説明がやや不十分である。そのため，スイング

訂　正

『実践ギャン・トレーディング』
の349頁7行目

チャートと併用してはじめて真価が現れるギャンアングルやパーセンテージ・リトレースメントなどのテクニックも，ともすれば断片的な相場知識として鵜呑みにされてしまう恐れもあった。しかし，ギャン自身が本来目指していたものは，現実の相場において勝ち抜くためのいわば必勝のテクニックであり，膨大なエネルギーを傾注して解明し，普及させようとしたのは，シンプルな時間と価格の均衡に基づく相場メカニズムである。その意味では，訳者たちを含め，ギャン理論の研究を志す多くの人たちは情報量の乏しさから少なからず欲求不満に陥っていたように感じられる。

そうしたギャン理論研究家や愛好家にとって，本書は，解けずに思い悩んでいたクロスワード・パズルのキーワードがうまく嵌まった時のような気分にさせられる本ではないかと思っている。

構成は，まずギャンの人物像や実際に彼の行ったことについて説明した後，おおまかなギャン理論の構成要素について紹介される。その後，かなりの分量を費やしてさまざまなスイングチャートの作成方法とそこから発せられるシグナルの判断方法が解説されている。スイングチャートの技法自体はそれほど高度なものではなく，三本新値足などの日本的な不規則時系列チャートにもよく似た，基本的なトレンドの方向判定のためのテクニックであるが，本書の真髄はこの部分にある。スイングチャートの準備こそが，ギャン理論に従ってトレーディングを行うための前提となるからである。この理解がなければ，ギャン理論の実践は前に進まないと言っても過言ではない。

そして，ここからが大事なポイントである。日足，週足，月足などのさまざまな時間枠と，感応度の異なるスイングチャート上に現れたパターン，価格，時間の意味を，丁寧に分析していく。価格だけ，あるいは時間だけ，あるいはパターンだけというように，単一の指標によって売買シグナルの判断を行うのではなく，できる限り複数の指標から，信頼するに足る指示が出されているポイントで売買を行うべきことが，繰り返し繰り返し述べられている。

著者のハイアーチェクは決してスイングチャート万能論者ではない。彼は，非常に長期化したトレンドの後における相場の水準やチャートのパターンから暗示される，トレンド反転の早期警戒信号に対しても，十分な配慮を施すよう述べている。そして，一見しただけではそこでなぜトレンドの反転や加速が生じたのか判然としないポイント，すなわち，一般にギャン理論として広く知られるようになったギャンアングルやパーセンテージ・リトレースメント，アニバーサリー・デートなどのテクニックについて解説している。

最終章では，いくつかのスイングチャートの実例をあげて，本書で述べられているテクニックを現実の相場でどのように利用していったらよいかが解説されている。

おそらく本書を通読した読者は，自分自身の運用に利用できる点が多々あることに気づき，ギャン理論を従来に比べてずっと身近な存在として感じるようになるだろう。そして，日本におけるギャン理論は一段と愛好者，研究者の厚みを増すことになり，将来的には質的な掘り下げも進み，日本のテクニカル分析研究の中で重要な地位を占めることになると思われる。「一目均衡表」などに比べると，客観的な説明がしやすく，解釈のブレも相対的に少ないため，機械的なトレーディングに採用する場合にも比較的なじみやすいであろう。

ギャンが相場に関する書物を著したのは，あまりに愚かな理由で損失を繰り返す投資家たちを何とか援助してやりたいと願う気持ちからであったという。しかし，その著作の端々には，相場で勝つためには一定以上の勤勉さが必要であり，本気で相場に勝ちたいと思う読者にはそれ以上のものを求めるギャンの気持ちが滲み出ている。二〇世紀最後の一〇年間，日本の投資家の多くは低迷相場に悩まされてきたが，二一世紀に勝ち残ろうとするならば，志を高く持ち，たゆまず日々の研鑽に励むことで，自ずと道が開けていくものと信じたい。本書がそうした投資家の一助になれば幸いである。

2001年1月

訳者を代表して　木村　喜由

索　　引

ジェームズ・ハイアーチェク
米国公認商品投資顧問業者（ＣＴＡ）。
イリノイ州パロスパーク在住。

実践 ギャン・トレーディング

2001年２月23日　１版１刷

著　者　Ｊ.Ａ.ハイアーチェク
訳　者　日本テクニカルアナリスト協会
発行者　小林豊彦

発行所　日本経済新聞社
http://www.nikkei.co.jp/pub/
東京都千代田区大手町1-9-5　電話(03)3270-0251　振替00130-7-555

東光整版印刷／積信堂　ISBN4-532-13198-7